KB114756

# 난세에서 인격과 처세를 얻다

고전을 배우는 시간

**상**

# 난세에서 인격과 처세를 얻다 - 고전을 배우는 시간 상 -

| | | | | |
|---|---|---|---|---|
| 발행일 | 2023년 5월 15일 | | | |
| 지은이 | 주세규 | | | |
| 펴낸이 | 손형국 | | | |
| 펴낸곳 | (주)북랩 | | | |
| 편집인 | 선일영 | 편집 | 정두철, 배진용, 윤용민, 김부경, 김다빈 |
| 디자인 | 이현수, 김민하, 김영주, 안유경, 신혜림 | 제작 | 박기성, 황동현, 구성우, 배상진 |
| 마케팅 | 김회란, 박진관 | | | |
| 출판등록 | 2004. 12. 1(제2012-000051호) | | | |
| 주소 | 서울특별시 금천구 가산디지털 1로 168, 우림라이온스밸리 B동 B113~114호, C동 B101호 | | | |
| 홈페이지 | www.book.co.kr | | | |
| 전화번호 | (02)2026-5777 | 팩스 | (02)3159-9637 | |
| ISBN | 979-11-6836-885-9 04190 (종이책) | 979-11-6836-899-6 04190 (세트) | |
| | 979-11-6836-886-6 05190 (전자책) | | | |

---

**(주)북랩** 성공출판의 파트너

북랩 홈페이지와 패밀리 사이트에서 다양한 출판 솔루션을 만나 보세요!

**홈페이지** book.co.kr • **블로그** blog.naver.com/essaybook • **출판문의** book@book.co.kr

---

**작가 연락처 문의 ▸ ask.book.co.kr**

작가 연락처는 개인정보이므로 북랩에서 알려드릴 수 없습니다.

주세규 지음

# 난세에서 인격과 처세를 얻다

## 고전을 배우는 시간

각박하고 혼탁해져 가는 현대 사회,
선인先人들이 남겨놓은 효와 의, 죽음과 삶에 대한 마음가짐을 알아 보고
바람직한 세상살이란 무엇인지 되짚는다!

북랩

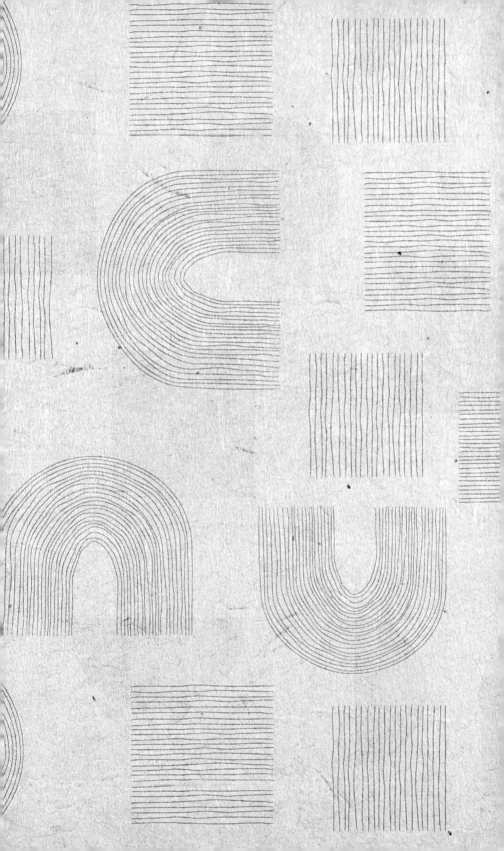

나이 들수록 '공부의 필요성'을 뼈저리게 느낍니다. 공부가 부족하다 보니 일에 부딪힐 때마다 서툴고 사람 만나는 일이 무척 두렵습니다. 일찍이 공부를 많이 해놓지 않은 탓입니다.

옛 선인께서 공부의 중요성을 이렇게 말했습니다.

「가난한 사람과 부유한 사람, 곤궁한 사람과 현달한 사람을 막론하고 허다한 병폐가 있는데, 이는 모두 불학무식(不學無識)한 데서 연유한다. 배우지 않았기 때문에 무식하고 무식하기 때문에 의(義)를 모른 체 그저 이(利)만 따라간다. 하지만 이(利)를 구해도 얻지 못할 뿐 아니라 해(害)가 따른다는 사실을 모른다.」

사회의 혼란과 개인의 불행은 일차적으로 공부하지 않는 데서 옵니다. 공부하지 않으면 좁은 생각과 짧은 안목으로 사람을 만나고 세상을 바라보게 되는데, 이는 훗날 큰 후회나 화(禍)를 초래합니다.

궁여지책으로 말수도 줄여야겠다는 생각이 듭니다. 세상을 살면서 '입'만 제어(制御)할 줄 알아도 성공한 것이니 말입니다. 나이 6, 70세에 들면 가능한 한 입을 닫고 싶습니다. 허다한 허물들이 모두 입에서 나오는 것 같습니다.

이 책은 공부의 필요성을 깊이 느낀 저자가 왜 공부를 해야 하는지 그리고 세상살이[處世]는 어떻게 해야 하는지에 대해 나름대로 정리한 책입니다.

누군가 말했습니다.

「한국 사회는 커다란 정신병동 같다.」

다른 누가 말했습니다.

「한국 사회는 지금 사실상 정치적 내전 상태다. 만인(萬人)의 만인에 의한 투쟁의 시대라 할 만큼 사회 구성원들의 적대감이 높아졌다.」

우리 사회처럼 각박하고 피곤하고 삭막한 사회도 드물 겁니다. 세계 최고의 자살률과 합계 출산율 꼴찌가 이를 상징적으로 대변합니다. 서열과 경쟁 그리고 비교에 익숙하다 보니 다들 마음의 여유나 느긋함이 없고 무엇이든지 극단으로 치닫습니다.

이수광(李睟光)이 말했습니다.

「눈앞의 계책은 학문을 쌓는 일 만한 것이 없고, 사후(死後)의 계책은 덕(德)을 쌓는 일 만한 것이 없다.[目前之計 莫如種學 身後之計 莫如種德]」

그리고 또 말합니다.

「학문을 배움에 있어서 고요함[靜]을 근본으로 삼고[爲學以靜爲本], 욕심을 줄이면 마음이 고요해지니[省欲則心靜], 학문의 시작은 '말을 함부로 하지 않는 것'으로부터 시작한다.[爲學當從不妄語始]」

　이 땅에 정말 어렵게 사람으로 태어난 우리에게 가장 중요한 일은 행복한 인생을 사는 것도 아니요, 출세하여 떵떵거리면서 사는 것도 아니요, 남들로부터 존경 또는 부러움을 받는 것도 아니요, 남을 돕는 일도 아닙니다. 그것은 바로 인격을 완성해 나가려 노력하는 일입니다. 즉, 올바른 사람이 되는 것입니다. 이것을 달리 '입신(立身)'이라고 합니다. 학문이나 독서 등 이른바 '공부'는 이러한 입신에 가장 큰 디딤돌입니다. 그 외 경험이나 성찰, 사유(思惟), 반관(反觀), 신독(愼獨) 등도 중요한 덕목이 됩니다.

　인격이 왜 중요할까요? 인간이니까 그렇습니다. 부끄럽지 않고 떳떳한 인간이 되기 위해서입니다. 그리고 인격은 나를 낳아 주신 조상님과 부모님을 위해서 그리고 나의 다음 생을 위해서도 중요합니다.

　그럼 처세는 왜 중요할까요? 사람은 관계를 맺지 않고는 살 수 없는 사회적 동물이기 때문에 그러하며, 다른 사람과 관계를 맺지 않으면 사람다운 사람으로 성장하지 못하기 때문에 그러합니다.

　모든 종교나 철학·학문의 출발은 사람 노릇을 제대로 하는 데서 출발합니다. 사람 됨됨이가 좋아야 합니다. 사람 노릇을 인도(人道), 인승(人乘)이라 부르는데 천도(天道)를 논하기 전에 인도(人道)를 먼저 배워야 하고, 소승(小乘)이나 대승(大乘)을 배우기 전에 인승(人乘)부터 제대로 배워야 합니다.

　사람 노릇을 어떻게 해야 하는지에 대해 〈채근담〉은 '대인춘풍 지기추상(待人春風 持己秋霜)'이라는 해법을 내놓았습니다. 남을 대할 때

봄바람같이 부드럽게 하고, 자신을 대할 땐 가을 서리처럼 엄격하게 하라는 의미로, 이 말씀은 가히 만고(萬古)의 가르침이라 할 만합니다.

조선의 어느 고승이 말했습니다.

「나는 하루라도 마음으로 착실히 공부하지 않으면 음식을 마주해도 부끄럽고 밥에 숟가락도 덜 간다.[吾於一日念頭不著實工 則便對食而愧 飯匙亦減]」

조선의 세종이 말했습니다.

「하루가 늦어지면 10일이 늦어지고 10일이 늦어지면 한 해가 늦어진다.[一日之延 十日之延 一歲之延也]」

〈안씨가훈(顔氏家訓)〉에서 말합니다.

「어려서 배우는 것은 태양이 솟아오르며 빛을 비추는 것과 같고, 늙어서 배우는 것은 촛불을 들고 밤길을 가는 것과 같으나, 그래도 눈을 감고 보이는 것이라고는 없는 것보다는 낫다.[幼而學者 如日出之光 老而學者 如秉燭夜行 猶賢乎瞑目而無見者也]」

조선조 선현(先賢) 중에 '배신(裵紳)'이라는 분이 계셨는데, 이분이 말씀하셨습니다.

「공부하는 사람은 고생 속에서 무한한 의미를 찾아야 한다.[學者於

勤苦中 須覓無限意味]」

　고생 속에서 의미를 찾아야지 즐거움 속에서 의미를 찾으려 해서는
안 된다는 뜻입니다. 즐거움만 누리고 시련이나 역경을 겪어보지 않으
면 그 사람은 폐인(廢人)에 지나지 않습니다.
　조익(趙翼)이 말했습니다.

「세월이란 달리는 말이 틈 사이를 지나가는 것과 같으니, 사람에게
혈기 왕성한 시기가 또 얼마나 된다고 하겠는가. 서른이나 마흔의 나
이도 눈 깜짝할 사이에 닥칠 것이니, 보옥(寶玉)을 귀중하게 여길 것이
아니라 촌음(寸陰)을 애석하게 여겨야 할 것이다. 혈기 왕성한 시기에
스스로 각고면려(刻苦勉勵)하여 쉴 새 없이 마음을 쏟아 (학문을) 수립
하지 못하고서 급기야 쇠약해지는 노년이 임박하게 되면, 그때는 비록
스스로 힘을 써 보려고 해도 미치지 못할 것이니, 결국에는 세상을 마
칠 때까지 변변찮은 한 인간으로 끝나고 말 것이다.」

　윗글처럼 변변찮은 한 인간이 되지 않기 위해 공부해야 합니다. 거
듭 말씀드리지만, 우리가 공부해야 하는 이유는 오직 하나, 바로 '사람
노릇'을 제대로 하기 위함입니다. 사람 노릇의 중심에 출처어묵(出處語
默)이 있습니다. '출처(出處)'란 나아가고 물러나는 것을 말하며, '어묵
(語默)'이란 입을 열고 닫는 것을 말합니다. 출처어묵만 잘해도 사람 노
릇의 8할은 이루어진 것입니다.
　어느 선비가 출처의 원칙을 제시했습니다.

「벼슬길에 나아갈 때는 남의 도움을 받지 말고, 벼슬길에서 물러날 때는 남을 탓하지 말라.[進不藉人 退不尤人]」

이 말씀은 처세나 직장 생활을 함에 있어 큰 도움을 주는 귀한 격언입니다. 이처럼 공부는 여러모로 도움이 됩니다.

이외, 당신이 가진 그 수많은 편견과 사견(邪見; 삐뚤어진 견해) 그리고 잘못된 마음가짐을 수시로 고쳐나가십시오. 그리고 늘 '이대로 사는 것이 괜찮은 걸까?' 하고 자신에게 물으십시오. 그래야 희망이 있습니다. 유교 경전인 〈논어〉만 제대로 공부해도 사람 노릇을 함에는 부족함이 없습니다.

인생을 편하게만 지내려 하고 먹고 마시는 일에만 관심이 있다면, 이는 사람으로 태어난 본분(本分)을 망각하는 것이며 이는 다음 생(生)에도 몹시 안 좋은 영향을 끼칩니다.

고생 속에서 의미를 찾아야 합니다. 역경과 고난 속에서 자신을 단련해야 합니다. 이 땅에 내가 태어난 이유도 찾고, 내가 죽으면 어디로 가는지에 대해 깊이 사유(思惟)하는 시간도 자주 가져야 합니다. 공부 외에 필요한 것이 하나 있다면 덕행(德行)이 바로 그것입니다. 공부하는 일과 덕행 쌓는 일 외의 것들은 전부 덧없는 일이요, 쭉정이요, 군더더기요, 찌꺼기에 지나지 않습니다.

요컨대, 공부와 덕행이 없으면 이 세상에 그냥 왔다 가는 무용(無用)한 존재일 뿐입니다.

이 책의 원고를 쓰면서 '한국고전번역원DB'의 도움을 많이 받았습니

난세에서 인격과 처세를 얻다

다. 한국고전번역원은 교육과학기술부 산하 공공기관으로, 조선왕조실록이나 일성록·승정원일기와 같은 방대한 기록물 번역은 물론 우리 조상님들이 남긴 수많은 문집이나 동양고전 등을 번역하여 학계나 일반인에게 공개하는 일을 담당하고 있습니다.

이 책에 나오는 우리 조상님들의 말씀들은 대부분 한국고전번역원 DB에서 인용한 것임을 밝힙니다. 참고로, 필자는 한국고전번역원의 저작권 담당자에게 자료 인용 건에 대해 자문하였고, 자문 결과 이 책 마지막 페이지에 나오는 '참고문헌'에 필자가 인용한 말씀의 출처를 밝히면 문제가 없다는 회신을 받았습니다.

한국고전번역원DB 덕분에 이 책의 내용이 더욱 풍성해졌고 고급스러워졌습니다. 우리 조상님들이 남긴 문집 등을 우리말로 유려하게 번역해주신 한국고전번역원 선생님들께 머리 숙여 감사하다는 말씀 전해 올립니다.

이 책은 524편의 글들을 통해 사람은 왜 배워야 하는지를 다양한 예화를 통해 제시하고 있습니다. 아무쪼록 이 책이 제대로 된 사람 노릇과 바람직한 세상살이를 하는 데 있어 조금이라도 도움이 되기를 희망합니다.

마지막으로 조선 영조 때의 인물인 김매순(金邁淳)이 21세 때 쓴 자경명(自警銘; 銘은 자신을 경계하고자 마음·비석·돌·그릇·쇠·활 등에 새긴 글임)에 나오는 글 일부를 소개합니다.

「그대의 마음이 달아났는데 어찌하여 찾지 않는가. 그대의 덕이 새어나갔는데 어찌하여 닦지 않는가.[爾心有放 爾胡不求 爾德有失 爾胡不修]」

# 차례

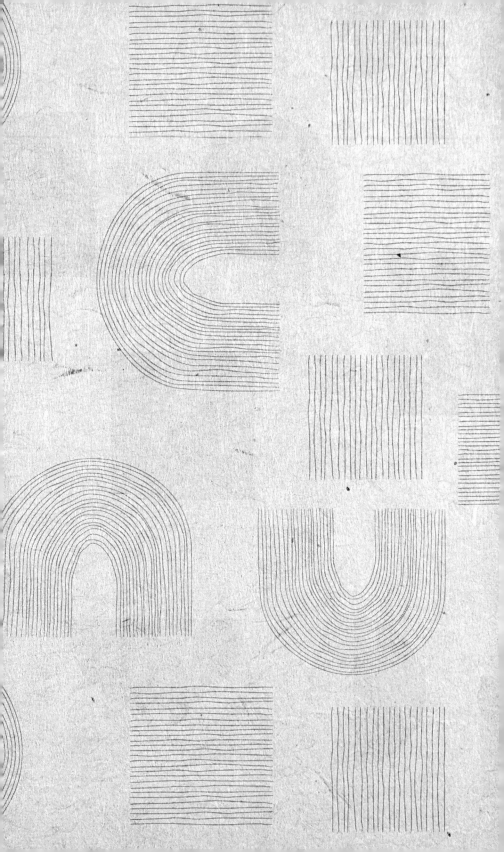

## 001.
# 친구 어머니

내 친구의 어머니는 인자한 분이셨습니다. 가끔 친구 집에 가서 놀다가 하룻밤을 머물곤 했는데, 어느 겨울 그 어머니께서 "날씨가 이렇게 추운데 집이 없는 사람들은 얼마나 추울꼬?" 하시던 말씀을 지금도 생생히 기억합니다.

산에 오르실 때면 큰 나무들을 향해 합장하시고 공손하게 반 배를 올리셨는데, 그 이유를 여쭙자, "나무들이 고마워서 그러지." 하셨습니다.

돌아가실 때 고통 없이 편안하게 눈을 감으셨다는 말을 들었습니다.


## 002.
# 멈춤

예로부터 세 가지의 '지(知)'를 알아야 한다고 했습니다.

첫째가 '지분(知分)'이니 자기 분수를 아는 것이요, 둘째가 '지족(知足)'이니 만족할 줄 아는 것이요, 마지막이 '지지(知止)'이니 그칠 줄 아는 것입니다.

서경덕(徐敬德)이 말했습니다.

「군자가 배움을 귀하게 여기는 이유는 그것을 통해 '멈춤[止]'을 알 수 있기 때문이다.」

이규보(李奎報)가 말했습니다.

「술잔은 찼다가도 덜어낼 수 있어 넘치지 않는데, 사람들은 가득한
데도 덜어내지 못해 쉽게 넘어진다.」

옛 은자(隱者)가 말했습니다.

「거친 음식을 먹어도 배만 부르면 그만이고, 누더기를 입어도 몸만
따뜻하면 그만이고, 어느 정도 평온하게 지낼 만하면 그만이고, 탐욕
과 질투도 나이가 많아지면 그만이다.」

선인(先人)께서 말씀하셨습니다.

「위험한 곳을 만나 멈추는 것은 보통 사람도 할 수 있지만 순탄한
곳을 만나 멈추는 것은 지혜로운 자만이 할 수 있다. 그대는 위험한
곳을 만나 멈췄는가. 아니면 순탄한 곳을 만나 멈췄는가. 뜻을 잃고
멈추는 것은 누구나 할 수 있지만 뜻을 얻고 멈추는 것은 군자만이
할 수 있다. 그대는 뜻을 얻고 멈췄는가. 아니면 뜻을 잃은 후에 멈췄
는가.」

옛날 중국의 어느 관상가는 하루 두세 명의 관상을 봐주면 더는 관
상을 봐주지 않았다고 합니다. 또 어느 의원은 하루 스무 명의 병자만

난세에서 인격과 처세를 얻다

받고 그 후에 오는 병자는 무료로 치료를 해주었다고 합니다. 사람의 욕심은 끝이 없고 탐욕을 부리면 재앙이 닥친다는 것을 알기에 알아서 미리 차단한 것입니다.

위백규(魏伯珪)가 말했습니다.

「백거이(白居易)는 청현직(淸顯職)을 두루 거쳐 지위가 참지정사(參知政事; 副宰相)에 이르렀으니 부귀하지 않았다고 말할 수 없으며, 음악이나 여색·술과 음식도 그가 일찍이 누리지 못했다고 말할 수도 없다. 그런데도 그가 평생 지었던 시가(詩歌)는 전부 부귀에 연연(戀戀)하는 것이었으며 마치 얻지 못한 듯 부러워하고 부족한 듯 애석해했다. 그가 늙어서는 더욱 원망하고 한탄하면서 자신의 감정을 억누르지 못했으니, 참으로 비루(鄙陋)함을 면하지 못하였도다.」

공자는 〈주역〉을 풀이하면서 이런 말을 남겼습니다.

「자벌레가 굽히는 것은 펴기 위함이며, 용과 뱀이 칩거하는 것은 몸을 보존하기 위함이다.[尺蠖之屈以求申也 龍蛇之蟄以存身也]」

**003.**

# 자녀가 선(善)을 행하다

자식이 건강하면 이미 상(上)의 효도를 한 것입니다. 더 나아가 자식이 선(善)을 즐겨 행한다면 무상(無上)의 효도를 하는 것이니, 소위 말하는 성공이나 출세는 효의 말단(末端)이라 할 것입니다.

일찍이 선인(先人)께서 말씀하셨습니다.

「자식이 효도하는 것으로는 선(善)을 행하는 것보다 큰 것이 없다.」

그리고 입신양명(立身揚名)에 대해 다음과 같이 정의하였습니다.

「입신양명하여 부모를 빛낸다는 것은 부귀영달을 말하는 것이 아니다. 본분을 다하여 부모에게 욕(辱)을 안기지 않는다면 모두 입신양명이라고 할 수 있다.」

「부모가 먼저 남을 배려하고 봉사한다면 아이는 굳이 애쓰지 않아도 바르고 훌륭하게 자라날 것이다.」라는 현자(賢者)의 말씀을 기억해야 할 것입니다.

## 004.
## 덕승재(德勝才)와 재승덕(才勝德)

덕승재(德勝才)는 덕이 재주를 앞서는 것이고, 재승덕(才勝德)이란 재주가 덕을 앞서는 것을 말합니다.

중국 송나라의 사마광(司馬光)은 〈자치통감(資治通鑑)〉에서 소인(小

人)을 재승덕(才勝德)으로 명명했습니다.

「남을 섬길 줄 알아야 뒤에 사람을 잘 부릴 수 있다.」라는 말씀이 있습니다. 덕(德)이란 남을 섬기는 것이요, 남을 높이는 것이요, 남을 널리 이롭게 하는 것을 말합니다.

청(淸)의 강희제(康熙帝)가 말했습니다.

「인재를 논할 때 반드시 덕을 기본으로 삼아야 한다. 짐은 사람을 볼 때 반드시 심보를 본 다음 학식을 본다. 심보가 선량하지 않으면 학식과 재능이 무슨 소용이 있겠는가. 재능이 덕을 능가하는 자는 나라를 다스리는 일에 결코 도움이 되지 못한다.」

〈대학〉에서 말합니다.

「덕이 근본이요, 재물은 말단이다.[德者本也 財者末也]」

신흠(申欽)의 말씀을 두 개 보겠습니다.

「재주와 그릇이 함께 갖추어져야만 그 재주가 그릇에 담겨서 덕을 성취할 수가 있다. 만약 재주만 있을 뿐이라면 덕을 제대로 성취하지 못할 뿐만 아니라 그 재주 때문에 악을 더욱 늘어나게 하는 점이 있을 것이다.」

「재주가 있어도 없는 듯이 하여 그에게 재주가 있다는 것을 사람들이 눈치채지도 못하게 하다가 일을 당해서 발휘하는 자는 바로 진정

재주를 가진 사람으로서 덕이 재주보다 뛰어난 자라 할 것이다.」


**005.**

# 자식이 성공하기를 바란다면

현자께서 「착하게 살고도 잘되지 못하는 자는 반드시 그의 선조가 악한 일을 했기 때문이니, 악이 다 해소되면 잘살게 될 것이다. 악한 짓을 했어도 망하지 않는 자는 반드시 그의 선조가 쌓아 놓은 음덕이 있기 때문이니, 음덕이 다하면 망할 것이다.」라고 하셨습니다. 〈진서(晉書)〉에는 「올곧은데도 망하는 것은 조상이 남긴 재앙 때문이고, 잔혹한데도 보존되는 것은 조상이 남긴 공덕 때문이다.」라는 말씀이 전합니다.

불의(不義)의 재물을 많이 얻어서 원한의 빚을 자손에게 물려주는 것은 부모가 할 짓이 아닙니다. 남을 속이고 괴롭혀서 재물을 얻거나 명성을 떨치면 그 화(禍)가 자손에게 미치니 부모는 늘 삼가고 조심해야 합니다.

옛 선인(先人)이 말했습니다.


「옥사(獄事)는 중한 일이다. 설사 잘못되는 일이 있다고 한들 관속(官屬; 관장 아래 직원들)이야 무슨 관계가 있으랴. 허물은 반드시 관장(官長)에게로 돌아간다. 비록 드러나는 형벌은 면한다 하더라도 반드시 음덕을 손상할 것이니 삼가야 한다.」

「한 집안의 성쇠는 그 집안에 오는 사람을 보면 알 수 있고, 먼 훗날의 성쇠는 자손을 보면 알 수 있다.」라는 현자의 말씀을 기억해야 합니다.

부모의 잘못 하나로 자식의 성공이 영원히 막혀버릴 수 있습니다. 자식이 성공하기를 바란다면 남의 눈에 피눈물 나게 하거나 남의 가슴에 못을 박는 짓은 하지 말아야 합니다.

자식이 성공하기를 바란다면, 부모가 먼저 음덕(陰德)을 쌓는 일에 착수해야 합니다.

자식이 잘되기를 바란다면 부모는 늘 살피고 늘 조심하고 늘 참회해야 합니다.


006.

# 어머니


도간(陶侃)은 중국 동진(東晉) 때의 명장(名將)입니다. 그가 어렸을 때 아버지가 돌아가시는 바람에 그의 어머니가 아들을 가르쳤습니다. 가난한 형편 속에서도 매번 부지런히 일하고 절약하며 절제하고 청렴 결백해야 한다고 어머니는 늘 훈계하였습니다.

도간은 훗날 심양(潯陽) 군수로 임명되었습니다. 그는 연못 속의 고기까지 감독하고 관리하게 되었습니다. 그는 연못 속의 고기를 잡아 햇볕에 잘 말려서 고향에 있는 어머니에게 보냈습니다. 어머니는 아들이 보낸 말린 생선을 다음과 같은 편지와 함께 아들에게 반송

했습니다.

「가난한 생활 속에서도 편안한 마음으로 잘 지내고 있으니 말린 생선 고기는 필요 없다. 너는 관가(官家)의 물건을 나에게 우송하여 나를 봉양하려고 생각하고 있느냐? 나에게 더는 걱정을 끼치지 말아라.」

중국 명나라 때 감산(憨山) 스님이라는 고승이 계셨습니다. 이분이 직접 쓰신 〈감산자전(憨山自傳)〉에 그의 어머니 얘기가 나옵니다.

「여덟 살이 되었다. 나는 우리 집 강 건너편에 있는 학당에 진학하여 친척 집에서 지내게 되었다. 어머니는 나에게 한 달에 한 번 이상 집에 오면 안 된다고 하셨다. 이것은 나에게 견디기 힘든 고통을 주었다. 하루는 어머니가 너무 보고 싶어 집으로 돌아가, 이제 학당에 가지 않겠다고 했다. 어머니는 매질하시면서 돌아가라고 야단을 치셨다. 나는 강나루에서 배를 타지 않겠다고 울면서 버텼고, 어머니는 성을 내시면서 내 머리채를 잡고 강물 속에 처박으셨다. 그러고는 돌아보지도 않고 집으로 가 버리셨다. 때마침 할머니께서 내 이름을 부르면서 건져 주셨다. 집에 가자 어머니가 할머니에게 말씀하셨다.

"이 아이는 아무짝에도 쓸모가 없어요. 차라리 강물에 빠져 죽게 내버려 두는 게 나아요."

그러고는 다시 매를 들고 강나루로 나를 쫓아 보내셨다. 나는 쫓겨 가면서 생각했다. '엄마는 사람도 아니야. 다시는 우리 집을 생각하지

난세에서 인격과 처세를 얻다

않을 테야!' 이때부터 어머니를 그리워하지 않고 공부에 전념할 수 있었다. 나중에 안 일이지만, 어머니는 나를 보내 놓고 매일 같이 강나루에 나와 나를 생각하며 우셨다고 한다. 할머니가 나를 매정하게 대한 어머니를 나무라자, 어머니는 이렇게 말씀하셨다고 한다.

"집 생각을 아주 끊어 놓아야 공부를 할 수 있지 않겠어요?"

이 어머니 덕분인지 감산 스님은 선(禪)과 교(敎)에 정통하여 수많은 저작을 남겼고, 또한 노장(老莊) 사상과 유교에도 정통하여 훗날 명나라의 4대 고승으로 뽑혔습니다.

조선 순조 때 호조판서였던 김좌명(金佐明)이 하인 최술(崔戌)을 서리(胥吏; 중앙관청의 하급 관리)로 임명해 중요한 일을 맡겼습니다. 그런데 어느 날 과부인 그의 어머니가 찾아와 이렇게 호소했습니다.

「대감의 보살피심으로 일자리를 얻은 것만도 과분한데, 그 덕으로 부잣집 사위까지 되어 호의호식하면서 뱅어 자반도 맛이 없다 할 지경이 되었으니 이 어찌 통탄할 일이 아니옵니까. 사정이 이러하온데, 나라의 큰 재물을 다루는 호조(戶曹)의 서리 자리에 올랐으니 잘못하면 더욱 큰일을 저지르고야 말 것입니다. 저는 오로지 이 아들 하나에 의지하고 살아온 천한 과부이옵니다. 저를 보살피시는 뜻에서 제 아들을 그저 아침저녁으로 죽이나 끓여 먹을 수 있는 자리로 보내어 제 분수를 지키도록 해주십시오.」

조선 숙종 때 인물인 이현일(李玄逸)의 어머니가 아들들에게 말했습니다.

「너희들이 비록 글을 잘한다는 명성이 있지만 나는 귀하게 여기지 않는다. 다만 한 가지라도 선행을 했다는 말을 들으면 내가 기뻐서 잊지 않는다.」

아래는 〈임하필기〉에 나오는 이야기입니다.

「안광직(安光直)이 한미(寒微)하던 시절에 집이 매우 빈궁하였는데, 어느 날 모부인(母夫人; 남의 어머니를 높여 부르는 말)이 대청 밑에 은(銀)이 묻혀 있는 것을 발견하고는 덮어버렸다. 날씨가 춥고 먹을 것이 자주 떨어지는 날이면 늘 대청 밑에 묻혀 있는 은에 생각이 미치곤 하였으나 이윽고 생각하기를, '그것을 취하는 것은 상서롭지 못하다.' 하고는 그날로 집을 팔고 미련을 두지 않았다. 뒤에 집안이 크게 일어나 외손 중에 왕비를 배출하였으니, 안 씨의 복은 실로 여기에서 비롯된 것이다.」

## 007.
# 진정한 기여

한 편의 글이라도 세상에 도움이 되지 않는다면 쓰지 말아야 합니다.

내 가르침으로 세상을 구제하는 사람이 많아져야 진정한 선(善)입
니다.

내 재산으로 천하에 굶주리는 사람이 없게 하는 것이 진정한 사업입
니다.

내 학문으로 천하를 안정시킬 수 있다면 이것이야말로 진정한 학문
입니다.

약이나 병원이 없어 고통받는 사람이 없게 하는 것이 부자들의 의무
입니다.

내 행위로 천하에 착한 사람이 조금이라도 늘어나도록 하는 것이 진
정한 덕행입니다.

정약용이 아들에게 말했습니다.


「백성을 사랑하고 나라를 근심하지 않으면 시(詩)가 아니다. 시대를
슬퍼하고 세속에 분개하지 않으면 시가 아니다. 선을 권장하고 악을
경계하는 뜻이 없으면 그 또한 시가 아니다.」


**008.**

# 현자(賢者)에게도 흠이 있다

유교에서 공자 다음가는 성인으로 추앙받는 주자(朱子)는 이렇게 말
했습니다.

「불교와 도교의 논리는 깊이 따질 필요가 없다. 그들의 가르침이 삼강오륜을 폐지하려고 한다는 것, 그것 하나만으로도 이미 최고의 죄를 범한 것이다. 그러니 그 이외의 일은 다시 말할 필요도 없다.」

왕희지(王羲之)는 '서성(書聖)'으로 불렸으나 세상 사람들이 그의 아들 왕헌지(王獻之)의 글씨가 아버지에 버금간다고 칭찬하자 은근히 질투하는 마음을 내었습니다.

정약전(丁若銓)이 동생 다산 정약용에 대해 「내 아우는 다른 병통은 없으나 도량이 좁은 것이 유일한 흠이다.」라고 하였습니다.

요(堯)임금과 순(舜)임금은 모두 못난 아들들을 두었고, 황희 정승은 자식 교육에 실패한 재상이었으며, 신숙주는 직언(直言)할 줄 몰랐다는 평을 들었고 그의 넷째 아들은 어보(御寶)를 위조한 죄로 사형을 당했습니다.

서예로 일가(一家)를 이룬 추사(秋史) 김정희는 남을 업신여기는 고질(痼疾)이 있었고, 가사(歌詞) 문학의 대가로 꼽히는 정철(鄭澈)에 대해서는 「송강은 술을 마시면 반드시 실수를 하여 식자(識者)들이 싫어하였다.」라는 기록이 있으며, 고결한 학자였던 최영경(崔永慶)을 사감(私感)으로 죽인 죄과(罪過)가 있는가 하면, 정여립(鄭汝立) 모반사건을 처리하면서 수많은 무고한 선비들을 죽게 한 책임이 있습니다.

윤휴(尹鑴)는 남에게 지는 것을 유독 싫어하였으며, 송시열(宋時烈)에 대해 조선왕조실록은 「조금이라도 거슬리는 바가 있으면 비록 (자기를) 평생 복종해 섬긴 이라 하더라도 서로 불화하였으니, 의논하는 자가 이를 깊이 근심하였다……. 실로 재주를 갖춘 것이 없었으며 기질이 거칠고 학문이 허술하여…… 스스로 대의(大義)를 발명하여 힘쓰면서도 도리어 패도(覇道)에 치우치고 인의(仁義)를 가차(假借)하는 병통이 있었다.」라고 기록하였습니다.

류성룡은 사관(史官)에게서 「국량이 협소하고 지론(持論)이 넓지 못해 붕당에 대한 마음을 떨치지 못한 나머지 조금이라도 의견을 달리하면 조정에 용납하지 않았고 임금이 득실을 거론하면 또한 감히 대항해서 바른대로 고하지 못하여 대신(大臣)다운 풍절(風節)이 없었다.」라는 평을 들었으며, 류성룡은 이율곡에 대해 「율곡은 다 좋은데 뭐든지 따지고 고치려 드는 성품이 흠이다.」라고 하였고, 정지연(鄭芝衍)은 이이(李珥)에 대해 「이이는 뜻이 크고 재주가 민첩하며 국가를 위하여 충성을 다하나 그 성품이 경솔하고 정밀하지 못하며, 자기주장을 지나치게 고집하고 변경하는 것을 좋아하므로 만약 단독으로 맡겨두면 국사를 그르칠 우려가 있음을 면하지 못할 것입니다. 이이가 능히 자기의 과실을 듣는 것을 다행으로 여겨 반성하여 자신에게 구하고 깊이 스스로 책하여 그 기질을 변화시키고 덕기(德器)를 성취한다면 오늘의 많은 말이 오히려 이이에게 평생의 약석(藥石)이 될지 누가 알겠습니까.」라 하였고, 허엽(許曄)과 이준경(李浚慶)은 이율곡을 예절과 근본도 모르는 인간이라고 하였으며, 대학자 노수신(盧守愼)은 이이가 죽은 후 선조에게 「이이는 자신에게 아첨하는 것을 기뻐했던 사람입니다.」라고 말했고, 구봉령(具鳳齡)은 「이이가 비록 간인(奸人)은 아니지만 진실로 경솔한 사람입니다. 자기 의견만을 옳다고 하고 다른 사람의 말은 듣지 않았으니 본심은 비록 나라를 그르치려 하지 않겠지만 나랏일을 맡아 하게 한다면 끝내는 그르치는 데 이르렀을 것입니다.」라고 하였습니다.

이이(李珥)가 토정 이지함에게 성리학에 종사할 것을 권하니 이지함이 말하기를, 「나는 욕심이 많아서 못하겠다.」라고 하자, 이이가 「부귀영화와 성색(聲色)과 재리(財利)는 모두 존장(尊丈)께서 즐기는 바가 아닌데, 무슨 욕심이 있어서 학문을 방해한단 말입니까.」라고 말하니, 이지함이 「어찌 반드시 명리(名利)와 성색만을 욕심이라고 하겠는가. 마음이 향하는 바가 천리(天理)가 아니면 모두가 인욕(人慾)이다. 내가 스스로 방종함을 좋아하고 법도로써 검속하지 못하니 어찌 물욕이 아니겠는가.」라고 하였습니다.

조선 명종(明宗)은 화담(花潭) 서경덕(徐敬德)의 학문에 대해 말하기를, 「화담(花潭)은 수신(修身)의 일에는 미치지 못하였으니 곧 이것이 수학(數學)이 아니겠는가.」라고 은근히 무시했으며, 이율곡은 서경덕의 학문에 대해 「화담의 공부는 진실로 학자가 마땅히 본받을 바가 아니다.」라고 혹평하였습니다.

서거정(徐居正)은 대제학(大提學)의 자리에 무려 23년이나 재직한 걸물(傑物)이었는데, 조선왕조실록의 사관은 서거정이 죽던 날 「그릇이 좁아서 사람을 용납하지 못했고 후진(後進)을 장려해 기른 것이 없다. 이로써 세상에서 그를 작게 여겼다.」라고 혹평했습니다.

이율곡은 기대승(奇大升)에 대해 「그 학식이 이론적인 변론에만 능할 뿐 실상 현실에서 실천하는 공부가 없었고, 호승지심(好勝之心)이 강하여 남의 의견을 듣기보다는 사람들이 자기를 따르는 것을 기뻐하여 소신 있는 선비들보다는 아첨하는 자들이 주변에 많았다.」라고 평했습니다.

조식(曺植)은 「조식은 세상을 피하여 홀로 서서 뜻과 행실이 높고 깨끗했지만 학문을 하면서 실제로 체득한 주장과 견해가 없고 상소한 것을 보아도 나라와 백성을 위한 방책은 없다. 이러한 이유로 그가 세상에 나와서 벼슬을 했다고 하더라도 나라를 잘 다스렸을 것이라는 보장은 없다.」라는 혹평을 들었으며, 이황은 「손으로는 물 뿌리고 소제(掃除; 청소)하는 일도 할 줄 모르면서 입으로 천리(天理)의 오묘한 이치를 말한다.」라는 독설을 들어야 했습니다.

맹자보다도 더 우러름을 받았던 중국의 주희(朱熹)는 「십 년간 은거(隱居)하여 한 몸 가볍더니 잠깐 미인을 보자 정욕(情欲)이 배로 일어나네.」라는 고백을 한 적이 있습니다.

황현(黃炫)이 지은 〈매천야록〉에는 「송시열과 이순신 두 집안 후손들은 관직에 있으면서 재물을 탐하였으므로, (후손 중에) 청렴결백하다는 소문을 들은 사람이 없었다.」라는 말씀이 실려 전합니다.

장유(張維)는 조선 인조 때의 명문장가로 글을 잘 써서 조선의 4대 문장가의 반열에 올랐습니다. 인조 때 병자호란이 터져 수많은 조선인이 청나라에 포로로 끌려갔는데, 이 중에는 여인들이 많이 포함되어 있었습니다. 갖은 고생 끝에 조선에 돌아온 여인들은 이른바 '환향녀(還鄕女)'라 하여 두고두고 비난의 대상이 되었습니다. 장유의 며느리도 청나라에 끌려갔다가 속환(贖還; 청에 돈을 주고 돌아옴)되었는데, 이때 장유가 '절개를 잃은 여자와 부부가 되어 선조(先祖)의 제사를 받들 수 없다.' 하여 며느리가 속환된 후에 상소하여 아들을 다시 장가들이기를 (왕에게) 청하였다는 기록이 여러 문헌에 전합니다.

정조(正祖)는 「나는 평소에 성미가 급한 증세가 있어서 남의 옳지 못한 점을 보면 문득 화가 치밀어 겉으로 드러내는 데까지 이르고 만다. 이는 제왕의 본색이 아니기에 근래 들어 비록 굳게 자신을 억누르며 모나지 않으려고 애쓰지만 기질이란 끝내 고치기가 어려운 것이어서 충돌이 있게 되면 스스로 이를 억제하지 못하고 만다.」라고 고백했습니다.


## 009.
# 처신(1)

고무호스를 만드는 어느 공장이 있었습니다. 잘 나가던 그 회사가 어느 날 갑자기 도산하게 되었습니다. 사장이 술을 워낙 좋아해서 경영을 소홀히 하게 되었고 그것이 결국 도산으로 이어졌습니다.

회사가 도산하자 채권자들이 몰려들었고, 공장의 기계와 물품들을 전부 압류해서 경매 처분하기에 이르렀습니다. 직원들은 다들 떠나가 버렸는데, 오직 한 사람만 남아서 회사 청산(清算) 작업을 도왔습니다. 그 직원은 사장님의 가재도구까지 경매에 나오자 자기 돈으로 그 가재도구들을 사들여 사장에게 돌려주었습니다.

그 후 그 직원은 그 회사를 떠나 다른 곳에 회사를 하나 차렸습니다. 그런데 그 직원의 인품을 전해 들은 사람들이 그 회사에 와서 물건을 사 가기 시작했습니다.

회사가 날로 성장하자 그 직원은 옛날 그 사장님을 공장장으로 불러들였고, 그 사장님이 돌아가신 후에는 그 유가족들까지 돌봐주었습니다.

난세에서 인격과 처세를 얻다

조선 선조 때 정엽(鄭曄)이라는 분이 있었는데, 인조반정으로 광해군이 쫓겨나자 「폐주(廢主)가 비록 스스로 천명을 끊었지만, 신하들로서는 일찍이 북면(北面)하여 섬겼던 분이니 의당 곡(哭)하여 보내드려야 합니다.」라고 하였습니다.

또 유배지에 있던 광해군이 일찍이 병이 났는데, 공(公)이 중종 때 연산군을 대접하던 선례(先例)를 인용하여 말하기를, 「광해군이 비록 종사(宗社)의 죄인이기는 하나 공(公)이 일찍이 그를 섬겼었으니 그가 병이 났다는 말을 듣고 어찌 옛정이 없겠습니까.」하고 눈물을 흘리니 인조가 해사(該司; 해당 부서)에 그에게 수용되는 물품을 후히 보내도록 하였습니다. 공이 또 말하기를, 「폐조(廢朝)의 궁인 중에 죄가 있는 자는 죽이거나 유찬(流竄; 유배 보냄)하는 것이 합당하지만, 그 나머지는 꼭 심하게 다스릴 필요가 없습니다.」라고 인조에게 진언(進言)했다는 기록이 있습니다.

이완(李浣)은 조선 인조 때의 무신(武臣)인데, 〈연려실기술(燃藜室記述)〉에 이런 이야기가 나옵니다.

「공(公)의 집이 낙봉(駱峯) 아래에 있어 인조의 셋째아들인 인평대군(麟坪大君)의 집과 같은 마을이었는데, 대장에 임명되자 급히 안국방(安國坊)으로 집을 옮기면서 말하기를, "군사를 맡은 신하로서 하루라도 왕자와 서로 이웃에서 같이 살 수 없다." 하였다.」

경기도 포천에서 중소기업을 운영하는 어느 사장에 관한 이야기를 소개합니다.

일한 지 1년이 채 안 되는 어느 직원이 사직서를 제출했습니다. 1년에서 20일이 모자란 근무 일수였지만 1년 정근(精勤)한 것으로 간주하여 퇴직금을 지급하였습니다.

또 직원들 간의 불화로 어느 직원이 갑자기 퇴사하겠다고 하자, 3일간 집에서 생각해 본 후에 결정하라며 일단 집으로 돌려보냈습니다. 그런가 하면 어느 직원이 모처럼 대출을 받아 집을 사게 되자 잘 살라며 100만 원을 손에 쥐여주었고, 그만둔 직원이 어려움을 겪고 있다는 말을 전해 들으면 무이자로 회삿돈을 빌려주거나 은행 대출을 알선해 주었습니다.

직원들에게 절대 반말을 하지 않았으며 직원들의 가정에 경사나 상사(喪事)가 있으면 반드시 근사한 화환이나 조화(弔花)를 보내주었습니다.

또 어느 중소기업 사장은 늘 직원들에게 이렇게 말했습니다.

「우리 공장에 납품이나 상차(上車)를 하기 위해 오는 트럭이 있으면, 지게차 담당자는 하던 일을 중단하고 즉각 이 사람들 일부터 해결하세요. 또 그들에게 운임이나 일당 등을 지급할 일이 있으면 지체 말고 지급하세요. 마지막으로 우리 회사에서 일용직을 썼으면 일이 끝나는 즉시 일당을 지급하세요.」

난세에서 인격과 처세를 얻다

## 자문(自問)

얼마나 베풀고 살았는가.

나는 혹시 퇴물(退物)은 아닌가.

싸구려 인생을 살고 있지는 않은가.

계속 지금처럼 인생을 살아도 되는 건가.

내 인생을 헐값으로 만들고 있지는 않은가.

갑자기 죽음이 찾아오면 순순히 응할 자신이 있는가.

요행히 하늘의 화(禍)를 면하면서 살고 있지는 않은가.

살아오면서 남의 눈에 피눈물을 나게 하지는 않았는가.

## 억울함(1)

정약용이 쓴 책 중에 〈흠흠신서(欽欽新書)〉가 있습니다. '흠흠(欽欽)'은 '삼가고 또 삼간다'는 뜻으로, 그는 형(刑)을 다스리는 것의 근본이 바로 '흠흠'이라 하였습니다. 정약용은 이 책을 펴내는 목적이 '억울한 사람이 없기를 바란다.'에 있다고 했습니다.

명나라 때 학자이자 청백리였던 정선(鄭瑄)이 말했습니다.

「시골 백성이 한 번 관청에 오면 이졸(吏卒)들이 호통치고 매질하여 그만 혼비백산하고 기맥이 떨어져 그 구속을 두려워한다. 그리하여 빨리 벗어나고자 망령되게 스스로 거짓 죄를 자백하는 자도 있고, 아전들은 빨리 처리하기만 힘써서 강제로 고문하여 초사(招辭)를 인정하도록 핍박하는 자도 있으며, 관장(官長)은 자기 견해만 믿고 멋대로 억측하는 자가 있는데, 아전들은 그 뜻을 순순히 좇아 그렇지 않다고 하는 자가 없다.

아! 한 사람이 옥에 들어가면 온 가족이 함께 울고, 한 가지 죄안(罪案; 범죄 사실을 적은 기록)이 성립되면 아내와 자식이 팔려 가게 된다. 원서(爰書; 죄인이 자신의 범죄 사실을 자백한 문서)의 몇 마디 말을 대수롭지 않게 다뤄서야 하겠는가. 그러므로 하민(下民)의 심정을 통하게 하려면 관청 문을 크게 열어서 스스로 호소하게 하여 숨김이 없도록 하고, 그중 은미(隱微)하여 밝히기 어려운 것이 있으면 반드시 거리에서나 읍에서도 찾아 묻고 꾀하여 자나 깨나 잊지 말아야 한다. 이와 같이 하면 귀신이라도 와서 알려 줄 것이다.」

어느 선인(先人)의 다음 말씀을 잘 읽어 보십시오.

「지극히 원통한 일은 하늘에 호소해도 소용없고, 땅에 호소해도 소용없고, 부모에게 호소해도 역시 소용이 없다. 권세 있는 한 관원이 안건을 검열하고 사실을 밝혀 무죄로 판결해 준다면 그때 비로소 형관(刑官)의 존귀함을 안다.」

한 고을의 형관(刑官; 사법권을 가진 관리)의 위세는 위의 말처럼 하늘보다 높고 부모보다 더 의지할만한 존재입니다. 하물며 큰 권세를 가진 고관(高官)이나 권력자가 관용을 베풀거나 지성(至誠)을 다해 사정을 돌봐주거나 그들의 말에 귀를 기울이거나 억울한 사정을 해결해 준다면, 그 은혜와 공덕이 얼마나 크겠습니까.

어느 관리가 왕에게 아뢰었습니다.

「지금 궐에서 모시는 궁인(宮人)의 수는 1천 명이나 되는데, 이들은 어릴 때부터 격리된 생활을 하여 인도(人道; 남녀관계)를 통하지 못하므로 억울한 기운이 쌓여서 위로 하늘을 움직여 자손이 자라지 못하는 것이니, 폐하께서 자손을 많이 두시려면 궁녀들을 내보내어 제 마음대로 시집가도록 해 주십시오. 그리하면 하늘이 복을 내리고 자손이 많아질 것입니다.」

이익(李瀷)이 말했습니다.

「임금의 덕이 손상되는 것은 대개 환관(宦官)과 궁첩(宮妾)에서 연유한다. 덕이 손상되는 것뿐만 아니라 환관은 독양(獨陽)이고 궁첩은 독음(獨陰)이니 화육(化育)이 선통(宣通)될 이치가 있겠는가. 어느 나라이건 말기에 이르러서는 반드시 왕의 자손이 적어져 나라가 망하는데, 이는 대개 독음·독양의 무리가 점점 많아져서 화육이 선통되지 않기 때문이다. 환관과 궁첩이 많으므로 울기(鬱氣)와 원기(怨氣)가 쌓여 왕의 후사(後嗣)가 자라지 못하는 것이다.」

중국의 어느 대학에서는 실험용으로 죽인 동물들을 위하여 매년 위령제(慰靈祭)를 지내 준다고 합니다. 또 우리나라의 어느 절에서는 구제역·AI·돼지 열병 등으로 살처분된 가축들을 위한 천도재를 지내 준다고 합니다. 이러한 행위들은 절대 미신이 아닙니다.

이 세상엔 억울한 사람들로 가득합니다. 을(乙)의 위치에 있다 보니 갑(甲)으로부터 온갖 횡포와 모욕을 당하고 이것을 하소연할 데가 없어 가슴 속에 억울함만 쌓여 갑니다.

콜(call)센터에서 전화를 받는 여자분들은 몰상식한 남자들의 폭언에 큰 상처를 입습니다. 이것이 원한 또는 억울함으로 변합니다.

이 세상엔 얼굴도 모르는데 처음 대하는 여성한테 낯 뜨거운 언사와 천박한 언어로 거친 말을 쏟아붓는 남성들이 왜 그리도 많은 걸까요.

아파트 경비원들은 아파트 주민들로부터 늘 비상식적인 대우를 받습니다. 대학원에서 공부하는 대학원생들은 교수의 폭언과 비인격적인 대우에 늘 시달립니다.

비정규직 직원들은 회사의 부당한 처사와 지시에 늘 괴롭습니다. 월급은 최저임금 수준이고 복지는 형편없습니다. 불만이나 이의(異議)를 제기했다가는 해고되기 때문에 꾹 참고 지냅니다.

회사나 대학교에서 일하는 청소용역업체 직원들이나 구내식당 직원들이 쉬거나 잠을 자는 공간은 왜 그리도 누추하고 좁고 초라하게 만드는 걸까요.

백화점이나 호텔의 주차장에서 일하는 직원들의 월급은 왜 그리도 적고, 그들이 쉬는 휴게실은 왜 그리도 볼품없으며, 그들이 먹는 점심은 왜 그리도 부실한 걸까요.

# 민주주의란

상대방이 싫어하는 것을 하지 않는 것.

내 생각을 다른 이에게 강요하지 않는 것.

생각의 차이를 무시하거나 없애려 하지 않는 것.

내가 하기 싫은 일은 다른 사람도 싫어한다는 것을 아는 것.

두 사람이 똑같은 것을 보고서도 서로 다르게 느낄 수 있음을 인정하는 것.

다른 사람이 자기 의견을 다 말하도록 해주고 또 그의 목소리에 귀를 기울이는 것

# 이런 사람

황정견(黃庭堅)은 스승인 소동파(蘇東坡)와 함께 송대(宋代)를 대표하는 시인이었고, 행서와 초서에 뛰어난 재능을 보여 북송(北宋) 4대가 중 하나로 꼽혔으며 시와 서예, 두 방면 모두에서 일가(一家)를 이루었다 해서 '시서쌍절(詩書雙絶)'이라는 평을 들었던 문인입니다.

그가 만년(晩年)에 방안에 소동파(蘇東坡)의 초상(肖像)을 걸어 놓고 아침마다 의관(衣冠)을 바로 하고 향을 피우며 숙배(肅拜)를 매우 공경스럽게 하니 어떤 사람이, "같은 시대에 명망(名望)이 서로 엇비슷하였

는데, 무엇 때문에 그리하십니까." 하고 묻자 말했습니다.

「내가 어찌 소공(蘇公)을 따를 수 있겠는가. 나는 그의 제자(弟子)일 뿐이니 예(禮)를 잃어서야 되겠는가.」

아래는 〈연려실기술〉에 나오는 기록입니다.

「안현(安玹)이 경연(經筵)에 입시하면 강설이 자세하고 분명하였으며, 대간(臺諫; 사간원과 사헌부를 합친 말)에 있어서는 일을 당하면 있는 힘을 다해 간(諫)하고, 세자를 보좌할 적에는 잘 깨우쳐 드려서 명망이 드러났으며, 중후하고 단정하며 말라 웃음이 적고 고요한 방에 홀로 있을 때도 신명(神明; 천지신명)을 대하듯 하였고, 추한 옷과 거친 밥은 한미할 때나 현달할 때의 구별 없이 한결같았다. 공은 충성스럽고 청렴하고 근검하여 남이 사사로이 주는 것을 받지 않았으며 청탁이 통하지 않았다. 하루는 손님이 좌석에 있을 때 공이 밥을 먹는데 찬이 미역을 된장에 끓인 것뿐이었다. 공은 맛도 보지 않고 밥을 국에 마니, 손님이 말하기를, "국이 맛이 없으면 어떻게 하려고 먼저 맛을 보지 않습니까." 하니 공이 말하기를, "국이 설령 좋지 않더라도 어찌하겠소." 하였다.」

A는 B에게 빌려준 돈 3,000만 원을 아직 돌려받지 못하고 있습니다. 그래서 갑(甲)이라는 변호사를 선임했습니다.

갑 변호사는 B를 찾아가 이렇게 말합니다.

난세에서 인격과 처세를 얻다

「저는 A를 대리하여 소송을 맡게 된 변호사 ○○○입니다. 선생님 형편이 얼마나 어려우셨으면 아직 돈을 갚지 못하고 계시겠습니까? 저는 충분히 이해합니다. 돈을 당장 갚으라고 찾아온 것은 아니니 행여 불안해하지 마십시오.」

갑 변호사는 이런 식으로 상대방의 마음을 어루만졌습니다. 다른 변호사들 같으면 우선 내용증명이나 독촉장 등을 등기로 보내 채무자를 위협하거나 불안에 떨게 했을 터인데, 그는 그렇게 하지 않았습니다.

적으로 만났던 사람들조차 훗날 그에게 소송을 맡기거나 그에게 일거리를 소개해 주었습니다. 그래서 그의 사무실은 늘 일거리가 많습니다.

**014.**
# 공직자

중국 송나라 때의 명신(名臣)이었던 범중엄(范仲淹)이 재상(宰相)으로 있을 때, 감사(監司)들의 명부를 가져다가 무능한 관리의 이름에 표시하고는 차례차례 경질했는데, 추밀사(樞密使) 부필(富弼)이 보다 못해 「공(公)께서는 붓 한번 대는 것이지만 한 집안에 곡소리 나는 것을 어찌 아시겠습니까.」라고 하자, 범중엄은 「한 집안에서 곡소리 나는 것을 한 성(省; 중국의 지방 행정조직 중 최상급 단위. 미국의 州와 비슷함)에서 곡소리 나는 것과 비교하면 어떤 것이 더 낫겠는가.」라고 하였습니다.

공자는 「하늘에 죄를 지으면 빌 곳이 없다.」라고 하셨지만, 어떤 현자께서는 「하늘에 지은 죄는 그래도 벗어날 수 있지만, 백성에게 지은 죄는 구제받을 수 없다.」라고 하였습니다.

중국 수(隋)나라 때 조궤(趙軌)라는 인물이 있었습니다.

그는 어릴 때부터 학문을 좋아했고 무척 검소했습니다. 그가 젊었을 때 이웃집 뽕나무 가지가 담장을 넘어 그의 집으로 뻗어 들어와 열매를 맺은 후 마당에 떨어진 일이 있었습니다. 그가 하인을 시켜 뽕나무 열매를 이웃집에 돌려주면서 자녀들에게 이렇게 말했습니다.

「나는 명성을 높이려고 뽕나무 열매를 돌려준 것이 아니다. 노력해서 얻은 것이 아니기에 돌려준 것이다. 당연히 내가 가지면 안 된다고 생각했을 뿐이다. 너희도 이를 명심해라.」

4년 뒤 그는 지방관으로서 평점이 제일 높아 당시 황제였던 문제(文帝)가 크게 칭찬하면서 비단 300필과 쌀 300석을 하사하며 중앙으로 불러들였는데, 그가 지방을 떠나자 고을 백성들이 엎으려 울면서 말했습니다.

「공(公)께서 이 고을에 재임하시면서 물 한 모금이나 불씨 하나라도 백성들로부터 받지 않으셨으니, 술 한 잔마저 올릴 수 없습니다. 공의 청렴함이 마치 물과 같습니다. 청컨대, 이 물 한 잔으로 공을 전송하고자 하옵니다.」

그 후 그는 중앙에서 중요한 벼슬에 있게 되는데, 다시 지방관으로 발령을 받게 되었습니다. 지방으로 부임하던 도중 그를 태우고 있는 말이 갑자기 밭으로 뛰어들어 자라고 있던 곡식을 크게 망쳐 놓았습니다. 그는 그곳에 머물면서 날이 새기를 기다렸습니다. 날이 밝자 밭 주인을 찾아 변상한 뒤 길을 떠났습니다. 이 소문이 크게 퍼져 관리들이 백성을 함부로 대하는 일이 사라졌다고 합니다.

정약용이 말했습니다.

「하루의 수고로 만세의 영화를 누릴 텐데, (관리들은) 무엇이 아까워서 하지 않는가.[一日之勞 萬世之榮 何惜而不爲哉]」

현자께서 말씀하셨습니다.

「공직자가 권력을 이용하여 사욕을 채우려는 사적인 죄는 용서받을 수 없다.」

자산(子産)이 말했습니다.

「나는 배운 다음 벼슬한다는 소리는 들어보았어도 벼슬한 다음 공부한다는 소리는 들어보지 못했다.[吾聞學而後入政 未聞以政學者也]」

공직에 몸을 담고 있는 자들이 정말 부럽습니다. 이들은 마음먹기에 따라 다른 사람들이 절대 쌓을 수 없는 큰 공덕을 쌓을 수 있기 때문입니다.

지혜로운 공직자는 재직 중에 부업(副業)을 하지 않고 부동산을 사지 않으며 자기 고향을 사적으로 방문하지 않습니다.

존경할 만한 공직자는 퇴직 후에 피감독기관에 감사나 고문 등으로 취직하여 자신이 몸담았던 기관을 상대로 압력을 넣거나 로비를 벌이거나 수주(受注)를 하지 않습니다.

## 015.
## 임종(1)

염불에 대해 어떤 사람이 물었다.

「사람이 평생 짓는 죄악이 얼마나 많은데, 임종 시 기껏 한두 번의 염불로 극락에 태어난다고 합니다. 그게 가당키나 한 일입니까.」

어느 고승이 답했습니다.

「범부는 평생 지은 악업만 무거운 줄 알뿐 임종 시 한두 번 염불하는 공덕은 대수롭지 않게 여기오. 범부는 집착이나 망상으로 악업을 짓소. 이에 반하여 임종 시의 염불은 절박한 심정과 순선(純善)한 마음으로 하오. 이 둘의 무게가 같다고 보시오? 평상시 한두 번의 염불로는 극락에 가지 못하지만 임종 시엔 한두 번의 염불로 반드시 극락에 왕생하는 이유가 여기에 있소.」

옛 선현(先賢)께서 말씀하셨습니다.

「한 호흡이 아직 남아 있는 한, 하늘 가득한 큰 악도 회개할 수가 있다. 옛사람 중에는 평생토록 악행을 일삼다가 죽음이 임박하여 참회하면서 하나의 선한 생각을 일으켜 마침내 선종(善終; 좋은 죽음)을 얻은 사람도 있다. 한 생각을 군세게 다듬으면 백 년의 악(惡)도 씻을 수가 있으니 비유하건대, 천 년간 어둠에 덮여 있던 골짜기에 등불 하나 넣으면 그 즉시 천 년의 암흑이 모두 사라지는 것과 같다.[一息尙存 彌天之惡 猶可悔改 古人有一生作惡 臨死悔悟 發一善念 遂得善終者 謂一念猛厲 足以滌百年之惡也 譬如千年幽谷 一燈纔照 則千年之暗俱除]

**016.**
# 복을 덜어내는 행위

요즘 '먹는 방송'이 유행입니다. 먹는 방송의 가장 큰 특징은 대식(大食)입니다. 게다가 그들이 먹는 음식은 대부분이 육류입니다. 어떤 방송에서는 네 명이 하루에 142만 원어치의 음식을 먹기로 작정하고는 그 액수만큼의 고기를 꾸역꾸역 먹는 모습을 보여주었습니다.

그들은 음식을 잔뜩 차려 놓고 굉장히 빠른 속도로 먹습니다. 음식에 대한 예의는 조금도 찾아볼 수 없거니와, 이런 짓은 자기가 갖고 태어난 복을 빠르게 덜어내는 행위이기도 합니다.

어떤 이는 몸에 조그만 이상이 있으면 큰 병원에 달려가 치료를 받거나 비싼 보약을 주문하여 먹습니다.

어떤 이는 툭하면 자신을 위로한다면서 해외여행을 떠나고, 어떤 이는 피로에 지친 자신을 위한답시고 고가의 사치품을 마구 사대기도 합니다.

어떤 이는 자신을 사랑해줘야 한다면서 특급 호텔에 며칠씩 머물기도 하고, 어떤 이는 고급 자가용을 1년 이상 타지 않고 수시로 교체합니다.

어떤 이는 재산이 넉넉함에도 힘들게 살아가는 사람들에게 각박하게 굴고, 어떤 이는 지위가 높음에도 끊임없이 탐욕을 부립니다.

부유한 이가 가난하거나 힘든 육체노동을 하는 사람들을 보면 얼굴을 찡그리고, 귀한 자리에 오른 이가 TV 등에서 노동자들의 파업 시위, 사회적 약자들의 데모 등을 보면 욕설을 퍼부으며 채널을 다른 데로 돌립니다.

많이 배운 이가 식당 등에서 음식을 먹다가 머리카락이 나올라치면 소리를 지르면서 화를 내고, 남이 부러워하는 직업을 가진 이가 남한테 푼돈 쓰는 것을 마치 자기 살점이 떨어져 나가는 것처럼 아파합니다.

다들 복을 소비만 할 뿐 복을 짓는 데는 인색합니다.

**017.**

# 부끄러워해야 할 일

어느 집은 의사 집안입니다. 부모님도 의사고 큰아들·둘째 아들·딸·

사위·며느리까지 모두 의사입니다. 게다가 다들 명문대 출신입니다. 그런데 이들 중 의학 발전에 큰 공(功)을 세웠거나 사회에 헌신한 의사로 이름을 날린 사람은 없습니다.

다른 어떤 집안은 온통 법조인입니다. 아버지는 대법관으로 퇴직하였고 어머니는 법대 교수를 지냈습니다. 큰아들은 검사, 막내는 유명 로펌 변호사, 사위는 판사, 며느리도 판사, 손자는 이번에 초임 검사로 임명되었습니다. 사돈 가문도 법조인 집안입니다.

이들 중 세상으로부터 존경을 받는 법조인은 역시 없습니다. 세상을 바꾸는 명판결을 내린 판사도 없고, 가진 자들의 기득권을 깨부수는 판결을 내린 판사도 없습니다. 국민으로부터 존경을 받는 검사나 권력에 저항한 검사도 없고, 편향된 판례를 바꾸기 위해 노력한 변호사도 없었습니다.

다들 기득권을 누리는 일에만 몰두하였고 좀 더 큰 명예와 좀 더 많은 수입, 더 높은 자리만을 탐내는 사람들뿐이었습니다.


그의 큰아버지는 유명 사립학교의 교장을 지냈고, 작은아버지는 명문 사립대 교수로 재직하다 은퇴했습니다. 그의 어머니는 중학교 교감을 지냈고, 삼촌은 미국 대학교 부교수로 있습니다. 그의 아내는 고등학교 수학 선생이고, 그의 아들은 이번에 미국 하버드대에 들어 갔습니다.

그러나 이들 중 시민단체나 공익 재단에서 활동한 사람도 없고 교육계에 큰 족적을 남긴 사람도 없으며 탁월한 교육 이론을 세운 사람 역시 없습니다. 다들 자기 이익에 급급하고 자기 한 몸 먹여 살리기에 바빴을 뿐입니다.

# 요즘 볼 수 없는 모습

대형 교회의 가난한 장로

자연을 사랑하는 등산가

지하철이나 버스 안에서 책 읽는 사람

행복하다고 말하는 노인

옷차림에 신경을 쓰는 노인

밖에서 신나게 뛰어노는 아이들

여유와 배려를 품은 어른

어린이를 존중하는 어른

노인들을 존경하는 젊은이

진리에 목말라 하는 사람

공부를 많이 하는 성직자

제자를 사랑하는 스승

따뜻하고 친절한 의사

밝게 웃으며 등교하는 학생

상대를 인정할 줄 아는 문인(文人)

화를 좀처럼 내지 않는 신앙인

세금을 정직하게 내는 종교인

다른 종교를 존중하는 종교인

마음이 열려 있는 종교인

생각이 깨어 있는 종교인

편견과 아집에서 자유로운 지식인

# 가슴이 아픕니다

도로 위에서 차에 치여 죽은 동물들의 사체를 보면 가슴이 아픕니다.

폐지를 줍고 있는 노인들의 모습을 보면 가슴이 아픕니다.

마트에서 너무나 싸게 팔리고 있는 농산물을 보면 가슴이 아픕니다.

새벽에 엄청난 양의 쓰레기를 수거하는 환경미화원들을 보면 가슴이 아픕니다.

여름에 에어컨도 없는 경비실에서 일하는 경비원들을 보면 가슴이 아픕니다.

아침에 등교하는 학생들의 우울한 표정을 보면 가슴이 아픕니다.

치매에 걸린 가난한 어머니들을 보면 가슴이 아픕니다.

골목길이 사라져 차가 많이 다니는 도로에서 노는 아이들을 보면 가슴이 아픕니다.

화장실에서 취사(炊事)하거나 식사를 하는 경비원들을 보면 가슴이 아픕니다.

산재(産災)를 당한 근로자들, 훈련 중 크게 다친 군인들을 보면 가슴이 아픕니다.

**020.**

# 당신의 죄

나이가 많으십니까?

그렇다면 세상의 때가 많이 묻으셨겠군요.

혼인해서 자녀를 두셨습니까?

그렇다면 당신은 자녀들에게 부부가 행복하게 사는 모습을 보여 주지 못했을 겁니다.

당신은 어른입니까?

아닙니다. 당신은 분명 나이만 많은 사람일 겁니다.

앞만 보고 열심히 인생을 살아오셨습니까?

그렇다면 당신은 공부하지 않고 살아온 죄가 있습니다.

지식이 많으십니까?

그렇다면 당신은 교만함, 근거 없는 우월감, 불필요한 자존심 그리고 번뇌와 망상을 잔뜩 지니고 있을 겁니다.

착한 일을 많이 하셨습니까?

그렇다면 당신은 그 선행을 자랑하고 싶은 마음, 남들이 당신의 선행을 빨리 알아주었으면 하는 마음, 선행을 실천했으니 복을 많이 받을 거라는 기대감, 괜한 선행을 했다는 후회스러움 등으로 가득할 겁니다.

신앙생활을 오래 해 오셨습니까?

그렇다면 진리를 등지고 반대로 달리셨겠군요. 게다가 당신은 남들의 행위가 눈에 늘 거슬릴 것이며, 자신이 믿는 종교를 믿지 않는 사람들을 향해 독설을 퍼붓거나 다른 종교에는 구원이 없다고 굳게 믿으

난세에서 인격과 처세를 얻다

며, 당신 자신만큼은 선택받은 사람이라고 여기고 있을 겁니다.

## 된다는 것

노인이 된다는 것은 너그러워진다는 뜻입니다.
어른이 된다는 것은 책임질 줄 안다는 뜻입니다.
인간이 된다는 것은 부끄러움을 안다는 뜻입니다.
공직자가 된다는 것은 국민을 두려워할 줄 안다는 뜻입니다.

## 죄는 미워해도 사람은 미워하지 마라

이 말에는 다섯 가지 함의(含意)가 있습니다.

첫째, 우리에게는 남을 미워할 자격이 없다는 뜻입니다. 「군자는 소인의 죄를 미워할 뿐 소인을 미워하지는 않는다.」라는 격언처럼 말입니다.

둘째, 남을 미워하는 것은 사실 죄가 크다는 뜻입니다. 누군가를 미워한다는 것은 '자기는 옳고 남은 그르다.'라는 심리가 깔린 것인데, 이것은 사실 지독한 교만이자 증오입니다.

셋째, 죄지은 사람을 미워하지 않아도 하늘이 훗날 반드시 응징하기 때문입니다.

넷째, 기독교에서는 '인간은 하느님의 형상대로 창조되었다.'라고 하고, 불교는 '모든 중생은 불성(佛性)을 가지고 있다.'라고 합니다. 우리 인간의 눈엔 나쁜 사람으로 보여도 하늘이 보기엔 좋은 사람일 수도 있습니다. 인간의 안목은 몹시 불완전하고 편벽되어 있음을 인정해야 합니다.

〈논어〉에 나오는 공자의 말씀 두 개를 보겠습니다.

「오직 인자(仁者)만이 남을 좋아할 수 있고 미워할 수 있다.[唯仁者 能好人能惡人]」

「진실로 인(仁)에 뜻을 둔다면 누군가를 미워하는 일이 없다.[苟志於 仁矣無惡也]」

인자(仁者)가 남을 미워하는 것은 소인(小人)이 남을 미워하는 일과는 차원이 다르며, 진실로 인(仁)한 자는 남을 미워하는 일이 없다는 뜻입니다. 진정으로 인(仁)한 사람은 천하에 미워하는 사람이 한 사람도 없습니다. 나쁜 사람마저 불쌍히 여기고 사랑하기 때문입니다.

다섯째, 남을 미워하는 일은 나쁜 카르마가 되어 당신의 아뢰야식에 저장되어 훗날 때가 무르익으면 당신에게 악한 열매로 되돌아옵니다.

# 023

# 판사·검사·의사

판사와 검사와 의사, 이 셋의 공통점은 무엇일까요?

고소득 전문가일까요? 엘리트인가요? 부러움을 사는 직업인가요? 성공의 증표(證票)인가요?

여러 가지가 있겠으나 필자는 우선 '인명(人命)을 해칠 수 있는 직업'이라 말하고 싶습니다. 이 셋은 과거 왕조 시대엔 모두 중인(中人)에 속하는 직업이었습니다. 따라서 율사(律士)나 의원(醫員)이 되려면 문과(文科)가 아닌 잡과(雜科)에 응시했습니다.

또 이 셋은 천국에 가면 하나같이 볼 수도 없고 필요도 없는 직업들이라는 공통점이 있습니다. 이 셋은 사회가 어렵거나 갈등과 반목이 심할 때 빛을 발하는 직업들입니다. 이들은 무엇보다 사람의 생명과 재산을 다루기 때문에 올곧은 마음, 올바른 가치관, 정직한 성격 등을 필요로 합니다. 끊임없이 공부해야 하고 끊임없이 자신을 단속하고 성찰해야 하는 직업이니, 인격이 초라한 사람이라면 이런 직업은 꿈도 꾸지 말아야 합니다.

이들은 마음만 잘 먹으면 큰 공덕을 지을 수 있는 위치에 있지만, 잘못 먹으면 큰 죄악을 지어 훗날 천벌을 받을 수 있는 위치에도 있습니다.

또, 이 셋은 '사전(事前) 예방'이 아닌 '사후(事後) 구제'에 치중한다는 공통점이 있습니다. 갈등이나 범죄가 있어야 판·검사가 할 일이 있고, 병이나 사고가 나야 의사가 할 일이 있습니다. 지극히 수동적입니다. 대저 예(禮)가 법(法)보다 숭고한 이유는 '사전(事前)'에 치중하기 때문입니다.

　〈사기(史記)〉에 「예(禮)는 미연(未然)에 막는 것이요, 법은 사후에 다스리는 것이다.[禮禁未然 法施已然]」라는 말씀이 있습니다.

　교육자나 성직자가 판·검사나 의사보다 숭고한 이유도 그들의 본령(本領)이 '미연에 막는 것'이기 때문입니다.

　노자(老子)가 말했습니다.

　「대도(大道)가 없어지자 인의(仁義)가 나왔다. 도(道)를 잃은 후에 덕(德)이 나왔고 덕(德)을 잃은 후에 인(仁)이 나왔으며 인(仁)을 잃은 후에 의(義)가 나왔고 의(義)를 잃은 후에 예(禮)가 나왔으며 예(禮)를 잃은 후에 법(法)이 생겨났다.[大道廢有仁義 失道而後德 失德而後仁 失仁而後義 失義而後禮 失禮而後法]」

　이처럼 법(法)은 가장 하위(下位)에 있는 것이었고 최후의 수단이었습니다. '법은 도덕의 최소한'이라는 법언(法諺)이 그래서 나왔습니다. 법은 도덕 중에서 사회질서 유지를 위해 반드시 필수적인 것들만 최소한도로 규정해 놓은 것이며, 법은 도덕에서 나온 것이므로 적어도 도덕에 어긋나서는 안 된다는 것이며, 법이 개인의 영역에 개입할 때는 '필요한 최소한'에 그쳐야 한다는 것입니다. 법을 좋아하는 가문치고 번창하는 가문 없고, 소송 벌이기를 좋아하는 사람치고 끝이 좋은 사람 역시 없습니다. 우리 조상들은 의술(醫術)보다는 섭생(攝生)·보신(保身)을 더 중요하게 여겼으니, 의술 역시 대단하게 여기지 않았습니다. 그래서 법이나 의술을 다루는 사람들을 중인(中人)에 두었나 봅니다.

# 024

# 지혜(1)

남의 거짓을 알아차렸어도 이를 입 밖에 내지 않고, 남에게 수모를 당해도 얼굴에 드러내지 않는다면 지혜가 있는 사람입니다.

남의 비난이나 칭찬 등에 즉각 반응하지 않는다면 지혜롭다 하겠습니다. 세상을 원망하지 않고 다른 사람들을 탓하지 않는다면 역시 지혜롭다 하겠습니다.

중국 명나라의 어느 고승이 말했습니다.

「세상에 있으면서 세상을 떠난 사람을 '지인(至人)'이라 한다.[卽世而離世者 謂之至人]」

세상을 살면서 올바른 직업을 갖고 살아가되 늘 자신을 살피면서 덕행을 쌓습니다. 그렇지만 세상에 물들지 않고 세상일에 동요하지 않습니다. 세상을 탓하거나 하늘을 원망하는 일이 없습니다. 오는 것을 막지 않고 가는 것을 붙잡지 않습니다. 나에게 닥치면 묵묵히 해낼 뿐입니다.

지혜롭다는 것은 자기 일을 남의 일처럼 담담하게 보는 것이요, 자비롭다는 것은 남의 일을 자기 일처럼 보는 것입니다. 지혜가 없으면 자신을 구제할 수 없고 자비가 없으면 타인을 구제할 수 없습니다.

소크라테스는 말했습니다.

「우리가 아는 것이 얼마나 초라한지를 아는 것이 지혜다.」

성공하면 지식을 얻지만, 실패하면 지혜를 얻습니다.

공부하면 지식이 쌓이지만 남을 도우면 지혜가 생겨납니다.

자기를 이롭게 하면 지식이 쌓이지만 남을 이롭게 하면 지혜가 쌓입니다.

책에 난 길을 걸을 때 '지식'이 쌓이고 내 마음에 난 길을 걸을 때 '지혜'가 생겨납니다.

지식은 자기가 이만큼 배웠다는 자랑이며 지혜는 자기가 이 이상은 모른다는 겸손입니다.


## 025.
# 갑질 유전자

주유소에 화장지를 납품하는 사람한테서 들은 얘기입니다. 그 주유소는 번화가에 있어 늘 손님들로 붐볐고, 직원들의 친절한 서비스로도 잘 알려져 있습니다. 손님들한테 예의 바르게 대하던 직원들도 막상 이 사람이 트럭을 몰고 주유소에 가서 「화장지 가져왔습니다.」라고 하면 직원들의 얼굴이 대번에 무시하는 듯한 인상으로 바뀌면서 마치 하인 대하듯 했다고 합니다.

대기업의 정규직 노조는 비정규직 직원들을 차별하고 무시합니다. 같이 얘기도 나누지 않을 뿐만 아니라 밥도 같이 먹지 않습니다.

대기업 본사 직원은 지점에서 근무하는 직원들을 얕잡아 봅니다. 단지 본사에 근무한다는 이유 하나만으로 말입니다.

원청(原請)업체는 하청(下請) 업체를 무시하고, 발주(發注)회사는 수주(受注)업체에 왕으로 군림하려 듭니다.

의사는 간호사를 무시하고 간호사는 간호조무사를 우습게 여깁니다. 학교의 정규직 선생님들은 기간제 교사들에게 마음을 열지 않습니다. 같이 어울리지도 않을 뿐만 아니라 얘기도 업무 얘기 외에는 하지 않습니다.

고등학교 교사는 중학교 교사를 낮춰 보고, 중학교 교사는 초등학교 교사를 낮춰 봅니다. 초등학교 교사는 유치원 교사를 우습게 알고, 유치원 교사는 어린이집 교사를 낮춰 봅니다.

아파트 동대표 회장치고 관리소 직원들이나 경비원들에게 갑질을 하지 않는 사람 드물고, 골프장에 골프 치러 온 남자들치고 골프장 캐디를 정중하게 대하는 사람 드뭅니다.

한국 사회에서 이른바 '을(乙)'에 대한 갑의 졸렬한 권위주의와 횡포는 자존감 위기와 무관하지 않습니다. 그들의 자존심은 하늘을 찌르지만 자존감은 바닥입니다.

「겉을 중시하는 자의 내면은 졸렬하다.[凡外重者內拙]」라고 장자(莊子)가 말했듯이, 자존심으로만 가득한 자의 삶은 각박하고 건조합니다. 자존감으로 가득 찬 이는 '을'에게 함부로 대하지 않고 남이 자기를 알아주지 않아도 화를 내지도 않습니다.

# 026

# 김육(金堉)

대동법(大同法)은 가호(家戶)가 아닌 토지의 면적을 기준으로 세금을 부과한 세제(稅制)였기에 땅을 가진 지주들의 반대가 극심했습니다.

김육이 당시 왕이었던 효종(孝宗)에게 말했습니다.

「신은 참으로 고루하여 평소에 비상한 계획이나 남다른 계책을 알지 못합니다. 오직 서경(書經)의 '백성을 품어 보호하라.[懷保小民]'는 말과, 시경(詩經)의 '이 의지할 곳 없는 자들이 애처롭다.[哀此惸獨]'는 말과, 논어의 '재용(財用)을 절약하여 백성을 사랑하라.[節用愛民]'는 말과, 맹자의 '백성의 화합만한 것이 없다.[不如人和]'는 말과, 중용(中庸)의 '백성을 자식처럼 사랑하라.[子庶民]'는 말과, 대학(大學)의 '백성을 얻으면 나라를 얻는다.[得衆得國]'는 말이야말로 만세토록 행해야 할 도리라고 생각할 뿐입니다.」

김육의 정적(政敵)이었던 김집(金集)은 「김육이 마치 남송(南宋) 시절의 왕안석과 같이 행동합니다. 왕안석의 신법(新法)이 정통에서 벗어나 나라를 멸망으로 이끌었듯이 김육의 대동법도 이와 같은 결과를 낳을 것입니다.」라며 반대했고, 대문장가 장유(張維)는 「차라리 소민(小民; 백성)을 잃을지언정 사대부의 마음을 잃을 수 없습니다.」라고 하였으며, 깨끗한 처신으로 우러름을 받았던 대문장가 신흠(申欽)도 「대가(大家)와 거족(巨族)이 불편하게 여기며 원망하는 것이라면 이 또한 우려할만한 일입니다.」라는 말로 반대의 뜻을 밝혔고, 당시 병조판서였던 남인(南人) 허적(許積)은 「대동법을 시행하는 것은 백성들에게는 편리하지만 또한 어려움이 많습니다. 시임대신(時任大臣; 2품 이상의 현직고관) 대부분은 이를 반대하고 있습니다. 이 법을 반드시 시행하려고 하는 사람은 김육과 이시백(李時白) 형제 등 수명에 불과할 뿐입니다.」라며 반대했습니다.

김육은 늘 말했습니다.

「어려운 일을 사양하지 않는 것이 신하의 직분이다.」

김육은 인조 재위 시인 1636년 동지사(冬至使)로 임명되어 명나라 연경에 갔습니다. 김육이 사실상 조선이 명나라에 보낸 마지막 사신인 셈이었습니다. 김육은 명나라에서 병자호란과 삼전도의 굴욕을 전해 듣고 밤낮으로 통곡을 해 그를 지켜보던 중국인들이 그의 충성심에 감탄했다고 합니다.

청(淸)에 귀부(歸附)하여 조선을 끈질기게 괴롭혔던 매국노 정명수(鄭命壽)가 청의 사신(使臣)으로 조선에 오다가 마중 나오는 사람이 김육이라는 것을 알고는 「이 사람은 나이가 많고 성질이 편협하여 우리와 서로 친하지 않다. 어째서 종사관(從事官)도 대동하지 않고 온단 말이냐!.」라면서 화를 냈다고 합니다.

당시 김육을 대놓고 비판했던 사헌부(司憲府) 지평(持平) 이상진이 이렇게 말했습니다.

「(김육은) 유림(儒林)에서 나온 사람으로 평소에 중망(衆望)을 지녔고,

그의 명예로운 이름과 역경에도 지켜낸 절개는 한 시대에 으뜸입니다. 정론(正論)이 사라지는 때에 온 조정 신료들의 어른 된 지위에 있으니, 나라 사람들의 그에 대한 기대가 마치 거센 물결에 버티고 있는 돌기둥 같습니다.」

1649년 효종은 즉위하면서 김육을 사헌부 대사헌을 거쳐 우의정에 임명했습니다. 하지만 김육은 불가 상소를 세 번이나 올렸습니다. 그는 상소에서 대동법의 전면적인 시행을 조건으로 내걸었습니다.

「군주의 정사 중 으뜸이 백성을 편안케 하는 것입니다. 백성이 편안한 후에야 나라가 안정됩니다. 전라·충청·기호(畿湖)에서 대동법을 시행하면 출사(出仕)하겠습니다. 신에게 회의에 나와 말을 하라 해도 신은 대동법밖에 할 말이 없는데 이것이 시행되면 좋은 일이지만 만약 대동법을 시행하지 않으면 신은 노망난 늙은이가 되는 꼴입니다. 그런 재상을 어디에 쓸 수 있겠습니까.」

효종은 점진적으로 대동법을 시행하겠다는 약속과 청나라에서 사신이 오는데 노(老) 재상이 있어야 접대를 할 수 있다는 조건으로 김육을 불러들일 수 있었습니다.

김육은 겨울에도 갖옷을 입지 않고 여러 가지 반찬을 먹지 않았으며, 늙어서도 새벽 일찍 일어나 날마다 일정하게 글을 읽었습니다.

호서(湖西)의 백성들이 김육이 죽었다는 소식을 듣고는 들에서 서로 「우리는 이제 어떡하나.」라고 하면서 조문하였습니다. 제문을 지어 와서 곡하는 선비들이 줄을 이었으며, 기내(畿內) 서원의 유생들도 와서

난세에서 인격과 처세를 얻다

곡하고 조문하였습니다.

효종이 말했습니다.

「김육처럼 국사를 담당할 자가 어디 있겠는가.[安得擔當國事如金堉
者乎]」

조선왕조실록에는 「사람됨이 강인하고 과단성이 있으며 품행이 단정
정확하고, 나라를 위한 정성을 천성으로 타고나 일을 당하면 할 말을
다하여 기휘(忌諱)를 피하지 않았다. 병자년에 연경에 사신으로 갔다
가 우리나라가 외국 군사의 침입을 받는다는 말을 듣고 밤낮으로 통
곡하니 중국 사람들이 의롭게 여겼다.」라고 하였습니다.

승정원일기(承政院日記)는 「허황한 말에 흔들리지 않고 굳건히 정책
을 밀고 나가는데 영부사(領府事) 김육보다 더한 사람이 누가 있겠는
가. 한밤중에 자리에 누워 있다가도 그의 죽음을 생각하면 마치 나라
의 기둥을 잃은 듯하다.」라는 극찬을 했습니다.

이경석(李景奭)이 묘비를 마치며 쓴 글은 지금도 울림이 있습니다.

「아! 태어나 선비가 되어 정말로 뜻이 있는 자라면 그 누가 임금을
만나 세상을 구제하고 싶지 않겠는가. 그러나 때를 얻기가 어렵고 때
를 얻어도 시무(時務)에 통달하기가 어렵다. 공은 조년(早年)에는 독서
하는 착한 선비가 되었고 만년(晚年)에는 백성에게 은택을 입히는 어
진 정승이 되어 두 조정을 만나 시종 한결같은 정성으로 섬겼으니, 공
은 비록 고인(古人)에게 비해도 손색이 없을 것이다. 아! 이제는 다시
볼 수 없다.」

**027.**

# 입

나이를 먹을수록 입이 지극히 위험한 것임을 알게 됩니다. '구설수(口舌數)'니 '구시화문(口是禍門)'이니 '화생어구(禍生於口)'니 하는 말들은 입의 위험성을 말해줍니다.

미국에서는 고소득자일수록 '미안합니다'라는 말을 잘한다고 합니다. 아무리 못난 사람도 입을 닫고 있으면, 다른 사람들이 알아채지 못할 뿐만 아니라 오히려 어려워합니다.

누가 말했습니다.

「말한 것이 후회스러울 때는 많았지만, 침묵을 후회해 본 적은 결코 없다.」

명나라의 어느 문인은 이런 말씀을 남겼습니다.

「침묵을 지킨 뒤에야 지난날의 언어가 소란스러웠음을 알았다.」

정약용이 말했습니다.

「가난하고 천한 사람은 특히 말수를 줄여야 한다.」

어느 선인(先人)이 말했습니다.

「옳은 말을 만 번 하더라도 종일 침묵하는 것이 낫다. 아! 남의 장단점을 논하고 남의 옳고 그름을 말하는 것 자체가 악행이니 반드시 후환이 있을 것이다.」

허목(許穆)이 말했습니다.

「죽을 날이 가까운 노인(허목 자신을 가리킴)이 말의 허물 열여섯 가지를 경계하려고 한다. 유언비어, 농지거리, 가무와 여색에 관한 말, 재화나 이익에 관한 말, 성내는 말, 격렬한 말, 아첨하는 말, 구차한 말, 으스대는 말, 질투하는 말, 나의 과실을 듣기 싫어서 하는 말, 자기 잘못을 가려서 꾸며대는 말, 남을 평가하여 꾸짖는 말, 곧은척하며 남의 사생활을 들추어내는 말, 남의 선행을 무시하는 말, 남의 허물을 드러내는 말들이 그것이다.」

침묵은 신(神)의 소리입니다. 바보도 입을 닫고 있으면 성인(聖人)으로 보입니다.

아무리 지혜롭고 똑똑한 사람이라도 침묵할 줄 모른다면 그는 내실(內實)이 없는 사람입니다. 무릇 세상 사람들은 술에 취해 있어도 침묵하지 않고 깨어 있어도 침묵하지 않습니다. 하지만 지혜로운 사람은 술에 취해도 침묵하고, 화가 나도 침묵하며, 기쁜 일이 생겨도 침묵하고, 슬픔이 몰려와도 침묵합니다.

마음이 화평(和平)할 때만 입을 열어야 합니다. 심기(心氣)가 안정되어 있을 때만 입을 열어야 합니다.

어느 모임이나 술자리에 참석했다가 다음 날 가장 후회되는 것이 있다면 그건 말을 많이 한 점입니다.

우리가 그 무엇에 관해 말할 수 없을 때, 우리는 그것에 대해 침묵해야 합니다.

우리가 그 누군가에 대해 알지 못할 때, 우리는 그 사람에 대해 입을 닫아야 합니다.


## 028.
## 여색(女色)

〈형설기문(螢雪記聞)〉에 조선 시대 예학(禮學)의 대가였던 김장생(金長生)의 아들인 김집(金集)의 얘기가 실려 있습니다.

「김집 선생이 소싯적에 친구 집 여종(女從)이 편지를 갖고 온 적이 있었다. 마침 종일 큰비가 내려 여종이 돌아가질 못하였다. 선생은 부득이 여종을 바깥채에서 자고 가게 하였는데, 여종은 나이가 어리고 자색이 아름다웠다. 선생이 밤에 자리에 눕자 마음이 흔들려 억누르기가 어려웠다. 그러자 일어나서 자물쇠로 (자기 방의) 문을 잠그고 다시 누웠다. 그래도 마음이 여전히 흔들리자 열쇠를 지붕 위로 던져버리고는 방문을 잠가 버렸다. 선생은 신독(愼獨)이라는 호의 뜻을 저버리지 않았다고 하겠다.」

성희안(成希顔)은 박원종, 유순정과 함께 중종반정의 3대장으로 불렸습니다. 연산군이 주색에 빠져 정사를 소홀히 하는 것을 훈계하다가 말단직으로 좌천됐습니다. 거사 후 1등 공신이 됐지만 공(功)을 박원종과 유순정에게 양보했습니다. 훗날 병조판서, 좌·우의정을 거쳐 영의정에 올랐습니다. 하지만 그는 큰 오점을 남겼습니다. 연산군의 후궁을 첩으로 달라고 해 데리고 살았던 것입니다. 이를 두고 〈송와잡설(松窩雜說)〉에서는 말합니다.

「섬기던 임금의 후궁을 첩으로 삼는 것은 차마 할 수 없는 일이다. 성희안의 공이 작은 것은 아니지만 그가 지은 죄는 천지에 가득하다.」

「조광조(趙光祖)는 용모가 옥같이 아름다웠으므로 사람들이 좋아하고 사모하였다. 선생이 젊었을 때 어느 객사(客舍)에 들러 머리를 빗고 있었는데 때마침 어떤 젊은 여자가 서울에서 오다가 선생을 보고 점점 가까이하면서 가지 않았다. 선생은 행여 그녀가 잠자리에 침입할까 염려하여 갑자기 그곳을 떠나 다른 집으로 옮겼다.」라는 기록이 있습니다.

이익(李瀷)이 〈성호사설(星湖僿說)〉에서 말했습니다.

「사람이 금수와 다른 것은 윤리가 있기 때문이다. 물욕이 이기면 금수와 멀지 않는 것인데, 금수와 멀지 않을 뿐만 아니라 혹 도리어 금수에도 미치지 못하는 것은 바로 음욕(淫欲)이다.
무릇 금수 중에도 가축 이외에는 모두 암컷과 수컷이 쌍으로 날고 함께 다니면서도 서로 혼란하지 않고 각각 정한 짝이 있으니 이것은 분별(分別)이 있는 것이다. 사람은 흔히 그렇지 않아서 집에 처첩(妻妾)이 있어도 반드시 다른 곳에서 간음하고자 하며, 저자에서 얼굴을 단장하고 음란한 짓을 가르치면서도 부끄러워함이 없으니, 이것이 이미 금수에 미치지 못하는 것이다.

우양(牛羊)의 무리는 반드시 새끼를 배는 시기가 있어 새끼를 배면 곧 중지하는데 사람은 또 거기에도 미치지 못한다. 금수의 짝은 곱고 추한 것을 가리지 않는데 사람은 혹 추한 것을 싫어하고 예쁜 것을 좋아하며, 늙은 것을 버리고 젊은 것을 따르는데, 남자는 여자를 좋아하고 여자는 남자를 유혹하여 담을 엿보고 쫓아다니며 날이 다하고 해가 다하도록 미친 듯이 희롱하고 극도로 부끄러운 짓을 하면서도 그칠 줄을 모르니 더럽고 악한 것을 말할 수 없다.

내가 보건대, 가축 중에는 오직 닭이 음란한 짓을 많이 하는데 그 죄는 수컷에 있고 암컷에 있지 않다. 오직 사람은 남녀가 서로 따라서 혹 밤낮을 가리지 않으니 금수에도 미치지 못하는 것이다.

그러므로 덕을 잃고 복을 망치고 명예를 무너뜨리고 자신을 죽이고 아름다운 얼굴을 망치고 몸에 병을 가져오고 목숨을 재촉하고 마음의 영각(靈覺)을 둔하게 하고 이목(耳目)의 총명함을 어둡게 하고 평생의 학업을 폐하고 선조의 산업을 파괴하는 등 거기에서 미친 환해(患害)를 이루 다 헤아릴 수 없다. 정욕(情欲)은 불과 같고 여색(女色)은 섶[薪]과 같다. 불이 장차 치성하려 하는데 색(色)을 만나면 반드시 타오른다. 게다가 술이 열을 도와주니 그 힘을 박멸할 수 있겠는가.」

퇴계 이황(李滉)이 34세 때 과거에 급제하여 궁궐에서 베푸는 주연에 참석했는데, 궁녀들이 버들가지와 같은 가는 몸매와 묘한 분(粉; 화장품)내를 풍기며 술을 따르자 공연히 마음이 이상해졌다고 고백하였고, 조선의 김낙행(金樂行)이라는 선비는 한양의 여관에 오래 머물렀는데 미색(美色)을 가진 주인 여자가 와서 말을 걸자 간신히 물리쳤습니다. 그 후 때때로 그 여인의 교태(嬌態)가 눈에 아른거렸다고 고백했습니다.

조선의 영조(英祖)가 신하들에게 말했습니다.

「임금이 경계할 것으로는 여색(女色)보다 더한 것이 없다. 내가 도화(圖畵)를 보건대, 명신(名臣)이 곁에 있는 왕은 모두 현군(賢君)이었고 미인이 곁에 있었던 왕은 모두 나라를 망친 군주였으니 경계하지 않을 수 있겠는가.」

조식(曹植)이 문인(門人)들에게 말했습니다.

「천하제일의 철문관(鐵門關)이 있으니 화류관(花柳關; 여색을 가리킴)이 그것이다. 너희들이 이것을 뚫을 수 있겠느냐. 이 관(關; 관문)은 금석(金石)도 녹여버리는 것이니, 평소에 조행(操行; 몸가짐)이 있다 하더라도 여기에 이르게 되면 모두 녹아 흩어지고 남는 것이 없을 것이다.」

**029.**

# 학문(學問)이란

정약용이 말했습니다.

「진실로 부모에게 효도하는 자라면, 그가 비록 학문을 배우지 않지 않았더라도 나는 그 사람이 학문을 배웠다고 반드시 말하겠다.」

〈청성잡기(靑城雜記)〉에서 말합니다.

「학문은 자신을 위하는 것이고 벼슬살이는 남을 위하는 것이다. 그러나 자신을 위하는 것이 결국 남을 위하는 길이고 남을 위하는 것이 결국 자신을 위하는 길이다.[學者爲己 仕者爲人 然爲己所以爲人 爲人所以爲己]」

공자께서 말씀하셨습니다.

「군자는 배불리 먹는 것을 구하지 않고, 사는 데 편안한 것을 구하지 않는다. 일에는 민첩하고 말에는 신중하며 도가 있는 곳에 비추어 자신을 바로잡는다. 이렇게 하면 학문을 좋아한다고 말할 수 있다.」

정인지(鄭麟趾)가 말했습니다.

「학문이란 심술(心術; 못된 마음 또는 마음가짐)을 바르게 함을 가장 귀

(貴)하게 여긴다.[爲學正心術爲貴]」

정자(程子)가 말했습니다.

「학문이란 말없이 스스로 깨닫는 것이다.」

누가 말했습니다.

「학문이란 물욕을 이기는[克己] 공부다.」

송나라 진덕수(陳德秀)가 편찬한 〈심경(心經)〉에 아래와 같은 이야기가 실려 있습니다.

「정이(程頤)가 귀양 갔다가 돌아왔을 때 기색, 용모, 수염, 머리털이 모두 예전보다 낫기에 한 문인(門人)이 "어떻게 하여 이럴 수 있었습니까" 하자 그가 대답하기를, "학문의 힘이다. 무릇 학문이란 환난(患難)과 빈천(貧賤)에 처하는 것을 배워야 하는 법이니, 부귀영달에 처하는 것은 배울 필요가 없다." 하였다.」

학문을 배우는 이유는 오직 바른 사람이 되려는 데 있습니다. 학문이란 책을 많이 읽은 것도 아니요, 문장이 뛰어난 것도 아니요, 사서오경(四書五經)을 모조리 외우는 것도 아닙니다. 사람 노릇을 잘하는 것이 바로 학문입니다. 이것이 바로 '입신(立身)'입니다.
성인께서 말씀하셨습니다.

「국가와 천하의 대사를 처리하기 위해서는 재능·덕행·학문 세 가지가 겸비되어야 할 뿐만 아니라, 또 진정한 경험이 있어야 하고 인정세태(人情世態)에 깊이 통달하여 이를 훤히 알아야 한다.」


**030.**
# 부끄러움

성현께서는 이렇게 가르치셨습니다.

「가난이 부끄러운 것이 아니라 가난하되 아무런 의지도 없는 것이 부끄러운 것이다. 천함이 미운 것이 아니라 천하면서도 무능한 것이 미운 것이다. 늙음이 한탄스러운 것이 아니라 늙어서도 아무런 성취가 없는 것이 한탄스러운 것이다. 죽음이 슬픈 것이 아니라 죽으면서도 사회에 아무런 보탬이 되지 못한 것이 슬픈 것이다.」

중국의 왕양명(王陽明)이 어느 날 일찍 일어나 하늘을 바라보고 무슨 일을 하려고 하다가 곧 스스로 깨닫기를, "단비가 내려 다들 기뻐하고 있는데, 나는 비가 개기를 바라려 하는가." 하면서 반성했다고 합니다.

주자(周子; 주렴계)가 말했습니다.

「사람에게 반드시 부끄러워하는 마음이 있다면 가르칠 만하다.」

조선의 조익(趙翼)은 흉년을 당할 때마다 반드시 평소의 음식보다 더 소박하게 들었으며, 혹은 죽을 들기도 하면서 말하기를, "사람마다 굶주리는 때에 내가 무슨 마음으로 좋은 음식을 들겠는가." 하였다고 합니다.

어느 노교수는 이렇게 회고(回顧)합니다.

「제가 대학교수로 4년째 있던 어느 날 월급이 좀 올랐어요. 어찌나 기분이 좋던지요. 그런데 그 순간 등록금조차 내지 못해 고생하는 제자들의 얼굴이 떠올랐습니다. 스승이라는 사람이 자기 월급 올랐다고 좋아한 겁니다. 미안하고 부끄러운 마음에 제자들 얼굴을 똑바로 바라보지 못했습니다.」

제가 예전에 공사판에서 일하고 있을 때 만난 어떤 어르신이 말씀하셨습니다.

「나는 젊어서 명리학을 공부하여 근 40년간 남의 운수를 봐주는 일을 했지. 하지만 남의 운수를 봐주는 일이 정도(正道)가 아니라는 걸 얼마 전에 알고는 다 그만두었어. 그 죄과를 조금이라도 참회하고자 이런 곳에서 힘든 일을 하는 것이네.」

**031.**

# 상서롭지 못한 일들

예로부터 이런 말씀이 전해 옵니다.

「좋은 명성이 오래가면 상서롭지 못하다.[久受尊名不祥]」

「깊은 못 물고기를 보는 자는 상서롭지 못하다.[察見淵魚者不祥]」

「갑작스럽게 부귀해지면 상서롭지 못하다.[猝富貴不祥]」

중국 송(宋)나라 때의 정이(程頤)는 나이 어려서 성공하는 것과 부형(父兄)의 권세에 힘입어 좋은 벼슬에 오르는 것과 재주도 좋은데 문장에도 능한 것, 이 셋을 불행이라고 했습니다.

선인께서는 「군자의 지위에 있으면서 천한 행실을 하는 자는 반드시 재앙이 닥친다.」라고 경고하였고, 〈설원(說苑)〉에는 「지위가 높은데 덕마저 훌륭한 자는 길(吉)하고, 책임은 큰데 덕이 낮은 자는 흉(凶)하다.」라는 말씀이 있습니다.

명나라의 정선(鄭瑄)이 말했습니다.

「형관(刑官)은 약간의 노의(怒意)가 있더라도 함부로 형벌을 집행해서는 안 된다. 잠시 진정하여 심기(心氣)가 화평해지기를 기다려서 처음부터 다시 (죄인을) 문초(問招)하는 것이 옳다. 사람의 완악함을 다스리기 전에 먼저 자기의 분(忿)을 평정하여야 한다. 일찍이 세상 사람들을 살펴보면 자신이 화난다 하여 죄인들을 엄형(嚴刑)으로 다스려 자신의 분풀이로 삼는다. 슬프다! 남의 자식을 상해하여 나의 한때 분을 풀면서 후손은 번창하기를 바라는가.」

# 인과(因果)의 엄중함

성현께서 말씀하셨습니다.


「인생을 세 단계로 나누어 본다면, 20세 이전은 전생의 과보(果報)에 해당하고 20세부터 40세까지는 금생에 지은 인(因)의 과보이며 40세부터 60세까지는 다음 생에 해당한다.」


즉, 우리가 20세 전에 받는 좋은 일과 나쁜 일은 우리가 전생에 지은 업의 결과이고, 20세부터 40세까지 우리가 받는 좋은 일과 나쁜 일은 우리가 젊었을 적에 지은 업의 대가이며, 40세부터 60세까지 우리가 지은 업의 대가는 다음 생에 받는다는 뜻입니다.

어느 고승께서 말씀하셨습니다.


「인과(因果)의 도리는 매우 미묘하여 마치 종자를 심어 과실을 따는 것과 같이 먼저 익은 것이 먼저 떨어진다. 가령 내가 비록 이번 생에 선업(善業)을 짓더라도 도리어 악한 과보를 불러오는 것은 모두 과거의 악업이 먼저 익은 까닭이다. 이번 생에 비록 착하더라도 과거의 악업이 이미 성숙하였으면 먼저 악한 과보를 받는다. 이번 생의 선업이 아직 익지 않은 까닭으로 현재 선한 과보를 받을 수 없는 것이다.」

어느 대덕(大德)께서 말하였습니다.

「신문 기사에 쓰인 한 글자 한 글자도 모두 인과(因果)를 받습니다. 아주 엄중합니다. 하물며 다른 글이겠습니까.」

우리가 어떤 글을 쓰거나 대중 앞에서 강의하거나 책을 내거나 친구끼리 농담을 하거나 아이들에게 장난을 치는 등 그 어떠한 언행(言行)도 인과(因果)가 있습니다.

영혼은 없다느니, 인과응보는 거짓이라느니, 전쟁이 일어났으면 좋겠다느니, 자기는 예수님이나 석가모니 부처님보다 낫다느니, 불경을 완전히 이해했다느니 하는 말들은 그 죄과가 너무나 커서 용서받기 어려운 죄에 속합니다. 정말 조심해야 합니다.

어떤 여자 연예인은 과거에 재벌 회장과 만나 불륜관계를 맺고 엄청난 돈을 받았습니다. 그런 돈은 부정한 돈이기에 하늘이 가만두지 않습니다. 과연 그 여인은 6년 후 가진 돈을 다 날렸고 몸은 병들었습니다. 불치병과 우울증에 시달리다가 조용히 숨을 거두었는데, 장례를 치러 주는 사람조차 없었습니다.

# 033

# 운명과 숙명

타고났지만 바꿀 수 있는 것을 운명이라 말하고, 타고난 것으로서 바꿀 수 없는 것을 숙명이라 말합니다.

「운명은 앞에서 날아오는 돌이고, 숙명은 뒤에서 날아오는 돌이다.」라는 말은 운명과 숙명의 차이를 명료하게 말해줍니다. 성(性)이나 키, 피부색, 부모와 형제, 국가 등이 숙명의 예입니다. 숙명을 흔히 팔자라고 부르기도 하고 업(業)이라고 부르기도 합니다. 업은 전생의 성적표입니다.

사람으로 태어나 노력이나 의지 없이 게으름만 피우며 세상을 원망하는 사람이 있다면, 이 사람에게는 '운명=숙명'입니다. 선(善)도 악(惡)도 행하지 않고 인생을 살면 죽어 축생(畜生)으로 태어나는 과보를 받는다고 성현께서 말씀하셨습니다. 게으르게 태어난 사람도 노력하거나 마음을 바꾸면 부지런한 사람으로 바뀔 수 있고, 가난한 운명을 가진 사람도 죽도록 노력하면 가난을 면할 수 있으며, 자식을 못 낳을 운명을 가진 여인도 많은 복을 지으면 자식을 가질 수 있습니다.

사람이 70세를 살았다면 오래 산 것입니다. 고로 이 세상과 이 세상 사람들에게 고마워해야 합니다. 그리고 때론 운명에 순응할 줄도 알아야 합니다. 사사건건 불평이요, 원망이라면 그 사람은 이미 끝난 겁니다. 노력이야말로 최고의 운명입니다.

선인께서 말했습니다.

「군자는 어찌하여 늘 스스로 만족하며 소인은 어찌하여 늘 만족하지 아니한가.」

어느 고승이 말하였습니다.

「운명을 바꾸는 것이 수행이다.」

어느 대덕께서 말하였습니다.

「자기의 나쁜 점을 고치고 성찰하는 것이 수행이다.」

어느 현자께서 말했습니다.

「선(善)을 닦는 것이 수행이다.」

어느 현자께서 말씀하셨습니다.

「마음은 용모의 뿌리이며, 마음을 살펴보면 선악이 저절로 나타난다. 행하는 자의 마음이 발하고 행하는 것을 관찰하면 화와 복을 알 수 있다. 선을 알고 지키면 금상첨화요, 악을 알고 짓지 않으면 화가 복으로 바뀐다.」

# 034

## 인연(因緣)

며칠 전 친구와 헤어지셨나요? 인연이 다한 것뿐입니다.

당신의 사소한 말실수로 회사에서 안 좋은 일이 있었습니까. 드러난 것은 실수이지만, 실은 하늘의 명(命)이 뒤에서 작동한 것입니다.

자녀가 이 세상에 적응을 쉬 못하는 것은 능력이 없어서도 아니고 철이 덜 들어서도 아닙니다. 아직 인연을 제대로 만나지 못해서입니다.

당신이 어제 회사를 그만두었다면 그건 당신의 잘못이 아닙니다. 인연이 다해서 그리된 것이니 자책하지 마십시오.

당신이 이혼하여 홀몸이 된 것은 당신 잘못이 아닙니다. 인연이 다해서 그런 것이니 후회하지 마십시오.

자녀가 사고로 이 세상을 떠났나요? 저런! 자녀분이 이 세상과의 인연 그리고 당신과의 인연이 동시에 끝난 것일 뿐 아무것도 아닙니다. 자녀분은 다른 곳에서 다른 몸으로 다시 태어나 살아갈 겁니다.

세상에 태어나는 것은 이 세상과 인연이 생겨서 그런 것이고, 죽는 것은 이 세상과의 인연이 다해서 그런 것입니다.

세상만사는 인연이 무르익으면 스스로 옵니다. 누가 주재(主宰)하는 것도 아니요, 우연히 그리되는 것은 더더욱 아닙니다.

이 우주에서 우연히 이루어지는 일은 하나도 없습니다.

이 우주에서 공짜로 이루어지는 일은 하나도 없습니다.

이 우주에서 나와 인연이 없는 일은 일어나지 않습니다.

「빚이 없으면 오지 않고[無債不來], 인연이 없으면 모이지 않는다.[無緣不聚]」라는 말처럼 말입니다.

**035.**

# 망조(亡兆)의 징후

조선 영조 때 윤기(尹愭)는 망조의 징후로 다음과 같은 것들을 열거했습니다.

⑴ 글을 익히거나 무예를 연마하지도 않고, 농사를 짓거나 나무도 하지 않은 채 일생을 아무 계획 없이 사는 것

⑵ 부모가 있는 사람이 고하지도 않고 나가서 날이 저물어도 돌아오지 않고, 새벽이 다 되어 들어오거나 하룻밤을 지나 들어오는 것

⑶ 집에 있으면서도 다른 곳에서 자고 아침에 부모를 찾아뵙지 않으며, 혹 손님이 있거나 일이 있으면 마침내 종일토록 찾아뵙지 않는 것

⑷ 부모를 모시고 앉거나 자는 것을 싫어하여, 굳이 혼자 지내며 자기 마음대로 하고자 하는 것

⑸ 훈계를 따르지도 않고 어떤 일을 하면서 여쭙지도 않은 채 자기 마음대로 하기를 좋아하는 것

⑹ 부모님을 뵐 때 성난 듯, 수치스러운 듯, 찡그린 듯하고, 다른 사람을 대해서는 낯빛을 활짝 펴는 것

⑺ 부모님께서 자신에게 말씀하시면 속으로 무식하다고 생각하여 대꾸하지 않는 것

⑻ 아무 이유도 없이 바깥출입을 좋아하여 도깨비처럼 들락날락하는 것

(9) 밤길 다니는 것을 좋아하는 것

(10) 위험한 짓을 좋아하는 것

(11) 눕기를 좋아하는 것

(12) 낮잠을 좋아하는 것

(13) 바둑이나 장기, 투전(投牋)을 좋아하는 것

(14) 추렴해서 먹고 마시는 것을 좋아하는 것

(15) 사람들과 밤에 모여 잡담하는 것을 좋아하는 것

(16) 매일 세수를 하지 않아 봉두난발(蓬頭亂髮)에 눈곱을 달고 사는 것

(17) 잠시도 무릎 꿇고 앉아 있지 못하는 것

(18) 저잣거리의 저속한 담론이나 습속을 힘써 배우고 행하는 것

(19) 멀지 않다고 해서 의관을 갖추지도 않고 남의 집에 달려가는 것

(20) 일하느라 몸이 젖거나 발에 흙을 묻히는 경우가 아닌데도 몸을 드러내고 맨발로 안팎을 마구 다니는 것

(21) 행동할 때 손을 허리춤에 꽂는 것

(22) 사람을 대하여 오로지 웃고 떠들며 농담만 일삼는 것

(23) 담뱃대를 입에서 떼지 않는 것

(24) 사람만 보면 술과 음식을 달라고 하거나 물건을 요구하는 것

(25) 몰래 엿듣거나 엿보기를 좋아하는 것

(26) 으슥한 곳에서 귀엣말하기를 좋아하는 것

(27) 자신의 지혜만 쓰고 자기만 옳다고 하기를 좋아하는 것

(28) 돈 쓰기를 좋아하는 것

(29) 빚을 무서워하지 않는 것

(30) 남의 물건을 돌려주지 않거나 자기 물건을 찾지 않는 것

(31) 집안이 기울어 쓰러지는데도 전혀 돌아보지 않으면서, 다른 사람 일에는 발 벗고 나서서 성심을 다하는 것

(32) 잡술(雜術)에 빠지는 것

(33) 괴이한 일을 얘기하기를 좋아하는 것

(34) 다른 곳에서 사람을 만났을 때 언제나 먼저 말을 걸면서 교유(交遊)를 청하는 것

(35) 사람들과 이야기할 때 언제나 말을 가로채 끼어들어서 부화뇌동하는 것

(36) 다른 사람의 식견이 혹 자신과 다를 때 끝까지 자기 말이 옳다고 우기는 것

(37) 여색(女色)의 우열을 논평하거나 의복과 음식의 고하(高下)를 품평하는 것

(38) 다른 사람과 음식을 먹을 때 닭처럼 다투는 것

(39) 다른 사람과 교제할 때 늘 욕하는 것을 친근함의 표현이라 생각하여, 옆 사람이 귀를 막는데도 자신은 뻔뻔스럽게 흡족해하는 것

(40) 전답·가옥·의복·기물·서책 등을 팔아먹기 좋아하는 것

(41) 적은 돈이라도 생기면 다 써서 없어질 때까지 손 가는 대로 맘껏 써버리는 것

(42) 들고 다니는 물건을 나갈 때마다 잃어버리는 것

(43) 칼·부채·주머니·허리띠와 같은 것들을 사람들과 바꾸기 좋아하는 것

(44) 식사할 때면 늘 화장실에서처럼 두 무릎을 세우고 쪼그려 앉는 것

⑷ 숟가락을 먼저 들지 않고 젓가락부터 들어 국과 반찬을 두루 먹는 것

⑷ 젓가락 세우는 소리로 옆 사람을 놀라게 하고, 숟가락과 젓가락을 내려놓을 때 밥상의 그릇에 부딪혀 울리게 하는 것

⑷ 단정한 선비를 좋아하지 않고 시정잡배를 좋아하는 것

⑷ 경서(經書)를 읽지 않고 음란하고 저속한 소설을 탐독하는 것

⑷ 사우(士友)들과 교유하는 것을 좋아하지 않고, 하천배(下賤輩)나 부랑자와 한패가 되어 함께 자리를 맞대고 마주 앉아 먹으며 담뱃대를 가로 물고 함께 눕기를 달갑게 여기는 것

⑸ 일을 이야기할 때면 정도(正道)와 배치되는 이론(異論)을 내기좋아하는 것

⑸ 인물을 논할 때면 언제나 상도(常道)를 뒤집는 뒤틀린 사람을두둔하는 것

⑸ 놀이판이 벌어졌다는 말을 듣기만 하면 거리의 멀고 가까움을따지지 않은 채 만사 제쳐놓고 급히 달려가는 것

⑸ 먹고 마시는 모임이 있음을 알기만 하면 누구인지 물을 것도 없이 언제나 남보다 먼저 달려가는 것

⑸ 얼굴을 붉히며 잡아떼기를 좋아하여, 말해놓고서도 "나는 이런말을 한 적이 없다."라고 하거나, 해놓고서도 "나는 이런 일을 한적이 없다."라고 하는 것

⑸ 말을 빙빙 돌리며 말 바꾸기를 좋아하여, 어제는 콩이라고 했다가 오늘은 보리라 하고 내일은 벼라고 하며, 어제는 갑에게 샀다고 했다가 오늘은 을에게 빌렸다고 하고 내일은 병에게서 얻었다고 하는 것

(56) 남을 모함하기를 좋아하여, 좋아하지 않는 사람에 대해 "나는 하나도 잘못한 것이 없다. 저 사람이 본래 괴악(怪惡)한 것이다." 라고 하면서, 저 자신은 한사코 명명백백하게 아무런 잘못이 없다고 인정받고자 하여 억지로 남을 예측할 수 없는 곤경에 빠뜨리는 것

그가 말합니다.

「이 밖에도 이루 다 셀 수 없을 정도로 많은데, 이 가운데 하나라도 있으면 패가망신(敗家亡身)하는 사람이 될 수밖에 없으니, 하나 이상 겸한 경우는 더 말해 무엇하겠는가. 그러나 이 가운데 하나라도 있으면 또 겸하지 않은 경우가 없으니, 세상을 다 둘러보아도 행여 망하지 않는 경우가 없었다.」

## 036.
# 진리가 너희를 자유롭게 하리라

〈성서(聖書)〉에 나오는 위 말씀은 성서의 핵심입니다. 여기서 '자유롭게 한다'라는 말이 중요한데, 이는 무슨 뜻일까요?

진리를 얻으면 비로소 해탈한다는 것입니다. 해탈한다는 것은 삼계(三界)를 벗어나 다시는 윤회하지 않는다는 뜻입니다. 윤회를 벗어나 이 우주 법계 어디든 자유롭게 드나들 수 있음은 물론 이 우주에

자신의 분신(分身)을 수없이 나타낼 수 있다는 뜻이니, 공자께서 말씀하신 「아침에 도를 들으면 저녁에 죽어도 좋다.」는 도리와 정확히 통합니다.

　장자는 「물고기는 물에서 살면서 물을 모르고, 사람은 도(道)에서 살면서 도를 모른다.」라고 하였고, 〈중용〉에서는 「도(道)는 잠시도 나를 떠난 적이 없다.」라고 하였습니다.

　불교의 고승인 임제(臨濟) 선사는 말했습니다.

　「부처를 만나면 부처를 죽이고, 조사(祖師)를 만나면 조사를 죽일 것이며, 나한(羅漢)을 만나면 나한을 죽이고, 부모를 만나면 부모를 죽여야만 비로소 해탈하여 자유자재할 것이다.」

　중국의 어느 고승께서 말씀하셨습니다.

　「성인은 마음을 구하고 부처를 구하지 않으며, 어리석은 사람은 부처를 구하고 마음을 구하지 않는다. 지혜로운 사람은 마음을 다스리고 몸은 다스리지 않으며, 어리석은 사람은 몸을 다스리고 마음을 다스리지 않는다.[聖人求心不求佛 愚人求佛不求心 智人調心不調身 愚人調身不調心]」

　달마(達磨) 대사께서 말했습니다.

　「악(惡)을 보아도 미운 생각이 없고 선(善)을 보아도 부지런히 닦지 않는다. 어리석음을 버리지도 않고 어진 이를 따르지도 않는다. 미혹을 등지지도 않고 깨달음을 얻으려 하지도 않는다.[亦不觀惡而生嫌 亦不觀善而勤措 亦不捨愚而近賢 亦不拋迷而就悟]」

일찍이 독일의 니체는 「신은 죽었다」라고 선언했습니다. 니체가 부수고자 했던 것은 무조건 자신을 죄인 취급하는 기독교의 '원죄(原罪) 의식'이었습니다.

니체의 말은 '오로지 신(神)만이 생각할 수 있고, 오로지 신만이 정신을 가지고 있으며, 인간은 사유(思惟)할 수 없고, 욕망해서도 안 되며, 무조건 신의 뜻에 복종해야 하는 존재'라는 당시의 기독교 사상의 종언을 의미합니다. 인간도 사유할 수 있으며, 정신을 갖고 있고, 자신의 의지대로 욕망해도 좋다는 것이 니체가 말한 '신은 죽었다'라는 말의 참된 뜻입니다.

세상 모든 존재에게는 신(神)이 깃들어 있습니다. 다른 사람을 공경하면 다른 사람 안에 들어가 계시는 신을 공경하는 것입니다. 내가 남에게 절하면 그건 곧 신에게 절하는 것입니다. 내가 불상(佛像)에 절을 올리면 곧 나에게 절을 올리는 것입니다.

일체중생이 본래 부처인데 부처에게 가서 뭘 빌겠다는 겁니까. 모든 중생은 스스로 구제합니다. 이치가 이러하기에 어떤 성인께서 이렇게 말했던 것입니다.

「내가 혼미(昏迷; 어둡고 어리석음)할 때는 스승이 나를 제도해 주지만, 내가 깨달은 뒤로는 나 스스로 제도한다.」

우주의 주재자(主宰者)를 기독교에서는 하느님이라 하고, 불교에서는 '마음[眞如]'이라고 합니다. 이 우주 모든 것들은 모두 자신이 만드는 것입니다. 자기로부터 모든 걸 구해야 합니다. 하느님도 나를 구제할 수 없고 부처님도 나를 구제해 주지 못합니다. 하느님도 나를 벌(罰)하지 못하고, 부처님도 나를 어쩌지 못합니다. 이 우주에는 주재자가 없으며 저절로 되는 것도 없습니다. 일체는 오직 '인과(因果)'와 인연으로 엮여 있을 뿐입니다.

성서 누가복음에는 문둥병에 걸린 사람들이 예수를 보고 재빨리 예수에게 자신들을 구해달라고 비는 얘기가 나옵니다. 이 병자들은 예수의 옷자락을 만지자 병이 곧바로 나았습니다. 그래서 무릎을 꿇고 예수에게 감사했습니다. 그러자 예수가 말했습니다.

「나에게 감사하지 말라. 너 자신에게 감사하라. 네 믿음이 너를 구원하였다.」

〈금강경〉에서는 부처님은 말씀하십니다.

「(너희들은) 내가 무수히 많은 중생을 제도했다고 알고 있지만 실은 (나한테서) 제도 받은 중생은 하나도 없다.[度無量無數衆生 而實無衆生得度者]」

## 037.
# 이로움만 있고 해로움은 없는 것

중국 송나라의 어느 학자가 말했습니다.

「천하의 일은 이로움과 해로움이 반반인데, 온통 이롭고 작은 해로움도 없는 것은 책뿐이다.」

그는 계속 말합니다.

「솔바람 소리, 시냇물 소리, 산새 소리, 풀벌레 소리, 학 울음소리, 거문고 소리, 바둑돌 놓는 소리, 비가 섬돌에 떨어지는 소리, 창으로 눈이 흩날리는 소리, 차 달이는 소리 등은 모두 소리 가운데 지극히 맑다. 하지만 낭랑하게 책 읽는 소리가 가장 좋다. 다른 사람이 책 읽는 소리를 들으면 그렇게까지 기쁘지는 않지만, 자제가 책 읽는 소리만큼은 기쁨을 이루 말로 표현할 수가 없다.」

윤기(尹愭)가 말했습니다.

「배진공(裴晉公; 당나라 때의 재상 배도(裴度)를 말함)은 "우리는 다만 글의 종자가 끊어지지 않게 할 뿐이다. 그사이에 성공하여 경상(卿相; 삼정승과 육판서)에 이르는 것은 천명이다." 하였고, 섭석림(葉石林)은 "후인들은 다만 독서하는 종자가 끊어지지 않게 하여 향당(鄕黨; 黨은 지금의 한 마을이고 鄕은 지금의 市·郡)의 선한 사람이 되는 것만으로도

난세에서 인격과 처세를 얻다

충분하다. 성공과 실패는 하늘에 달렸다." 하였으며, 황산곡(黃山谷)은 "사민(四民)은 모두 세업(世業)이 있으니, 사대부의 자제들은 충신(忠信)과 효우(孝友)를 알아야 한다. 다만 독서하는 종자를 끊어지게 해서는 안 된다." 하였다. 이들은 사대부 집안 출신으로 문학에 종사하여 무식하게 함부로 행동하는 데에는 이르지 않은 사람들이니 물려받은 가르침이 있기 때문이다. 그러나 글 종자가 한번 끊어지면 다시 이을 수 없다. 이 때문에 고어(古語)에 "공자 집안의 아이들은 욕을 할 줄 모르고, 증자(曾子) 집안의 아이들은 다툴 줄을 모른다.[孔子家兒不識罵 曾子家兒不識鬪]" 하였으니 이는 자연스러운 이치이다.」

왕안석(王安石)이 말했습니다.

「독서에는 비용이 들지 않는다. 독서를 하면 만 배의 이로움이 있다.」

윤휴(尹鑴)가 말했습니다.

「내가 일찍이 좋아하는 것이 네 가지가 있으니, 글 읽기를 좋아하는 것[好讀書], 조용히 앉아 있기를 좋아하는 것[好靜坐], 일찍 일어나기를 좋아하는 것[好蚤起居], 혼자 잠자기를 좋아하는 것[好獨宿]이다.」

신흠이 말했습니다.

「모든 병을 고칠 수 있으나 속기(俗氣)만은 치유할 수 없다. 속기(俗氣)를 치유하는 것은 오직 책밖에 없다.[諸病皆可醫 惟俗不可醫 醫俗

者唯有書]」

소동파가 말했습니다.

「만 권의 책을 읽어야 비로소 신(神)과 통한다.[讀書萬卷始通神]」

〈안씨가훈(顔氏家訓)〉에서 말합니다.

「책을 읽는 이에게는 천지도 감출 수 없고 귀신도 숨길 수 없다.[夫讀書之人 天地所不能藏 鬼神所不能隱也]」

정조(正祖)가 말했습니다.

「더위를 물리치는 데는 책을 읽는 것만큼 좋은 방법이 없다. 책을 읽으면 몸이 치우치거나 기울어지지 않고 마음에 주재(主宰)가 있어서 외기(外氣)가 자연히 들어오지 못하게 된다.」

중국의 문인 황정견(黃庭堅)이 말했습니다.

「날마다 옛사람의 법서(法書)나 명화(名畫)를 대하면 얼굴 위의 가득한 세속 먼지를 떨어버릴 수 있다.」

중국의 문인 진계유(陳繼儒)가 말했습니다.

「복이 있다 하더라도 독서를 하여 복을 보충해야 한다.」

# 038

# 변태심리

누구나 변태심리가 있습니다. 운전대만 잡으면 180도 돌변하는 사람이 있는가 하면, 술만 마시면 괴상한 사람으로 변하는 사람도 있습니다. 자신의 작은 약점을 누가 건드리면 절대 참지 못하는 사람이 있는가 하면, 군중 속에 있기만 하면 평소엔 볼 수 없던 섬뜩한 모습을 보이는 사람도 있습니다.

밤만 되면 성욕을 참지 못하고 어두운 곳에서 바지를 내려 성기를 여자에게 드러내는 남자, 아래 직원이 자기 말에 조금이라도 이의(異議)를 제기하면 발광하며 화를 내는 상사, 딸이 있으면서도 다른 여자들한테 성희롱을 일삼는 남자, 말수가 적고 행동이 점잖은데 속이 몹시 교활하고 기회주의적인 사람, 손해를 보는 걸 조금도 참지 못하는 사람, 육식을 전혀 하지 않는데 몹시 잔인한 사람……

한 나라의 군주나 대기업의 CEO 또는 수십만 명을 거느리는 장수들 가운데에는 이런 변태심리를 가진 사람이 적지 않습니다. 성공한 사람일수록 이런 변태나 사이코패스의 성격을 가진 사람들이 많다고 합니다.

인재를 발탁할 때 또는 사람을 사귀거나 혼인을 하려 할 때는 상대의 이런 변태심리를 볼 줄 알아야 합니다.

**039.**
# 복을 쌓는 일

소동파(蘇東坡)가 말했습니다.

「입과 배의 욕망이 어찌 끝이 있겠는가. 늘 절약하고 검소함을 더함이 또한 복을 아끼고 수명을 늘리는 방법이다.」

명나라의 문인 진계유(陳繼儒)가 말했습니다.

「항상 절약하고 검소하게 사는 것이 복을 아끼는 것이며 생명을 연장하는 것이다.」

조선의 14대 왕 선조(宣祖)는 못난 임금으로 비난받는 대표적인 군주입니다. 그러나 이런 선조도 검소와 절약을 몹시 강조했습니다. 기록을 몇 개 보겠습니다.

「선조는 성품이 검소하여 화려한 것을 좋아하지 않았으며, 사냥하는 등의 오락에 마음을 두지 아니했으며, 의복은 새것만 입지 않고 빨아 입으니 비빈(妃嬪)들도 역시 사치한 의복을 감히 입지 못하였다. 난리를 겪은 뒤에는 더욱 검소한 것을 바탕으로 삼아, 궁중에서 밥알 하나라도 땅에 떨어뜨리지 못하게 하며 이르기를, "이것이 모두 농부들이 고생해서 얻은 물건인데 편히 앉아 먹는 것도 이미 사치스럽거늘, 하물며 함부로 없앨 수가 있느냐." 하였다.」

「선조의 검소한 덕행은 여러 제왕 중에 높이 뛰어났다. 만년에 병이 났을 적에 내의(內醫)가 들어가 진찰하였는데, 푸른 무명 요를 깔고 이불은 자주색 명주였다. 입은 옷도 역시 극히 굵은 푸른 명주였으며 약을 마시는 그릇도 백자기에 무늬 없는 것이었고 흰 책상에 글씨 쓴 병풍이 있을 뿐 휘장도 없었다.」

「비단으로 짠 어의(御衣)가 없고 수라에도 두 가지 고기가 없었다. 서교(西郊; 서대문 밖)에서 명나라 사신을 맞아들일 때, 내시가 점심을 올렸다가 물릴 때 여러 의빈(儀賓; 임금의 사위)을 불러주시는데 보니, 차린 것은 물에 말은 밥 한 그릇과 마른 생선 대여섯 조각·생강 조린 것·김치와 간장뿐이었다. 여러 의빈이 먹고 나니 선조가 그 남은 것을 싸 가지고 가라 하며, "이것이 예(禮)다." 하였다.」

「정숙 옹주(貞淑翁主)가 그 뜰이 좁은 것을 싫어하여 선조에게, "이웃집이 너무 가까워 말소리가 서로 들리고 처마가 얕고 드러나서 막히는 것이 없으니 값을 주시어 그 집을 사게 하여 주소서." 하고 여쭈자 임금은, "소리를 낮게 하면 들리지 아니할 것이고, 처마를 얕게 하면 보이지 않을 것이다. 뜰이 굳이 넓어야 할 것이 있느냐. 사람의 거처는 무릎만 들여놓으면 족한 것이니라." 하고 굵은 발 두 벌을 주시며 "이것으로 가리게 하여라." 하였다.」

성현께서 말씀하셨습니다.

「여러분 젊은이들은 그저 지혜만 구하고 깨닫고 싶어만 하는데, 구할 수 없습니다. 당신은 복이 없기 때문입니다. 복은 선행을 닦는 데서 옵니다. 당신은 선행을 닦지 않고 복만 소비하고 있습니다. 당신은 날마다 게으름을 피우면서 복을 소비만 하고 있습니다.」

음식을 먹어도 배가 가득 찰 때까지 먹지 않는 것, 잔칫집에서 비싸고 영양가 있는 음식을 먹지 않는 것, 경기에서 상대 팀을 큰 점수 차로 이기지 않는 것, 장사할 때 이익을 3배 이상 남기지 않는 것, 하고 싶은 말을 다 하지 않는 것, 화려한 자리나 공직에 오르지 않는 것, 자녀나 부하 직원을 혼낼 때 70%까지만 혼내는 것, 매일 화려한 반찬과 비싼 의복을 입을 수 있지만 검소하고 소박한 차림을 하는 것, 최고의 영예가 주어지는 상(賞)을 받지 않는 것, 일이 순조롭게 잘 풀릴수록 겸손해하는 것, 약간 부족한 것을 좋게 여기는 것, 잘 나갈 때 조심하는 것, 출세했을 때 자기를 도와준 이들을 잊지 않는 것, 편하게 살 수 있지만 매일 규칙적으로 노동을 하는 것 등은 모두 복을 아끼는 행위에 해당합니다.

매일 목욕함으로써 물을 낭비하는 것, 모임에서 말을 독점하는 것, 매일 기름지고 화려한 음식을 먹는 것, 일하지 않고 게으름 피우며 노는 것, 무엇이든지 헤프게 써서 물자를 낭비하는 것, 자식들에게 최고급 물건을 사주는 것, 하고 싶은 말을 끝까지 다 해버리는 것, 무엇이든지 실컷 하는 것 등은 복을 빠른 속도로 까먹는 행위에 해당합니다.

어떤 선비가 부잣집의 잔치에 초대를 받아 갔는데, 역시 비싸고 화려한 음식들이 상에 가득 차려져 있었습니다. 음식은 입에 대지 않고 푸성귀만 먹고 있으니 옆에 앉은 어떤 선비가 왜 고기를 먹지 않고 있느냐고 물었습니다. 그 선비가 대답했습니다.

「나는 지금까지 거친 음식만 먹어 왔는데, 오늘 이 비싼 고기들을 먹게 되면 내 혀가 고기 맛을 알게 되어 그다음부터 거친 음식이나 소박한 음식을 거부할 것인데, 나로서는 그걸 감당할 수 없어 먹지 않는 것이오.」

**040.**
# 글 잘 쓰기

진화생물학자인 최재천 교수는 「글 잘 쓰는 과학자가 성공한다.」라고 말한 적이 있습니다. 그는 하버드대에서 연구하던 시절 세계 최고의 과학 논문인 네이처(Nature) 지(誌)에 세 번이나 퇴짜 맞았던 경험을 털어놓으며 「비슷한 연구 수준이라면 누구 글솜씨가 더 훌륭한가에 따라 우수 학술지의 등재 여부가 결정된다는 사실을 깨달았다.」라고 했습니다.

미국 프린스턴대에서 글쓰기를 가르치는 이창래 교수는 「미국 명문대에서 글쓰기는 선택이 아니라 교양 필수」라고 귀띔해 주었습니다. 상대방을 설득하는 힘이라는 차원에서 보면 글쓰기 훈련은 월가 애널리스트나 변호사를 꿈꾸는 학생들에게 더 필요하다고 조언합니다.

하버드대 어느 교수는 「하버드대 학생들이 4년 동안 가장 신경 쓰는 분야가 바로 글쓰기입니다. 자기의 생각을 글로 표현할 줄 아는 능력은 대학 생활은 물론 직장에서도 가장 중요한 성공 요인입니다. 글쓰기와 사고력은 떼려야 뗄 수가 없다. 훌륭한 사고력은 훌륭한 글쓰기를 필요로 한다.」고 말합니다.

하버드 대학교뿐만이 아닙니다. 경제계의 리더를 육성하는 비즈니스 스쿨도 마찬가지입니다. 미국 내 MBA 순위에서 10년째 1위를 달리고 있는 펜실베이니아 대학교의 경영대학원인 와튼(Wharton) 스쿨은 글쓰기와 커뮤니케이션 능력을 늘리는 것을 교육의 최우선 순위에 두고 있습니다.

조선 후기의 문인인 김창흡(金昌翕)이 그의 형인 김창협(金昌協)의 문집인 농암집(農巖集)을 편찬하면서 쓴 서문에 이런 내용이 나옵니다.

「선생(김창협을 말함)에게는 타의 추종을 불허하는 뛰어난 점이 세 가지가 있다. 첫째, 천하의 지극한 이치를 말하려면 말만 많아지고 이치를 드러내지 못하는 경우가 있는데, 선생은 간결한 말로 그 이치를 다 드러내었다. 둘째, 어지러운 중론(衆論)을 꺾으려면 말투가 격해지고 논리가 빗나가는 경우가 있는데, 선생은 부드러운 말투로 막힘 없는 논리를 폈다. 셋째, 긴 문장을 끝맺을 즈음이면 말의 흐름이 급해지는 경우가 있는데, 선생은 신중하고 여유롭게 마무리를 지었다. 선생의 글을 보면 숨어 있던 이치가 가을 달처럼 환히 빛나고, 이견(異見)에 대한 논박이 봄바람처럼 부드럽고, 긴 문장의 말미에 조화로운 음악이 울리는 듯하다.」

난세에서 인격과 처세를 얻다

정약용이 말했습니다.

「마음속에 축적된 지식이, 대지가 만물을 짊어지고 대해가 온갖 물을 포용하듯, 비가 쏟아질 것 같은 구름과 터져 나갈 것 같은 우레가 서린 듯하여, 끝내 그대로 축적하고만 있을 수 없는 것이 있다. 이렇게 된 뒤 어떤 사물을 만나게 되면, 동감을 느낄 수도 있고 동감을 느끼지 않을 수도 있어 감동하기도 하고 격분하는 데 따라 이를 서술하여 밖으로 드러내는 것이 거대한 바닷물이 소용돌이치고 찬란한 태양이 찬란히 빛나는 것과 같아서, 가까이는 사람을 감동케 할 수 있고 멀리는 천지와 귀신도 감동케 할 수 있다. 이것이 이른바 문장이다. 따라서 문장은 외적인 데서 구할 수 없는 것이다.

고로 이 우주에 있는 문장 가운데 정미(精微)하고 교묘(巧妙)한 것은 〈역경(易經)〉이고, 온유하면서 격절(激切)한 것은 〈시경(詩經)〉이고, 전아(典雅)하면서 치밀(緻密)한 것은 〈서경(書經)〉이고, 상세하여 혼란을 주지 않는 것은 〈예기(禮記)〉이고, 조목이 분명하여 뒤섞을 수 없는 것은 〈주례(周禮)〉이고, 내치고 허여(許與)하는 것이 괴기(瑰奇)하여 어길 수 없는 것은 〈춘추좌씨전(春秋左氏傳)〉이고, 현명하고 성스러워 전혀 하자가 없는 것은 〈논어(論語)〉이고, 참으로 성(性)과 도(道)의 본체(本體)를 알아서 줄기와 가지를 조리있게 분석한 것은 〈맹자(孟子)〉이고, 엄격한 분석에 깊고도 그윽한 것은 〈노자(老子)〉이다. 이 외에는 순수한 것이 적다고 하겠다.」

〈향산집(響山集)〉에서 말합니다.

「문장이란 덕(德)이 안에 쌓여서 밖으로 드러난 것이니, 문자를 쓰면서 진실로 덕에 근본을 두지 않는다면 문장이라도 올바른 문장이 아니니, 실로 문장과 덕이 일치한다.」

〈대산집(大山集)〉에서 말합니다.

「문장이란 곧 도덕의 정화(精華)이다.[文章也者 卽道德之精華]」

조선의 최립(崔岦)이 말했습니다.

「문장이란 도(道)의 여사(餘事)요, 시(詩)는 또 문장의 여사이다.[文章 道之餘 詩又文章之餘]」

조선의 신흠(申欽)이 말했습니다.

「문장이란 조그마한 기예에 불과하니, 도(道)에 비하면 가당치도 않다.[文章小技也 於道無當焉]」

어느 선인(先人)께서 말씀하셨습니다.

「글을 잘 지으려면 3만 권의 책을 읽어야 함은 물론, 천하의 기이한 산천을 두루 구경해야 한다. 이것이 없이는 아무리 글을 잘 지었다 하더라도 아녀자들의 얘기에 지나지 않는다.」

조선의 어느 문인이 말했습니다.

난세에서 인격과 처세를 얻다

「문장이란 덕의 정화이고 행실의 표상이다. 옥(玉)이 산에 묻혀 있으면 흙과 나무가 윤택한 법이니, 세상에 어찌 덕행을 벗어나 문장에 능한 자가 있겠는가. 지봉(芝峯; 李睟光을 말함)이 일찍이 말하기를 "선비가 귀하게 여기는 것은 덕이요, 문장은 곧 말단(末端)이다."라고 하였다.」

중국의 옛 문인이 말했습니다.

「대개 세상에 전해지는 시(詩)는 대부분 옛날 궁(窮)했던 사람들의 말에서 나온 것이다. 궁해지면 궁해질수록 더욱 글이 좋아지니, 이렇게 본다면 시가 사람을 궁하게 만드는 것이 아니라 궁해진 뒤에야 좋은 작품이 나온다고 해야 할 것이다.」

기업 인사 담당자들은 「요즘 신입 사원은 영어보다 국어 실력이 문제」라고 말합니다.

꾸준히 글쓰기 교육을 하는 어느 교사는 「아이들을 창의성과 인성을 갖춘 인재로 키우려면 반드시 글쓰기를 시켜야 합니다. 아이들이 글을 통해 생각과 느낌, 가치관, 정서 등 복합적인 것들을 정리하고 표현하면서 생각하는 힘이 길러지고 창의성도 발현됩니다.」라고 말했습니다.

우리말 연구가였던 고(故) 이오덕(李五德) 선생은 이렇게 말했습니다.

「글을 쓰게 하는 것보다 더 좋은 인간 교육이 있는지를 나는 모른다. 글쓰기보다 더 나은 아이들을 지키고 가꾸는 교육이 있는지를 나는 모른다.」


## 041.
# 고통

항상 모든 것에 구속당하는 것이 진정한 고통입니다. 번뇌로 괴로워하고 업(業)에 끌려다니며 육근(六根:눈·귀·코·혀·몸·의식)에 부림을 당합니다. 백 년도 못 살면서 천 년의 계획을 세우며 만 가지 시름을 안고 괴로워합니다.

무지(無知)와 편견(偏見)에 속박당하고 시비(是非)와 욕망에 지배당합니다. 생로병사와 희로애락에 번민(煩悶)하고 먹고사는 일에 부림을 당하고 타인의 시선으로부터 도망가지 못합니다.

그 결과 윤회의 세계에서 한 치도 벗어나지 못합니다. 총명으로는 업력(業力)과 싸워 이길 수 없고 부귀나 권세로는 윤회를 절대 벗어날 수 없습니다. 끊임없이 남을 의식하고 남과 비교합니다. 내 운명을 내 뜻대로 하지 못합니다. 게다가 내가 태어나고 싶은 곳에 태어나지 못하고 내가 죽고 싶은 날에 죽지 못합니다. 죽을 때 고통 없이 죽지 못하고 죽을 때 홀가분하게 떠나지 못합니다. 내려놓는 법을 알지 못하고 집착합니다. 남의 시선, 돈, 출세, 성공에 얽매여 삽니다. 365일 병으로 시름시름 앓거나 근심으로 괴로워합니다. 진정한 행복은 어디에도 없습니다. 진정한 기쁨이나 행복은 얻기도 힘들거니와 잠깐 사이에 사라져 버립니다.

진정한 '나[我]'는 이 몸뚱이가 아님에도 이 몸이 진정한 나라고 착각하면서 이 몸에 집착합니다. 죽으면 내가 사라지거나 내가 소멸하는 것이 아님에도 죽으면 만사가 끝장이라고 여깁니다.

이런 것들이 바로 고통입니다.


**042.**

# 인정받는 것

연쇄살인범들이 방화, 절도, 방화를 거듭하다 살인을 시작하게 되는 심리를 연구하여 통계를 낸 적이 있는데 밑바닥에는 '사랑에 대한 결핍'이 있었습니다. 가장 사랑받고 자라야 할 어린 시절 부모의 학대와 구박이 마음속에 칼처럼 박혀 있었던 것입니다.

미국의 어느 심리학자는 말합니다.


「인간이 지닌 본성 중에 가장 강력한 것은 남의 인정을 받고자 갈망하는 것이다.」


검사나 형사들이 하나같이 하는 이야기가 있습니다. 증거가 있음에도 혐의를 극구 부인하는 사람들에게 조금만 관심을 가지고 인간적으로 대해주면 눈물을 흘리면서 혐의를 다 시인한다고 합니다.

20년 넘게 강력계 형사를 하면서 수많은 죄인을 감옥에 보낸 어떤 경찰관은 어느 날 남의 차를 호기심에 몰래 몰고 가다가 행인 2명을 친 고등학교 3학년 남학생과 마주하게 되었습니다. 그 학생은 성적이 전국에서 10위권에 들 정도로 공부를 잘했고, 서울대 원자력공학과에 진학하는 것이 목표였습니다. 그 학생을 감옥에 보내지 않기 위해 무진 애를 썼지만 배상금 5,000만 원이 없어 끝내 감옥에 간 그 학생은 그 후 감옥에서 나온 후 탈선하였고 얼마 못 가서 자살했습니다. 그 경찰관이 말합니다.

「학교 폭력을 비롯해 문제를 일으키는 아이들의 내면을 보면 외로움이 깔려있어요. 그걸 매우려고 싸움도 하고 범죄도 저지르는 거죠. 어른들이 사랑과 관심을 보여 주고, 삶이 얼마나 소중한 것인지 일깨워 주면 그런 문제를 거의 없앨 수 있다고 확신해요. 아이들을 탓하기 전에 어른들이, 사회가 자신을 먼저 돌아봐야죠.」

다른 청소년 전문가가 말합니다.

「청소년들을 사랑하는 것만으로 족하지 않습니다. 청소년들이 사랑받고 있음을 알 만큼 사랑해야 합니다. 아이들에게 존엄성이 있음을 알려주기 위해 노력하면 아이들도 깨닫게 됩니다. 아이들에게 존중받는다는 느낌을 전달해 줘야 합니다.」

손양(孫陽)은 춘추전국시대 초나라 사람입니다. 말(馬)을 볼 줄 아는 안목이 있었습니다. 하루는 길을 가다 소금 수레를 끌고 가는 말을 만났습니다. 천하를 누벼도 시원치 않을 천리마가 일개 수레를 끌고 가는 것을 보고 그가 다가가 자기 옷을 벗어 말의 등에 덮어 주자 말은 머리를 들고 소리 내어 울었습니다. 자기를 알아주는 사람을 만났기 때문입니다. 사람들은 손양을 일컬어 '백락(伯樂)'이라고 불렀습니다.

# 043

# 조선 선비들의 문집(文集)

'한국고전번역원(韓國古典飜譯院)'에서 번역하여 무료로 제공하는 조선왕조실록이나 문집(文集) 등을 읽으면 배우는 것이 정말 많습니다. 이 자료들을 공부하면서 느낀 점을 말하고자 합니다.

첫째, 영남(嶺南)은 인재의 보고(寶庫)이자 유학의 종가(宗家)였음을 알게 되었습니다. 서원(書院)과 명가(名家)가 즐비하고 고결(高潔)하고 명철(明哲)한 선비들이 부지기수입니다.

정조(正祖)가 말했습니다.

「영남은 추로(鄒魯; 鄒는 맹자의 출생지이고 魯는 공자의 출생지로, 공자와 맹자를 일컫는 말이기도 하고 儒學을 뜻하는 말이기도 함)의 고을로서 본디 인재의 보고라 일컫는다.[嶺南鄒魯之鄉 素稱人才府庫]」

이수광(李睟光)이 말했습니다.

「우리 동방의 선유(先儒) 가운데 문묘에 종사(從祀)된 분은 최치원

(崔致遠), 설총(薛聰), 안향(安珦), 정몽주, 김굉필, 정일두, 조광조, 이언적, 이황으로 모두 아홉 사람인데, 조광조 외에는 모두 영남 사람이니 성대하다고 하겠다. 세상에서 일컫는 '영남은 인재의 보고(寶庫)이다.'라는 말이 믿을 만하다.」

이익(李瀷)이 말했습니다.

「퇴계는 소백(小白) 밑에서 태어나고 남명(南溟)은 두류(頭流) 동편에서 태어났으니, 이는 모두 영남 땅이다. 이 같은 영남에서도 그 상도(上道)에서는 인(仁)을 숭상하고 그 하도(下道)에서는 의(義)를 숭상하여, 그 유화기절(儒化氣節)이 바다와 같이 넓고 산과 같이 높아서 이에 문명(文明)의 절정에 이르렀다.」

정약용이 말했습니다.

「영남의 산천(山川)의 풍기(風氣)가 다른 도(道)와는 전혀 다르고 그 인물은 영걸(英桀)과 위인(偉人)이 많다. 그래서 일을 처리할 때는 튼튼하게 하였고 곱고 화려함은 좋아하지 않았다. 국가에 중대한 의논이 있을 적마다 온 나라가 그들의 의견에 이의가 없이 하나로 귀착되고 여러 갈래로 갈라지는 일이 없다. 회재(晦齋 이언적(李彦迪)의 호)·퇴계(退溪 이황(李滉)의 호) 등 여러 선생이 나신 이후로 선비들이 모두 예의(禮義)를 숭상하였으므로 성질이 못된 자가 있기는 하여도 공손하게 예모를 차리는 모습은 모두 학자의 기풍이 있었다.」

정조(正祖)의 명으로 〈영남인물고(嶺南人物考)〉를 편찬하는 데 참여했던 정약전(丁若銓; 정약용의 둘째 형)이 정약용에게 말했습니다.

「대단하지 않은가. 불과 수백 년 사이에 한 지방의 어진 분이 이처럼 많다. 뛰어난 행실과 숭고한 도의를 믿을 수 있게 도와주는 글들이 이처럼 빛나니, 너는 이러한 이유를 알겠느냐. 그 이유는 평소에 자제들을 잘 가르쳤기 때문이다. 삼대(三代) 이후로 학교(學校)의 제도가 무너져서 사람을 가르치는 방법이 끊겼다. 백성들이 모두 제멋대로 낳고 제멋대로 자라서 지혜로운 자는 혹 그 스스로 깨달아 혈기의 병통을 바로잡지만, 어리석은 자는 자포자기함을 편안히 여겨 고치지 못하고 일생을 마치니, 이 때문에 훌륭한 인물이 이처럼 없는 것이다. 그런데 영남은 그렇지 않아서 향교와 서원을 가숙(家塾)으로 삼고 스승과 벗을 친척으로 삼아 무리 지어 놓고 무리 지어 익혀서 그 보고 감화된 덕분에 재질이 참으로 좋으니, 어찌 이처럼 성취하지 않을 수 있겠는가. 사람은 가르침이 없어서는 안 된다.」

둘째, 우리나라에는 인재들이 참으로 많았음을 알게 되었습니다. 문묘(文廟)나 종묘(宗廟)에 배향(配享)된 인물들뿐만 아니라, 명신(名臣) 또는 대신(大臣)이라 불린 사대부들의 재주와 언행, 처세 등을 보면 몹시 탄복하게 됩니다.

신흠(申欽)이 말했습니다.

「재상(宰相)으로서 이재(吏才; 일 처리 능력. 실무 능력)를 갖춘 자를 찾아보기도 역시 어렵다 하겠다. 내가 젊은 나이에 조정에 이름을 올리고 낭료(郎僚; 正 5·6품의 중간 관리)로서 거공(巨公)들 틈에 끼어 노닐었는데, 오직 서애(西厓) 류성룡(柳成龍)과 한음(漢陰) 이덕형(李德馨)과 백사(白沙) 이항복(李恒福) 등 세 상국(相國; 정승)만이 이재가 넉넉했을 따름이었다. 임진년과 계사년, 왜구가 나라 안에 가득하고 중국 군대가 성을 꽉 채우던 날을 당하여 급히 전하는 격문(檄文)이 빗발치듯 하고 처리할 문서가 걸핏하면 산처럼 쌓이곤 하였다. 이때 서애(西厓)가 청사에 출근하면 내가 글씨를 빨리 쓴다 하여 꼭 나에게 붓을 잡도록 명하고는 입으로 부르면서 문장을 작성해 나가곤 하였는데 몇 장이 되건 아무리 긴 글이라도 풍우(風雨)가 몰아치듯 신속하게 지어나가 달리는 붓을 멈출 사이가 없이 하면서도 첨삭을 가할 필요도 없이 훌륭한 문장을 완성하곤 하였다. 자문(咨文)이나 주문(奏文)을 지을 때도 역시 그러하였는데 사신(詞臣)이 분부를 받들어 지어 올린다 할지라도 그 사이에 가감(加減)을 할 수 없을 정도였으니 정말 기재(奇才)였다고 할 것이다. 한음과 백사의 재능도 그와 짝할 만하다 하겠다.」

대학자이자 대저술가였던 정약용이 이가환(李家煥)을 찬탄하며 말했습니다.

「공(公)은 여러 종형제 중에서 나이가 가장 어렸기 때문에 여러 형의 보살핌이 매우 깊었다. 더구나 공(公)은 기억력이 뛰어나 한번 본 글은 평생토록 잊지 않고 한번 입을 열면 줄줄 외는 것이 마치 호리병에서 물이 쏟아지고 비탈길에 구슬을 굴리는 것 같았으며, 구경(九經)·사서

(四書)에서부터 제자백가(諸子百家)와 시(詩)·부(賦)·잡문(雜文)·총서(叢書)·패관(稗官)·상역(象譯)·산율(算律)과 우의(牛醫)·마무(馬巫)의 설과 악창(惡瘡)·옹루(癰漏)의 처방(處方)에 이르기까지 문자라고 이름할 수 있는 것이면 무엇이든지 한번 물으면 조금도 막힘없이 쏟아놓는데, 모두 연구가 깊고 사실을 고증하여 마치 전공한 사람 같으니 물은 자가 매우 놀라 귀신이 아닌가 의심할 정도였다…(중략)…… 상(上; 정조를 말함)이 한가할 때 공을 인견(引見)하시고 삼한(三韓)과 사군(四郡) 이후의 우리나라 고사(故事)를 물으시면 공은 번번이 이십삼사(二十三史)를 인용하여 막힘없이 대답하니, 상(上)이 크게 경탄하시고 물러나 좌우에 이르기를, "이가환 같은 사람이야말로 참으로 학사(學士)이다."라고 하셨다.」

조선이라는 나라에는 연산군이나 중종(中宗)·인조(仁祖)·고종(高宗)과 같은 암군(暗君)들도 많았지만, 세종(世宗)이나 문종(文宗)·정조(正祖)와 같은 뛰어난 군주들도 많았음을 알게 됩니다. 특히 정조의 학문은 지극히 깊고 넓었는데, 정조가 남긴 문집인 〈홍재전서(弘齋全書)〉를 보면 '한 인간이 다다를 수 있는 학문의 경지가 과연 어디까지인가.' 하는 생각이 들 정도로 경탄하게 됩니다. 또 조선의 군주들은 거의 예외 없이 서예에 뛰어났습니다. (조선 말의 고종도 서예에 뛰어났음)

셋째, 조선의 군주나 사대부들은 한국의 은사(隱士)나 산림(山林)을 우대하고 기렸는데, 이들은 「조선의 은사들은 은거하고 있어도 출사한 자이다.[隱而仕者也]」라는 말처럼 끊임없이 세상과 조정에 관심을 가졌습니다.

넷째, 이들의 위의(威儀)와 거동(擧動)은 마치 불문(佛門)의 청정한 율사(律師)와 같습니다.

예컨대, 「조심스러운 마음으로 제사를 지내 마치 혼령(魂靈)이 앞에 임한 것처럼 정성을 다하였다. 혹 멀리 나가 있어서 제사에 참여하지 못할 때는 머무는 숙소에서 반드시 의관을 바르게 갖춘 다음 밤새도록 바른 자세로 앉아 있었다.」와 같은 기록이나, 「선생은 언제나 의관(衣冠)을 바르게 하고 꿇어앉아 있었으며 게으르거나 피곤한 기색을 보이지 않았다. 밤이 깊어지면 주위의 제자들이나 가족에게 물러가게 한 뒤에야 잠자리에 들었다. 새벽에 일어나 문밖에 이르면 들어오라는 이야기를 듣고 들어가는데 선생은 이미 관대를 갖추고 계셨다. 내가 좇아 배운 지가 30여 년인데 관대(冠帶)를 하지 않을 때를 보지 못했다. 스승인 한강(寒岡; 鄭逑) 선생이 보낸 편지가 도착하면 반드시 일어나서 받아 공경스럽게 책상 위에 올려놓고, 읽기를 마친 뒤에는 반드시 다시 일어났다가 앉으셨다.」라는 기록이나, 「평소에 담소하는 일이 적었고 희로(喜怒)의 감정을 나타내지 않았으며, 당황할 때도 말을 거칠게 하거나 얼굴빛을 사납게 한 적이 없고 음식을 먹는 일과 행동거지는 모두 한결같은 절도가 있었다. 매일 일찍 일어나 세수하고 머리 빗고 의관을 단정하게 하고 종일 단정하게 앉아 있었다. 사무가 있거나 빈객을 접대하는 때가 아니면 늘 책을 보았는데 늙어서도 그만두지 않았다. 무릇 음악과 여색, 빼어나게 아름다운 것에 대해서는 담박하여 욕심내지 않았다.」라는 기록이 숱하게 보이는데, 이런 훌륭한 행동거지는 그들의 지극한 효행과 더불어 찬탄할 만합니다.

다섯째, 조선의 사대부들은 주자학만 정학(正學)이고 그 외 양명학

(陽明學)이나 노장(老莊)·불가(佛家) 등은 사학(邪學) 또는 이단(異端)으로 간주하였습니다. 주자(朱子) 절대주의에 빠진 그들의 세계관이나 가치관은 고로 편협하였고 고루(固陋)하였으며 남을 쉽게 인정하지 않는 병폐가 있었습니다.

예를 들어, 조선의 대문장가인 신흠(申欽)은 〈상촌집(象村集)〉에서 이렇게 말했습니다.

「천지의 지극한 묘용(妙用)을 도둑질하여 자기의 도구로 삼은 자가 바로 노자다.[竊天地至妙之用 以爲自私之具者 老子也]」

천지의 묘용(妙用)을 도둑질하는 것이 가능한 것인지(예컨대, 태양이 방사하는 빛을 개인이 도둑질할 수 있는가), 게다가 도둑질한 것을 자기의 도구로 삼는 것이 도대체 가능한 일입니까. 신흠은 다른 사대부와는 달리 생각이 개방적이었고 불교나 양명학에도 관심을 가졌던 인물이었습니다. 하지만 위 발언을 놓고 보면 그의 안목이나 학문이 얼마나 좁고 고루한지 단번에 알 수 있습니다.

그런데 최명길은 신흠에 대해 아래와 같은 극찬을 늘어놓았는데, 필자로서는 동의하기 어렵습니다.

「대저 노씨(老氏; 노자)는 역(易)의 체(體)를 얻었고, 소자(邵子; 소강절)는 역(易)의 골수를 얻었다. 그런데 선생(신흠을 가리킴)의 학문은 통하지 않는 곳이 없으면서도 스스로 계오(契悟; 진리에 맞는 깨달음)한 곳이 있고 덕(德)의 근본을 잡았으면서도 거의 자취가 없는 경지에 이르렀다. 그러므로 현묘한 이치를 투철하게 알았으면서도 스스로 높게 여기지 않았고 문장으로 한 시대를 풍미했으면서도 스스로 대단하게 여기지 않았으며 널리 경국제세(經國濟世)의 공업(功業)을 이루었으면서도 스스로 자신의 공로로 삼지 않았다. 요컨대 결론을 말한다면, 아까 이야기한 세 가지 불후(不朽)를 오직 선생만이 거의 가깝게 해내었다고 할 것인데, 이는 대체로 묘한 이 마음이 함양된 데 따라 적재적소에 활용되어 그처럼 헤아릴 수 없이 된 것이라고 할 것이다.」

그런데 신흠은 자신에 대해 스스로 이런 극찬을 하기까지 합니다.

「현옹(玄翁; 신흠의 말년 호)이란 사람은 어떤 사람인가. 글로 세상에 알려졌어도 옹은 글을 일삼지 않았고 조정의 높은 관직을 역임했어도 옹은 관직을 마음에 두지 않았으며 벌을 받아 외방에 유배되었어도 옹은 그 죄 때문에 동요되지 않았다. 즐기고 좋아하는 것도 없고 경영하는 것도 없었으며 가난해도 부유하게 여겼고 풍요한 환경에 처해도 부족했던 때처럼 지내었다. 남과 교제함에 다른 사람이 친소(親疏)에 영향을 미칠 수 없었고 외물(外物)과 접함에 외물이 그를 구속할 수가 없었다. 어려서 학문에 뜻을 두고 제자백가에 널리 통했으며 근원에 약간 도달하긴 했으나 아직 완전한 귀결에 이르지는 못하였다. 만년에 주역(周易)을 좋아하여 소씨(邵氏; 소강절)가 말한 천지 만물의 도수(度數)에 회통(會通)한 바가 있었으나 그것도 대략적인 면을 통했을 뿐이었다. 그러나 책이라면 보지 않은 것이 없었는데, 서적을 보는 외에는 종일토록 유연히 지내면서 속물(俗物)이 감히 범접하지 못하게 하였다. 한 시대의 승류(勝類; 보통 사람보다 뛰어난 사람들)와 모두 교우관계를 맺어 옹(翁; 신흠 자신을 말함)을 아는 자가 많았는데, 혹 그의 글을 알아주기도 하고 혹 그의 행한 일을 알아주기도 하였다. 백사옹(白沙翁; 이항복을 말함)이란 자가 옹과 이웃에 살면서 옹의 흥취를 알아주었는데 옹도 마찬가지로 백사를 인정하였다. 그런데 백사가 바른말을 하다가 죄를 얻어 북쪽 변방에 유배되어 죽고 말자 옹이 지기(知己)를 잃은 탄식을 금하지 못하면서 인세(人世)에 대한 뜻이 없어졌다.」

또, 중국 송나라의 대유(大儒)인 정이천(程伊川)이 말했습니다.

「왕통(王通; 수나라의 대학자)이 '명(命)'을 아는 자는 하늘을 원망하지 않고 자신을 아는 자는 남을 탓하지 않는다.'라고 하였다. 왕통이 어찌 이른바 명(命)이라는 것을 아는 자이겠는가. 석씨(釋氏; 석가모니)가 말한 인연보응(因緣報應)의 설에 이르러서도 요컨대 모두 명(命)을 알지 못한 것이다.」

대유(大儒)라 우러름을 받는 인물의 식견(識見)이 이토록 편협하고 고루하다는 사실에 그저 놀랄 뿐입니다.
대문장가 장유(張維)가 말했습니다.

「중국에는 양명학·불학 등 여러 학문이 있지만, 조선 사람들은 성리학밖에 모른다.」

조선의 사대부들은 오직 주자학만 공부했습니다. 성리학은 '성명과 의리의 학문(性命義理之學)'의 준말로, 정자(程子)나 주자는 공자와 맹자의 유교 사상에 우주 만물의 생성과 운행을 '성리(性理), 의리(義理),

이기(理氣)' 등의 형이상학적 체계로 재해석했습니다. 그들은 불교의 출세간적(出世間的)이고 허무주의적인 사상과 도교의 은둔적인 경향을 비판하면서 자신들의 사상이 참된 학문이라고 주장했지만, 사실 성리학은 불교와 도교를 모방한 학문에 불과했습니다. 사실이 이러함에도 유학자들은 불교와 도교를 싸잡아 비난했는가 하면, 〈대학〉에 나오는 '친민(親民)'을 '신민(新民)'으로 고치는 우(愚)를 범하기까지 했습니다.

친민(親民)은 '백성과 친근하다(또는 백성과 하나가 되다)'라는 뜻으로, 이는 '백성을 구제하는 것(또는 백성을 편안케 하는 것)'을 의미함에 반하여, 신민(新民)은 백성에게 학문이나 명분(名分; 신분 질서)·인륜·도덕·농사 등을 가르친다는 뜻이니, 이는 차별적·수직적인 말로서 백성을 '어리석은 피치자(被治者)'로만 보는 우월적 시선이 깔려있습니다. 이들의 말대로라면 '부자유친(父子有親)'도 '부자유신(父子有新)'으로 바꿔야 합니다.

자고로 하늘이 부여한 성(性; 眞如)은 만인이 평등합니다. 모든 중생은 이미 그 자체로 완전한 존재입니다. 깨닫지 못한 인간의 눈으로 보니 타자(他者)가 불완전한 존재로 보이는 것입니다. 편협하고 고루한 지식인의 눈에는 모든 사람이 부족하고 어리석은 사람으로 보이겠지만, 깨달은 부처의 눈엔 모든 중생이 부처로 보입니다. 이건 비유도 아니고 방편도 아닙니다. 민심(民心)이 곧 천심(天心)이고, 누구나 성인(聖人)이 될 수 있습니다. 이는 불교에서 모든 중생이 불성(佛性; 부처가 될 수 있는 성품)을 갖고 있다는 말과 통합니다. 백성을 무조건 교화의 대상, 가르쳐야 할 대상, 다스려야 할 대상으로 보는 견해는 사견(邪見)이자 전도(顚倒)된 몽상(夢想)에 지나지 않습니다.

왕양명이나 윤휴(尹鑴)는 물론 수많은 고승(高僧)들께서는 하나같이 '친민(親民)'이 옳다고 말했습니다.

주자학 절대주의에 빠진 조선의 사대부들은 손바닥으로 하늘을 가리고, 자기 귀를 막고 방울을 훔치는 우를 범했습니다. 오도(誤導)된 학문에 빠져 위로는 진리를 등지고 아래로는 자신을 속이는 잘못을 범했습니다.


# 044.
## 무위(無爲)


노장(老莊) 사상의 핵심은 '무위자연(無爲自然)'입니다. 대체 '무위(無爲)'의 뜻은 무엇일까요?

'인위적으로 하지 않음'일까요? 아니면 '자연의 순리대로 따르는 것'일까요? 이 말대로라면 '무위지치(無爲之治)'는 왕이나 정부(政府)와 같은 통치자가 존재하지 않는 무정부(無政府) 상태를 말하는 것입니까?

이런 해석대로라면, 밥도 익혀 먹지 말아야 하고 집도 짓지 말고 토굴이나 동굴 속에서 거주해야 하며 비단이나 무명·삼베와 같은 것들도 만들지 말아야 하며 농약이나 비료 등도 쓰지 않아야 하고 법이나 제도·규칙·예(禮)·도덕 등도 만들어서는 안 됩니다.

과연 그렇습니까?

'무위(無爲)'는 사실 '중용(中庸)'이라는 말과 함께 가장 잘못 해석되어

온 단어이고, 또 이해하기가 가장 어려운 단어이기도 합니다. 무위(無爲)는 노자(老子)가 최초로 만들어 썼고, 이어 장자(莊子)와 공자가 빌려 썼으며 불교 경전에도 차용되었는데, 불교에서 쓰이는 무위의 뜻은 노자의 무위와는 다릅니다.

노자는 말합니다.

「도(道)는 영원토록 무위(無爲)를 행하지만 못하는 일이 없다.[道常無爲而無不爲]」

위에서처럼 '무위(無爲)'란 '무불위(無不爲)'를 말합니다. 즉 '모든 일에 관여한다.' '하지 않는 일이 없다.'라는 뜻입니다.

무위(無爲)의 자세한 뜻은 다음과 같습니다.

'무위(無爲)'란 아무것도 하지 않는다는 뜻이 아니라 반대로 모든 일에 관여한다는 뜻입니다. 모든 일에 관여하되 흔적을 남기지 않습니다. 어떤 일을 할 때, 장래 어느 시기에 발생할 가능성이 있는 여러 문제를 미리 알아내어 그 문제가 일어나지 않게 하는 것입니다. 미리 일해 놓고도 자랑하거나 다른 사람이 알게 하지 않습니다.

겉으로 보면 아무것도 안 하는 것 같지만, 사실은 주도면밀하게 생각해 놓고 사전에 이미 적절한 결정을 내려놓습니다. 행동이 매우 민첩합니다. 남이 알아채지 못할 뿐입니다.

상(賞)을 주지 않아도 백성들이 선을 행하며, 벌을 주지 않아도 백성들은 어른을 공경하고 법을 지키며 악행 짓는 것을 두려워하는데, 이것이 '무위이화(無爲而化)', 즉 무위(無爲)의 덕화(德化)입니다.

맡은 바 일에 최선을 다하고 마땅히 해야 할 일을 하는 것입니다.

아직 생겨나기 전에 처리하고 어지러워지기 전에 다스리는 것입니다.

징조(徵兆)나 기미(幾微)가 아직 나타나지 않았을 때 방법을 미리 생각해 놓는 것입니다.

어떤 사람이 겉으로 보기에는 아무 일도 하지 않는 것처럼 보이지만 실제로는 모든 일을 잘 해냅니다.

평소에는 데면데면하다가 친구가 어려움에 빠지면 곧바로 달려가서 도와줍니다.

온갖 인연을 내려놓습니다. 사심(私心)이 없습니다.

힘이나 권세가 아닌 도덕으로 남을 교화합니다.

버튼 하나만 누르면 제도가 작동되고 시스템이 움직입니다. 최고 책임자가 없어도 시스템에 따라 저절로 돌아갑니다.

매사에 미리 계획을 세워놓기 때문에 수고롭지 않습니다.

내가 쌓은 덕을 남이 알지 못하게 합니다.

힘은 적게 들이고 성취는 많습니다.

간소화(簡素化), 절약, 함부로 나서지 않음, 일을 벌이지 않음, 대공무사(大公無私) 등은 무위(無爲)의 일면(一面)입니다.

남이 알아주기를 바라지 않습니다.

검술의 달인이 칼을 예리하게 갈아서 잘 간직해 두는 것입니다.

학문이나 수행이 최고 수준에 도달한 사람이 가장 못나고 가장 천한 사람에게조차 공경을 표하고 예를 다하는 것입니다.

어떤 일을 처음 시작할 때의 마음가짐을 영원히 유지하는 것입니다.

학문이 높고 재능이 뛰어나며 덕행이 훌륭하더라도 늘 삼가고 조심하는 것입니다.

언제 어디서나 무슨 일을 하건 도리에 어긋나는 일을 하지 않고, 세상의 평(評)에 초연하며, 생사 문제에 초연히 대처하고 집착과 번뇌에 물들지 않는 것입니다.

마땅히 해야 할 일만 하되 아무런 흔적도 남기지 않는 것을 말합니다.

바쁘고 해야 할 일이 많더라도 마음속에서는 일이 없는 것입니다.

금기(禁忌)가 많고 편리한 기구가 많으며 사람들의 재주가 많고 법령(法令)이 많은 것이 바로 '유위(有爲)'입니다. 이렇게 되면 인성은 황폐해지고 사회는 혼란스러워집니다.

지도자가 정직하고 사욕(私欲)이 없고 군사력으로 다른 나라에 강함을 나타내지 않으며 백성에게 구하는 바가 없고 전임자의 업적을 무시하지 않으며 수단을 부려 새로운 일을 벌이지 않아야 비로소 '무위(無爲)'의 경지에 이릅니다.

불교에서 쓰이는 무위(無爲)는 열반(涅槃; 常樂我淨. 不生不滅, 寂滅과 같은 뜻)의 뜻입니다. 즉, 시비(是非)·선악(善惡)·상(相)·분별심(分別心) 등을 완전히 여의고 일체가 불이(不二)요, 불생불멸(不生不滅)이라는 실상(實相)의 이치를 깨달은 경계입니다.

또한 유(有)에도 집착하지 않고 공(空)에도 집착하지 않으며 공(空)·유(有)·비공비유(非空非有)·즉공즉유(卽空卽有; 空이기도 하고 有이기도 함)에도 집착하지 않습니다. 선(善)도 악(惡)도 내려놓고, 타인에게서도 구하지 않고 부처와 보살에게서도 구하지 않습니다. 불교에서는 유위

(有爲)를 다해야 무위(無爲)에 이를 수 있다고 말합니다. 유위(有爲)의 본체는 무위(無爲)이며, 유위(有爲)는 그 작용입니다. 일이나 현상이 발생하기 이전은 무위(無爲)이고, 어떤 일이 발생한 이후는 유위(有爲)입니다. 구하는 바가 없고 머무는 바가 없는 것이 무위(無爲)입니다.

# 045

## 복 있는 집안(1)

〈주역(周易)〉에서 말합니다.

「천도(天道)는 가득 차면 허물어뜨리고 겸허하면 더해 준다. 지도(地道)는 가득 차면 변하게 하고 겸허하면 (부나 명성 등이) 유지되도록 한다. 귀신은 가득 차면 재앙을 내리고 겸허하면 복을 준다. 인도(人道; 인간 세상)는 가득 차면 싫어하고 겸허하면 좋아한다.[天道虧盈而益謙 地道變盈而流謙 鬼神害盈而福謙 人道惡盈而好謙]」

위백규(魏伯珪)가 말했습니다.

「온갖 방술(方術)과 잡기(雜伎) 중 의학(醫學) 외에 모두 쓸 만한 것이 없다. 복서(卜筮; 길흉을 점치는 것)는 성인(聖人)께서 만들었지만 성스럽고 신령(神靈)한 사람만이 완미할 수 있으니, 현인과 군자는 사용할 수 있으나 일반 백성은 쓸 데가 없다. 소인은 소인의 일을 점치고 흉악한 사람은 흉악한 사람의 일을 점치니, 세상에 무익할 뿐만 아니라 도리어 백성에게 해를 끼친다. 풍수지리설에 따라 장사(葬事)를 지내는 법의 경우, 땅의 좋고 나쁨이 진실로 있다고 해도 신령한 사람이 아니고서는 알 수 없고 복이 많은 사람이 아니고서는 차지할 수 없다.」

장유(張維)가 말했습니다.

「어떤 환경에 처하더라도 편안하게 여기지 않는 때가 없게 된다면 이 세상의 복 가운데 그 어느 것이 이보다 더할 수가 있겠는가. 대저 지위의 고귀함을 복으로 삼으면 지위가 바뀌어 버리면 비천하게 되고, 재산의 부유함을 복으로 삼으면 재산이 없어지고 나면 가난하게 되고 만다. 외부로부터 얻어지는 것은 모두가 때에 따라서 바뀌게 마련인데 때에 따라서 바뀌게 마련인 것은 참다운 복이라고 할 수 없다.

선한 일을 행하는 자에게 있어서는 그보다 더 큰 상서로운 일이 있을 수 없는 만큼 비록 곤궁해도 영달한 것과 다름이 없고 비록 일찍 죽어도 장수한 것과 다름이 없는 반면, 선하지 못한 일을 행하는 자에게 있어서는 그보다 더 큰 재앙이 있을 수 없는 만큼 비록 영달해도 곤궁한 것과 다름이 없고 비록 오래 살아도 일찍 죽은 것과 다름이 없을 것이다.」

〈문소만록(聞韶漫錄)〉을 쓴 윤국형(尹國馨)이 말했습니다.

「나는 외아들로 아들 다섯과 딸 하나를 낳았고 내외손(內外孫)도 많으며 우리 내외 역시 병이 없고 또 외람되게 국가의 은혜를 입어 벼슬이 분에 넘치게 높고 두 아들도 현달(顯達)하니, 사람들은 모두 복 있는 집안이라고 칭하였다. 그런데 넷째 아들이 일찍 죽고 막내아들을 적의 칼날에 잃었으며 올가을에는 또 맏며느리를 잃었다.

나는 두 아들을 잃은 뒤로 항상 스스로 생각하기를, '내가 조정에 벼슬한 지 거의 30년 동안 잘못한 일이 많지는 않은데 이러한 재앙을 만났으니, 하늘은 어찌 이처럼 심한 화를 내리시는가.' 하였는데, 이제 또 맏며느리를 잃어 집에 화가 그치지 않고 닥치니 그럴 만한 까닭이 있는 것이 아닌가. 내 몹시 두렵다. 상주(尙州)를 다스릴 때 적을 잡아 문초하다가 죽은 자가 전후에 걸쳐 10여 명이 되고, 호남(湖南)을 다스릴 때 변고가 생긴 뒤에 처형된 자가 또 7~8명이나 된다. 하지만 내 생각으로는 모두 마땅히 죽여야 할 사람들이고, 하나도 원한이 있거나 미워서 고의로 죽인 것은 아니라고 여겼는데, 혹 죽임을 당하지 않을 사람이 원통하게 죽지나 않았는지 알 수 없다.

제갈공명도 "악한 일은 작다고 하여 해서는 안 된다." 하였으니, 성현도 오히려 착하지 못한 일을 하지나 않나 경계했는데 하물며 보통 사람들이겠는가. 착한 일을 하는 것이 가장 즐거운 것이니, 이것을 내가 자손들에게 깊이 바라는 바이다.」

어느 선인이 말했습니다.

「한 집안의 당장의 성쇠는 그 집에 오는 손님을 보고 알고, 먼 훗날의 성쇠는 자손을 보고 안다.」

어느 집안은 남자 형제가 다섯인데, 지난 50년 동안 경찰서나 법원·감옥에 드나든 형제가 단 한 명도 없었으니 복 받은 집안이 아닐 수 없습니다.

또 어느 집안은 운전을 업으로 삼아 생계를 유지하는 사람이 세 명인데, 지난 35년 동안 교통사고를 내거나 당한 사람이 단 한 명도 없었으니 이 또한 복이 많은 집안임이 틀림없습니다.

또 어느 집안은 구성원들 모두가 남 돕는 것을 좋아하고, 다들 20년 동안 매달 5만 원씩 구호단체나 불우한 이웃들을 위해 기부하고 있으니, 이 얼마나 복 많은 집안입니까.

또 집이 가난해도 아픈 사람이 없고 잘못되는 일이 없다면 어찌 복 있는 집안이 아니겠습니까.

〈설원(說苑)〉의 말씀 두 개를 보겠습니다.

「원망은 은덕을 갚지 않는 데에서 생기고, 재앙은 복을 많이 누리는 데에서 생긴다.[怨生不報 禍生於福]」

「복은 재앙의 문(門)이다.[福者 禍之門也]」

## 046.
## 예절

의자를 끌 때 소리 내지 않는다.

복도나 사무실에서 걸을 때 신발을 질질 끌지 않는다.

식사 때 쩝쩝, 후루룩 소리 등을 내지 않는다.

식탁에 젓가락이나 수저 등을 내려놓을 때 소리 내지 않는다.

용변, 세수, 목욕, 면도, 화장 등을 할 때 소리 내지 않는다.

트림, 재채기, 방귀, 하품 등을 할 때 소리 내지 않는다.

학교 근처에서는 술을 마시지 않는다.

아이들이 있는 곳에서는 말을 조심한다.

식사 후 이를 쑤시지 않는다.

식사 후 물로 입안을 헹구는 소리를 내지 않는다.

식사 때 젓가락과 숟가락을 함께 들지 않는다.

어른이 물으면 빨리 대답하고 빨리 다가간다.

남의 책, 신발, 방석, 신문 등의 위로 넘어가지 않는다.

남과 가까이에서 말할 때는 입을 가린 채 해야 한다.

음식을 대하고 얼굴을 찌푸리거나 탄식하거나 불쾌한 표정을 짓지 않는다.

인사하거나 말할 때는 상대의 얼굴을 보고 한다.

자녀들 보는 곳에서 산 생명을 해치지 않는다.

무덤가에 가면 봉분 위에는 올라가지 않는다.

손님이 먼저 앉은 후 주인이 앉고, 주인이 묻지 않으면 손님이 먼저 말하지 않는다.

길 가운데로 걸어가지 않으며, 길이나 자리의 한가운데 앉지도 서 있지도 않는다.

서 있는 사람에게 무엇을 줄 때는 앉아서 주지 않으며, 앉은 사람에게 줄 때는 서서 주지 않는다.

아이들, 휠체어를 탄 장애인 등과 얘기할 때는 한쪽 다리를 구부리고 눈을 같은 높이에 맞춘다.

묘지(특히 현충원이나 高士의 묘지), 사찰, 정려문(旌閭門; 충신·효자·열녀·義士 등을 기리기 위해 세운 문), 빈소 등과 같은 곳에서 그리고 삼일절·현충일·광복절 등과 같은 날에는 노래를 부르거나 춤을 추지 않는다.

높은 사람과 같이 있을 때 아래 사람이 오더라도 인사를 하거나 일어나서 자리를 내드리지 않는다.

남이 식사를 끝내기 전에는 아무리 급하더라도 화장실에 가지 않는다.

〈곡례(曲禮)〉에 이런 말씀이 있습니다.


「방에 들어가려 할 때는 문 앞에서 반드시 기침 소리를 내고, 문밖에 신이 두 켤레 있을 때 말이 들리면 들어가고 말이 들리지 않으면 들어가지 않으며, 문이 열려 있으면 (들어간 후) 열린 채로 두고 문이 닫혀 있으면 닫고, 뒤에 들어올 사람이 있으면 닫되 다 닫지 말라.」


**047.**

# 내 안에 있는 악(惡)


동료가 '허리를 다쳤다.'라는 말을 했습니다. 그 말을 듣고 희한하게도 기분이 좋아졌습니다.

동료가 차를 후진하다가 외제 차에 흠집을 내서 수리비가 1,500만

원이 나왔다는 얘기를 듣고 입가에 미소가 번졌습니다.

엄마가 어깨가 아프다는 말을 1주일 전부터 하셨는데, 저는 무심코 흘려 넘겼습니다.

친구가 우울하다고 얼마 전 얘기했는데, 저는 바쁜 나머지 신경을 전혀 쓰지 않았습니다.

외국 노동자들의 범죄율이 높아가고 있다는 뉴스를 듣고는, 나도 모르게 외국인들을 적대시하는 말을 내뱉고 말았습니다.

운전하다가 다른 사람이 사소한 실수를 했는데 증오심을 쏟아내고 있는 나 자신을 봅니다.

'다른 차가 내 차 뒤를 추돌해 주면 좋겠다.'라는 생각을 자주 합니다.

나보다 더 잘살고 나보다 더 많이 배우고 나보다 더 잘생기고 나보다 더 출세해서 사는 사람들을 보면 질투심이 솟고 미운 감정이 듭니다.

길을 걷는데 개미들이 기어다니는 것을 보노라면 밟아 죽이고 싶은 마음이 듭니다.

**048.**

# 배운 사람은 다르다

어느 지방관이 그 고을에 홍수가 나서 사람과 가축들이 물에 떠내려가는데, 이들을 구해 주는 사람이 하나도 없자 이렇게 외쳤습니다.

「한 사람을 살려내는 사람에게 5년간 군포(軍布)를 면제해 주겠다. 세

명의 목숨을 구하는 자에게는 임금께 아뢰어 조상님께 벼슬을 추증(追贈)토록 해 주겠다.」라고 말하니 지켜보던 백성들이 물에 뛰어들거나 도구 등을 이용하여 사람을 구해냈는데, 그 수가 백 명이 넘었습니다.

또 어느 부자는 큰 홍수가 나서 사람들이 떠내려가자 발을 동동 구르면서 사람들에게 이렇게 외쳤습니다.

「한 사람을 구해 주면 100냥을 주고, 두 사람을 구해 주면 200냥을 주겠다.」

그러자 지켜보던 사람들이 강에 뛰어들어 스무 명을 살렸습니다.

정이(程頤)는 중국 송나라 때의 대유(大儒)였는데, 유학자로서 불교와는 거리를 두었습니다. 그가 문인(門人)인 적림(翟霖)과 함께 길을 가다가 절에서 묵게 되었는데, 적림이 불상(佛像)을 등지고 앉자 정이가 적림의 의자를 돌려 앉게 하였습니다.

적림이 그 이유를 묻자 그가 말했습니다.

「불상이 사람의 모습을 갖추었으므로 업신여겨서는 안 된다.」

영국이 낳은 세계적인 물리학자인 스티븐 호킹 박사에게 누군가가 「당신은 내세를 믿느냐?」고 묻자 「안 믿는다.」라고 답했다고 합니다. 그러자 「그럼 인간은 왜 좋은 일을 해야 한다고 생각하는가?」고 다시 묻자 「인간이기 때문에 그렇다.」라고 답했습니다.

나라에서 매년 정하는 최저임금보다 훨씬 적은 월급을 주어도 일을 하겠다는 사람들은 많을 겁니다. 그러나 그래서는 안 됩니다. 사람이기 때문에 그렇습니다.

**049.**

# 무서운 폭력

이야기를 어렵게 또는 길게 하는 것은 무서운 폭력입니다.

연설이나 이야기를 지루하게 하는 것은 무서운 폭력입니다.

상대방에게 말할 기회를 주지 않는 것은 무서운 폭력입니다.

자리에서 한 사람만 일방적으로 얘기를 하는 것은 무서운 폭력입니다.

남들이 모두 나를 좋아해 주었으면 하는 마음을 갖는 것은 무서운 폭력입니다. 남들이 나를 싫어하거나 증오하는 이유는 나 자신에게 덕행이 부족하기 때문입니다.

남들이 내 마음대로 따라 주었으면 하는 마음을 갖는 것은 무서운 폭력입니다. 내 마음도 나를 따라 주지 않는데 하물며 남이 나를 따라 주겠습니까.

남의 마음이나 성격을 바꿔 놓으려고 하는 것은 무서운 폭력입니다. 당신은 다른 사람의 충고나 의견에 자신의 성격이나 의견이나 성격을 쉽게 바꿉니까.

# 흔적

사람의 인생은 얼굴이 보여줍니다. 사람이 4~50대가 되면 얼굴에 그 사람만의 지문(指紋)이 생깁니다. 남에게 베풀기를 좋아했거나, 하늘에 죄를 짓지 않고 살았거나, 긍정적이고 느긋한 마음으로 인생을 살아온 사람의 얼굴은 자비스럽고 온화하며 따뜻한 기운이 풍깁니다. 반대로 이기적인 마음가짐, 남에게 온갖 악독한 짓만 한 사람, 세상을 부정적·비관적으로 바라보고 남을 비판하기를 좋아했던 사람의 얼굴은 그늘이 져 있거나 일그러져 있거나 어딘가 모르게 나쁜 기운을 방출하고 있어서 가까이하고 싶지 않습니다.

범죄인의 모습은 벌써 다릅니다. 왜 그럴까요. 심리가 생리에 이미 영향을 미쳤기 때문입니다. 큰 죄를 저지른 사람, 늘 나쁜 생각을 품고 있는 사람, 세상을 원망하고 저주하는 사람들은 그 몸에 독소가 가득 차 있기 마련인데, 이 독소가 시간이 지나면 얼굴과 신체에 부정적인 흔적을 남기게 됩니다. 특히 얼굴은 표독스럽고 흉하며 남들이 보기 싫어하는 얼굴로 변합니다.

한 집안의 조상님들이 어떻게 인생을 사셨는지는 그 후손들의 면면을 보면 알 수 있습니다.

후손들 가운데 인재가 나오거나 이 사회에 기여하는 사람이 나오거나 수만 명을 먹여 살릴 큰 장사꾼이 나온다면 조상님들께서 공덕(功德)을 많이 지으셨다는 강력한 방증입니다.

또, 그 사람을 제대로 알고자 한다면 그 부모를 보면 됩니다. 아버지가 교만하거나 언행이 거칠거나 심보가 고약하다면 그 자식은 보지 않아도 뻔합니다.

# 두려움

경찰이 한밤중에 당신 집 문을 두들기거나 당신이 모는 차를 계속 뒤쫓아 오면 두려움이 밀려듭니다.

「악한 생각 한 가지도 하늘이 반드시 아니, 하늘이 뭘 아느냐 말하지 말라.」라는 말씀이 있습니다.

〈청파극담(靑坡劇談)〉에 다음과 같은 이야기가 실려 전합니다.


「어떤 촌백성이 성질이 포악하여 성이 나면 그 어미를 때리곤 하였다. 하루는 그의 어미가 맞고 큰 소리로 호소하기를, "하늘이시여, 왜 어미 때리는 놈을 죽이지 아니합니까." 하였다. 그 촌백성이 낫을 허리에 차고 천천히 밭에 나아가 이웃집 사람과 같이 보리를 주웠다. 그날은 하늘이 아주 맑았는데 갑자기 한 점의 검은 구름이 일더니 잠깐 사이에 캄캄해지면서 우레가 치고 큰비가 내렸다. 동네 사람들이 밭에 있는 사람을 보니, 벼락이 여기저기 치는데 누구인지 낫으로 막는 것 같았다. 이윽고 비가 개고 보니 그 사람이 죽어 버렸다. 하늘의 총명함이 이와 같으니 참으로 무서운 일이다.」

성인께서 말씀하셨습니다.

「진정 스스로 곧게 서고 곧게 행동하고 곧게 앉고 곧게 처신할 수 있다면 아무것도 두려울 것이 없다.」

일찍이 선인(先人)께서 말씀하셨습니다.

「평소 언행을 조심하면 반드시 죽게 될 상황에서 죽음을 면할 수 있고, 언행을 조심하지 않으면 당하지 않아도 될 화에 걸려들게 된다.」

몸은 '고목(枯木)'처럼, 마음은 '식은 재[灰]'처럼 만들 수는 없다 하더라도 탐욕을 줄이고 가능한 한 담박(淡泊)하게 살아야 합니다.

「천하의 한없이 좋지 못한 일은 모두 돈을 버리지 못하는 데서 일어나고, 천하의 끝없이 좋은 일은 모두 돈을 버리는 데에서 이루어진다.」라는 말씀대로 살아야 합니다.

인생이란 늘 조심하고 근신(謹愼)하는 것입니다. 나를 도와줄 사람 어디에도 없으니 늘 공경하고 조심해야 합니다. 시간과 공간이 항상 변화한다는 것을 알아서 일체의 일에 엄숙하고 조심스러워야 합니다.

인과(因果)가 두렵고 천명(天命)이 두렵습니다. 그러하기에 늘 삼가고 조심하며 살펴야 합니다.

매일 잠들기 전에 앉아 무조건 이렇게 말합니다.

「내가 또 오늘 많은 잘못을 범했구나. 내가 또 오늘 잘못 살았구나. 나 때문에 상처 입은 모든 분께 용서를 구합니다.」

난세에서 인격과 처세를 읽다

# 052

# 화내는 일

성현께서 말씀하셨습니다.

「탐욕, 성냄, 어리석음 중에서 성냄이 가장 큰 무명(無明)이다.」

중국 명대에 편찬된 의서(醫書)인 〈수양총서(壽養叢書)〉에서 말합니다.

「도가(道家)에서 제일의(第一義)로 삼는 것은 화를 적게 내는 일이다.」

윗사람이나 자기보다 힘이 강한 사람에게는 화를 내지 않습니다. 자기보다 약하거나 무시할 만한 사람에게만 화를 냅니다. 그리고 보면 화를 잘 내는 사람은 남을 깔보는 심리가 강한 사람인 것입니다. 화를 내면 상대방이 움츠리거나 겁을 먹거나 쩔쩔매는데, 이런 모습에 쾌감을 느낍니다.

〈화엄경〉에서 말했습니다.

「한 생각 분한 마음이 일어나면 백만 가지 장애의 문이 열린다.」

다들 성내는 마음이나 생각이 자신에게는 없다고 생각합니다. 화를 크게 냄은 당연히 성내는 생각입니다. 남을 미워하고, 사람을 속이고 하늘을 원망하고 남을 탓하는 것, 이 모두가 성냄입니다. 시비(是非)를 분명히 하는 것도 성냄입니다.

티베트 불교 경전인 〈입보리행론〉에 「자기를 해치는 대상이 하늘만큼 가득 차 있어서 그것을 다 없앨 수는 없지만, 성내는 자기 마음 하나만 없앤다면 그 모든 것을 없애는 것과 같다.」라는 말씀이 있습니다.

정조(正祖)가 말했습니다.

「사람에게 생기기는 쉽고 억제하기는 어려운 것으로 노여움이 가장 심하다. 나는 일에 임하여 노여움이 심할 때면 잠시 그 일을 멈춰 두어 노여움을 가라앉히고 하룻밤을 지낸 뒤에야 다시 그 일을 처리한다. 그래서 다행히 큰 잘못은 면할 수 있었다.」

## 053.
## 요행(僥倖)

박지원(朴趾源)이 말했습니다.

「대저 사람이 하루하루를 살아간다는 것은 요행이라고 말할 수 있다.」

수탉 두 마리가 암탉을 차지하기 위해 싸웁니다. 한참을 싸워 마침내 승부가 가려졌습니다. 싸움에서 진 수탉은 고개를 숙이고는 어둑

한 구석으로 숨었습니다. 반면 이긴 수탉은 암탉을 차지하게 된 기쁨과 승리에 도취해 높은 담장 위에 올라 소리를 질렀습니다. 그때 그 소리를 듣고 독수리 한 마리가 어디선가 날아와 눈 깜짝할 사이에 그 수탉을 낚아채 갔습니다.

장자(莊子)가 나뭇가지 위에 있는 까치를 쏘려고 화살을 겨누었습니다. 그런데 그 까치는 풀잎에 있는 사마귀를 노리고 있었습니다. 자세히 보니 그 사마귀는 나무에 붙어 있는 매미를 노리고 있었습니다. 그러자 장자는 집으로 냅다 뛰었습니다. 어느 누가 왜 그리 급히 뛰어가냐고 물으니 장자가 말했습니다.

「누군가가 저 위에서 내 목숨을 노리고 있을지 모르는데 도망가야 하지 않겠는가.」

곳곳에서 내 목숨을 노리고 있습니다. 어떤 사람은 내가 실수하기만을 고대하고 있고, 또 누군가는 내가 발을 헛디뎌 넘어지기를 바라고 있습니다. 또 어느 귀신은 내가 교만한 마음을 내면 그 즉시 나를 벌주려고 기다리고 있고, 또 다른 귀신은 매일 내 죄를 정확하게 세고 있으며, 불행(不幸)의 신은 내가 기뻐할 때마다 문밖에서 서성이고 있습니다.

하늘은 내가 죄를 더 짓기를 기다리고 있다가 내가 그 덫에 걸려들면 가차 없이 나를 내칠 겁니다.

죽음이 오늘은 요행히 나를 피해 갔지만, 내일은 어떻게 될지 모릅니다. 최고의 수행은 자신을 늘 단속하고 성찰하며 허물을 고쳐나가는 것입니다.

죽도록 부지런히 공부하고 배워서 임종 시에 큰 잘못 적게 되길 바랄 뿐입니다.

〈논어〉에서 공자가 말합니다.

「나는 아직 자기의 허물을 발견하고 속으로 자기를 꾸짖는 사람을 보지 못하였다.」


**054.**

# 독서(1)

성현들께서 남기신 책을 계속 읽어나갈 수가 없습니다. 모두 실천하기 어려운 것들이기 때문입니다. 내 입 하나 단속하기도 어려운데 나머지는 말해 무엇하겠습니까. 성현들께서 남기신 책을 읽으면 지금 내가 하는 생각을 그들이 이미 수천 년 전에 하셨음을 알고는 놀라게 됩니다. 성현들께서 남기신 책을 읽으면 그들이 겪으신 가난과 고통 그리고 현실에 대한 울분 등을 알고는 옷깃을 다시 저미게 됩니다. 또 지금 내가 겪는 고통은 아무것도 아니라는 것을 알게 됩니다.

중국 북송(北宋) 때의 문인인 미불(米芾)은 「단 하루만 책을 읽지 않아도 생각이 거칠어짐을 느낀다.」라고 하였고, 한 선인(先人)께서는「마음 수양으로는 욕심을 덜 부리는 것만큼 좋은 것이 없고, 최고의 즐거움이라면 독서만 한 것이 없다.」라고 하였습니다.

정약용은 이렇게 말했습니다.

난세에서 인격과 처세를 얻다

「나는 지금 구덩이에 빠졌다. 하지만 평지려니 하고 지낸다. 이런 평상심이 가능한 것은 오로지 독서의 힘이다. 책을 읽으며 허물어지는 마음을 하루하루 다잡는다.」

정조의 말씀 두 개를 보겠습니다.

「옛사람이 일할 때는 먼저 서너 단계 앞을 보았는데, 지금 사람이 일할 때는 한 단계나 반 단계 앞도 보지 못한다. 일이 발등에 떨어져서야 요란을 피우며 어찌할 바를 모르니, 이는 바로 독서를 하지 않은 죄이다.」

「더위를 물리치는 데는 책을 읽는 것만큼 좋은 방법이 없다. 책을 읽으면 몸이 치우치거나 기울어지지 않고 마음에 주재(主宰)가 있어서 외기(外氣)가 자연히 들어오지 못하게 된다.」

〈안씨가훈(顔氏家訓)〉에서 말했습니다.

「독서란 비록 크게 성취하지 못하더라도 오히려 한 가지 기예는 되는 것이라 스스로 살아가는 바탕이 된다. 부형(父兄)은 항상 의지할 수 없고, 향국(鄕國; 고향)도 항상 보호해 주지 않는다. 일단 유리(流離; 재해나 전란 등으로 떠돌아다님)하게 되면 아무도 도와줄 사람이 없는 것이다. 그러므로 자기 자신에게서 구하여야 한다.」

허균(許筠)이 말했습니다.

「나는 보지 못했던 책을 읽을 때는 마치 좋은 친구를 얻은 것 같고, 이미 읽은 책을 볼 때는 마치 옛친구를 만난 것 같다. 나의 천성은 손님을 접대하는 것을 즐거워하나 언행(言行)에 허물이 있을까 저어되니, 이 책들이나 의지해 문을 걸고 늙으리라.」

누구나 신선이 될 수 있고 누구나 부처가 될 수 있다지만, 예로부터 독서하지 않은 신선은 없는 법이고 독서하지 않은 부처는 없었습니다.

범질(范質)은 중국 유송(劉宋)의 태조 때 시중(侍中; 재상직)을 지낸 인물이었는데, 그는 벼슬하면서부터 손에서 책을 놓은 적이 없었습니다. 사람들이 그 이유를 물으니, "예전에 이인(異人; 특출난 사람. 영웅호걸. 신통력이 있는 사람 등)이 나에게 '뒷날 반드시 큰 임무를 맡게 되리라.'라고 말해 준 적이 있는데, 진실로 그 말 같이 되면 학문 없이 어떻게 대처할 수 있겠는가."라고 하였다는 기록이 전합니다.

## 055.

## 감응(感應)

성인께서 말씀하셨습니다.

「하늘의 도움을 받으려면 반드시 내가 먼저 남을 도와야 한다. 이것은 절대로 미신이 아니다. 하늘의 도움을 받고자 한다면 반드시 자기가 먼저 옳은 사람이 되어야 한다.」

난세에서 인격과 처세를 얻다

〈좌전(左傳)〉에 「천도는 멀고 인도는 가깝다[天道遠人道邇]」라고 하였습니다. 이 말씀은 천도(天道)를 공부하기 전에 인도(人道) 즉, 사람 됨됨이부터 먼저 배우라는 뜻입니다.

감응(感應)은 '감(感)'과 '응(應)'을 합친 말로, 감(感)은 우리가 하늘을 감동케 하는 것이고, 응(應)은 하늘이 반응하는 것을 말합니다. 우리가 기도해도 하늘의 반응이 없는 이유는 정성이나 공경이 부족하거나 마음가짐이 잘못되어 있기 때문입니다.

〈주역(周易)〉에 「같은 소리는 서로 응하고, 같은 기운은 서로 구한다.[同聲相應 同氣相求]」라는 말씀이 있습니다. '동기감응(同氣感應)'이라는 말과 같은 뜻입니다. 만일 내가 뜻을 학문에 둔다면 학문하는 사람을 반드시 만나게 됩니다. 어떤 사람이 도를 깨달으면 현자(賢者)들이 반드시 알고 찾아옵니다. 내가 노름을 좋아하면 이상하게도 내 주위에 노름을 좋아하는 사람들로만 채워집니다. 당신이 진정 바른 사람이라면 당신 주변에 바른 사람들만 모여들게 됩니다.

한 소가 울면 다른 소도 따라 울고 한 아기가 울면 다른 아기들도 웁니다. 물은 습한 곳으로 흐르고 불은 건조한 곳에서 쉽게 일어나는 법이지요. 호랑이가 나타나면 바람이 일고 구름이 있으면 용이 나타납니다. 성인이 출현하면 봉황이나 해태와 같은 상서로운 짐승이 출현합니다.

내가 착하면 선신(善神)이 모여들고, 내가 악한 생각을 하면 악신(惡神)이 동행합니다.

어느 현자께서 말씀하셨습니다.


「천지 사이에 가득 찬 기운은 오직 감응과 보복의 기운이다.」

정조가 말했습니다.

「동한(東漢)의 제자(諸子; 뛰어난 여러 학자와 사상가들) 중에서 소인(小人)을 공격할 만한 재능을 가진 사람은 있었지만 소인을 용납할 만한 국량을 가진 사람은 없었다. 그러므로 그 보복이 매우 혹독하였으니 군자는 자기의 기분을 통쾌하게 풀어서는 안 된다.」

〈명심보감〉에서 말합니다.

「천지간의 모든 일은 다 갚음이 있으니 멀리는 자손에게 가고 가까우면 나에게 들이닥친다.[天地自然皆有報 遠在兒孫近在身]」

옛 역사를 살펴보면, 전쟁·반란 등이 일어났을 때 이긴 자가 진 자의 피붙이들을 하나도 남기지 않고 모두 멸족시키는 경우를 흔히 볼 수 있는데, 이는 사람이 한 짓으로 보이지만 사실은 하늘이 사람의 손을 빌려 행한 것입니다.

〈송계만록(松溪漫錄)〉에 이런 이야기가 실려 전합니다.

「문정공(文正公) 조광조(趙光祖)를 사사(賜死)할 때, 금오랑(金吾郎; 의금부 도사) 유엄(柳渰)이 (사약을 빨리 마시라고) 다그치는 뜻이 있었다. 공이 탄식하며 말하기를, "옛사람은 (어진 선비를 체포해 오라는 황제의) 조서(詔書)를 안고 (차마 그럴 수 없어) 전사(傳舍)에서 엎드려 운 사람이 있었는데, 어찌 그것과 이렇게 다른가." 하였다.

아! 한마디 말이 사람의 목을 메이게 한다. 비록 왕명(王命)을 받들었다 하더라도 어찌 차마 재촉하는고? 10여 년이 지나서 유엄의 아들이 가문의 화(禍)에 걸려 비명(非命)에 죽으니, 비록 자신이 지은 재앙은 아니지만 그 아비가 대현인(大賢人)의 죽음을 조금 늦추지 않았던 것이 그 까닭일 것이다. 아마도 천도(天道)가 보복이 있어 남의 손을 빌려 그렇게 한 것이 아니겠는가.」

윤휴가 말했습니다.

「김안로(金安老)의 권세가 한창일 때 더욱 모질고 독해 사약을 받고 죽은 자에 대해서 혹시 거짓 죽었는가 싶어 약을 먹인 후 또 관솔불을 붙여서 그의 콧속에 넣어보아 죽었는지 살아 있는지를 가늠했는데, 급기야 김안로 자신이 갈원(葛院)에서 사약을 받았을 때 약을 먹여도 죽지 않자 다시 목을 조르고 금부(禁府)의 아전이 또 기름을 콧속에 넣고 태워 콧마루가 모두 타 문드러져 낯이 옻칠한 것처럼 검게 되었다. 옛날 당나라 노암(路巖)이 재상으로 있으면서 사람을 죽이고는 반드시 그의 목구멍 뼈를 서너 치쯤 잘라 오게 하여 죽음을 확인했었는데, 그 후 자기가 귀양살이 끝에 베임을 당하면서 결국 그 형(刑)을 당하였다. 하늘이 아무리 넓어도 그 법망은 개미 한 마리 빠져나갈 수 없으니 똑같은 화가 자신에게도 닥치는 것은 예나 지금이나 같다.」

오늘 내가 남을 도우면 내일 그들이 나를 도울 것입니다. 오늘 내가 남을 속이면 내일 그들이 나를 속일 것입니다. 오늘 내가 남을 해치면 내일 그들이 나를 해칠 것입니다.

〈대학〉에 「도리에 어긋나게 나간 말은 도리에 어긋나게 들어오고, 도리에 어긋나게 들어온 재물은 도리에 어긋나게 나간다.[言悖而出者 亦悖而入 貨悖而入者 亦悖而出]」라는 말씀이 있습니다.


## 056.
# 어려운 일(1)


현자께서 말씀하셨습니다.


「미운 사람을 보고도 미워하는 마음을 갖지 않기는 어렵다. 미운 사람 옆에 있으면서도 불편한 마음을 안 갖기란 어렵다. 부귀영화를 누리면 남을 깔보는 심리가 나타나는데, 역시 이런 마음을 내려놓는다는 것은 여간 어려운 일이 아니다. 마음을 편히 갖기가 가장 어렵다. 오늘 돈을 많이 벌었다고 해서 잠을 이루지 못하지도 않을 것이며, 궁해져도 돈이 자신을 위협한다고 느끼지 않기 때문이다.」


이런 얘기가 있습니다.


「어느 선비가 벗들과 밤에 이야기하다가 자려고 할 때 묻기를, "지금 우리가 해야 할 일이 있는가, 없는가." 하니 벗들이 '없다'라고 하자 그가 말하였다.

"밤은 차가운데 우리는 매우 즐겁게 술을 마셨지만, 수종인(隨從人;

시중드는 사람)들은 아직도 잘 곳이 없는데 어찌하여 할 일이 없다는 말인가."

당나귀를 타고 가는 어느 선비가 말을 타고 가는 선비를 보고는 부러운 마음을 내었습니다. 그러다가 눈을 돌려 보니 땀을 흘리면서 당나귀를 따르는 종자(從者)가 보였습니다. 이때 선비는 부끄러운 마음이 일었습니다.

명나라 때 어느 고위 관리가 먼 길을 가다가 눈비를 만났습니다. 밤에 여관에서 쉬는데 어린 마부(馬夫)가 밖에서 추위에 시달리는 것을 가엾게 여겨 곧 이불 속에 들어와 자게 했습니다.

어느 중진 국회의원이 운전기사와 함께 지방으로 가고 있었습니다. 한참을 가다가 운전기사가 피곤해하는 모습을 보이자 "자네는 뒤에 누워서 눈 좀 붙이게." 하면서 그가 직접 운전대를 잡고 3시간 동안 운전했습니다.

고려의 지눌(知訥) 선사가 말했습니다.

「산속에서 선정(禪定; 마음을 고요히 가라앉힌 후 三昧에 들어가는 일)을 닦는 것은 어렵지 않지만, 경계를 만나 동요하지 않는 것이야말로 어려운 일이다.[山間禪定不爲難 對境不動是爲難]」

**057.**

# 어려운 일(2)

때를 얻기가 가장 어렵습니다.

좋은 인연을 만나는 일도 어렵습니다.

진퇴(進退)를 결정하는 일도 어렵습니다.

마음을 편안하게 먹는 것 역시 힘듭니다.

분별도 하지 않고 조바심도 내지 않습니다.

새들이 날아가면 다시는 이곳으로 오지 않습니다.

바람이 지나가면 다시는 이쪽으로 불어오지 않습니다.

강물은 동쪽으로 흘러가고 다시는 돌아오지 않습니다.

불안해하지도 않고 억울해하는 마음도 다 풀어버립니다.

이와 같이 갑니다. 이와 같이 흘러갑니다. 이와 같이 떠나갑니다. 한 순간의 찰나에도 머물지 않습니다.


## 058. 됨됨이(1)

중국 당나라 때 이화(李華)라는 문인(文人)이 어떤 고승을 뵙고 이렇게 평했습니다.

「누구에게도 선(禪)을 전해 준 적이 없고 세상에 모습을 드러내 보이지도 않았다. 계율을 청정하게 지켜 흠이 없었고 외모에 신경 쓰지 않았다. 불경을 강의해도 대중이 많기를 바라지 않았으며, 학인(學人)들을 지도함에 고단한 줄도 몰랐다. 누추한 곳에 살면서 두 가지 반찬 있는 밥을 먹지 않았고, 불경을 공부할 때를 빼고는 등(燈)을 켜지 않았다. 낮에도 불상을 우러러 예불할 때 말고는 한 발짝도 쓸데없이 걷지 않았다. 가사(袈裟) 한 벌로 40년을 지냈고, 방석 한 장을 죽을 때까지 갈지 않았다. 이익 때문에 한마디라도 법문을 한 적이 없고, 터럭만큼도 불법(佛法)을 위한다는 명목으로 재물을 받은 일이 없는 분이었다.」

조선 숙종·영조 때 상월(霜月) 대사라는 고승이 계셨는데, 이분이 돌아가신 후 그 비명(碑銘)을 번암(樊巖) 채제공(蔡濟恭)이 썼습니다. 그 명(銘)에 이런 구절이 나옵니다.

「(대사는) 매일 1불(佛)과 5보살(菩薩)을 1000번 소리 내 외우고 나무아미타불을 1000번 소리 내 외웠는데, 모두 염주로 수를 셌다. 병이 심하여 과업을 폐하게 되면 병이 조금 낫기를 기다렸다가 못 외운 수를 헤아려 채웠다. 중생의 고통을 긍휼히 여기거나 죽은 이를 조문할 때는 반드시 가장 곤궁하고 미천한 자를 먼저 찾아가 보았으며, 성낼 일이 생겨도 곧 잊어서 애초에 성낼 일이 없었던 것 같았다. 우레가 치는 밤에는 우레가 작게 쳐도 자리에 눕지 않았으며, 기판(起板; 불공이나 예불 또는 식사를 할 때, 쇠를 다섯 번 치는 일) 소리로 알리는 것을 들으면 병중에도 반드시 부축을 받아 일어났다.」

조선 생육신(生六臣) 중의 한 분인 남효온(南孝溫)은 아래와 같은 평을 들었습니다.

「사람됨이 충담(沖澹)하고 홍의(弘毅; 마음이 넓고 의지가 굳셈)하며 소탈하고 전아(典雅)하였으며 가슴속이 시원스러워서 한 점의 속기(俗氣)도 없었다. 일찍이 육신전(六臣傳; 死六臣傳)을 지었다. 문인(門人)들이 큰 화가 장차 닥칠 것이라고 두려워하니, 공이 말하기를 "내 어찌 한 번의 죽음을 두려워하여 끝내 충신들의 이름을 민몰(泯沒; 자취가 소멸됨)시킬 수 있겠는가." 하여 마침내 세상에 유행하게 되었다.」

조선의 양명학자인 정제두(鄭齊斗)는 「벼슬에 나아가서는 영화를 가까이하지 않았고, 물러나서는 명예를 가까이하지 않았다.」라는 찬사를 들었습니다.

조선 효종(孝宗)이 말했습니다.

「나는 항상 불가(不可)한 일에 대하여 우선 뒤로 미루어 두었다가 한밤중에 노(怒)한 마음이 가라앉기를 기다린 뒤에 천천히 살펴서 처리하였다. 그러므로 잘못을 줄일 수 있었다.」

정조(正祖)가 말했습니다.

「우리나라의 유자(儒者) 중에 조정암(趙靜庵)과 이율곡(李栗谷)은 타고난 자질이 고명하고 뛰어나 이학(理學; 성리학)과 경륜에 있어 원래부터 대현(大賢)인 데다 왕좌(王佐)의 재능까지 겸하였다. 이퇴계(李退溪)

는 공부가 극에 달하여 확고부동한 뜻이 있었고, 송우암(宋尤庵)은 많은 훌륭한 자질을 겸하였는데 기품이 강하고 모난 것이 혹 너무 지나쳤다.」

정조가 말했습니다.

「사대(事大)와 교린(交隣)의 외교는 언어를 통해 상대국의 실정을 알아내는 것인데, 사신으로 나간 신하가 상대국 역관(譯官)의 입술만 쳐다보고 있으니, 이와 같은 사람에게 어찌 상대국의 정세를 엿보라고 요구하겠는가. 고상(故相) 신숙주(申叔舟)는 한(漢), 왜(倭), 여진(女眞), 몽고(蒙古)의 말에 능통하였으니, 이런 사람을 어디에서 구할까.」

정조가 말했습니다.

「이순신(李舜臣)은 참으로 천고 이래의 충신이요 명장이다. 그가 만약 중국에 태어났더라면 한(漢)의 제갈공명(諸葛孔明)과 자웅을 겨룬다 하더라도 과연 누가 우세할지 장담할 수 없을 것이다. 더구나 임진왜란 때 왜구를 토벌한 공로는 백세토록 영원히 그 덕택을 입고 있고, 변방의 방비를 규획하는 데 방략(方略)이 두루 갖추어져 있으며, 그의 명성과 의열(義烈)은 아직도 사람에게 늠연히 흠모하는 마음을 일으키게 한다.」

정조가 말했습니다.

「우리 동방의 제현(諸賢)으로 문묘(文廟)에 종사(從祀)된 사람 누구인들 내가 세대를 뛰어넘어 감동하고 지극히 공경하지 않겠는가마는, 선정(先正) 김하서(金河西; 金麟厚를 말함)가 유독 내 마음에 계합(契合)한다. 하서(河西; 김인후의 호)는 도덕과 문장과 절의(節義)를 겸비하였는데, 뒷날 그의 유집(遺集)을 보니 기상이 청명하고 시원스레 트여서 오랜 세월이 지난 뒤에도 사람을 흥기하게 한다.

하서(河西)는 학문과 문장이 당세에 우뚝하였고 시대의 급류에서 기미(幾微)를 알아차렸기 때문에 당쟁(명종 때의 을사사화를 말함)의 화(禍)에서 온전할 수 있었으니, 그 절의의 큼과 출처(出處)의 바름은 비길 만한 사람이 드물었다. 젊었을 때 인묘(仁廟; 인종)에게 인정을 받아 출중한 은혜를 받았고, 인묘께서 늘 그가 숙직하는 곳에 직접 가서 차분히 토론하였으며, 그가 올린 묵죽시(墨竹詩)는 지금 보아도 사람을 격앙시킨다. 심지어 천문(天文)과 지리(地理), 의약(醫藥)과 복서(卜筮), 음양(陰陽)과 율력(律曆), 명물(名物)과 도수(度數)에 이르기까지 통달하지 않은 것이 없었으니, 대개 그의 타고난 자질이 뛰어나 스스로 터득하여 그렇게 된 것이다.

문청공(文淸公) 정철(鄭澈)이 평생 깨끗한 지조를 지켰는데, 한번 김하서를 만나서 술자리를 마련하여 통음(痛飮)하면서 도를 논하다가 문득 정신이 취하고 마음이 감복됨을 느꼈다고 한다. 이 몇 가지 일에서 가히 조예가 탁월하고 기상의 호걸스러움을 알 수 있으니, 선인들이 김하서는 조선 400년간의 제일 인물이라고 하는 말은 참으로 맞는 의논이다.」

「(고려) 충목왕이 이백(李白)과 두보(杜甫)의 시를 보려고 하자, 한종유(韓宗愈)가 "시구(詩句) 따위를 짓는 일은 정사(政事)에 전혀 도움 되는 바가 없습니다." 하고 반대했다. 왕이 올리라고 굳이 명령하니 한종유는 전적(典籍)을 보관하는 관리가 없다는 핑계를 대며 끝내 올리지 않았다.」라는 기록이 〈고려사〉에 보입니다.

정사(正史)인 삼국지(三國志)의 저자 진수(陳壽)는 제갈량을 다음과 같이 평가했습니다.

「제갈량은 백성들을 안정시키고 가야 할 길을 제시하고 시대에 맞는 정책을 내고 마음을 열고 공정한 정치를 행하였다. 이리하여 영토 안의 사람들은 모두 그를 존경하고 사랑했다. 형벌과 정치는 엄격했는데도 원망하는 자가 없었던 것은 그의 마음가짐이 공평하고 상벌이 명확했기 때문이다.」

동학(東學)의 2대 교주인 해월(海月) 최시형(崔時亨)은 포교 활동을 하는 와중에도 시간만 나면 멍석에 쓸 새끼를 꼬았습니다. 멍석을 짤 짚이 떨어지면 꼬았던 것을 풀어 다시 꼬았습니다. 그러면서 「하느님은 늘 쉬는 적이 없으시다.」라고 하였습니다. 동지(同志)가 관헌에 잡혀가면 고통을 나눈다는 뜻에서 엄동설한에도 이불을 덮지 않고 알몸으로 잤습니다.

「정승 김수항(金壽恒; 西人)이 진도(珍島)에서 사약을 받고 죽었다. 병마절도사 남두병(南斗柄)은 남이흥(南以興)의 손자로 예전에 김수항의 비장(裨將; 감사나 절도사 등이 데리고 다니던 武官)이었는데, 마침 가까운 곳에서 벼슬을 하고 있어서 그를 위해 염(殮)을 하였다. 당시 (조정의) 논의가 그를 처벌하자고 하였으나 이의징(李義徵; 南人)이 만류하기를, "장수와 막료(幕僚; 裨將과 같은 뜻)는 부자(父子)의 의리가 있으니 염을 한 것은 죄가 아니다. 또 세상일은 알 수 없으니 이 사람을 처벌한다면 우리가 패망했을 때는 어느 누가 염을 해주겠는가." 하니 그제야 그쳤다.」라는 기록이 〈청성잡기〉에 보입니다.

「류성룡이 영남(嶺南)에 있으면서 어버이를 위하여 축수(祝壽)하는 자리를 베풀어 잔치를 성대하게 차리고 멀고 가까운 친척을 맞이하여 남녀가 많이 모였다. 그런데 류성룡이 갑자기 즐거워하지 아니하며 잔치를 파하고 손님들에게 집으로 돌아가기를 청하며 자제를 불러서 잔치 물건을 거두어 간직하게 하였다. 온 집안이 그 까닭을 알지 못하였다. 그날 저녁에 서애가 율곡(栗谷)의 부고를 들었으므로 마음에 차마 술자리를 베풀 수 없었는데, 일부 사람들이 의심할까 두려워서 감히 드러내 놓고 말하지는 못하였다고 한다.」라는 기록이 보입니다.

「조선의 어세겸(魚世謙)이 병들었을 때 내의(內醫; 왕실 의원)가 와서 진찰하고 침·뜸을 해야 한다고 하였다. 공이 말하기를, "인생 칠십이면 희수(稀壽)요, 정승은 최고의 품계인데 두 가지를 모두 얻었거늘 침·뜸까지 하며 더 살고자 애쓰겠느냐"라며 마침내 죽었다.」라는 기록이 있습니다.

영의정 이준경(李浚慶)이 경연에서 선조에게 아뢰었습니다.

난세에서 인격과 처세를 얻다

「군주가 한번 말하고 한 번 침묵하는 것과 한 번 움직이고 한 번 가만히 있는 것은 모두 국가의 흥망(興亡)에 관계되니, 한 번 움직이고 가만히 있는 것과 한번 말하고 침묵하는 것이 하찮은 일이라고 해서 스스로 방일(放逸)해서는 안 됩니다.」

「조선 인조 때의 민성휘(閔聖徽)가 평안 감사로 있을 때, 각 고을을 순시하러 나가면 교자(轎子)를 타지 않고 덮개를 씌우지 않았으며 밥상에는 두 가지 고기가 없었다. 사람들이 말하기를, "한 도(道)의 주인인 높은 지위로 이같이 조촐하게 하시는지요." 하였다. 공(公)은 "내가 벼슬하지 않고 있을 때는 조석 끼니도 잇지 못하였는데, 지금 이렇게 받는 것도 과한 것이 아닌가." 하였다.」라는 기록이 〈연려실기술〉에 보입니다.

「이후재(李厚載)는 선조(先祖)를 받듦에 정성을 지극히 하였고 제삿날이 다가오면 미리 목욕재계하였으며, 제삿날에는 잠을 자지 않고 그대로 앉아 새벽이 되기를 기다렸다. 심한 질병이 아니면 타인에게 제사를 맡기지 않았으며, 날마다 먼동이 트면 일어나 세수하고 빗질하고 정돈해 앉았다. 걸음걸이를 편안히 하고 얌전히 하여 일찍이 신을 끄는 소리가 들리지 않았는데 늙음에 이르러서도 또한 그러하였다. 이 때문에 자제들이 보고 감동하여 의관을 바르게 하지 않으면 감히 나아가 뵙지 못하였다. 공(公)은 화려함을 싫어하고 담박함을 좋아하였고 손님이 찾아오면 그때마다 술을 다정히 대접하였다. 재물을 가벼이 여기고 의리를 좋아하여 가난하고 곤궁한 자들을 구휼하였으며, 상(喪)을 당한 벗이 있으면 반드시 부의(賻儀)를 하여 정의(情誼)를 돈독히 하였고, 때로는 수백 리를 멀게 여기지 않고 가서 조문하였다. 병자호란에 도성 안이 솥 끓듯 하였는데도 공은 오히려 친척들을 일일이 방문하며 난리를 피하여 간 곳을 물었다. 낙향하자 아들이 부임해 있는 관사(官舍)가 가까이 있었는데 한 번도 거기에 들어가지 않았다. 벼슬을 맡아서는 신중하고 검약하였으며, 특히 물건을 사양하고 받는 일에 엄격하였다. 겉으로는 인자한 듯하였으나 내면은 실로 확고하였다. 무당과 점쟁이의 말을 일체 배척하고 멀리하였다.」라는 기록이 보입니다.」

「홍인우(洪仁祐)는 매번 한적하게 혼자 있을 때도 예복을 입고 엄숙하게 앉아 더욱더 조심하고 삼갔다. 내자(內子; 부인)가 말하기를, "무엇 때문에 이와 같이 공경을 극진히 합니까?" 하니 답하기를, "위에서는 하늘이 밝게 내려다보고, 아래에서는 땅이 내 몸을 싣고 있으며, 그윽한 곳에서는 귀신이 가득하고 밝은 곳에서는 처자(妻子)가 곁에 있으니, 어떻게 공경하지 않을 수 있겠소?" 하였다.」라는 기록이 보입니다.

「태감(太監) 김영(金英)은 안동인(安東人)으로서 중국 조정에 들어가 사례감태감(司禮監太監)이 되어 헌종황제(憲宗皇帝)의 총애를 받았다. 사신(使臣)으로 본국(本國; 조선)에 오는 것을 좋아하지 않으면서, "내가 어찌 조선의 국왕과 대등한 예로 만날 수 있겠는가." 한 것을 보면 그는 어진 사람이었다.」라는 기록이 허균(許筠)이 지은 〈성소부부고(惺所覆瓿藁)〉에 실려 전합니다.

「초(楚)의 영윤(令尹; 재상)인 우구자(虞丘子)가 장왕(莊王)에게 아뢰었다. "신이 영윤으로 있은 지 10년입니다. 그런데도 나라가 더 잘 다스려지지도 않고 옥송(獄訟)도 끊이지 않습니다. 오랫동안 높은 지위에 있으면서 어진 이의 진로(進路)를 막았고 지위만 차지하고서 봉록(俸祿)을 받았습니다. 이는 끝없이 탐욕을 부린 것이니 신의 죄를 다스려 주시옵소서. 오랫동안 녹위(祿位)를 고수하는 것은 탐욕이요, 어진 이를 추천하지 않는 것은 임금을 속이는 것이요, 지위를 양보하지 않는 것은 청렴하지 못한 것입니다. 이 세 가지를 잘 시행하지 못하면 이는 불충(不忠)입니다. 임금에게 충성하지 못하면 어떻게 충신이라 할 수 있겠습니까."라는 기록이 보입니다.

**059.**

# 지혜(2)

〈예기(禮記)〉에서 말합니다.

「사랑하되 그 사람의 단점을 볼 수 있어야 하고, 미워하되 그 사람의 장점을 볼 수 있어야 한다.」

공자는 「사람들이 싫어해도 반드시 좋은 점이 없는지 살펴보아야 하고, 사람들이 좋아해도 반드시 나쁜 점이 없는지 살펴보아야 한다.」라고 했습니다.

〈채근담〉에는 「자신을 돌아보는 자는 부딪히는 일마다 약이 될 것이요, 남을 탓하는 자는 떠오르는 모든 생각이 무기가 될 것이다.」라는 말씀이 있습니다.

「아무 까닭 없이 천금을 얻는 것은 큰 복이 아니라 반드시 큰 재앙이 있을 것이다.」라고 한 이는 소동파입니다.

「다른 사람을 대함에는 너그럽게 대하는 게 복이요, 남을 이롭게 하는 것은 사실 자기를 이롭게 하는 근본이 된다.」라는 〈명심보감〉에 있는 귀한 말씀입니다.

누군가 말합니다.

「남자를 고를 때는 그가 여동생에게 어떻게 하는지를 보라. 그리고 그가 이웃과 어떻게 지내는지도 확인하라. 이 둘만 괜찮다면 그 남자는 좋은 남자다. 여자를 고를 때는 그녀가 홀로 있을 때 무엇을 즐겨 하는지 보라. 그녀가 몹시 게으르거나 얼굴을 꾸미는 데 대부분의 시간을 보낸다면 그런 여자는 절대 고르지 마라.」

출가자(出家者)는 가사(袈裟)나 법복을 재가자(在家者)에게 주어서는 안 되며, 재가자는 출가자에게 저녁 공양·오신채·육식 등을 공양해서는 안 됩니다. 극악한 사람에게는 경전을 보시하지 말아야 하며, 자살하고 싶어 하는 사람에게는 독이나 무기(武器) 등을 주지 말아야 합니다. 많은 사람을 해치고도 뉘우침이 없는 사람은 감옥에서 풀어주어서는 안 되고, 부모님이 돌아가셨을 때 동물을 죽여 제사상에 올리지 말아야 합니다.

한 조직에서 큰 공을 세운 사람이 있거나, 쓰러져 가는 조직을 다시 일으켜 세운 사람이 있으면, 그 조직의 수장(首長)은 그 사람을 위해

난세에서 인격과 처세를 얻다

조직 내에 초상화를 걸어 놓아 사람들이 이것을 볼 수 있도록 하든지 아니면 밖에 흉상(胸像)이라도 만들어 놓든지 해서 그 사람의 업적을 기려야 합니다.

또, 그것이 국가든 회사든 군대든 한 조직을 위해 일하다가 죽은 사람이 있으면, 그 조직은 날을 정하여 1년에 하루만이라도 그 사람을 위해 묵념(默念)을 해 준다든지 조기(弔旗)를 게양한다든지 그 사람을 위해 좋은 일을 한다든지 해서 추모를 해 주어야 합니다.


## 060.
# 막말하는 사람들

공인(公人)이 되어 공개적으로 막말, 거친 말, 욕설, 무례한 말, 거짓말, 편을 가르는 말, 저주의 말 등을 하면 그 죄가 하늘을 가득 채웁니다. 남이 평생 지을 죄를 그들은 단 한 번에 짓는 셈입니다.

마트에서 일하는 계산원들이 말합니다.

「고객들은 자기 마음이 조금만 언짢아도 참지를 못합니다. 온갖 막말을 하면서 화를 냅니다. 특히, "내가 이 마트를 망하게 할 테니 두고 봐! 또는 "나한테 이렇게 하고도 이 마트가 안 망하는지 두고 봅시다!"라는 말을 잘합니다.」

한때의 통쾌한 기분을 느끼기 위해 상대방의 가슴에 비수를 꽂는 거친 말을 거리낌 없이 하고, '어떻게 하면 상대방이 평생 고통을 받게 할까'를 고민합니다.

청나라 때의 문인 석성금(石成金)이 말합니다.

「지금 사람들은 마음에 통쾌한 말을 하고, 있는 대로 정을 다 쏟아 부어 조금도 여지를 남겨 두지 않고 터럭 하나조차 남에게 양보하려 들지 않는다. 성에 차야만 하고 제 뜻대로 되어야만 한다. 옛사람이 말했다. 말은 다 해야 맛이 아니고 일은 끝장을 보아서는 안 된다. 언제나 몸 돌릴 여지는 남겨 두어야 한다. 활은 너무 당기면 부러지고 달은 가득 차면 기울기 마련이다.」

어느 현자께서 말씀히 셨습니다.

「언어는 정말 통쾌한 뜻에 이르렀을 때 문득 끊어 능히 참아 침묵할 수 있어야 한다. 의기(意氣)는 한창 피어오를 때 문득 가만히 눌러 거둘 수 있어야 한다. 분노와 욕망은 막 부글부글 끓어오를 때 문득 시원스레 털어버릴 수 있어야 한다. 이는 천하에 큰 용기가 있는 자가 아니고서는 능히 할 수 없는 일이다.」

자식을 둔 사람이 막말을 쏟아낸다면 이는 본인은 물론 자식을 망하게 하는 지름길입니다. 자식이 잘되길 바란다면 남의 가슴에 못을 박는 말이나 남을 심하게 저주하는 말은 절대로 하면 안 됩니다. 자식들이 늘 실패하고 불우하게 사는 이유는 부모가 악한 말을 많이 했기 때문입니다.

난세에서 인격과 처세를 읽다

# 061

# 잘 살아야 잘 죽는다

평생을 나쁘게 살아온 사람은 반드시 흉하게 죽습니다. 남의 눈에 피눈물 나게 한 짓을 많이 한 사람은 나쁜 기운을 내뿜습니다. 착하게 산 사람은 숨을 거둔 후에 얼굴이 잠을 자는 것처럼 평온한 모습을 보입니다.

어떻게 사는 게 잘사는 걸까요? 착하게 사는 것이 잘사는 것입니다. 착하게 사는 것이란 하늘에는 죄를 짓지 않고 자기의 나쁜 성격이나 심리를 끊임없이 고쳐나가며 남에게 많이 베풀며 사는 것을 말합니다. 만약 죄를 지었으면 진정으로 참회하고 똑같은 죄를 짓지 않으려 노력하면 됩니다. 진정으로 참회하면 지었던 많은 죄업이 줄어들게 됩니다. 이것은 종교와 상관없는 일입니다.

# 자살

언젠가 한강에 투신했다가 구조대원의 도움으로 간신히 살아난 사람이 쓴 노트를 공개한 적이 있습니다.

「찬 물 속에서 숨이 끊어지려 할 때까지 받는 고통의 시간이 살아서 고통받는 시간보다 수천수만 배 더 길었습니다.」

사람이 죽을 때 당하는 고통은 평생 겪은 고통을 다 합친 것보다도 크다고 합니다. 그 죽음이 자살인 경우는 고통이 더 심하고 더 오래간다고 합니다. 높은 곳에서 뛰어내려 자살한 사람은 추락할 때의 공포와 추락한 후 느끼는 그 처절한 고통을 죽은 후에도 계속 느끼게 되는데, 길게는 수십 년 동안 그 고통을 받습니다.

독약을 먹고 자살한 사람은 죽은 후에도 배가 아파 소리를 지르는데, 너무나 아파서 마구 뛰어다니거나 땅에서 데굴데굴 구릅니다. 그렇게 수십 년을 지내야 하니 그 고통이 얼마나 큽니까.

자살한 영혼은 오랜 세월 동안 떠돌아다니면서 온갖 고통을 당합니다. 그러다가 때가 되면 다시 윤회 속으로 떨어집니다. 윤회하여 다른 몸을 받더라도 좋은 세상엔 나지 못합니다. 게다가 자살자의 유가족이 받는 고통도 엄청나게 큽니다. 사람들에게 후회, 죄책감을 안겨다 준 자살자에게 좋은 일이 일어날 리 없습니다. 그러므로 어떻게 해서라도 자살은 하지 말아야 하며, 또 자살하지 못하도록 막아야 합니다.

성현께서 「자살은 범죄입니다. 자살한 영혼은 명부(冥府:저승)의 장부에조차 올라와 있지 않습니다. 지하에서도 받아주지 않고 천상에서도 받아주지 않습니다. 게다가 인간세계에서도 받아주지 않습니다. 그러므로 지극히 가련합니다. 일반 귀신보다도 더 비참하고 의지할 데가 없습니다.」라고 하셨습니다.

한 나라를 책임지고 있는 대통령의 목숨은 그 한 사람의 것만이 아니듯, 우리 한 개개인의 목숨은 우리 것이 아닙니다. 우선 내 목숨은 나를 낳아 주신 부모님과 조상님의 것이기도 합니다. 더 나아가 내 목숨은 곧 우주의 생명이자 법신(法身)이기에 이 육신을 함부로 굴려서는 안 됩니다.

자살하려는 사람을 설득하거나 위로해주어 자살하고픈 마음을 없애 주었다면 그 공덕이 무척 크며, 자살할 마음이 없었는데 이를 부추기거나 유도하여 자살하게끔 하면 그 죄 역시 크다는 것을 알아야 합니다.

그리스 철학자 데모크리토스는 이렇게 말했습니다.

「목숨이 붙어 있어야 희망도 있다. 죽고 난 뒤엔 아무것도 바랄 수가 없다.」

# 063

## 육식의 해로움

육식을 많이 하는 사람들은 칼슘이 몸에서 과다하게 빠져나가 골다공증에 걸리고 치아 손상이 빨리 일어납니다. 고기 한 근을 구워 먹으면 담배 400개비를 피운 것과 같다고 합니다. 고기가 우리 몸 안에 오랫동안 머무르게 되면 독성물질로 피를 오염시킬 뿐만 아니라 장(腸)에서 부패하면서 독한 가스가 발생하여 체질을 산성으로 만들고, 피를 오염시켜 면역체계를 약화시킨다고 합니다.

우리가 먹는 생선은 이미 중금속에 오염된 지 오래되었고, 우리가 즐겨 먹는 닭은 대부분이 질병에 걸린 상태입니다.

법정(法頂) 스님이 말했습니다.

「육식을 좋아하는 사람들은 고기를 먹을 때 고기의 맛과 더불어 그 짐승의 업(業)까지도 함께 먹는다는 사실을 기억해야 합니다. 그 짐승의 버릇과 체질과 질병, 그리고 그 짐승이 사육자들에 의해 비정하게 다루어질 때의 억울함과 분노와 살해될 때의 고통과 원한까지도 함께 먹지 않을 수 없습니다.」

2022년 현재 우리나라 국민의 1인당 육류소비량이 58.4kg으로 추정된다고 보도되었습니다. 시간이 흐를수록 한국인의 고기 섭취량이 증가하고 있는 점을 고려할 때, 우리는 이보다 훨씬 많은 양의 고기를 먹고 있을 겁니다.

모든 가축은 집단 사육되는 동안 고통을 이기지 못해 대부분 정신이상 증세를 보인다고 합니다. 동물들에게 일어난 일은 머지않아 사람에게도 일어납니다. 모든 것은 서로 연결되어 있기 때문입니다. 만약 인간이 평화로운 삶을 살기를 열망한다면, 우선 동물들을 해치지 말아야 합니다. 지구 곳곳에서 생겨나는 전염병의 원인은 살생을 즐기는 인간의 죄악 때문임을 알아야 합니다.

**064.**

# 기도해도 효험이 없는 이유

중국에서 있었던 일입니다. 그 부부는 중국 공산당원들에게 쫓기는 신세였습니다. 그날 그들은 중경(重慶)의 작은 여관에 숨어 있었습니

난세에서 인격과 처세를 얻다

다. 그런데 저녁에 공산당원들이 들이닥쳤습니다.

「이제는 죽었구나!」하면서 부부는 멍하니 서로를 쳐다보았습니다. 그때 두 사람은 무릎을 꿇고 이렇게 기도했습니다.

「하느님! 부처님! 관세음보살님! 염라대왕님! 토지신님! 제발 우리를 살려주세요!」

자기들이 알고 있는 신들의 이름을 다 부르면서 절박한 심정으로 기도했습니다. 그랬더니 평소에 툭하면 울어대던 어린 아들도 그날은 울지 않았습니다. 게다가 마침내 그 공산당원들이 그 부부를 찾아냈는데, 그 아이의 머리를 어루만져 주더니 그 부부에게는 아무 말도 묻지 않고 가버렸습니다.

그 뒤로도 위급한 일이 몇 번 생겼는데, 그때마다 무릎을 꿇고 자신들이 아는 신들의 이름을 모조로 불러내어 간절하게 기도했다고 합니다. 결국 그들은 무사히 중국에서 도망쳐 나와 홍콩에 도착했습니다.

그 후로 그들은 안정을 되찾았고 생계를 유지하면서 평범한 삶을 살게 되었습니다. 그런데 문제가 생겼습니다. 집안에 우환이 생길 때면 부처님이 설하신 주문(呪文)을 외우면서 기도하는데 도무지 영험하지 않다는 겁니다. 주문 대신 염불을 해보아도 마찬가지라는 겁니다.

이것은 무슨 도리일까요?

간절함이 사라지고 분별심이 생겼기 때문입니다. 목숨이 경각에 달려 있을 때는 간절하였고 분별심이 없었기에 기도가 영험하였지만, 안정을 되찾고 마음이 편안해진 후에는 간절한 마음이 엷어진 대신 분별심은 커졌기 때문입니다. 분별심은 예컨대,「하느님과 부처님 중 어

느 분께 기도를 올려야 더 좋을까?」, 「주문과 염불 중 어느 것이 더 효
과적일까?」, 「기도를 올린다고 과연 우환이 없어질까?」, 「시주를 많이
할수록 영험할 거야.」하는 생각 등을 말합니다.


**065.**

# 현자(賢者)의 표본

중국의 왕양명(王陽明)이 12세 때 스승께 물었습니다.

「천하에 가장 소중한 일이 무엇입니까.」
「과거에 급제하는 일이다.」
「그것은 가장 소중한 것이 아닙니다. 학문을 배워 성현이 되는 것이
천하에서 가장 소중한 일입니다.」

그는 3년에 한 번씩 열리는 과거시험에 25세까지 두 번이나 응시했
지만 연속 떨어졌습니다. 그때 친구들이 그를 위로하자 왕양명은 웃으
면서 태연히 말했습니다.

「세상은 낙방을 부끄럽게 여기지만 나는 낙방한 일로 마음이 흔들리
는 것을 부끄러워한다네!」

고려 이제현(李齊賢)은 15세의 나이에 성균시(成均試)에 장원(壯元)

으로 합격하였고 이어 대과(大科)에서 병과(丙科)로 합격하였는데, 그가 말했습니다.

「과거를 본다는 것은 작은 기예(技藝)일 뿐이다. 이것으로 나의 큰 덕성(德性)을 기르기에는 부족하다.」

조선의 문장가였던 서거정(徐居正)은 이제현을 가리켜「이규보(李奎報)·최해(崔瀣)·이색(李穡) 등이 모두 큰 문인이었으나 아직 다 미치지 못함이 있다. 오직 이제현만이 중체(衆體)를 갖추었으니 그 법도가 삼엄(森嚴)하다.」라고 극찬하였고, 구한 말 김택영(金澤榮)은 이제현을 일컬어「이제현의 문장은) 공묘청준(工妙淸俊)하고 만상(萬象)이 구비되어 조선 3천 년 제일의 대가(大家)다.」

그의 묘지명에는 다음과 같은 글귀가 있습니다.

「이공(李公; 이제현)은 재덕(才德)이 완비하여 어떤 일에도 능통하다. 그야말로 그릇이 국한되지 않은 군자(君子)다.」

중국 명나라의 4대 고승의 한 분이자 문장과 도덕이 대단히 훌륭하셨던 감산(憨山) 대사는 훗날 국가에 큰 공헌을 하였고 심지어 당시 황태후조차도 대사에게 귀의할 정도였습니다. 대사의 어머니는 엄격하게 자식을 가르쳤는데, 어렸을 때 어머니가 하도 엄하게 글공부를 다그치시니 아들이 물었습니다.

「어머니, 왜 글공부를 해야 합니까.」

「과거를 보아 관료가 되기 위해서란다.」

「무슨 관료가 되는 것입니까.」

「재상 자리에 오르는 것이다.」

「재상이 되고 난 뒤에는 무엇을 하는 것입니까.」

「나라를 위해 일하다가 마지막에는 관직을 버리고 고향으로 떠나는 것이다.」

「마지막에 그만둬버리면 무슨 의미가 있는 것입니까. 죽을 때까지 그만두지 않아도 되는 것이 있습니까.」

어머니는 아들의 말이 특이하다고 생각하여 이렇게 말합니다.

「너는 스님이 되는 게 좋겠다. 스님이 되면 나중에 조사(祖師)가 되고 부처가 될 수 있으니 말이다.」

아래는 김부식(金富軾)이 지은 〈삼국사기〉에 나오는 얘기입니다.

「(신라의 명문장가인) 강수(強首)가 일찍이 부곡(釜谷)의 대장장이 집 딸과 혼인 전에 정(情)을 통하였는데 좋아하는 마음이 자못 돈독하였다. 나이 20세가 되자 부모가 읍내의 처녀 중에서 용모와 행실이 아름다운 자를 중매하여 장차 자식의 배필로 삼으려고 하였다. 강수는 두 번 장가들 수 없다며 사양하였다. 아버지가 성내며 말하기를, "너는 이 시대에 이름이 나서 너를 모르는 나라 사람들이 없다. 그런데 미천한 사람을 배우자로 삼는다면 또한 수치스럽지 않겠느냐?" 강수가 두 번 절하고 말하기를, "가난하고 미천한 것은 부끄러운 것이 아닙니다.

도를 배우고도 그것을 실행하지 않는 것이 정말 부끄러운 것입니다. 일찍이 옛사람의 말을 들었는데, '조강지처(糟糠之妻)는 마루에서 뜰로 끌어 내리지 않으며, 가난하고 미천할 때에 사귄 친구는 잊을 수 없다'라고 하였으니 미천한 아내라고 해서 차마 버릴 수 없는 것입니다."라고 하였다.」

## 066.
## 지인(知人)

최한기(崔漢綺)가 말했습니다.

「평소에는 그가 어떤 사람과 친하게 지내는지 살펴보고, 가난할 때는 그가 어떤 것을 취하지 않는지 살펴보며, 처지가 궁할 때는 그가 어떤 일을 하지 않는지 살펴보고, 현달(顯達)할 때는 그가 어떤 사람을 추천하는지 살펴보며, 부유할 때는 그가 얼마나 남에게 베푸는지 살펴보는 것이 실로 사람을 감별하는 대원칙이다.」

〈허생전〉에 보면 변(卞) 부자가 일면식도 없는 허생에게 거금 1만 냥을 선뜻 빌려주는 장면이 나오는데, 전혀 모르는 사람에게 거금을 빌려주는 이유를 묻자, 그는 이렇게 말합니다.

「아까 그 사람은 옷이나 신은 해졌지만, 말이 간명(簡明)하고 눈매에 자신감이 있었다.」

〈대백록(大百錄)〉에 실린 얘기를 보겠습니다.

「이준경(李浚慶)이 세상을 떠날 때 유소(遺疏)를 올려 말하기를, "조정 신하들 사이에 장차 붕당의 조짐이 있습니다." 하였다. 선조(宣祖)가 깜짝 놀라서 신하들에게 묻자 율곡이 상소로 지극히 그를 비방하여 말하기를, "이준경은 머리를 감추고 형체를 숨긴 채 귀신처럼 이야기하고 물 여우처럼 말하였습니다." 하였다.

또 말하기를, "이준경의 말은 시기하고 질투하는 효시(嚆矢)가 되고 숨어 있는 도적들의 깃발이 될 것입니다." 하였다. 또 말하기를, "옛사람은 장차 죽으려 할 때 하는 말이 선하였는데, 요즘 사람은 장차 죽으려 할 때 하는 말이 악독합니다." 하였다. 그러나 이준경이 죽은 지 몇년이 안 되어 조정의 논의가 무너지고 쪼개져서 그 화가 하늘을 뒤덮어 오늘에 이르러 극에 달하였으니, 이준경의 선견지명은 여러 공(公)들이 미칠 바가 아니었다.」

그런데 이이(李珥)가 지은 〈석담일기(石潭日記)〉에 이런 글이 나옵니다.

「이황이 병으로 사직하고 고향으로 돌아갔다. 이황이 스스로 늙고 병들었음을 말하고 고향으로 돌아가게 해주기를 간곡히 빌어 누차 글월을 올리니 임금께서 허락하시고 편전(便殿)으로 불러 물으시기를, "경(卿)이 무슨 말을 하고 싶소?" 하니 이황이 답하기를, "성상(聖上)께

서는 사림(士林)을 애호하소서." 하였다. 임금님께서 "경을 위하여 힘쓰
겠소." 하였다. 그리고 또 물으시기를, "조정 선비로는 누가 믿을 만하
며, 누가 도학(道學)하는 사람이오?" 하니 이황이 대답하기를, "이준경
은 대사(大事)를 맡길 수 있으니 신임하시고 의심하지 마시길 바랍니
다. 기대승(奇大升)은 학문하는 선비입니다. 다만 아직 정미(精微)한 경
지에는 이르지 못하였을 뿐입니다." 하였다.

　삼가 생각해 보건대, 사람을 알아보는 것은 곧 명철한 것이다. 요제
(堯帝)도 사람 알아보는 것을 어렵게 여겼으니 어찌 진실이 아니겠는
가. 이문순(李文純; 이황을 말함)이 석덕(碩德) 유종(儒宗)으로서 임금께
서 현인(賢人)을 구하려는 즈음에 천거한 사람이 단 두 사람뿐이었다.
이준경은 수상(首相) 자리에 있으면서도 임금을 도(道)에 인도하지 못
하고 널리 준걸(俊傑)들을 불러들이지도 못하고서 빳빳하게 자기만 잘
난체하여 사람을 받아들이는 도량이 없었다. 다만 근세의 규칙만 준
수하려 하여 유자의 논의를 막아 버렸으니 구신(具臣; 자리만 차지하여
머릿수만 채우고 있는 신하)에도 미치지 못하는 것이다. 기대승(奇大升)으
로 말하면 재주는 호매(豪邁)하나 기질은 엉성하여 학문이 정밀하지
못하고 자신(自信)은 아주 높아 선비들을 경시하며 자기와 의견이 다
른 사람은 미워하고 같은 사람은 좋아하니, 만약 임금의 뜻을 얻게 된
다면 그 집요(執拗)의 병통으로 인하여 나라를 그르칠 것이다. 이문순
(李文純) 같은 현명함을 가지고서도 그 추천하는 바가 이와 같으니 사
람을 안다는 것이 어찌 어려운 일이 아니겠는가.」

　천하의 이이(李珥)도 지인(知人)에는 상당히 어두웠음을 나타내 주
는 대목입니다.

「이기(李芑)가 중종 때 장리(臟吏; 뇌물 먹은 관리)의 사위인 까닭에 현직(顯職; 고위직)에 오르지 못하였는데 조정의 공론(公論)이 "이기(李芑)는 재주가 있으니 격식을 깨고 벼슬을 주어야 한다." 하고, 혹 "아니 된다." 하더니 이언적(李彦迪)이 허락하자는 의논을 주장하여 드디어 현직에 올랐다.」라는 기록이 〈연려실기술〉에 보이는데, 대학자인 이언적도 지인(知人)에는 서툴렀음을 보여줍니다.

추사 김정희가 여섯 살 때 대문에 써 붙인 입춘첩(立春帖)의 글씨를 본 실학파의 대가 박제가(朴齊家)가 추사의 아버지에게「이 아이는 앞으로 학문과 예술로 세상에 크게 이름을 떨칠 만하니 제가 가르치겠습니다.」라고 했다는 일화가 있습니다.

류성룡이 스물한 살 때 그를 본 퇴계 이황은「하늘이 내린 인재이니 반드시 학자로 대성할 것이고 장차 큰 인물이 될 것이다.」라고 칭찬을 아끼지 않았습니다.

조선 광해군 때의 간신인 이이첨(李爾瞻)은 인물이 관옥(冠玉)처럼 흰했습니다. 대화할 때 시선이 상대의 얼굴 위로 올라오는 법이 없었고, 말은 입 밖으로 내지 못하는 것처럼 웅얼거렸습니다. 그를 본 이항복(李恒福)이 말했습니다.

「한세상을 그르치고 나라를 망치고 집안에 재앙을 가져올 자가 반드시 이 사람일 것이다.」

신흠(申欽)이 말했습니다.

난세에서 인격과 처세를 얻다

「중인(中人)을 보는 요령은 큰 대목에서 나대지는 않는가 하는 것을 살피는 데에 있고, 호걸을 보는 요령은 작은 대목이라도 빠뜨리지는 않는가 하는 것을 살피는 데에 있다.」

자기 가족을 대할 때의 태도나 말투를 보면 그 사람을 제대로 알 수 있습니다. 또, 운전할 때 그 사람이 어떻게 운전하는지를 보면 그 사람의 인격이나 됨됨이를 정확히 알 수 있습니다.

또, 작은 일 또는 시시한 일을 맡겨 놓고 그 일을 어떻게 처리하는지를 보거나, 갑작스럽게 복잡하거나 어려운 일을 맡긴 다음 그 일을 어떻게 풀어나가는지를 보면 그 사람을 정확히 알 수 있습니다.

**067.**

# 명문가(名門家)

세 명의 왕비를 배출한 가문도 정승 하나를 배출한 가문만 못하고, 세 정승을 배출한 가문도 대제학(大提學) 하나를 배출한 가문만 못하며, 대제학 세 명을 낸 가문도 문묘(文廟)에 배향된 한 명을 낸 가문(家門)만 못하다는 말이 있습니다.

문묘(文廟)란 공자를 모신 사당을 말하고, 문묘에 배향되었다는 말은 그 사람의 위패가 문묘에 모셔져 있다는 뜻이며, 따라서 공자를 제사 지낼 때 국왕과 신하들이 이 사람의 제사를 지내준다는 뜻입니다.

자세히 말하면, 왕조 시대 최고의 명예는 그 위패가 문묘에 배향되는 것이고, 그다음은 죽은 후 그 위패가 종묘(宗廟)에 배향되는 것이며, 그다음은 사후(死後)에 '문정(文正)'이라는 시호(諡號)를 받는 일이고, 그다음은 대제학에 임명되는 것이고, 그다음은 국가로부터 불천위(不遷位)를 공인받는 일이었습니다.

공신(功臣) 반열에 오르거나, 사가독서(賜暇讀書)를 누리거나 왕으로부터 궤장(机杖) 또는 집을 하사받거나 고명대신(顧命大臣)이 되거나 임금이 직접 문병(問病) 또는 조문(弔問)을 오거나(조선 태종 때의 趙浚이나 선조 때의 白仁傑이 대표적인 예임) 세자의 스승이 되거나 국구(國舅; 왕의 丈人)가 되거나 하는 일들도 대단한 영예였습니다.

역사를 보면, 고려의 서필(徐弼; 이천 서씨)과 그 아들 서희(徐熙)와 서희의 아들 서눌(徐訥)이 연속으로 정승에 오른 것은 물론, 3명 모두 각기 다른 고려 왕의 묘정(廟庭)에 배향되는 영예를 누린 사례(史例)가 있고, 조선의 김장생(金長生; 광산 김씨)과 그의 아들 김집(金集)은 모두 문묘에 배향되었고 — 金集은 종묘에도 배향되었음 — 게다가 '동국 18현(賢)'의 자리에도 올랐는데, 이는 전무후무한 일입니다.

조선 시대 문과(文科) 급제자를 가장 많이 배출한 전주 이씨(全州李氏) 가문, 김장생과 김집으로 대표되는 광산 김씨(光山金氏) 가문, 서거정(徐居正)·서성(徐渻)·서명응(徐命膺) 등을 배출한 달성서씨(達城徐氏) 가문, 이정구(李廷龜)와 이석형(李石亨)·이귀(李貴) 등을 배출한 연안 이씨(延安李氏) 가문, 이이(李珥)와 이순신·이식(李植)을 배출한 덕수 이씨(德水李氏) 가문은 명실상부한 국반(國班; 최고 가문)이었습니다.

또, 중국 황제에게 올리는 문서 등의 외교문서와 국왕이 신하나 백성에게 내리는 교서(敎書) 등을 쓰거나, 국왕이 죽은 후 국왕의 행장

난세에서 인격과 처세를 읽다

(行狀)을 짓거나, 국가가 편찬한 법전(法典)이나 어제(御製)의 서문(序文)을 작성하거나 왕의 초상화를 그리거나 하는 일 등은 엄청나게 까다롭고 어렵고 조심스러운 일입니다. 이런 일은 보통 가문이 좋은 당대의 최고 문장가나 발군(拔群)의 실력을 갖춘 화원(畫員)이 아니면 감히 꿈조차 꿀 수 없는 일인데, 이런 일에 참여한 사람은 품계가 오르거나 높은 벼슬을 하사받았거니와 그의 가문도 큰 영예를 안았습니다.

지금은 국회의원이나 장·차관, 재벌 총수, 대사(大使), 군 장성, 대학교 총장이나 삼부요인(三府要人), 의사나 법조인 등을 배출한 가문을 명문가라 하는데, 사실 이런 가문은 절대 명문가가 아닙니다.

단언컨대, 명문가란 나라 또는 사회를 위해 희생하거나 공헌한 사람을 많이 배출한 가문입니다. 외교를 원만하게 이끈 외교관·고승(高僧)·훌륭한 사상가나 학자·나쁜 판례를 뒤엎고 훌륭한 판례를 세운 대법관·사법권이나 검찰권의 독립을 일궈낸 대법원장 또는 검찰총장·훌륭한 정치인·목민관·훌륭한 사회사업가·존경받는 NGO를 세운 설립자·의병장(義兵將)이나 의사(義士)·열사(烈士)·독립운동가·약이나 백신 등을 연구·발명하여 많은 목숨을 구한 의사(醫師)·훌륭한 책을 펴낸 작가 등을 배출한 가문이 명문가입니다.

**068.**

# 극단

주자(朱子)가 말했습니다.

「천하에는 단지 하나의 이치만 있을 뿐이다. 이쪽이 옳으면 저쪽이 그르고 이쪽이 그르면 저쪽이 옳으니, 양쪽이 병립(竝立)하는 경우는 있을 수 없다.」

　조선의 지식인과 사대부들은 「공자의 말은 그르다고 할 수 있으나 주자의 말은 그르다고 할 수 없다.」라든가, 「공자 이후로 제유(諸儒)를 집대성한 이는 주자다. 그의 공은 맹자보다도 크다.」라든가, 「정자(程子)와 주자 이래로 의리(義理; 경전의 뜻과 이치)가 크게 밝아졌다. 이분들이 드러내지 못한 속뜻이 더는 없으니, 그저 높이고 믿으며 따르고 익힐 뿐 따로 이견(異見)을 내어서는 안 된다.」라든가, 「주자는 바로 공자 이후의 일인자이다.」라든가, 「맹자 이후로 다시 맹자가 있으니 주자가 그 사람이다. 주자 이후로 다시 주자가 있으니 송문정공(宋文正公; 송시열을 말함)이 그 사람이다.」라고 하여 주자를 절대시·신격화했습니다.

　퇴계 이황은 양명학을 이단으로 몰았고, 조선의 사대부들 대다수는 불교나 양명학·노장(老莊)을 독하게 비난했습니다. 한국의 주류(主流) 역사학계는 상고사(上古史)를 아예 공부하지 않고 있고, 한국의 불교는 오로지 참선(參禪) 일변도이며, 한국의 개신교는 극우(極右)와 다를 바 없습니다.

다른 나라의 제도나 학문·종교가 한국에 들어오면 극단으로 기우는 폐단이 있습니다.

장유(張維)가 말했습니다.

「중국의 학술은 다양하다. 정학(正學; 유학)이 있는가 하면 선학(禪學; 佛家)과 단학(丹學; 道家)이 있고, 정주(程朱; 程子와 朱子)를 배우는가 하면 육씨(陸氏; 陸九淵)를 배우기도 하는 등 학문의 길이 한 가지만 있는 것이 아니다. 그런데 우리나라의 경우는 유식 무식을 막론하고 책을 끼고 다니며 글을 읽는 자들을 보면 모두가 정주(程朱)만을 칭송할 뿐 다른 학문에 종사하는 자가 있다는 말을 들어보지 못하였다. 어쩌면 우리나라의 사습(士習)이 중국보다 실제로 훌륭한 점이 있어서 그런 것인가. 아니다. 그래서 그런 것이 아니고, 중국에는 학자가 있는 반면에 우리나라에는 학자가 없기 때문에 그러한 것이다. 그런 까닭에 소위 잡학(雜學)이라는 것조차 나올 여지가 없으니, 또한 어떻게 정학(正學) 방면에 소득이 있기를 기대할 수가 있겠는가.」

신채호(申采浩)가 말했습니다.

「우리나라에 부처가 들어오면 한국의 부처가 되지 못하고 부처의 한국이 된다. 우리나라에 공자가 들어오면 한국을 위한 공자가 되지 못하고 공자를 위한 한국이 된다. 우리나라에 기독교가 들어오면 한국을 위한 예수가 아니고 예수를 위한 한국이 되니 이것이 어쩐 일이냐. 이것도 정신이라면 정신인데 이것은 노예 정신이다.」

한국의 기독교는 겉으로는 중도(中道)·온건(穩健)을 표방하지만, 실상은 기독교 근본주의와 다르지 않습니다. 게다가 다른 종교를 배척하고 사갈시(蛇蝎視)합니다. 기독교만이 진리이고 다른 종교에는 구원이 없다고 잘라 말합니다.

「범부는 기욕(嗜欲; 욕망)으로 자기 몸을 죽이고, 부자는 재물로 자손을 죽이며, 관리는 정사(政事)와 법으로 백성을 죽이고, 학자는 학문으로 천하와 후세를 죽인다.」는 말이 있습니다. 그런데 이 중에서 학문이나 사상 또는 종교로 천하와 후세를 죽이는 죄는 전쟁보다 무겁고 홍수나 가뭄 등 천재지변보다 가혹하다는 것을 알아야 합니다.

**069.**
# 해서는 안 될 일

덕도 없으면서 남의 스승이 되는 일
덕도 없으면서 남에게 절을 받는 일
덕도 없으면서 남에게 칭송을 듣는 일
덕도 없으면서 높은 자리에 오르는 일
덕도 없으면서 부귀와 권세를 누리는 일

# 070

# 효도

공자께서 말씀하셨습니다.

「효자가 어버이를 섬김에 있어 평소에는 경(敬)을 다하고, 봉양하는 데는 낙(樂)을 다하고, 병이 들면 우(憂)를 다하고, 상을 당하면 애(哀)를 다하고, 제사를 모시게 되면 엄(嚴; 목욕재계하고 정성을 다하되 길일을 택해 제사를 모심)을 다한다. 이 다섯 가지가 갖추어져야 어버이를 섬긴 다고 할 수 있다.」

주자(朱子)가 말했습니다.

「부모가 비록 돌아가셨지만 선(善)한 일에는 부모에게 명예가 미칠 것을 생각하여 반드시 끝까지 하며, 불선(不善)을 하려고 할 때는 부모를 욕되게 할 것을 생각하여 반드시 하지 말아야 한다.」

윤휴(尹鑴)가 말했습니다.

「효도는 백성들 마음 누구에게나 있는 것이고 천하가 함께 가는 길 이고 성인은 효도로써 표준을 세우고 백성들은 효도로써 화목하게 되고 옛날이나 지금이나 다를 것이 없고 위아래로 다 통하고 백행(百行)의 근원이고 만화(萬化; 모든 교화)의 기반이고 시작이 있고 끝이 있고 큰 것도 없고 작은 것도 없고 사해(四海)의 치란(治亂)이 여기에 매여 있고 국가의 존망도 여기에 매여 있고 사서인(士庶人; 사대부와 일반 백성을 합친 말)의 휴구(休咎; 吉凶을 말함)도 여기에 매여 있으니, 군자는 이 길을 가기에 길하고 소인은 이 길에 어긋나기에 흉한 법이니 어느 하나 이 효도로 말미암지 않는 것이 없다.」

어느 고승께서 말씀하셨습니다.

「효를 천하에까지 넓혀 천하 사람을 사랑하는 것이 대효(大孝)다.」

어느 선인(先人)이 말했습니다.

「의서(醫書)를 읽으면 사람이 기운을 받아 몸이 만들어진 것과 피부·뼈·살·골수·근육·터럭·맥·내장이 어디에서 나와 비로소 사람이 된 것인지를 알게 되기에 사람들이 모두 효자가 될 수 있을 것이다.」

일찍이 어느 선현(先賢)께서 말씀하셨습니다.

「이 세상에서 오래 누릴 수 없는 것은 어버이를 모실 수 있는 시간이다. 따라서 효자는 어버이를 봉양할 수 있는 동안 하루하루를 아낀다.」

옛날 어느 선비는 부모님과 얘기할 때는 큰 소리를 내거나 안색을 어둡게 하거나 얼굴을 찡그리거나 한숨을 쉬거나 말을 빨리하거나 서두르거나 과거의 안 좋은 일들을 꺼내거나 남의 허물을 들추거나 하는 말 등을 일절 하지 않았다고 합니다. 이런 것이 바로 효입니다.

공자께서 말씀하셨습니다.

「훌륭한 사람을 보면 내 태도를 바꾸고[賢賢易色], 부모를 섬김에 그 힘을 다하며, 사회나 국가를 위하여 사심(私心)을 버리고, 사람들과는 약속을 저버리지 않는다면 그가 비록 글을 배우지 않았다 하더라도 나는 반드시 그를 가리켜 학문을 한 사람이라 할 것이다.」

〈농암집(農巖集)〉에 나오는 어느 사대부의 행장(行狀)의 일부를 소개합니다.

「부인이 일찍이 출산을 앞두고 진통을 겪자, 공(公)이 그 소식을 듣고 곧 눈물을 흘렸다. 이에 모시고 있던 사람이 괴이하게 여겨 그 까닭을 묻자 공이 말하기를, "어머니께서 나를 낳으시느라 겪었을 고통을 생각하니 나도 모르게 눈물이 흐른다."」

위대한 인물이 되어 국가나 민족에 공을 세워야만 비로소 어버이의 은혜를 갚았다고 할 수 있습니다.

# 노인이 되면 더욱 기승을 부리는 것들

가르치려고만 든다.

인내심이 사라진다.

지난 일에 집착한다.

목욕을 하지 않는다.

이기적으로 행동한다.

비난하기를 좋아한다.

듣지 않고 말만 하려고 한다.

공공장소에서 예의를 지키지 않는다.

다른 사람들이 자기를 떠받들어주기를 바란다.

혼자 곧은 체하며 남의 허물을 들춘다.

잘못을 쉽게 인정할 줄 모른다.

자기 맘에 안 맞으면 버럭 화를 낸다.

남의 말은 안 듣고 과격한 말을 쏟아낸다.

정치인들을 과도하게 욕한다.

남의 좋은 점을 칭찬하지 않고 애써 트집을 잡는다.

지금까지 살아온 것에 대해 감사할 줄 모르고 불평만 한다.

# 복 받을 사람들

A는 여러 직장을 다니면서 월급을 제대로 받지 못한 적이 많았습니다. 다른 사람 같으면 법에 호소하거나 고용주에게 폭력을 행사하거나 욕설을 퍼붓거나 했을 텐데, 그는 '이것도 내 운명인가 보다.' 하면서 기꺼이 받아들였습니다.

B는 여러 사람에게 돈을 빌려주었습니다. 빌려줄 때마다 차용증을 받아두었습니다. 돈을 갚지 못하는 사람에게는 강하게 독촉하기도 하고, 내용증명이나 가압류예고장 같은 것을 보내 위협을 하기도 했습니다. 그러다 어느 날 '얼마나 돈이 없었으면⋯⋯.' 하는 생각이 들었습니다. 그래서 모아 둔 차용증을 다 찢어버렸습니다.

C는 살면서 두 번이나 사기를 당했습니다. 총 2,500만 원을 날렸는데 억울한 마음도 있었지만 이내 평정을 되찾고는 마치 아무 일도 없었던 것처럼 살았습니다.

D는 차를 몰다가 뒤차 운전자의 추돌로 범퍼에 약간의 흠집이 생기는 일을 겪었습니다. 보험처리를 해 달라고 할까 하다가 없던 일로 해버렸습니다.

E는 비싼 식당에 들어가 음식을 주문했는데, 직원이 가져온 음식은 자기가 주문한 음식이 아니었습니다. 직원한테 화를 내면서 다시 해오

라고 할까 하다가 순간 생각을 고쳐먹고는 「그냥 이 음식 먹을게요.」라고 하고는 아무 일 없었다는 듯 식사를 끝냈습니다.


**073.**
# 고요함

퇴계 이황은 유달리 '경(敬)'을 강조한 학자였습니다. 율곡 이이가 '성(誠)'을 강조한 것과 대비됩니다.

'경(敬)'은 고요한 가운데 한 가지에 집중하는 것을 뜻합니다. 물론 '공경'의 의미도 있습니다. 불교에는 '지관(止觀)'이라는 수행이 있는데, 이 '지(止)'는 심념(心念)이 전일(專一)한 것이요, '정신이 하나에 머무는 것[止於一]'을 말하니 경(敬)과 같은 의미라 하겠습니다.

선인(先人)께서는 이렇게 말씀하셨습니다.

「고요하게 앉아서 하루를 보내면 하루가 곧 이틀이 되나니, 만약 70년을 산다면 곧 140년을 산 것이다.」

공자는 말합니다.

「사람은 흐르는 물을 거울로 삼지 못한다. 고요히 멈춘 물을 거울로 삼는다.」

난세에서 인격과 처세를 얻다

부처님은 말합니다.

「만약 어떤 사람이 잠깐 고요히 앉아 사유(思惟)한 공덕은 갠지스강의 모래알의 수처럼 많은 칠보탑(七寶塔)을 쌓은 공덕보다 더 낫다.」

제갈량은 〈계자서(誡子書)〉에서 다음과 같은 천고의 명언을 남겼습니다.

「군자의 행실은 고요함으로써 몸을 닦고, 검소로써 덕을 길러야 한다. 담박함이 아니면 뜻을 밝게 할 수 없고, 차분히 고요해지지 않으면 먼 데까지 이르지 못한다. 배움은 모름지기 고요해야 한다.[夫君子之行 靜以修身儉以養德 非澹泊無爲明志 非寧靜無爲致遠 夫學須靜也]」

현자께서 말씀하셨습니다.

「고요하면 텅 비고 텅 비면 밝아지고 밝아지면 신령스럽다. 마음이 안정되니 신명이 와서 머문다.[靜則虛 虛則明 明則神 泰宇阮定 神明來舍]」

송나라의 학자인 정호(程顥)는 말합니다.

「만물을 고요히 바라보면 저절로 그 이치를 알게 된다.」

송나라의 소강절(邵康節)은 말했습니다.

「마음이 확고하여 산란하지 않으면 모든 변화에 응할 수 있다. 이것이 군자가 마음을 텅 비게 하여 움직이지 않는 까닭이다.」

어느 대덕(大德)께서 말하였습니다.

「귀, 눈, 입. 이 셋은 열지 마라. 진인(眞人)은 잠잠하기가 깊은 못과 같다.」

누군가 말했습니다.

「하늘에서든 지상에서든 모든 피조물은 침묵 속에서 머물러야 하고, 신의 위대함을 숭배하고 찬양하기 위해 입을 다물어야 한다.」

**074.**

## 겸손(1)

공자께서 말씀하셨습니다.

「나라에 도가 행해지고 있을 때는 말을 바르게 하고 행위도 바르게 해야 하지만, 나라에 도가 행해지지 않을 때는 행위는 바르게 하고 말을 겸손하게 해야 한다.」

난세에서 인격과 처세를 얻다

맹자께서 말씀하셨습니다.

「순(舜)임금도 사람이고 나도 사람이건만, 순임금은 천하에 모범이 되어 후세에 전해지는데 나는 아직도 촌사람임을 면치 못했으니, 이 점은 걱정할 만하다.」

조선 성종(成宗)이 말했습니다.

「우레의 이변이 있자 상(上; 성종)이 하교하기를, "얼음이 어는 추운 계절에 우레와 번개의 재앙이 있었으니, 근본적인 원인을 따져보면 실로 내가 덕이 없고 어리석은 탓이다.

누차 구언(求言)의 교지를 내렸으나 곧은 말로 극력 간하는 사람이 없었고, 누차 어진 이를 구하는 교지를 내렸으나 인재를 추천하는 사람이 없었다. 모든 관사(官司)를 감독하여 다스렸으나 아직 게으르고 해이한 자가 있고, 옥송(獄訟)을 심리하였으나 아직 억울하게 감옥에 갇혀 있는 자가 있으며, 백성들의 숨은 고통을 두루 물었으나 원망과 탄식이 아직도 많고, 공역(工役)을 줄이고 없앴으나 토목 공사가 끊어지지 않고 있다. 중외에 널리 알려 잘못된 점을 상세히 진달하여 하늘의 견책(譴責)에 답하도록 하라." 하였다.」

송시열이 자신의 초상화를 보고 다음과 같이 말했습니다.

「너의 모습은 초췌하여 보잘것없고 네 학문도 텅 비고 거칠구나. 하늘의 뜻을 저버렸을 뿐 아니라 성현의 말씀을 모욕하였으니 참으로 너는 쓸모없어 버려진 책벌레의 무리로구나.」

조선의 대문장가 최립(崔岦)이 말했습니다.

「나는 율곡(栗谷) 공(公)과 약관(弱冠)의 나이 때부터 벗으로 지냈다. 공은 세상 사람들로부터 이미 대유(大儒)라는 호칭을 받으면서 조정에 높이 등용되었는데, 불행하게도 대업(大業)을 완수하지 못한 채 세상을 떠나고 말았다. 그로부터 지금 벌써 25년의 세월이 흘렀는데, 나는 공(公)과는 정반대로 세상에 쓸모없는 하나의 물건이 되어서 이렇게까지 늙도록 죽지 않고 살아 있다.」

유도원(劉道原)은 북송(北宋) 때의 학자로, 시마광(司馬光)과 함께 〈자치통감(資治通鑑)〉을 편찬한 인물인데 아래와 같은 자송(自訟; 자신을 꾸짖음)의 말을 남겼습니다.

「내 평생에 스무 가지 잘못이 있으니, 행실이 경박하고 조급하여 일을 만나게 되면 곧바로 반응하고, 고집스럽고 강직하여 분노하면 어려움을 생각하지 않고, 옛것에 얽매이고 새것을 그르게만 여겨 시변(時變)에 통달하지 못하고, 엉기고 막혀서 과단성이 적어 노력은 하되 공(功)이 없고, 높게 스스로 자처하여 나보다 나은 자와 비교하고, 악(惡)을 미워하기를 너무 심하게 하여 남의 원노(怨怒)를 걱정하지 아니하고, 윗사람 섬기기를 오만하게 그리고 아랫사람 통솔하기를 가혹하게 하고, 바른말을 자신하여 (남의) 혐의(嫌疑)를 멀리하지 아니하고, 사소한 예절을 고집하며 굳고 꿋꿋하여 움직이지 아니하고, 사람에게 모든

난세에서 인격과 처세를 얻다

것을 갖출 것을 구하여 원망과 허물을 걱정하지 아니하고, 말이 많아서 절도에 맞지 않거나 고담준론(高談峻論)이 한량없고, 시비하기를 좋아하여 남의 잘못을 감싸 주지 않고, 성사(成事)하기를 싫어하여 뭇사람의 뜻을 어기고, 일에 따라 뜯어고치기를 좋아하고, 자기의 도량과 덕망을 헤아리지 않고 남에게 지나치게 기대하고, 사귐은 얕고 말만 길어서 희학(戲謔)을 그치지 아니하고, 천성에 맡기고 화를 피하려고 하지 아니하면서 논의함에 기롱과 풍자가 많고, 일에 임하여 기지(機智)가 없으며 행(行)에 법도가 없고, 남이 나를 거스르지 아니하여도 뭇사람을 따라서 헐뜯고, 일은 화난(禍難)이 될 것이 아닌데도 지나치게 근심하고, 군자의 행의(行義)로써 소인을 책망하는 것이 그것이다.」

참고로, 〈고금사문유취속집(古今事文類聚續集)〉라는 책에 이르기를, 「유도원은 집안이 지극히 가난하였으나 한 푼도 남에게 함부로 취하지 않았다. 추운 겨울 낙양(洛陽)에서 향리로 돌아갈 적에 겨울 의복을 갖추지 못했는데, 사마광이 전별할 적에 한두 벌의 옷과 버선, 그리고 담비 털로 된 요 하나를 선물하였으나 유도원은 고사(固辭)하였다. 사마광이 강권하자 마침내 받았으나 영천(潁川)에 이르러 모두 봉함하여 돌려주었다. 사마광은 그를 칭찬하여 '내가 준 것도 받지 않으니 다른 사람이 주는 것을 받으려 하겠는가.'라고 하였다.」라는 내용이 보입니다.

정약용은 「내 나이가 올해로 불혹(不惑)이다. 불혹인데도 여기저기 미혹되어 쫓겨나 귀양 왔다. 구렁텅이에 굴러떨어지고 나서 지난 삶을 돌아보니 부끄럽기 짝이 없다. 그래도 고맙다. 거백옥(蘧伯玉)이 나이

오십에 깨달은 것을 나는 10년이나 앞당겨 알게 되었으니, 그는 오십에 지나온 삶을 송두리째 부정하고 새 삶을 시작했지만 나는 마흔에 시작한다. 잘못을 알았으니 되풀이하지 않겠다. 허물을 벗고 더욱 건실해지리라.」라고 고백하였습니다. 그리고 또 「내 마음은 번번이 내 몸뚱이에 휘둘린다. 나는 내 마음의 주인으로 살지 못하고 육체의 종(從)이 되어 살아왔다. 옳은 줄 알면서도 귀찮아서 외면했고 해야 할 일인데도 피곤해서 밀쳐두었다. 배를 채우기 위해 못 하는 일이 없었고 이익만 된다면 의로움은 거들떠보지도 않았다. 몸과 마음이 싸우면 늘 몸이 이겼다. 마음은 결과를 합리화하기 바빴다. 나는 내 몸뚱이의 종이요, 하인이다. 이 어리석은 놈!」하며 자책했습니다.

조선 선조-인조 때의 인물인 이윤우(李潤雨)는 이런 말을 남겼습니다.

「천도(天道; 하늘)는 겸손한 사람에게 복을 주고 인도(人道; 인간 세상)는 넘치는 것을 미워하나니, 내가 보잘것없고 가난한 집안에서 태어나 벼슬이 대부(大夫)의 지위에 이르렀으니 또한 만족한다. 내가 날마다 힘쓰는 것은 큰 허물이 없이 바르게 살다가 죽는 일이다.」

기대승(奇大升)은 46세에 숨을 거두면서 이렇게 말했습니다.

「목숨이 길고 짧은 것은 하늘의 명(命)이다. 목숨이야 내가 어찌할 수 없지만, 학문이 옛사람만 못해 뜻을 세우고도 다하지 못한 것이 한이 될 뿐이다.」

# 그땐 왜 그랬을까

그땐 왜 그렇게 화를 냈을까.

그땐 왜 그렇게 고집을 부렸을까.

그땐 왜 그렇게 모질게 굴었을까.

그땐 왜 그렇게 잘난 척을 했을까.

그땐 왜 그렇게 속 좁게 행동했을까.

그땐 왜 그렇게 세상을 우습게 보았을까.

# 고통

「고난이 자취를 감추는 그 순간 당신의 성숙도 함께 멈춘다.」라는 말이 있습니다.

「젊어서 고생은 사서라도 한다.」라는 격언은 누구나 아는 말이지요.

어느 시인은 「스물세 해 동안 나를 키운 건 8할이 바람이다.」라고 고백한 적이 있습니다.

누가 말했습니다.

「아프다, 아프다, 아프다. 그러니 나는 더 성장할 것이다.」

어떤 작가는 뒤늦게 이렇게 털어놓았습니다.

「나를 지독하게 옭아맨 우울증과 불안감이 있었기에 그나마 여기까지 버텨온 것 같다는 생각이 듭니다. 이것들마저 없었다면 허무함으로 일찍 세상을 등졌을지도 모릅니다.」

현자께서는 「세상살이에 곤란함이 없기를 바라지 마라. 세상살이에 곤란함이 없으면 업신여기는 마음과 사치한 마음이 생긴다. 그래서 성인께서 근심과 곤란으로 세상을 살아가라 하신 것이다.」라고 하셨습니다.
누가 말했습니다.

「누구나 커다란 시련을 겪기 전에는 진정으로 참다운 인간이 못 된다. 커다란 시련을 겪기 전에는 누구나 어린아이에 지나지 않는다.」

미국의 IBM의 창립자에게 누가 물었습니다.

「어떻게 하면 성공할 수 있습니까.」
「성공하고 싶으면 실패를 두 배로 늘리십시오.」

어느 누가 말했습니다.

「멋진 실패에는 상을 주고, 평범한 성공에는 벌을 주어라.」

난세에서 인격과 처세를 얻다

누구는 일침을 가했습니다.

「우리가 고통을 겪는 이유는 과거에 남의 고통을 보고도 외면한 대가이다.」

「다른 사람보다 뛰어나고 싶다면 남보다 더 많은 고통을 견뎌라.」

영국의 스티브 잡스라고 불리는 제임스 다이슨은 말합니다.

「나는 실패를 사랑한다. 학생들의 성적을 매길 때도 얼마나 많이 실패했는지를 기준으로 평가한다. 더 많이 실패한 학생일수록 더욱 창의적인 아이디어를 내놓을 수 있기 때문이다.」

당신이 겪는 고통은 당신의 성장을 위한 큰 자양분입니다. 상처 없이 성장한 사람은 나중에 조그만 상처에도 나가떨어지고 맙니다. 그리고는 다시 일어서지 못합니다.

크게 성공한 사람은 가슴 속에 무수히 많은 상처를 갖고 있습니다. 고난을 겪어보지 않은 사람과 대화를 해 보면 큰 울림이 있습니다. 생각의 깊이가 다르고 세상을 보는 안목이 탁 틔어 있습니다.

어느 유명한 여배우가 있었습니다. 어느 영화감독이 영화를 만들면서 주연 배우로 그 여배우의 아들을 캐스팅하기로 하고 그 사실을 여배우에게 알렸습니다.

그러자 그 여배우가 말했습니다.

「이 영화의 주인공으로 제 아들은 적합하지 않습니다. 시나리오를 읽어보니 이 영화의 주인공은 고난을 많이 겪어본 사람만이 제대로 소화해 낼 수 있을 것 같더군요. 제 아들은 큰 어려움 없이 자랐기 때문에 그 배역을 소화해 낼 수 없습니다. 제 아들은 어미인 제가 잘 압니다.」

## 077.
# 제대로 된 사람

지혜로운 사람이라면 남의 처지를 불쌍히 여길 줄 압니다.
훌륭한 사람이라면 잘 나갈 때 삼가고 살피고 조심합니다.
제대로 똑똑한 사람이라면 성현의 말씀을 의심하지 않습니다.
제대로 배운 사람이라면 습득한 지식을 남과 공유할 줄 압니다.
제대로 철든 사람이라면 하늘과 이 세상에 한없이 겸허합니다.
제대로 된 사람이라면 남을 함부로 깔보거나 업신여기지 못합니다.
인생을 제대로 살아온 사람이라면 베푸는 일에 인색하지 않습니다.
〈해동잡록〉에 이런 일화가 실려 전합니다.

「김말(金末)이 딸만 있고 아들이 없었는데, 일찍이 말하기를, "천 사람의 눈을 열어주면 음덕의 보답을 얻는다고 하는데, 내가 벼슬한 뒤로부터 50여 년 동안 일찍이 학관(學官)의 직책을 맡지 않은 적이 없었으며, 가르치고 깨우치기를 게을리하지 않았건만 마침내 뒤를 이을 아들이 없으니, 나의 거칠고 거짓된 학문이 남에게 공덕을 끼치지 못해서 그런 것이 아니랴." 하였다.」

# 078

# 이 시대의 비극

어른들은 만족을 모르고 아이들은 부족을 모릅니다.

어른들은 예의를 모르고 아이들은 놀이를 모릅니다.

젊어서는 공부를 하는데 늙어서는 공부를 하지 않습니다.

남자들은 예쁜 여자를 탐하고, 여자들은 돈 많은 남자를 탐합니다.

남자들은 책임을 알지 못하고, 여자들은 공의(公義)를 알지 못합니다.

남자들은 허세(虛勢)로 살아가고, 여자들은 허영(虛榮)으로 살아갑니다.

부유한 자들은 죄를 짓는 일에 바쁘고, 가난한 자들은 먹고사는 일에 바쁩니다.

**079.**

# 행복한 사람과 불행한 사람

다음 세 말씀을 기억합시다.

「제일 행복한 사람은 본인이 음덕(陰德)을 많이 베풀었으나 아직 보답을 받지 못한 사람이고, 가장 불행한 사람은 덕을 쌓지 않았는데 많이 받아먹은 사람이다.」

「베풀고도 모욕과 불행을 당하는 사람은 행복한 사람이고, 베풀었는데 상을 받거나 칭송을 듣는 사람은 불행한 사람이다.」

「덕을 쌓았는데도 말년에 병에 걸리거나 모함을 당하는 사람은 행복한 사람이고, 악행을 쌓았음에도 말년에 무사(無事)한 자는 불행한 사람이다.」


**080.**

## 예기(禮記)

〈예기〉에 나오는 중요한 말씀을 소개합니다.

「대저 예(禮)란 자신을 낮추고 남을 높이는 것이다.[夫禮者 自卑而尊人]」

「행동을 바르게 닦고 말을 도(道)에 맞게 하는 것이 예의 근본이다.[行修言道 禮之質也]」

「예는 오고 가고 하는 것을 숭상한다. 가기만 하고 오지 않는 것은 예가 아니며, 오기만 하고 가지 않는 것도 또한 예가 아니다.[禮尙往來 往而不來 非禮也 來而不往 亦非禮也]」

「부모가 병환이 있으면, 갓을 쓴 사람은 머리를 빗지 않고 나는 듯한 모습으로 걷지 않고 다른 일에 대하여 말을 하지 않으며 거문고나 비파를 가까이하지 않는다. 고기를 먹을 때는 맛을 잃을 정도로 많이 먹지 않으며 술을 마시되 안색이 변할 정도로 마시지 않는다. 잇몸이 드러날 정도로 큰소리로 웃지 않으며 노하여도 큰 소리로 꾸짖지 않는다. 그러나 부모님의 병환이 나으면 다시 예전처럼 한다.[父母有疾 冠者 不櫛 行不翔 言不惰 琴瑟不御食肉不至變味 飮酒不至變貌 笑不至矧하며 怒不至詈 疾止復故]」

「군자는 남이 나에게 호의를 다하기를 바라지 않으며, 남이 나에게 충성을 다하기를 바라지 않는다.[君子不盡人之歡 不竭人之忠]」

「이웃에 상사(喪事)가 있으면 방아를 찧는데 노래로 장단을 맞추지 않으며, 마을에 빈소가 있으면 거리에서 노래하지 않는다.[鄰有喪舂不相 里有殯不巷歌]」

「임금의 명령이 도착하면 명을 받든 이가 천한 사람일지라도 대부

(大夫)나 사(士)가 반드시 직접 맞이한다.[君命召雖賤人 大夫士必自御之]」

「임금이 병이 있어서 약을 먹게 되면 신하가 먼저 맛보아야 하고, 어버이가 병이 있어서 약을 먹게 되면 아들이 먼저 맛을 보아야 한다. 3대째 의원을 하고 있지 않았으면 그가 제조한 약을 먹지 않는다.[君有疾飲藥 臣先嘗之 親有疾飲藥 子先嘗之 醫不三世 不服其藥]」

「기일(忌日)에는 즐거워하지 않는다.[忌日不樂]」

「(공자께서는) 상(喪)을 당한 사람의 곁에서 음식을 자실 때는 일찍이 배부르게 드신 적이 없었다.[食於有喪者之側 未嘗飽也]」

「예(禮)는 사람에 있어서 술에 누룩과 같은 것이다. 군자는 예에 후(厚)하기 때문에 군자가 되고 소인은 예에 박(薄)하기 때문에 소인이 되는 것이다.[禮之於人也 猶酒之有糱也 君子以厚 小人以薄]」

「부모가 비록 돌아가셨더라도 자식이 장차 착한 일을 하려고 할 때 부모에게 어진 이름이 돌아갈 것을 생각하여 반드시 행하며, 장차 착하지 않은 일을 하려고 할 때는 부모에게 부끄러움과 욕됨이 돌아갈 것을 생각하며 반드시 하지 말아야 한다.[父母雖沒將爲善 思貽父母令名必果 將爲不善 思貽父母羞辱必不果 ]」

「말이 적은 자를 찾아서 아이의 스승이 되게 한다.[而寡言者 使爲

난세에서 인격과 처세를 얻다

子師」

「국경 안에 들어가면 그 나라의 금령(禁令)을 묻고. 남의 나라에 들어가면 그 풍속을 물으며, 남의 집 문안에 들어가면 그 집이 꺼리는 바를 묻는다.[入竟而問禁 入國而問俗 入門而問諱]」

# 재앙이 복리(複利)로 불어나는 경우

이익을 독차지하면 재앙이 복리로 늘어납니다.

아이들에게 죄악을 지으면 재앙이 복리로 늘어납니다.

남은 불행한데 혼자만 행복하면 재앙이 복리로 커집니다.

남은 배고픈데 혼자서만 배불리 먹으면 재앙이 복리로 커집니다.

남의 불행을 이용하여 재산을 불리면 재앙이 복리로 늘어납니다.

경전을 잘못 해석·강의하거나 비방하면 재앙이 복리로 늘어납니다.

죄를 짓고도 죽을 때까지 뉘우치지 않으면 재앙이 복리로 늘어납니다.

우월한 지위를 이용하여 아랫사람을 괴롭히면 재앙이 복리로 늘어납니다.

산불을 내거나 강·바다 등 자연을 오염시키면 재앙이 복리로 늘어납니다.

인과응보나 내세(來世) 같은 건 없다고 말하면 재앙이 복리로 늘어납니다.

관(官)이나 사찰·교회의 돈·물(物)을 절취·횡령하면 재앙이 복리로 늘어납니다.


**082.**

# 사람을 아는 법

잘나갈 때 어떻게 행동하는지를 보면 그 사람을 알 수 있습니다.

실의에 빠져 있을 때 어떻게 하는지를 보면 그 사람을 알 수 있습니다.

위기에 처했을 때 어떻게 행동하는지를 보면 그 사람을 알 수 있습니다.

그의 부모에게 어떻게 하는지를 보면 그 사람을 단박에 알 수 있습니다.

약자(弱者)에게 어떻게 하는지를 보면 그 사람을 제대로 알 수 있습니다.

부모가 자녀에게 어떻게 하는지를 보면 그 부모의 사람됨을 알 수 있습니다.

혼자 있을 때 어떻게 행동하는지를 보면 그 사람을 제대로 알 수 있습니다.

그 사람에 대한 주변의 평판을 들어보면 그 사람을 대번에 알 수 있습니다.

역경(逆境)을 만났을 때 어떻게 대처하는지를 보면 그의 미래를 알
수 있습니다.

# 이율배반(1)

조조(曹操)는 이렇게 말한 적이 있습니다.

「도덕적으로 행실이 뛰어난 선비는 반드시 진취적이지 않고, 진취적
인 선비는 반드시 도덕적으로 행실이 뛰어나지 않다.」

글을 잘 쓰는 사람은 말을 잘 못하고, 말을 잘하는 사람은 글을 잘
쓰지 못합니다.

후대에 큰 업적을 남긴 자는 생전에 고통이 많았고, 생전에 온갖 복
을 누린 자는 후대에 남길만한 공을 쌓지 못합니다.

과거시험에 장원급제한 사람 중에 뛰어난 업적을 남긴 이 드물고, 절
대 음감(音感)을 가진 이들 중 뛰어난 작곡가는 거의 없습니다.

뛰어난 선수가 뛰어난 감독으로 연결되는 경우는 극히 드물고, 재능
이 있거나 머리가 총명한 사람은 운명이 좋지 않습니다.

미인은 운명이 순탄치 못하고, 대식가(大食家)들은 거의 여자이며,
유능한 요리사는 거의 남자입니다.

머리가 비상한 자는 이 사회에 기여하는 바가 적고, 이 사회에 기여

하는 바가 큰 사람은 평범한 사람입니다.

박지원(朴趾源)이 말했습니다.

「귀하게 되면 인색해지고, 부유해지면 더러워지고, 오래 살면 포악해진다. 인자하고 진실한 자에겐 요절이 뒤따르고, 깨끗하여 찌꺼기 없는 자에겐 가난이 깃든다. 베풀기 좋아하고 주는 것 많은 자는 높은 벼슬이 없다.」

고난을 많이 겪은 자라야 훌륭한 작품이 나오고, 요절한 예술인이 더 칭송을 받습니다.

먼 곳에서 온 자는 환호를 받고, 가까운 곳에서 온 자는 환호를 받지 못합니다.

관상가, 풍수가, 점쟁이, 사주쟁이들 가운데 자식이 잘되는 경우는 거의 없습니다.

자기 땅에서 나는 토산물은 냉대를 당하고, 남의 땅에서 나는 작물은 우대를 받습니다.

그릇이 큰 사람에게 구멍가게를 맡기면 반드시 가게를 망치고, 구멍가게를 잘 운영하는 사람에게 나라를 맡기면 반드시 나라를 말아먹습니다.

독서만 열심히 한 사람은 옹졸하기 그지없고, 부잣집 자식들은 교만하기 그지없습니다.

고생을 모르고 산 사람은 하나같이 매력이 없고, 위대한 사람은 하나 같이 고생을 죽도록 했습니다.

조식(曺植)의 시 일부를 보겠습니다.

「살았을 땐 어떻게든 죽이려 하고, 죽고 나면 아름답다 일컫네.[生則欲殺之 死後稱其美]」

# 084

## 지혜(3)

매는 먼저 맞는 것이 확실히 낫습니다.

옷은 가능하면 잘 차려입는 것이 좋습니다.

돈은 적게 주다가 점점 늘리는 게 낫습니다.

알면서도 모르는 척해야 할 때가 많습니다.

칭찬은 공개적으로 하고 꾸중은 은밀히 합니다.

공을 세웠어도 자랑하지 않는 것이 낫습니다.

스스로 경험할 때까지는 안다고 말하지 않습니다.

쉬운 일보다 어려운 일부터 하는 것이 단연 낫습니다.

젊었을 적에는 고생을 하고 노년에는 고생을 안 해야 합니다.

직장 등에서 한 사람이 나갈 때는 아름답게 퇴장하도록 신경 써 줘야 합니다.

나를 은인으로 여기는 열 명보다 원수로 여기는 한 명이 무서운 줄 알아야 합니다.

사람을 혼내거나 공격할 때는 퇴로(退路)를 열어두어야 합니다. 궁지에 몰린 쥐는 고양이를 무는 법입니다.

보험사의 지점에는 늘 그렇듯 보험금을 타지 못한 것에 불만을 품고 찾아와 행패를 부리는 사람들이 있었습니다. 그 수모의 대상은 창구에서 일하는 여직원들이었는데, 그 지점의 지점장은 여직원이 고객들한테서 행패를 당하면 그 즉시 업무에서 배제한 후 안의 사무실에 들어가 1시간을 혼자 있게 한 후 귀가를 하도록 조치하는 것으로 유명했습니다.

군이 1시간을 머물게 하는 데에는 이유가 있었습니다. 고객한테 수모를 당하는 그 즉시 귀가를 시키면 여직원이 감정에 복받쳐 불미스러운 일을 벌일 수도 있기 때문이었습니다.

〈목민심서〉에 다음과 같은 이야기가 나옵니다.

「조빈(曹彬)이 서주지사(徐州知事)가 되었다. 한 아전이 죄를 지어 조서기 작성된 뒤 한 해가 넘어서야 장형(杖刑)을 받았다. 사람들이 모두 그 이유를 몰랐는데 조빈이 말하기를, "내가 들으니 이 사람은 새로 아내를 맞이하였다고 한다. 만일 장형을 시행하면 그 부모가 반드시 '새 며느리가 우리 집에 이롭지 못하다.' 하여 아침저녁으로 성내고 꾸짖어 그 신부를 견디지 못하게 할 것이다. 그래서 내가 그 처벌을 늦춘 것이다. 그러나 법 또한 무시할 수 없다." 하였다.」

조선 숙종 때의 인물인 김수항(金壽恒)이 숙종에게 상소를 올렸는데, 아래는 그 상소의 일부로 그가 남긴 〈문곡집(文谷集)〉에 나옵니다.

「옛날 제(齊)나라에 혜성이 나타나니, 경공(景公)이 혜성의 소멸을 위해 신관(神官)에 명해 기도하게 하자 안영(晏嬰)이 아뢰기를, "하늘에 혜성이 나타나는 것은 더러운 것들을 쓸어내기 위함이니, 임금님께 더러운 행위가 없다면 또 어찌 기도할 필요가 있으며, 만일 임금님의 행위에 더러움이 있다면 기도한들 어찌 없어지겠습니까."라고 했습니다. 선유(先儒)가 이르기를, "하늘의 덕과 임금의 도리는 그 요체가 홀로 있을 때 삼가는 데 있을 뿐이다."라고 했습니다. 반드시 마음을 보존하고 성찰하여 사람의 눈에 띄고 안 띄고 간에 차이가 있지 않게 하고, 온 마음으로 공경하고 두려워하기를 항상 상제(上帝)를 직접 대하듯이 하여 옥루(屋漏; 방에서 가장 으슥한 서북쪽 모퉁이)에서도 부끄러움이 없는 뒤에야 덕을 닦을 수 있고 재앙을 그치게 할 수 있습니다.」

**085.**

## 질투

신(神)이 어떤 사람에게 말했습니다.

「네 소원을 하나 들어주겠다. 단, 너와 원수지간인 사람에게는 네 소원의 두 배가 돌아갈 것이다.」

그 사람은 한참을 고민하다가 이렇게 말했습니다.

「제 눈 하나를 빼주세요.」

사람들에게 물었습니다.

「당신은 회사로부터 보너스를 받을 예정이다. 기여도가 높은 당신은 1억 원을 받고 당신이 가장 싫어하는 동료에게는 그 절반인 5천만 원이 지급되는 경우 A와 당신에게는 500만 원이 지급되고 당신이 싫어하는 동료에게는 100만 원이 지급되는 경우의 B가 있다고 한다면, 당신은 어떤 선택을 하겠는가.」라고 물으니, 다수가 B를 택했다고 합니다.

한 만화가는 질투하는 심리에 대해 "내가 일등석을 타는 것만으로는 충분치 않아. 내 친구들이 이등석을 타야지!"라고 표현했습니다.

〈부계기문(涪溪記聞)〉에 다음과 같은 기록이 실려 전합니다.

「서거정(徐居正)이 문형(文衡; 대제학)을 맡은 지 26년 동안 시퇴하지 않았다. 하루는 그 조카에게 묻기를, "바깥 의논이 나를 어떻다 하느냐?" 하니 대답하기를, "너무 오래 문형을 잡고 있다고 모두 싫어합니다." 하였다. 서거정이 실망한 빛으로, "내가 그만두면 필경 김종직(金宗直)이 맡게 될 것이다." 하였다. 이것은 공(公; 김종직을 말함)을 시기해서 한 말이다. 어떤 이는 무오년(戊午年)의 화(禍; 戊午士禍를 말함)가 여기에서 싹텄다고 하는 이도 있다.」

〈신당서(新唐書)〉에 다음과 같은 기록이 있습니다.

「누사덕(婁師德)은 당나라 때의 재상이다. 그 아우가 자급(資級)이 높아 대주도독(代州都督)으로 제수되어 부임하려 하자, 말하기를 "내가 어린 나이에 재능이 부족한 사람으로 재상의 자리에 앉아 있는데,

난세에서 인격과 처세를 얻다

네가 또 주(州)의 수령이 되어 가니 분수에 넘치는 자리를 맡았다고 사람들이 질시할 것이다. 너는 장차 어떻게 소임을 마치겠느냐?" 하였다. 이에 그 아우가 "이제부터는 남이 저의 뺨에 침을 뱉더라도 감히 대꾸하지 않고 스스로 닦음으로써 형님께 근심을 끼치지 않도록 하겠습니다." 하자 그는 말하기를, "그렇게 해서는 나의 근심거리가 되기에 알맞다. 대저 사람이 침을 뱉는 것은 노여움에서 나온 행동인데, 네가 그것을 닦는다면 이는 그 사람의 노여움을 거스르는 행동이 될 것이다. 침은 닦지 않아도 절로 마를 터이니, 차라리 웃으며 감수하는 것이 낫지 않겠느냐." 하니, 그 아우가 "삼가 가르침을 따르겠습니다." 하였다 한다.」

위백규(魏伯珪)가 말합니다.

「왕희지(王羲之) 부자(父子)는 글씨를 잘 썼으니, 비록 작은 기예지만 그래도 좋은 일이다. 그렇지만 사람들이 왕희지에게 "사람들은 아들인 왕헌지의 필법이 자네보다 낫다고 말한다."라고 물으면, 왕희지는 "아직 그렇지는 않다."라고 말했다. 남들이 왕헌지에게 "사람들은 그대의 필법이 부친만 못하다고 한다."라고 하자, 왕헌지는 "바깥사람들이 무엇을 알겠는가."라고 하며, 부자가 서로 전혀 양보하지 않았다. 부자 사이에도 오히려 이와 같았는데, 하물며 다른 사람이겠는가.」

이덕무(李德懋)가 말했습니다.

「대체로 남의 재주와 학식이 있다는 말을 듣고 가령 순간이라도 속으로는 시기하고 의심하며, 겉으로는 조소하고 꾸짖기를 일삼는다면 어찌 보통 일이겠는가. 크게 보면 살기(殺氣)가 있는 것이니, 그 마음속을 궁구해 보면 이미 사형을 집행하는 사람의 마음이 싹튼 것과 마찬가지이다. 스스로 경계해야 할 것이다.」

고려 때 밀직부사(密直副使)를 지냈던 허유(許猷)는 자신의 첩이 가노(家奴)와 간통하자 첩의 두 귀를 베고 두 눈을 멀게 하였으며, 그 가노의 두 눈을 파고 귀와 코와 발꿈치를 베어 버렸고 또 성기를 잘라 첩에게 먹게 했다는 기록이 〈고려사〉에 나옵니다.

사람은 타인의 불행에서 기쁨을 느끼고, 내가 암에 걸리면 서먹서먹했던 친구들이 그제야 마음의 빗장을 열고 다가옵니다. 남이 잘되는 꼴은 죽어도 보기 싫은 것이 인간의 본성입니다.

서선(徐選)이라는 자가 일찍이 정도전(鄭道傳)의 노비에게 모욕을 당한 일로 그 원한을 갚을 방법을 생각했는데, 정도전은 서얼의 자손으로 마침 그가 벌을 받아 죽게 되자 이에 왕에게 서얼을 금고(禁錮; 관리가 될 자격을 박탈하거나 제한함)해야 한다고 진언했습니다. 뒤에 서얼 출신인 유자광(柳子光)이 큰 죄를 짓게 되자 서얼에 대한 원망과 보복이 하늘을 찌르게 되었고, 이에 서얼 출신은 벼슬길에 나가는 것이 영영 막혀버리게 되었습니다. 한 소인(小人)의 치졸한 보복이 조선을 질식시키고 수많은 서얼을 절망에 빠뜨렸으니 그 죄가 얼마나 큽니까.

이성계가 세운 조선은 고려와 많은 점에서 차이를 보였는데, 그중의 하나가 상공업이나 무역·기술 등을 천시했다는 점입니다. 사대부들이 겉으로 내세운 이유는 상공업 등이 발전하면 사치나 낭비가 심해지고 이로 말미암아 빈부 격차가 커진다는 것이었지만, 실은 천하디천한 장사치들이 부자가 되는 걸 막기 위함이었습니다.

또, 조선 시대 사화(士禍)와 당쟁의 이면에는 질투심이 크게 작용하고 있음을 봅니다. 상대의 사소한 약점을 캐내 상대가 높은 자리에 오르지 못하도록 하거나 상대의 영향력이 커지는 것을 가만히 보고 있지 않았습니다. 그리고 역대 제왕들은 대체로 뛰어난 재능과 식견을 지닌 신하들에게 열등감을 가지고 있었기에 이들을 속으로 질투하였고, 용렬(庸劣)한 군주들은 고명대신(顧命大臣)들을 함부로 추방하거나 죽였습니다.

회사의 인사철에 난무하는 투서(投書)나 모함의 이면에도 역시 질투심이 있습니다.


<br>

# 086

# 이웃의 평판


한국의 인사청문회가 너무 엄격하다고들 하지만, 미국의 인사청문회와 비교하면 족탈불급(足脫不及)입니다. 미국에서는 직계존비속 서류는 물론이고, 전(前) 직장 상사의 인적 사항, 이혼한 전 부인, 친부모와 의(義)부모, 친·이복·이종 형제의 인적 사항까지 제출해야 합니다. 심지어 집안에서 고용한 가정부와 정원사와 같은 고용부의 인적 사항까지 작성해 제출해야 합니다.

무엇보다 마을에서의 대인관계를 알기 위해 과거 7년 동안 거주지별로 알고 지낸 이웃 1명씩의 인적 사항을 제출해야 합니다. 주소를 네

번 옮겼으면, 옮긴 주소마다 이웃집 사람을 적어 내야 합니다. 그 사람에게서 평소 이웃과 어떤 관계였는지를 알기 위해서입니다.

대법관으로 지명된 어떤 사람은 4일간 청문회를 하는데 참고인만 90여 명이 등장했습니다. 중학교 담임교사에서부터 과거에 살던 동네 이웃까지 증인 또는 참고인으로 나왔습니다. 연방수사국 특별조사 및 신원조사팀은 이 사람들을 직접 만나 '후보자가 평소 어떤 생활을 했느냐'를 조사·보고하게 돼 있습니다.

어떤 국방부 장관 후보는 단지 「술과 여자를 너무 좋아한다.」라는 이유로 상원(上院)의 인준을 거부당했습니다.

미국에서는 국회 인사청문회에 앞서 백악관 인사처, 대통령 자문위원회 사무처, 공직자윤리위원회가 같은 검증 작업을 벌이며, 이와는 별도로 연방수사국(FBI)과 국세청(IRS) 등 정부 기관들도 후보자에 대한 기록을 조사합니다.

우리나라의 어떤 국회의원은 이웃집 개가 시끄럽다며 이웃을 상대로 2천만 원의 손해배상 소송을 제기한 일이 밝혀져 망신을 산 적이 있습니다.

하버드대 입학 예정 학생 10여 명이 최근 입학 취소 통보를 받았습니다. SNS에서의 망나니 언동 때문입니다. 이들은 합격생이 모인 SNS 그룹 방에서 따로 채팅방을 만들고 음란물과 소수 인종, 종교 혐오 글을 돌려봤다고 합니다.

오바마 전 미국 대통령이 학생들에게 「내 10대 때 SNS가 있었더라면 나는 대통령이 되지 못됐을 것」이라며 「젊은 날 실수로 기록될 행동이나 언행을 남겼다면 곤란한 일을 많이 겪었을 것」이라고 했습니다.

서양의 마녀사냥 그리고 우리나라의 동학농민운동과 천주교 탄압

사건의 이면을 들여다보면 이웃의 무고(誣告)로 수많은 사람이 억울하게 희생되었음을 알 수 있습니다.

어떤 사람이 선친(先親)에게 난리를 피할 수 있는 법을 여쭈었는데, 선친께서 이렇게 말씀하셨습니다.

「이웃에게 원한을 사지 않으면 난리를 피할 수 있다.」

# 087

# 윗사람 될 자격

한 유명한 피아니스트가 있었습니다. 그가 여행을 다니는데 어느 마을에서 자신의 제자가 연주회를 한다는 광고지가 붙어 있는 것을 보았습니다. 그런데 그가 봤더니 모르는 사람이었습니다. 호텔에 머물고 있는데 어떤 여자가 찾아와 말했습니다.

"선생님, 정말 죄송합니다. 사실 저는 무명 음악가인데 제 이름을 걸고 하면 아무도 연주회에 오지 않을 것 같아서 선생님의 제자라고 거짓말을 했습니다. 용서해 주세요."

그 피아니스트는 데리고 온 제자들에게 어떻게 하면 좋을지 물었습니다.

"선생님이 연주회에 가서 무대 인사를 해주면서 이 사람이 내 제자라고 말하면 될 거 같은데요?"

"그냥 솔직하게 이 사람은 내 제자가 아니라고 말하면 어떨까요?"

그 어느 대답도 그가 원하는 답을 해주지 못했습니다. 그는 그 여자를 찾아가 이렇게 말했습니다.

"내가 하루 동안 너에게 피아노를 가르쳐 주겠다. 그러면 너는 내 제자다. 이후부터는 내 제자라고 말해도 좋다."

조선 태종이 말했습니다.

「태조(太祖)가 개국할 때 남은(南誾)은 밖에서 제창하고 이제(李濟)는 안에서 호응하여 대업을 이룩하였으니 그 공훈(功勳)이 막대하다. 후일 비록 죄가 있더라도 사사로운 원한으로 그 큰 공을 폐하여서는 안 된다. 모두 시호를 내리고 (태조의) 묘정에 배향하라.」

정도전과 함께 역적으로 죽임을 당했던 남은은 이방원에 의해 죽임을 당했지만, 다시 이방원에 의해 태조의 묘정(廟庭)에 배향되었습니다.

옛사람에게는 '재능을 알아보는 안목[識才之眼]', '재능을 아끼는 마음[憐才之心]', '재능을 포용하는 도량[容才之量]'이 있었습니다.

당나라 태종 때 직간(直諫)으로 유명했던 위징(魏徵)과 방현령(房玄齡), 역시 당나라 덕종(德宗) 때의 재상이자 대문장가로서 직간을 서슴

난세에서 인격과 처세를 얻다

지 않았던 육지(陸贄), 한나라 무제(武帝)에게 직언을 퍼부은 급암(及黯) 등은 포용력 있는 군주를 만났기에 직간을 하고도 살아남을 수 있었습니다.

또, 제(齊)의 환공(桓公)은 자기를 죽이려 했던 관중(管仲)을 재상으로 삼았고, 세종대왕은 자기보다 양녕대군을 지지했던 황희를 영의정으로 삼았으며, 조선의 영조(英祖)는 자신에게 반기를 들고 비판하기를 일삼았던 박문수(朴文秀)를 중용했고, 잔인했던 한(漢)의 무제(武帝)는 자신을 부정적으로 서술해 놓았던 〈사기(史記)〉의 저자 사마천을 벌주지 않았습니다.

「성희안(成希顔)이 옥당(玉堂; 홍문관)에서 숙직하는데 어느 날 임금이 불러 밤에 들어가 뵈니, 성종이 술과 과일을 하사였는데 공(公)이 귤(橘) 십여 개를 소매 속에 넣고는 술에 취하여 엎드려 인사불성이 되니 그만 소매 속의 귤이 땅에 떨어지는 것도 몰랐다. 임금께서 다음날 귤을 다시 한 쟁반 내리며 하교하기를, "어제저녁 성희안의 소매 속의 귤은 어버이에게 드리려 한 것이니 그 때문에 다시 주는 것이다." 하니 공(公)이 뼈에 새기고 임금을 위하여 죽을 것을 결심하였다.」라는 이야기가 〈해동잡록〉에 실려 전합니다.

이황의 제자가 스승에게 물었습니다.

「이 태조께서 이색(李穡)을 만날 때, 이색은 흰옷을 입고 길게 읍(揖)만 하고 절은 하지 않았는데 이것은 높은 절개입니까」 하니 선생이 말하기를, "진실로 장하다고 할 수 있다. 그러나 그것도 태조의 포용(包容)이 있었기 때문에 그렇게 된 것이다." 하였다.」

중국 명나라의 명유(名儒)인 진계유(陳繼儒)가 「옛날의 은자(隱者)들은 말을 대담하게 하였으나 오늘날의 은자들은 말을 공손하게 해야 한다. 그러나 입에서 나오는 것이나 붓으로 쓰는 것이나 모두가 말인데 입에서는 조심하고 붓에서는 조심하지 않으면서 말을 공손하게 한다고 하면 옳겠는가.」라고 말했는데, 오늘날의 은자들이 말을 공손하게 해야 하는 까닭은 아마도 지금의 군주들이 예전의 군주들처럼 포용하는 마음이 적기 때문에 위험에 빠질 수도 있음을 경고한 말일 겁니다.

윗사람은 엄격하되 품을 줄 알아야 합니다. 마치 엄마가 아이를 혼내주고 나서 마지막에 아이를 껴안아 주면서 "엄마는 너를 한없이 사랑한단다."라고 말해주는 것과 같습니다.

엄격하기만 하고 품을 줄 모른다면 각박한 사람으로 이는 아무짝에도 쓸모가 없습니다. 또 윗사람은 아랫사람이 그릇인지 아닌지, 덕이 많은 사람인지 아닌지를 간파해 내는 안목이 어느 정도는 있어야 합니다.

윗사람은 새로 들어온 사람이 능력을 최고도로 발휘할 수 있도록 적재적소에 배치할 수 있는 능력이 있어야 합니다. 뛰어난 인물이 자신의 능력을 발휘하느냐 못 하느냐는 오직 윗사람이 그에게 어떤 조건을 만들어주느냐에 달려 있습니다. 이 세상에 능력이 없는 사람은 없습니다. 적소(適所)에 있지 않기 때문에 능력을 발휘할 수 없을 뿐입니다.

이런 능력이 없다면 아래 사람을 소중히 대하고 자주 대화하며 고충이 있는지 없는지, 바라는 바가 있는지 없는지 등이라도 살펴야 합니다.

사람을 귀하게 여기지 않는 사람, 사람을 볼 줄 아는 안목이 없는 사람, 사람을 부릴 줄 모르는 사람은 윗사람 될 자격이 없습니다.

# 088

# 복 있는 집안(2)

자식들이 다 건강하여 아픈 사람이 없다면 어찌 복 있는 집안이 아니겠습니까.

성공하지 못했어도 가족 형제끼리 화목하다면 어찌 복 있는 집안이 아니겠습니까.

덕(德)을 베푸는 것을 즐겨 하는 자식이 있다면 어찌 복 있는 집안이 아니겠습니까.

손가락질을 받거나 악한 짓을 하는 자식이 없다면 어찌 복 있는 집안이 아니겠습니까.

집안에 사냥이나 낚시를 취미로 삼는 사람이 없다면 어찌 복 있는 집안이 아니겠습니까.

**089.**

# 사람됨(1)

조선의 윤기(尹愭)가 지은 〈무명자집(無名子集)〉에 다음과 같은 일화가 실려 있습니다.

「내가 양근(楊根; 지금의 용인시) 남시면(南始面)에 우거(寓居)하자 한번은 마을의 어느 객(客)에게 이렇게 물은 적이 있다.

"이곳에도 사표(師表)로 삼을 만한 군자가 있습니까."

그러자 그는 다음과 같이 대답하였다.

"이지(李墀)라는 분이 계셨는데 지금은 돌아가셨습니다. 그분은 젊어서 가난해지자 땔나무를 팔거나 물고기를 파는 등 직접 천한 일을 하지 않은 일이 없었습니다. 그런데도 그 이익을 남기는 것은 늘 남보다 적게 하여 충분하다 싶으면 그쳤고, 매매할 때는 사람들과 다투는 상황이 되면 번번이 양보하였습니다. 한번은 이런 말씀을 하셨습니다.

'가난하고 부유한 것은 하늘에 달려 있고 재물과 이익은 운수가 있는 것이니, 그저 부지런히 힘쓰고 검소하게 살 뿐이다. 어찌 각박한 자들처럼 인정 없는 짓을 할 필요가 있겠는가. 그리고 설령 그렇게 한다 해도 반드시 이익이 있는 것은 아니요 그저 자신을 해칠 뿐이니, 자기 분수도 모른다는 것만 보여 줄 뿐이다.'

쌀을 팔 때는 시가가 두 되에 10전(錢)이면 2, 3홉(合)을 더 주었고, 벼를 팔 때는 시가가 한 섬에 300전이면 2~30전을 덜 받았습니다. 다

난세에서 인격과 처세를 얻다

른 사람이 빌려 가서 오랫동안 갚지 않아도 독촉 한번 하지 않았으며, 비록 그 사람이 진 부채가 많다 해도 큰일을 당하여 딱한 처지에 있는 것을 보면 번번이 또 빌려주었습니다.

한번은 밤에 자다가 인기척 소리에 깼는데, 자세히 보니 마을에 사는 과부가 아이를 데리고 와서 뜰 앞의 노적가리에 구멍을 내고 곡식을 전대에 담아서 아이가 등에 질 수 있는 만큼은 아이에게 지우고, 자신은 또 머리에 일 수 있는 만큼 이고 떠나는 것이었습니다. 그분은 과부가 떠나고 조금 뒤에야 나와서 그 틈을 메우고 다시 덮은 뒤에 들어갔습니다.

임종 때는 빌려준 기록이 들어있는 장부와 증서를 가져다 모두 불사르며 '내 자손은 이것이 아니라도 여유가 있다. 그런데 이것을 남겨 두면 훗날 끝없는 갈등이 반드시 생길 것이니 없애느니만 못하다.'라고 하였습니다.

이 밖에도 남보다 뛰어난 일들이 매우 많습니다. 그분의 일생을 돌아보면 부유했을 뿐만 아니라 장수하였고, 또 아들이 다섯이나 있었습니다. 지금 그 후손이 매우 번창하여 생원·진사도 있고 문과 급제한 사람도 있으니, 어찌 음덕(陰德)을 쌓은 미더운 징험이 아니겠습니까."」

아래는 〈연려실기술〉에 나오는 얘기입니다.

「이완(李浣)이 일찍이 타고 다니는 말을 창밖에 매어 두고 조석으로 먹이를 반드시 친히 가져다가 먹이니 혹자가 말하기를, "공(公)의 지위가 이미 높으니 어찌 체면을 상하지 않겠는가." 하니 공이 말하기를, "나는 활과 말로써 출세했을 뿐만 아니라 항상 싸움터에 나가서 나라를 위해 죽음을 바치려고 생각하는데, 하물며 한 몸의 생사가 오로지 이 말에 달려 있거늘 평소 기를 때는 사랑이 없다가 위태로울 때만 일심으로 잘해주기를 바란다면 저것이 비록 짐승이나 내 어찌 부끄러움이 없으리오." 하였다.」

아래는 유형원(柳馨遠)에 대한 평입니다.

「공(公)은 평소 희로(喜怒)의 감정을 드러내지 않았으며, 아무리 급한 일을 당하더라도 소리를 치거나 얼굴이 변하지 않았다. 공의 얼굴을 한 번 보고서 종신토록 잊지 못하는 이도 있었고, 한번 얘기를 나누고서 평생을 존모(尊慕)하는 이도 있었으며, 간사한 아전(衙前)이 공(公)을 보면 두려워할 줄 알았고, 탐욕스러운 사람이 공의 말을 들으면 부끄러워할 줄 알았으며, 나태한 사람은 일어설 생각을 하게 되었고, 너무 각박한 사람은 돈후(敦厚)한 마음을 갖게 되었다. 공이 집안 어른의 병환으로 의원을 찾아갔는데 그 의원은 본시 거만한 사람이었다. 그런데 공을 보자 "이런 분을 보고도 약을 짓는 데 정성을 다하지 않는다면 사람의 자식이 아니다."라고 하였다.」

아래는 이덕형(李德泂)에 대한 평입니다.

「광해군을 폐하고 능양군(훗날 인조)를 추대한 반정군(反正軍)이 대궐로 들어오자 도승지로 있던 이덕형이 무릎을 꿇고 아뢰기를, "바라건대, 옛 임금을 죽이지 마소서." 하였다.
인목 대비께서 불공대천(不共戴天)의 원수라 하여 직접 광해군을

난세에서 인격과 처세를 얻다

죽이고자 하였는데, 공(公)이 그 불가함을 극력 아뢰었다. 인조가 즉위한 뒤에 공이 아뢰기를, "성상께서는 대의(大義)를 가지고 거사(擧事)하셨으니 사람들을 죽이지 마소서. 비록 짐승이나 벌레만 죽여도 화기(和氣)를 손상하는 법인데 더구나 사람이겠습니까. 이제 몇 명의 수악(首惡)들은 법으로 처단하는 것이 마땅하지만, 그 나머지 지엽적인 자들까지 다 죽이는 것은 마땅치 않습니다. 그리고 임어(臨御)한 처음에는 마땅히 인(仁)을 근본으로 삼아야 합니다. 쓰임새를 절약하고 백성을 사랑하며 검소함을 숭상하고 간언을 받아들이는 일은 모두 처음 즉위하였을 때 해야 할 급선무입니다." 하니 상(上)이 가납(嘉納)하였다. 그 당시에 귀하고 천한 자나 어리석고 지혜로운 자를 막론하고 공을 칭찬하지 않는 사람이 없었다.」

아래는 선조 때의 명신(名臣)인 이준경(李浚慶)에 대한 평입니다.

「대계(大計)를 정하고 나라의 큰일을 처리하면서 안색이나 음성이 동요되지 않았으니, 국조 이래 재상의 사업을 논하는 자들은 반드시 이준경을 꼽았다.」

아래는 이제현(李齊賢)의 〈역옹패설〉에 나오는 이야기입니다.

「설공검(薛公儉)은 청렴하고 근신하며 예를 좋아하였다. 조관(朝官)으로 6품 이상인 자가 부모의 상(喪)을 당할 때면 친히 소복으로 조문하였으며, 시골의 후생(後生; 후배)들이 찾아올 때면 의관을 갖추고 뜰에 내려가 영접하였다. 한번은 병석에 있었는데 중암(中菴) 채홍철(蔡

洪哲)이 내실에 들어가 진찰하였다. 이때 베 이불에 해진 자리가 마치 중[僧]의 거처와 같이 쓸쓸하였다. 중암은 진찰하고 나와 탄복하기를, "나 같은 무리가 공(公)을 바라보는 것은 마치 흙벌레가 황학(黃鶴)을 바라보는 것과 같다." 하였다.」

택당(澤堂) 이식(李植)이 말했습니다.

「공(公; 이원익을 가리킴)이 부임하여 정사를 펼친 곳에서는 모두 예외 없이 이민(吏民)들이 부모처럼 받들어 사모하였고, 공이 떠날 때는 수레를 붙들고 눈물을 흘리면서 차마 이별을 하지 못하였으며, 일단 떠나고 난 뒤에는 송덕비(頌德碑)를 세우고는 추모(追慕)하여 마지않았다. 특히 평양에서는 백성들이 공을 위해 사당을 세우고 제사를 올리자 공이 남몰래 사람을 보내어 사당을 허물도록 하였는데도 그 뒤에 다시 세우기까지 하였으니, 우리나라에 생사당(生祠堂)이 있게 된 것은 바로 공으로부터 시작된 것이었다.」

**090.**

# 사람됨(2)

아래 이야기들은 모두 〈목민심서〉에 나오는 이야기입니다.

「이규령(李奎齡)이 안동부사(安東府使; 종3품)로 있을 때 큰 흉년이

들었다. 죽어가는 자를 호적(戶籍)을 상고(相考; 비교)하고 식구를 계산하여 죽을 쑬 양곡을 주는데, 더러 식구를 늘려 속이고 더 타 먹는 자가 있자 아전이 이를 뽑아내어 엄금(嚴禁)하기를 청하였다. 공(公)은 듣지 않고 말하기를, "그들을 지나치게 가려내어 궁하고 굶주린 자가 먹을 것이 없게 하기보다는 차라리 거짓말하는 것을 용서하여도 관가에서는 백성에게 속임을 받을 뿐이다. 그리고 바야흐로 주림을 당하여 사람마다 각자 자기의 부모와 처자를 사랑하여 죽음에서 구하려는 계책을 쓰는데, 어찌 차마 거짓이 있다 해서 그들을 모두 구휼하지 않겠는가." 하였다. 백성들이 이로써 살아난 자가 많았다.」

「당(唐)나라 한유(韓愈)가 원주(袁州)를 다스릴 때, 원주 사람들이 담보로 아들딸을 하인으로 삼았다가 기일이 지나도록 갚지 못하면 영구히 노비로 삼았다. 한유가 담보로 잡힌 이들의 품값을 계산해 주고 그 부모에게 돌려보냈다.」

「송나라의 등원발(滕元發)이 운주(鄆州)의 지주(知州; 州의 장관)로 있을 적에 흉년이 드니, 회남(淮南)지방의 쌀 20만 석을 빌어다가 예비하였다. 이때 회남과 경동(京東)에 큰 기근이 드니 그가 성(城)안의 부자들을 불러 말하기를, "유민(流民)들이 몰려오는데 거처할 곳이 없으면 질병이 일어나서 너희들에게도 미칠 것이다. 내가 이제 성안의 폐영(廢營)이 된 곳을 얻어서 널찍한 집을 지어 놓고 기다리고자 한다." 하니 부자들이 '좋습니다.' 하고 집 2,500칸을 세웠는데 하룻저녁에 이루어졌다. 유민들이 오자 차례로 있을 곳을 주고 우물과 부엌과 쓸 그릇들을 다 갖추어 주었다. 그리고 병법(兵法)으로 부서를 정하여 소년은 불을 때게 하고 장정은 나무를 해오게 하며 여자는 물을 긷게 하고 늙은이는 쉬게 하니 백성들이 시장에 가듯 모여들었다. 황제(皇帝)가 공부낭중(工部郎中) 왕우(王右)를 보내어 살펴보게 하였더니, 집과 골목이 먹줄을 친 듯 바둑알을 벌여놓은 듯하고 진영(陣營)처럼 숙연하였다. 왕우는 크게 탄복하여 그 사정을 그림으로 그려 올렸더니 조서(詔書)를 내려 표창하였다. 대개 그가 살려낸 사람이 5만 명이었다고 한다.」

「왕치원(王致遠)이 자계(慈谿)의 지현(知縣; 縣의 우두머리)으로 있을 때였다. 경자년(1240)에 제동(淛東)에 큰 기근이 들어 굶어 죽은 시신이 산더미처럼 쌓였다. 왕치원은 고을의 어진 사대부들을 청하여 절을 나누어서 진장(賑場; 구휼소)을 설치하고 죽을 쑤어 굶주린 자에게 먹이니, 첫날에는 천 명을 먹이던 것이 이윽고 이웃 고을 백성들이 모여들어 하루에 8천 명이나 되었다. 왕치원은 자기 녹봉으로는 부족하므로 다시 중앙관청에 나아가 도움을 청하고 호부(豪富; 갑부)들에게 쌀을 내도록 권유하여 계속하다가 보리가 익은 뒤에야 그만두었다. 곧이어 거양원(居養院)을 설치하여 나무와 쌀을 주어 갈 데 없는 노약(老弱)들을 거처하게 하고 자유원(慈幼院)을 설치하여 버려진 어린아이를 살려 주며 병이 든 사람에게는 의약을 주고 죽은 자는 염(斂)하여 묻어주니, 산골에 사는 빈궁한 백성들이 은혜에 감동하여 눈물을 흘리고는 '왕불(王佛)'이라 불렀다.」

난세에서 인격과 처세를 얻다

# 함부로 한다

필자는 많은 직장을 전전(轉傳)했습니다. 그러했기에 다양한 사람들을 만나 여러 일을 경험할 수 있었는데, 그간 느낀 점들을 하나로 요약하면 이렇습니다.

'함부로 한다'

처음 보는 사람임에도 자기가 운영하는 식당에 납품하러 왔다는 이유로 화를 내거나 거칠게 대하는 일이 다반사입니다.

처음 보는 사람임에도 자기가 갑(甲)의 위치에 있다는 이유만으로 하대(下待)와 무례를 일삼습니다.

그렇습니다. 우리 사회는 남에게 함부로 하는 사회입니다. 야만적이고 천박하며 살벌합니다. 남을 존중할 줄 모르고 남을 배려하지 않는 척박한 풍토에 우리는 살고 있습니다.

고용주는 직원들을 함부로 대하고, 높은 자리에 있는 사람들은 아래 사람들에게 함부로 합니다.

남자들은 여자들한테 함부로 합니다.

부모들은 자식들한테 함부로 합니다.

나이가 많다 하여 젊은 사람들을 함부로 대합니다.

지위가 높다 하여 아래 사람들을 함부로 대합니다.

선배들은 갓 입사한 후배들에게 함부로 합니다.

명문대 출신들은 지방대 출신자들에게 함부로 합니다.

대학교 출신들은 고졸 출신자들에게 함부로 합니다.

발주(發注)업체는 납품업체에 많은 희생을 강요합니다.

원청(原請)업체는 하청(下請)업체의 피눈물을 먹고 삽니다.

직원들의 복지, 안전, 존중, 행복 등에 관심 있는 고용주는 거의 없습니다.


**092.**

# 무엇이 나은가

길가에 피어 있는 풀 한 포기보다 내가 나은 점이 무엇인가.

땅 위를 걸어가는 개미 한 마리보다 내가 무엇이 더 나은가.

물고기 한 마리라도 잡아먹을 자격이 내게 있기나 한 것인가.


큰 죄를 짓고 40년간 감옥에 갇힌 죄수보다 내가 나은 점이 무엇인가.

죽은 나무나 돼지머리는 쓸모가 있지만 나는 죽으면 무슨 쓸모가 있는가.

이 세상에 감사하는 마음, 하늘과 땅에 부끄러워하는 마음, 대자연 앞에 겸허한 마음이 없다면 더 산다 한들 무슨 의미가 있는가.

# 종교

　고려는 원(元)나라와 전쟁을 벌이던 와중에 강화도에서 고려대장경을 조판하였으나 원(元)에게 모진 피해와 고통을 당했으며, 중국 양(梁)나라 무제(武帝)는 절을 무수히 세우고 스님들을 극진히 모셨지만 비참하게 죽음을 맞았고, 조선의 안평(安平) 대군은 불교에도 조예가 깊어 유려한 붓글씨로 많은 불경을 사경(寫經)했지만 수양 대군에게 죽임을 당했습니다.

　태조 이성계는 조박과 심효생이 "상중(喪中)에는 부처 공양을 금하겠다."라고 아뢰자, "대유학자 이색(李穡)도 부처를 숭상했거늘, 이 무리는 무슨 글을 읽었건대 부처를 좋아하지 않는가."라고 말했으며, 자신의 생일날 무학(無學) 대사를 개경에 불러 왕사(王師)로 임명했습니다. 아울러 그에게 '대조계종사선교도총섭전불심인변지부무애종수교홍리보제도대선사묘엄존자(大曹溪宗師禪教都摠攝傳佛心印辯智扶無礙宗樹教弘利普濟都大禪師妙嚴尊者)'라는 거창한 관직을 하사하고 불교계를 총괄하는 전권을 부여했습니다. 하지만 이성계는 아들 이방원을 증오한 나머지 조사의(趙思義)의 난을 배후에서 조종하여 태종 이방원을 상대로 반란을 일으켰다가 포로로 잡히는 참극(慘劇)을 보였고 결국 아들과 짜고 개경으로 환궁하는 모습을 연출해야 했습니다.

　조선 세종(世宗)이 신하들과 자주 다퉜던 이유는 주로 불교 때문이었습니다. 그들은 세종의 숭불(崇佛)을 두고 끊임없이 간(諫)하고 상소를 올렸습니다. 그럴 때면 세종은 "승려들도 나의 백성이다.", "한(漢)·당(唐) 이래 역대 임금들이 부처를 섬기지 않은 이가 없었으니 나도 섬긴

다."라고 맞섰고, 숭불을 집요하게 공격하는 신하들을 향해 "나는 간(諫)함을 거절한 임금이다. 옛사람이 이르기를 세 번 간해서 듣지 않으면 벼슬을 버리고 간다 했는데 그대들은 어찌 가지 않는가."라고 역정을 내기도 했습니다. 그러나 그의 장자(長子)인 문종은 요절하였고, 동생 안평대군과 금성대군 그리고 손자 단종(端宗)까지도 억울한 죽임을 당했습니다.

세조(世祖)는 수양 대군일 때 세종의 명을 받들어 스물네 권으로 엮은 〈석보상절(釋譜詳節)〉을 완성했는데, 이 책은 부처님의 일생을 한글로 풀어쓴 역작(力作)입니다. 세종실록에 「수양대군은 한때 "불교는 유교보다 나으며, 정자(程子)와 주자(朱子)가 불교를 비판한 것은 불교를 깊이 알지 못했기 때문이다.」라고 했는가 하면, 「불교가 유교보다 나은 것이 하늘과 땅만큼 차이가 있다.」라는 말까지 했을 정도로 불교에 조예가 깊었습니다. 왕이 된 지 3년째 되는 해 세자가 병으로 죽자 그의 명복을 빌기 위하여 친히 불경을 사경(寫經)하기도 하였고, 간경도감(刊經都監)을 설치하여 많은 불경을 국역(國譯)·간행하였습니다. 세조는 또 해인사의 팔만대장경을 50질씩 인쇄하여 각 도(道)의 명산대찰에 소장하도록 하였고, 서울의 옛 흥복사(興福寺) 자리에 원각사(圓覺寺)를 창건하기도 했지만 왕이 되는 과정에서 또는 왕이 된 후 수많은 신하를 죽였습니다.

화성 용주사(龍珠寺)는 정조(正祖)가 부친인 사도세자의 능인 현륭원(顯隆園)을 화성으로 이장한 뒤 1790년 세운 절입니다. 정조는 이 사찰을 짓기 위해 전국에서 시주 87,000냥을 거뒀으며 절이 완성되는 동시에 전국 사찰을 통제할 수 있는 막강한 권한을 용주사에 줬습니다. 정조는 또 중국에서 보내온 장수옥불(長壽玉佛)을 북한산 승가사(僧伽寺)에 봉안했으며, 승가사 사찰 승려들의 역(役)을 면제해 주었고 '불설대보부모은중경(佛說大報父母恩重經)'이라는 불경 간행사업을 벌이기도 했지만 천수를 누리지 못하고 죽었는데, 일설(一說)에는 그가 독살당했다고 합니다.

한국은 기독교를 믿는 대통령들이 연달아 나라를 통치했지만 성공한 대통령은 없었고, 기독교 인구와 불교 인구를 합치면 나라의 절반 이상이 종교인임에도 사기와 폭력 건수가 일본의 5배를 넘으며, 자살과 이혼·성폭행·교통사고 등은 세계 수위권(首位圈)입니다.

세계에서 가장 큰 교회가 있는 나라, 국가에서 종교기관에 한 해에 1조 원에 가까운 국가 예산을 지원하는 나라, 종교가 개인의 삶에 끼치는 영향력이 극히 미미한 나라, 세월호 사건이 터졌을 때 막말을 가장 많이 한 부류가 목사인 나라, 파렴치한 성범죄를 저지르고도 여전히 목회(牧會)를 할 수 있는 나라, 종교단체가 가장 큰 성역(聖域)이자 절대 건드려서는 안 되는 금기(禁忌)의 영역이 되어 버린 나라가 지금의 우리나라입니다.

## 094.
# 우리가 좋아하는 사람

사람들은 잘난 사람보다 따뜻한 사람을 좋아합니다.
사람들은 멋진 사람보다 다정한 사람을 좋아합니다.

사람들은 똑똑한 사람보다 친절한 사람을 좋아합니다.

사람들은 훌륭한 사람보다 편안한 사람을 좋아합니다.

사람들은 대단한 사람보다 마음을 읽어주는 사람을 좋아합니다.

사람들은 겉모습이 화려한 사람보다 마음이 고운 사람을 좋아합니다.

사람들은 말을 잘하는 사람보다 말을 잘 들어주는 사람을 좋아합니다.

사람들은 모든 걸 다 갖추어 부담을 주는 사람보다 조금 부족해도 내 편이 되어주는 사람을 좋아합니다.


## 095.
# 기이한 일

생각하고 또 생각하면 귀신이 통하게 해 줍니다.

천하를 이롭게 하는 자는 천하가 그 길을 열어줍니다.

정성과 간절함이 있으면 기도는 반드시 응답을 받습니다.

책 일만 권을 독파하면 글을 지을 때 신(神)이 도와줍니다.

한 가지에 몰입하면 신(神)이 길을 알려주고 보여 줍니다.

채식하는 사람이 음식을 만들면 음식 신(神)이 와서 돕습니다.

부모가 늘 착한 일을 하면 자식이 큰 재앙을 만나는 법은 없습니다.

고기와 오신채(五辛菜)를 멀리하면 선신(善神)이 내게서 떠나지 않습니다.

# 096

# 옛 선비들의 처신

「우성서(禹聖瑞)가 여섯 살 때 아이들을 따라 과원(果園)에 들어가 과일을 얻어도 그들과 함께 먹은 적이 없이 반드시 가지고 돌아와 부모에게 드리곤 하였는데, 부모가 이르기를, "너는 어찌하여 먹지 않고 가지고 왔느냐?" 하니 대답하기를, "부모님 생각이 나서 감히 먹을 수가 없었습니다." 하였다.

또 하루는 집 안에서 우렁이 국을 끓여서 올리니 공(公)이 홀로 물리치고 먹지 않으며 말하기를, "듣건대, 이 우렁이는 어미를 죽이고 세상에 나온다 하니 차마 입에 댈 수가 없다." 하였다.

일찍이 과거를 볼 때 어버이가 그의 신체가 약한 것을 염려하여 글씨 쓸 사람을 데리고 가게 하니 공이 말하기를, "임금을 속이는 죄를 범하게 됩니다. 선비가 과거를 보는 것은 출세하여 임금을 섬기려는 것인데 임금을 속이는 짓을 제가 어찌 감히 하겠습니다." 하였다. 또 과거에 임하여 어버이가 약간의 병환이 있었는데 과거를 보러 가도록 권유하니 공이 말하기를, "부친에게 병환이 있으신데 자식이 영화를 좇는다면 이것은 어버이를 버리고 이로움을 우선하는 것입니다." 하고는 마침내 가지 않았다.」

「윤순거(尹舜擧)가 군현에 재임할 때 맑고 조용하게 다스려서 백성들을 절로 교화시키고 안정시켰으며 성심으로 백성을 사랑하였다. 일은 간략하게 하는데도 다스려졌고 명령은 간단하게 하는데도 행해졌으며 형벌은 가볍게 하는데도 시비가 밝혀졌다. 이에 이민(吏民)이 모두 감복하고 기뻐하며 어버이처럼 받들었다.

항상 말하기를, "공사(公事)는 어려운 것이 아니다. 오직 사심(私心)으로 공심(公心)을 흔들지 않으면 된다." 하였다. 친구 중에 궁핍한 자가 있으면 봉급을 덜어 도와주었다. 친소(親疏)를 헤아려서 그 베풂에 경중을 두었는데, 반드시 무고(無告)한 자를 우선으로 하였다. 일찍이 말하기를, "사람은 오직 자신의 이득만 챙기기 때문에 남에게 미치지 못하는 것이다." 하였다. 일찍이 이웃 사람에게 병이 있었는데 필요한 약이 매우 희귀한 것이었다. 공에게 비축해 둔 것이 있다는 말을 듣고 찾아와 구하니 즉시 비축해 둔 것을 다 주었다. 집안사람이 나누어 남겨 두려고 하니 말하기를, "집안에는 현재 질병을 앓는 사람이 없지만 저들은 다 얻지 못하면 위급함을 구제할 수 없다. 내 어찌 차마 후일을 위하여 아끼는 비가 있으랴." 하였다.」

「김숙자(金叔滋)가 항상 자제를 훈계하기를, "사람이 남의 허물을 말하거나 나랏일을 이야기하는 데 미치게 되면, 비록 처음에는 자리를 같이하였더라도 마땅히 그 자리를 피하라. 남의 허물이나 나쁜 일을 듣거든 부모의 이름을 들은 것과 같이하여 귀로 듣기는 하여도 입으로 말하여서는 안 된다.」

「김종직(金宗直)은 우애(友愛)의 천성이 지극하였다. 맏형이 종기를 앓는데 의원이 지렁이의 즙이 가장 좋다고 하므로 공이 먼저 맛을 보고 먹였더니 과연 효과가 있었다.」

「김구(金絿)는 문명(文名)이 있었고 필법의 굳셈이 종요(鍾繇)와 왕희지(王羲之)를 본받았는데, 공(公)이 일찍이 중국 사람이 자기의 글씨를 사들인다는 소문을 듣고는 글씨를 쓰지 아니하였으므로 세상에 전하는 것이 드물다.」

「이완(李浣)이 훈련대장으로 있을 때, 일찍이 막하(幕下)의 군교(軍校)와 아전들에게 명령하기를, "비록 품의(稟議; 아랫사람이 윗사람 또는 상급 기관과 의논함)할 일이 있더라도 반드시 다른 사람과 함께 들어오고 혼자 오지 말라."라고 하였다. (괜히 남의 비방 또는 오해를 사기 쉽기 때문임)」

「강희안(姜希顔)은 전서·예서·해서·초서와 그림의 신묘함에 이르기까지 당대의 제일이었으나 모두 감추고 드러내지 않았다. 그에게 글씨와 그림을 구하는 사람이 있으면 공(公)은 말하기를, "글씨와 그림은 천한 재주이므로 후세에 흘러 전하게 되면 이름을 욕되게 할 뿐이다." 하였다.」

고려 말의 인물인 강회백(姜淮伯)은 총명함과 글씨·문장력이 뛰어났는데 조선조에 들어 동북면도순찰사(東北面都巡察使; 정2품)를 지냈고, 그 아들 강석덕(姜碩德)은 시서화(詩書畫)에 있어 신묘한 경지에 올랐는데 벼슬은 대사헌(종2품)·지돈녕부사(知敦寧府事; 정2품)를 지냈고 원종공신(原從功臣)에 책록되었으며, 강석덕의 아들인 강희안(姜希顔)은 아버지와 마찬가지로 시서화에 특히 뛰어나 '삼절(三絶)'로 불릴 정도였는데, 벼슬은 집현전 직제학(정3품)·황해도 관찰사(종2품)를 지냈고 두 번이나 명나라에 사은부사(謝恩副使)로 다녀왔으며 좌익(佐翼)

원종공신에 책록되었고, 강희안의 동생인 강희맹(姜希孟)은 문과에 장원급제하였고 그의 시(詩)와 서(書)는 당대 사대부들의 추앙을 받을 정도로 특출났으며, 경사(經史)는 물론 제자백가(諸子百家)에 통달하였고 의학에도 밝았는데, 이들과 관련된 기록이 〈해동잡록(海東雜錄)〉에 실려 전하는데 소개합니다.

「나라 법에 아들이 과거에 급제하면 술을 내려 장수하는 어버이를 즐겁게 하는데, 이를 은영연(恩榮宴)이라 일컫는다. 정통(正統) 신유년에 인재(仁齋; 강희안의 호)가 과거에 급제하였고 이듬해 정묘년에는 사숙재(私淑齋; 강희맹의 호)가 장원급제하였는데, 그때 부모가 건강하였으므로 형제가 예법(禮法)에 따라 은영연을 베풀기를 청하였으나 아버지 대민공(戴敏公; 戴敏은 강석덕의 시호)이 딱 잘라 거절히면서 훈계하기를, "영화가 있으면 반드시 욕됨이 오는 법인데 영화로운 이름의 잔치를 내가 어찌 감당하겠느냐. 아침저녁에 숙수(菽水; 콩과 물)를 봉양하여 나를 위로하면 그것으로 충분하다." 하고는 끝내 허락하지 아니하였다.」

「선생(이황을 가리킴)은 혹 무엇을 묻는 사람이 있으면 아무리 하찮고 쉬운 말이라도 한동안 생각한 뒤에 대답했으며, 그 즉시 대답한 적이 없었다. 겸허하게 남에게 묻기를 좋아하고 주관을 버리고 남의 의견을 따를 줄 알았다. 남에게 조금이라도 선함이 있으면 자기의 것인 양 기뻐하고, 자기에게 조그마한 잘못이 있으면 비록 필부(匹夫)가 말해주어도 고치기에 인색한 빛이 없었다. 남의 말이 마음에 맞지 않는다 하더라도 말이나 얼굴빛을 변하는 일이 없었고, 그렇다고 또한 거만하거나 희롱하거나 업신여기는 마음도 없었다. 선생은 젊을 때부터 사람들의 공경을 받았다. 온 고을의 유생들이 산사(山寺)에 모여 놀 때 두 다리를 뻗고 앉거나 비스듬히 누웠다가도, 선생이 온다는 말을 들으면 비록 선생보다 나이 많은 사람이라도 모두 몸을 바르게 하고 기다렸으며, 아무도 그 곁에서 떠들거나 장난하지 못했다.」

「인종(仁宗)이 세자로 있을 때, 정희등(鄭希登)이 부모를 섬기는데 효성이 지극하다는 말을 듣고 상에서 물리는 반찬을 날마다 공(公)의 집으로 보내 주었으며, 특히 손수 책의 제목을 쓴 대학연의(大學衍義)를 하사하였다. (명종조 을사사화로) 그가 을사년에 문초를 받을 때 연달아 세 차례 고문을 당했는데도 죽지 않고 용천(龍川)에 유배되었다. 귀양길을 떠날 때 (고문으로) 다리가 망가져 소달구지에 실려서 갔는데 어머니가 따라와서 말하기를, "네가 평생에 스스로 정직한 마음을 지니고 이에서 벗어남이 없더니, 이 때문에 죄를 얻었구나. 어찌 마음에 부끄러운 바가 있겠느냐." 하면서 서로 붙들고 통곡하였는데, 그날 장독(杖毒)으로 죽으니 나이 40세였다.

가산(家産)을 모두 관(官)에서 몰수하였기 때문에 집안사람은 염습(斂襲)할 것조차 없으므로 시신 옆에서 울고만 있었다. 그런데 한밤중이 되자 서울 사람들이 모여들어 무명 300여 자를 주면서 "우리가 누구냐고 묻지 말라." 하였다. 장사 지내는 날 영남에서 선비 백여 명이 무덤 앞에 와서 울면서 절을 올렸는데, 모두 부의(賻儀)를 하고 이름은 말하지 않고 갔다.」

「어떤 선비가 밖에서 밥을 먹게 되면 반드시 밥을 한 숟가락 떠서 주변에 뿌린 다음 잠시 눈을 감고 나서야 밥을 먹었다. 누군가 그 이유를 묻자, "우리 주변에 배고파하는 귀신들이 널려 있는데, 우리만 먹으면 되겠소?" 하였다. 그는 밥을 먹을 때 좀처럼 웃는 일 없이 빨리 식사를 끝내곤 했는데, "웃으면서 밥을 먹으면 귀신들이 심하게 시샘을 하는 법입니다." 하였다. 그는 또 "불가(佛家)에서 밤에 식사를 금기시하는 이유는 밤에 식사 준비를 하면서 내는 소리만으로도 아귀(餓鬼)들에겐 몹시 고통스럽게 들리는데 하물며 먹는 소리이겠습니까."라고 하였다.」

「한훤당(寒暄堂; 김굉필)이 희천으로 귀양 갔을 때 공(公; 조광조를 말함)이 찾아가서 배우니, 이때 나이 17세였다. 한훤당이 일찍이 모친에게 보내려고 꿩 한 마리를 볕에 말리고 있었는데, 지키던 자의 부주의로 고양이가 물고 가자 한훤당이 흥분한 소리로 지키던 자를 꾸짖었다. 공이 나아가 말하기를, "봉양하는 정성은 비록 간절하나 군자는 말과 기색을 잘 살피지 않을 수 없습니다. 가만히 의혹이 일기에 감히 말씀드리는 바입니다." 하였다. 이에 한훤당은 일어나 공(公) 앞으로 다가와서 손을 잡고 말하기를, "나 역시 바로 뉘우쳤는데 네 말이 다시 이와 같으니 부끄럽다. 네가 내 스승이지 내가 네 스승이 아니다." 하였다.」

정약용이 말했습니다.

「남이 알지 못하도록 하고 싶으면 행위를 하지 않는 것보다 더 좋은 것이 없고, 남이 듣지 못하도록 하고 싶으면 말을 하지 않는 것만 한

난세에서 인격과 처세를 읽다

것이 없다. 이 두 구절의 말을 평생 몸에 지니고 왼다면 위로는 하늘을 섬길 수 있고 아래로는 집안을 보존할 수 있다. 천하의 재화(災禍)와 우환(憂患)이나 천지를 흔들며 몸을 죽이고 가문을 뒤엎는 죄악은 모두 비밀리에 하는 일에서 빚어지는 것이니 일을 할 때와 말을 할 때는 부디 깊이 성찰해야 한다.[欲人勿知 莫如勿爲 欲人勿聞 莫如勿言 此二語 平生佩誦 上可以事天 下可以保家 天下之葘禍憂患掀天動地殺身覆宗的罪惡 皆從祕密中釀出來 臨事臨言 功須猛省]」

조선 성종 때의 인물인 손순효(孫舜孝)가 일찍이 영남안렴사(嶺南按廉使)로 떠날 때 길에서 효자나 충신의 정문(旌門)을 보면 말에서 내려 절했고, 조선 중종 때의 인물인 정완(鄭浣)은 정려문(旌閭門)이 있는 마을을 지날 때 반드시 몸을 굽히고 얼굴빛을 고쳤으며, 남의 상여(喪輿) 행렬을 만나게 되면 반드시 말에서 내려 공손히 손을 마주 잡고 서 있었고, 어느 선비는 농사철에 길가에서 밥을 먹는 농부 가운데에 백발노인이 있으면 반드시 말에서 내려 예를 갖추고 지나갔다고 전하며, 어느 선비는 말을 타고 가다가 고사(高士)들의 묘소를 만나면 반드시 말에서 내린 후 예를 표했다고 합니다.

# 097

# 한국

한국인은 세계에서 가장 부지런하고 가장 똑똑한 민족으로 알려져 있습니다. 게다가 강인한 생존력도 단연 최고입니다. 중앙아시아는 여름엔 비가 적게 내리고 겨울엔 몹시도 추워서 벼농사가 이론적으로 불가능한 지역인데, 한국인들이 일제의 강제 이주 정책에 의해 중앙아시아로 이주하게 된 후 그 척박한 땅에 벼농사를 지었습니다. 벼의 북방한계선을 북쪽으로 끌어올린 것입니다.

남한테 지고는 못 사는 민족, 나는 못 살아도 자식만큼은 잘살게 해야 한다는 사고방식, 신바람만 불어 넣어주면 불가능한 일도 가능하게 만드는 민족, 똑똑한 지도자가 이끌면 아무 군소리 없이 힘든 일도 묵묵히 해내는 민족입니다.

한자(漢字)는 오래전부터 동이족(東夷族)이 발명하여 사용한 문자로 약 3천 년 전 은(殷)나라 때 갑골문(甲骨文)으로 발전되었습니다.

중국의 사학자 왕옥철(王玉哲), 장문(張文), 문자학자 이경재(李敬齋) 등의 연구 고증에 따르면 「한자의 연원은 동이족 문화유산으로서 '중국의 문자는 모두 동이인(東夷人)이 창조하였으며 공자(孔子)도 동이족이 세운 은(殷)나라의 후예」라고 밝히고 있고, 중국이 낳은 세계적인 문호(文豪)인 임어당(林語堂)도 한자는 동이족이 만든 문자라고 말했습니다.

고대 나노기술의 위상을 보여주는 청동 다뉴세문경(多鈕細文鏡)을 보유하고 있는 나라

세계에서 가장 뛰어나고 가장 과학적인 문자인 한글을 만든 나라

세계에서 가장 뛰어난 종(鐘)인 에밀레종을 만든 나라

세계에서 가장 많은 발효음식을 가지고 있는 나라

세계 최고의 지적(知的) 문화재의 집약체인 팔만대장경을 보유하고 있는 나라

세계에서 가장 오래되고 뛰어난 금속활자로 직지심경을 찍어낸 나라

세계에서 손재주가 가장 발달한 민족

세계에서 분량이 가장 많은 책인 〈승정원일기〉를 보유한 나라


인디언들은 고대에 베링해협을 건너가 아메리카에 정착했는데, 우리와 유전자를 같이 하는 고아시아족입니다.

고인돌이 가장 많이 남아 있는 나라는 한국입니다. 강화도, 전북 고창 등에 10,000기(基) 넘게 남아 있습니다.

산에 흐르는 계곡물을 마음 놓고 마실 수 있는 나라는 이 세상에 흔치 않은데, 한국의 산에 흐르는 계곡물은 맛있고 깨끗하고 건강한 물로 이름이 높습니다.

한국인의 평균 지능(IQ 106)은 세계 제일이며 이는 유대인(IQ 94)보다 높습니다. 한국의 근무 시간은 세계 최고이고, 한국인의 공부 시간도 세계 최고이며, 교육열도 단연 세계 최고입니다.

우리 조상들이 남긴 기록물이나 문집(文集) 등을 완전히 번역하는 데 앞으로도 100년 가까이 걸리며, 조선왕조실록이나 승정원일기와 같은 뛰어난 기록문화, 경연(經筵)이나 서원(書院)과 같은 훌륭한 유산을 가진 나라입니다.

# 098

# 위대한 한국인들

신라의 원효 대사는 중국으로부터 '불세출(不世出)의 위인', '진나(陳那) 보살'(인도의 대학승이었던 진나의 後身이라는 뜻)로 불렸고, 일본에서는 원효 대사를 '불교의 3대 인물'로 평가하고 있는데, 인도의 용수(龍樹) 존자·중국의 영명(永明) 연수(延壽) 선사와 함께 가장 많은 저술을 남긴 고승(高僧)으로 평가합니다.

신라에는 유독 인재가 많았는데, 신라 왕자 출신으로 출가한 후 중국에 건너가 이름을 날린 무상(無相) 선사, 현장(玄奘) 법사 밑에서 다수의 불경을 번역하였고 유식학(唯識學)에 일가를 이루었으며 당태종으로부터 친히 도첩(度牒; 승려 허가증)을 받았는가 히면 여황제 측천무후(則天武后)가 생불(生佛)로 우러렀던 원측(圓測) 법사가 대표적입니다.

세종대왕은 '해동의 요순(堯舜)'으로 불렸는데, 그가 만든 한글은 '환상적인 꿈의 언어', '가장 과학적인 글자', '세계의 문자들 가운데 으뜸'이라는 찬사를 받았고, 조선의 인종(仁宗)은 중국 사신으로부터 성인(聖人)이라 찬탄 받았습니다.

이황은 동양 삼국의 학자들에 의해, 주자(朱子)를 이은 최대의 학자로 칭송되며 성인(聖人)으로까지 일컬어졌고, 신숙주는 '굴원(屈原)의 반열에 오를만한 동방의 명인(名人)', '동방거벽(東方巨擘; 동방에서 학식이 가장 뛰어난 사람이라는 뜻)'이라는 찬사를 들었으며, 대문장가였던 이정구(李廷龜)는 그의 시문(詩文)이 중국의 조식(趙植)·이백·두보의 것보다 뛰어나다는 평을 중국 문인인 왕휘(汪輝)로부터 들었습니다.

추사 김정희(金正喜)는 동양 최고의 명필로 손꼽히는데, 그의 서예는 가히 '문자유희(文字遊戱)'를 얻었고 '문자삼매(文字三昧)'에 들어갔다고 할 만합니다. 그는 생전에 '해동(海東)의 통유(通儒)', '소동파의 후신(後身)', '해동의 유마(維摩) 거사'라고 불렸습니다.

신라의 김생(金生)은 '해동의 서성(書聖)'으로 중국의 왕희지를 능가한다는 평과 함께 하늘에서도 그의 재주를 탐냈다는 기록이 보이며, 안평대군은 "중국 선비들이 그의 작품을 하나 얻으면 가보로 삼았다."라는 평을 얻을 정도였고, 한석봉은 그의 서체가 '왕우군(王右軍; 왕희지)·안진경(顔眞卿)과 우열을 가릴 만하다.'라는 찬사를 중국 문인에게서 들었습니다.

고려의 최충(崔冲)과 조선의 이율곡은 '해동(海東)의 공자(孔子)'로 불렸으며, 명나라에서는 조선의 서거정(徐居正)을 찬탄하여 '해동(海東)의 기재(奇才)'라 하였고, 고려의 이규보(李奎報)는 '인중룡(人中龍)'으로 불렸으며, 백제의 의자왕(義慈王)은 '해동(海東)의 증자(曾子)'로 불렸습니다.

세종대왕만큼 훌륭한 군주는 동서고금(東西古今)의 역사 어디에도 없으며, 정조(正祖)만큼 학문을 좋아하여 독보적인 경지에 오른 군주 역시 없습니다.

이순신 장군은 다른 나라로부터 '아마도 역사상 가장 성공적인 제독', '세계 해전사상 가장 위대한 장군', '천하를 경륜할 인재'라고 찬탄받았습니다.

의사(義士) 안중근(安重根)은 당시 일본인 검사에게서 「일본인으로서 이런 말을 하게 된 것은 가슴 아픈 일이지만, 안중근은 내가 만난 사람 중에서 가장 위대한 사람이었다.」라는 찬사를 들었고, 중국의 석학 장태염(章太炎)에게서는 「안중근은 조선의 안중근, 아시아의 안중근이 아니라, 세계의 안중근이다.」라는 극찬을 받았습니다.

**099.**
# 복이 되는 경우

남이 하지 못하는 것을 해내야 복이 됩니다.
남이 참지 못하는 것을 참아내야 복이 됩니다.
남이 주지 못하는 것을 주었을 때 복이 됩니다.
베풀었으되 오직 하늘만 알게 해야 복이 됩니다.
베풀었으되 베풀었다는 생각이 없어야 복이 됩니다.
베풀고도 원망을 듣거나 손해를 당하면 더 큰 복이 됩니다.
화복(禍福)과 이해(利害) 앞에서 마음이 흔들리지 않아야 복이 됩니다.
내가 베풀었으나 상대방이 갚아 줄 생각이나 능력이 없을 때 복이 됩니다.

「이태화(李泰和)가 약관의 나이에 사람들을 따라 과거시험을 보았는데, 시권(試券; 답안지)에 다 베껴 쓰기도 전에 어떤 사람이 지나가다가 먹통을 차서 먹물이 번져 글자를 알아볼 수 없게 되었다. 주변 사람들이 험한 소리로 꾸짖자, 공(公)이 황급히 그 사람들을 말리면서 "일이 뜻밖에 일어난 것이지 일부러 한 것이 아닙니다."라고 하고는 그대로 시권을 소매에 넣고 나왔다. 말과 얼굴에 근심하는 기색이 전혀 없었으니, 이 이야기를 들은 사람이 모두 크게 칭찬하였다.」

위 이야기는 〈연려실기술〉에 실려 있는데, 이 정도는 돼야 복이 된다고 하겠습니다.

# 100

# 운명을 바꾸려면

막대한 선행 공덕을 쌓아야 운명을 비로소 바꿀 수 있습니다.

정성과 공경이 있으면 하늘을 감동케 하여 운명을 바꿀 수 있습니다.

세상을 위하겠다는 마음가짐 하나가 사람의 운명을 바꿔 놓기도 합니다.

방송이나 인터넷 등에서 사람들에게 악을 멈추고 선(善)을 권하는 말 한마디, 성인을 찬탄하는 말 한마디를 하거나 좋은 책을 출간하는 공덕은 실로 불가사의합니다.

죽음 직전에 있는 생명을 살려주면 그 공덕이 한없이 큽니다. 사람뿐만 아니라 짐승이든 물고기든 상관없습니다. 그 수가 많을수록 좋고 그 몸집이 클수록 좋습니다.


중국 송(宋)의 명장(名將)이었던 조빈(曹彬)의 집이 너무 허름하여 자제(子弟)들이 수리할 것을 청하자 말하기를, "지금은 한겨울인 만큼 담장이나 기왓장 사이에 벌레들이 칩거하고 있을 것이니 그들의 생명을 해쳐서는 안 된다." 하였다는 기록이 있습니다.

안현(安玹)은 조선 명종 때의 선비였는데 종기가 나자 의원이 말하기를, "지렁이 즙을 내서 발라야 한다."고 하니 공이 말리며, "한창 봄이라 만물이 생생한데 지렁이가 비록 미물이지만 어찌 내 병을 위하여 생명 있는 것을 죽일 수 있겠는가."라고 했다는 기록이 〈연려실기술〉에 실려 있고, 조선의 어느 스님은 나이 13살에 부친의 사냥을 따라갔는데 한 마리의 사슴이 앞에서 달아나면서 흡사 무엇을 기다리며 돌아보는 것 같더니 조금 후에 사슴 새끼가 따라온 것을 보고는 "사슴이 새끼를 생각하는 것이 사람과 무엇이 다를 것인가." 하고 다시는 사냥을 하지 않았다는 기록이 있습니다.

〈목민심서〉에 나오는 세 이야기를 소개합니다.

「임적(林積)이 순주 판관(循州判官)이 되었는데, 일찍이 큰 옥사(獄事)를 재심(再審)할 때 관용을 베풀어 억울한 죄수들을 방면하니 이는 부사자(部使者)의 뜻에 거슬리는 행위였다. 부사자가 처음에는 그를 조정에 천거하려고 하다가 이로 인하여 그만두었다. 임적은 웃으면서 말하기를, "천거를 한 번 놓치고 50여 명을 살렸으니 내가 무엇이 한이 되겠는가." 하였다.」

「후한(後漢)의 오우(吳祐)가 교동상(膠東相; 한나라 때의 封地 중의 하나인 교동국의 재상)이 되었는데 안구(安丘) 땅의 관구장(丗丘長)이 어머니와 함께 길을 가는 중 어느 취객이 그 어머니를 욕보이므로 관구장이 그 취객을 죽이고서 수갑을 차고 자수하였다. 오우가 그에게 "처자가 있느냐?" 물으니 대답하기를, "처는 있는데 아직 자식은 없습니다."
하였다. 곧 공문을 보내 그의 처를 데려오게 하여 남편의 차꼬와 수갑
을 풀어주고 옥중에서 함께 있도록 하였는데 그 처가 드디어 임신하였
다. 겨울이 되어 죄수들을 모두 처형하게 되니 관구장이 손가락을 깨
물어 아이에게, "오우(吳祐)의 은혜를 갚아야 한다."라는 글을 써 주고
올가미에 목을 매어 죽었다.」

「후한(後漢) 때 포욱(鮑昱)이 자양령(泚陽令)이 되었는데, 조건(趙堅)
이 살인하고 옥에 갇혀 죽게 되었다. 그 부모가 통곡하면서 "후사가
끊긴다."라고 하소연하니, 처를 데려다 옥에 넣고 수갑을 풀어주고 함
께 자게 하였는데 드디어 처가 임신하여 아들을 낳았다.」

아래는 조선의 의서(醫書)인 〈의림촬요(醫林撮要)〉에 나오는 이야기
입니다.

「유윤방(劉潤芳)은 송나라 요주(饒州)의 파양(鄱陽) 사람인데, 의술
에 종사하면서 은거하였다. 가난한 집 환자의 질병을 치료할 때마다
금(金)을 몰래 가져다가 병자의 자리 밑에 두고 떠나온 다음에 그 집
안사람이 저절로 찾도록 하였다. 병자가 한 번 기뻐함에 질병의 절반
이 나았다. 그 자손이 번성하면서 대대로 가업을 이었다.」

**101.**

# 사소한 말 한마디

〈조선왕조실록〉에 정도전(鄭道傳)에 관한 이런 기록이 보입니다.

「(정도전이) 개국(開國)할 즈음에 왕왕 취중(醉中)에 가만히 이야기하였다. "한고조(漢高祖)가 장자방(張子房)을 쓴 것이 아니라, 장자방이 곧 한고조를 쓴 것이다."[及開國之際 往往醉中微誦曰 不是漢高用子房 子房乃用漢高]」

이 말이 훗날 태종이 되는 이방원에 귀에 들어갔을 때, 이방원이 무슨 생각을 했을지 짐작이 기고도 남습니다.

한때 유명했던 어느 여자 가수가 얼마 전 이런 얘기를 했습니다.

「한창 잘 나갈 때 하룻밤 동침에 2억 원의 제의를 받은 적도 있다. 하지만 딱 잘라 거절했다.」

이런 고백은 하지 말아야 합니다. 지금에 와서 그런 비밀을 공개하는 이유도 모르겠거니와, 그런 발설 자체가 큰 허물이 된다는 것을 알아야 합니다.

2014년에 발생한 세월호 침몰로 296명이 사망했습니다. 그런데 당시 청와대 대변인은 「민간잠수사가 일당 100만 원, 시신 1구 인양 시 500만 원을 받는 조건으로 일하고 있다.」라는 말로 평생 누릴 복을 한 번에 소진해 버렸고, 서울대의 한 교수는 세월호 참사를 「교통사고에 불과한 일」이라고 하였으며, 경기도 양평군의회 한 군의원은 세월호 유가족들을 향해 「엄청난 시체장사꾼들」이라는 표현을 했습니다. 통쾌하자고 한마디 흉한 말을 내뱉어 자신이 지금껏 쌓아온 공덕을 순식간에 허물어서는 안 됩니다.

우리는 세상일이 뜻대로 안 되면 막말을 하는 버릇이 있습니다.

「세상이 망해버렸으면 좋겠다.」
「전쟁이 일어나 사람들이 다 죽어버렸으면 좋겠다.」
「남자들은 다 짐승이다. 남자들이 다 없어져 버렸으면 좋겠다.」
「공자는 태어나지 말았어야 했다.」
「인과응보니 윤회니 하는 말들은 다 거짓말이다.」

현자(賢者)께서 말씀하셨습니다.

「한마디 말로 천지의 화기(和氣)를 상하게 하는 수가 있고, 한 가지 일로 평생의 복을 끊어 버리는 수가 있으니 모름지기 잘 살펴야 한다.」

남의 공덕을 깎아내리는 발언, 남의 실수를 들춰내는 말, 원한을 품게 하는 말, 평생 상처가 되는 말, 다른 가문의 치부를 공개하여 망신 주는 말 등은 정말 삼가야 합니다.

# 102

# 문종(文宗)

　조선의 문종은 세종대왕의 적장자(嫡長子)였습니다. 왕으로서 정통성도 갖추었고 자질도 몹시 뛰어나 유학뿐 아니라 천문(天文)과 역수(曆數) 및 산술(算術)에도 정통했고, 예(隷)·초(草)·해서(楷書) 등 서예에도 능하였습니다. '준비된 왕'으로서 문종은 아버지 세종을 도와 찬란한 문화를 일궜지만, 재위 2년 3개월 만에 39세의 나이로 승하했습니다.

　〈조선왕조실록〉 등에 보이는 문종의 말씀 또는 그에 대한 평을 보겠습니다.

　「임금의 성품이 지극히 효성이 있어 양궁(兩宮)에 조금이라도 편안치 못한 점이 있으면 몸소 약 시중을 들어서 잘 때도 띠를 풀지 않으시고 근심하는 빛이 얼굴에 나타났다.

　동궁(東宮: 세자)에 있을 때 날마다 서연(書筵)을 열어서 강론하기를 게을리하지 않았으며, 모두 동작을 한결같이 법도(法度)에 따라 하였다. 희로(喜怒)를 얼굴에 나타내지 않고 성색(聲色)을 몸에 가까이하지 않으며, 항상 마음을 바르게 하여[居敬] 몸을 수양(修養)하며 신심(身心)과 성명(性命)의 이치를 환하게 살펴서 평상시에는 다른 사람과 논변(論辨)하지 않았지만 논난(論難)한 데 이르러서는 비록 노사숙유(老師宿儒)일지라도 대답하지 못하였다. 항상 스스로 탄식하기를, "어떻게 하면 정사가 까다롭지 않고 형벌이 지나치지 않아서 우리 백성들에게 일이 없도록 할 수 있겠는가.[常自歎曰 安得政簡刑淸 使吾民無事

平」 하였다.」

「성품이 너그러우며 간결하고 중후하고 명철하며 군세고 어질고 효성과 우애가 지극하여, 웃어른 받들고 아랫사람 대우하기를 한결같이 지성스럽게 하고 노래와 여색을 가까이하지 않았다. 학문이 고명하여 고금에 통달하고 성리학에 더욱 깊은 조예가 있어, 때로 시신(侍臣)과 함께 역대 치란(治亂)의 원인에 대한 옛날 학자들의 여러 견해를 논평하되, 한결같이 이치에 맞았으며 말은 간결하면서도 뜻은 넓었다. 글을 쓸 때는 지필을 들기만 하면 곧바로 써 내려가고 생각을 집중하지도 않았다. 천문·역산·음운까지 매우 정밀하게 알았고, 또 초예(草隸)를 잘 썼으며 잡기(雜技)에는 뜻을 두지 않았다. 조정의 정사에 임하여서는 과묵하여 멀리서 바라보면 매우 근엄하게 보이지만 여러 신하와 이야기하면 따뜻한 봄바람 같아, 신하들도 각기 그 품고 있는 생각에 대해서 다 말하였다. 세자로 있은 지 30년 동안 선왕을 보필하여 많은 일을 하였고 대리청정을 하여 서무(庶務)를 결재할 때는 공덕이 백성에게 많이 미쳤다. 왕위에 오르자 먼저 언로를 넓혀서 어질고 간특한 이를 뚜렷이 분별하였으며, 농정(農政)에 힘쓰고 형벌을 신중히 행하고 문(文)을 숭상하고 무(武)를 중히 여겼으며 나이 많은 이를 존중하고 절의(節義)를 장려하였으며, 수(戍) 자리(국경을 지키는 군인)의 수를 줄이고 전답의 부세(賦稅)를 덜어 주었으며 낭비되는 비용을 줄이고 체납된 세금을 탕감하고, 의지할 데 없는 이를 불쌍히 여기며 원대한 계획을 한창 널리 펼치고 있는 중이었기에 신민들은 태평 정치를 우러러 바랐는데, 갑자기 세상을 떠나니 거리의 아이와 여항(閭巷)의 부녀까지 모두 울부짖으며 슬피 울었다.」

「세자(世子; 문종을 가리킴)에게 하마연(下馬宴)을 베풀도록 하였다. 중국 사신이 세자 대우하기를 매우 공손히 하고 찬미하며 말했다. "이 나라는 산수(山水)가 기절(奇絶)하므로 이런 아름다운 인물이 난다."」

「문종은 조자앙(趙子昻)의 글씨를 좋아하여 왕희지의 서법(書法)을 혼용하여 썼는데, 등불 아래에서 종이에 임하더라도 정묘하여 영묘(靈妙)한 지경에 들어갔으니, 그의 촌간(寸簡: 짧게 쓴 편지)과 척지(隻紙; 글자 수가 적은 종이)를 얻은 사람은 천금(千金)처럼 소중하게 여겼다. 과녁을 쏠 적에도 또한 지극히 신묘하여 겨냥한 것은 반드시 바로 쏘아 맞혔다. 또 천문(天文)을 잘 보아서 천둥이 모시(某時)에 모방(某方)에서 일어날 것을 미리 말했는데, 뒤에 반드시 맞았다.」

「문종은 지위가 낮은 신하라도 반드시 안색을 온화하게 하고 부드러운 말씨로 겸허하게 받아들여 그들이 하고자 하는 말을 다 하게 하였다.」

「나라를 잘 다스림은 현인을 구하고 간언(諫言)을 따르고 욕심을 적게 가지고 정사를 부지런히 수행함보다 나은 것이 없다. 나라를 잘 다스리지 못하는 자는 이와 반대로 행동한다. 나는 덕이 없는데도 왕업을 이어받아서 밤낮 조심하고 두려워하여 깊은 못에 임하듯, 얇은 얼음을 밟듯이 한다. 나의 과실을 지적해 주면 부족한 점을 보충하고 고칠 것이다. 그대들 대부(大夫)는 성인의 학문에 마음을 두고 노닌 지오래되었으니, 만약 오늘날 시급하게 힘써야 할 일이 있거나 과인에게 과실이 있는데도 내가 듣지 못한 것이 있거든 마음을 다하여 숨김없

난세에서 인격과 처세를 얻다

이 아뢰어라.」

「형옥(刑獄)이란 부득이하여 설치하는 것이기 때문에 죄인을 구속하는 과정에서 원망을 사기가 쉬운 법이다. 그러므로 훌륭한 정치를 소망하던 역대 임금들은 옥사나 송사가 지체되는 것을 경계로 삼았던 것이다. 최근에 법을 맡은 관리가 이와 같이 지극한 뜻을 염두에 두지 않은 채 오히려 시일을 끌면서 즉시 처결하지 않고 있다. 그리하여 무지한 백성이 일단 잡히고 나면 1년은 보통이고 심한 경우에는 10년이 되도록 추위와 굶주림에 허덕이다가 병이 들어 죽게 되는 경우가 많다. 대체로 감옥살이의 고통이란 하루를 넘기기가 1년만큼이나 지루한데다 한 사람이 옥에 갇히고 나면 그 집은 생업을 폐기하게 되는데, 화기(和氣)를 손상하고 재앙을 불러들이는 것이 이보다 심한 경우가 어디 있겠는가. 세종께서 이 점을 민망하게 여기시고 항상 경계하는 글을 지어서 중외에 반포하고자 하셨는데 그만 세상을 뜨셨으니, 통탄할 일이다. 덕이 부족한 내가 왕업을 계승하여 지키다 보니 선왕의 뜻을 제대로 이어받지 못하여 우리 백성을 상하게 하지나 않을까 하고 밤낮으로 두려워하는 마음이 마치 깊은 골짜기에 떨어진 것만 같다.」

「일찍이 듣건대, 한 사람에게 근심이 있으면 함께 있는 사람들이 모두 즐겁지 않다고 하였다. 사방이 모두 나의 영토인데 한 사람이라도 제 살 곳을 얻지 못한다면 그 죄는 실로 나에게 있는 것이다. 대체로 너희 법을 맡은 관리들은 모두 선왕의 옛 신하들인데 선왕의 뜻을 체득하지 못하여서 지금 하소연할 데 없는 백성들을 그르치려 한단 말인가.」

「내가 덕이 부족한 사람으로 외람되이 한 나라 신(神)과 인(人)의 주
(主)가 되었기에 항상 한 가지 사물이라도 제자리를 얻지 못할까 두려
워하는데, 하물며 우리 백성이 비명횡사하는 것을 차마 보고 있을 것
인가.」

「(왕이) 고려(高麗) 왕씨(王氏)의 후손을 찾아서 그 작위(爵位)를 높
이고 의복·안마(鞍馬)·전택(田宅)·노비를 주어서 제사의 일을 계승
하도록 하고 대대로 그 작위를 물려받도록 했으며, 또 명하여 고려
명신(名臣)의 공덕이 있는 분을 가려서 사당[廟]에 배향(配享)하도록
명하였다.」

남효온(南孝溫)이 지은 〈추강냉화(秋江冷話)〉에 이런 기록이 보입
니다.

「문종이 고려 왕 태조를 위하여 마전현(麻田縣; 지금의 경기도 연천군)
에 숭의전(崇義殿)을 짓고, 사람을 시켜 왕(王) 씨의 후손을 찾게 했으
나 찾아내지 못하였다. 왕숭례(王崇禮)라는 사람이 성명을 바꾸고 서
민으로 변장하여 살고 있었는데, 이웃 사람과 밭을 갈다가 밭두둑을
다투게 되어 이웃 사람이 그를 고발하였다. 문종이 (그가 고려 왕 씨임을
알고는) 즉시 벼슬을 주었고 3품으로 품계를 올려서 숭의전사(崇義殿
使)로 삼았으며 그에게 고려 왕 태조의 제사를 맡게 하였다.」

아래는 〈임하필기〉에 나오는 기록입니다.

난세에서 인격과 처세를 읽다

「문종은 오랫동안 세자의 자리에 있으면서 학문에 몰입하였다. 달이 밝고 인적이 고요해지기만 하면 혹 손에 책 한 권을 들고 걸어서 집현전의 직숙소(直宿所)까지 와서 직숙(直宿; 밤새 근무함) 신하와 함께 묻고 논했다. 그래서 당시 성삼문(成三問) 등 여러 신하는 직숙하는 곳에서 밤에도 감히 관대(冠帶)를 풀고 있지 못하였다. 하루는 한밤중이 된 시각이라 세자(문종을 말함)가 나오지 않으리라 여기고 의관을 벗고 잠을 자려 하는데 홀연히 문밖에서 신발 끄는 소리가 났다. 근보(謹甫; 성삼문의 字)를 부르며 오는데, 곧 문종이었다. 강론을 매우 화기애애하게 벌이고는 끝냈다.」

대문장가 신흠(申欽)이 말했습니다.

「조선의 역대 임금의 문필(文筆)은 문종이 으뜸이고, 성종(成宗)·선조(宣祖)의 글도 출중해서 한무제(漢武帝)나 당태종(唐太宗)에게도 뒤지지 않는다.」

김안로(金安老)가 말했습니다.

「문종의 글씨는 힘차고 살아 움직이는 진기(眞氣)가 있는데, 진(晉)나라 사람의 오묘한 경지를 능가하였다. 그러나 돌에 새긴 두서너 가지만이 세상에 전할 뿐 지극히 보배롭고 신비한 글씨는 참으로 필적을 보기 드무니 애석하다.」

**103.**

# 성인(聖人)의 경지

성인은 모든 존재에 대해 반드시 자비롭습니다.

성인은 변재(辯才)가 있기에 어떠한 질문에도 답변할 수 있습니다.

성인은 아무리 나쁜 사람이라 하더라도 미워하거나 내치지 않습니다.

성인은 어떻게 하면 모든 존재를 이롭게 할까를 고민하고 생각합니다.

성인은 모든 존재를 아끼고 사랑하며 어떤 경우에도 싫증을 내지 않습니다.

성인은 대 지혜를 갖고 있기에 생명의 근원과 우주의 실상(實相)을 완벽하게 압니다.

성인은 도박을 좋아하는 사람이 있으면 그와 도박을 하면서 서서히 그를 교화합니다.

성인은 악행을 절대 짓지 않습니다. 겉으로는 악행을 짓고 있는 모습을 일부러 보여주기도 하지만 이는 어디까지나 중생을 교화하기 위함일 뿐입니다.

성인은 악행을 짓고자 하여도 하늘이 도와주지 않습니다. 성인이 삽을 들고 땅을 파면 땅속의 벌레들이 미리 알아서 피합니다.

성인은 범부(凡夫)가 얼굴만 바라보아도 환희심이 솟고 저절로 굴복하고 싶은 생각이 드는 존재입니다.


신흠(申欽)이 말했습니다.

「재앙이 닥쳐도 부끄러움이 없는 것은 성현이 할 수 있는 일이고, 재앙이 와도 요행히 면하는 것은 성현이 할 수 없는 일이다.[災至無愧 聖賢之所能 而災而幸逭 非聖賢之所能]」

이곡(李穀)이 말했습니다.

「(승려로서) 배고프면 먹고 목마르면 마시는 절학무위(絕學無爲)의 경지에 오른 자가 상등인(上等人)이요, 불경을 열심히 강설하면서 쉬지 않고 교화하는 자가 차등인(次等人)이요, 머리 깎고 편히 거하면서 부역(賦役)을 피하고 재산이나 모으는 자는 하등인(下等人)이라고 할 것이다.[若飢餐渴飮 絕學無爲者上也 勤勤講說 孜孜化誘者次也 髡而家居 逃賦而營産 斯爲下矣]」

맹자께서 말씀하셨습니다.

「성인은 물에 빠져 죽은 사람을 보면 마치 자기가 그를 물에 빠져 죽게 한 것처럼 여기고, 세상에 굶주리는 이가 있으면, 마치 자기가 그를 굶주리게 한 것처럼 여긴다.[思天下有溺者 由己溺之也 思天下有飢者 由己飢之也]」

노자는 말씀하셨습니다.

「성인(聖人)은 인위(人爲)가 없는 일에 처하고 말로 하지 않는 가르침을 행하며 만물을 만들어내고도 말하지 않는다. 생기게 하고도 소유하지 않고 행하고도 자랑하지 않으며 공(功)이 이루어져도 (거기에) 머무르지 않는다.」

위 말씀에서 '인위(人爲)가 없는 일에 처하고'라는 것은 마땅히 해야 할 일만 하되 아무런 흔적도 남기지 않는 것을 말합니다.

'말로 하지 않는 가르침을 행하며'라는 것은 말로 가르치는 것보다 몸으로 가르치는 것이 더 낫다는 것을 말합니다.

'머무르지 않는다'는 것은 이익이나 명예 등에 집착하지 않는다는 뜻입니다.

노자는 또 말합니다.

「성인은 무위(無爲)를 행하기 때문에 실패하는 일이 없고, 집착하지 않기 때문에 잃어버리는 일이 없다.」

「성인은 종일 가도 무거운 짐을 실은 수레를 떠나지 않고, 비록 영화로운 누각에 거처하더라도 편안히 거처하며 (세상일이나 물욕에) 초연하다.」

「성인은 자기 자신을 뒤로 하지만 앞에 나서게 되고, 자기 자신을 버려두지만 살아남는다.」

「성인은 자신을 알되 자기를 나타내지 않고, 자신을 사랑하되 자기를 귀하게 여기지 않는다.」

난세에서 인격과 처세를 읽다

〈중용〉에서 말합니다.

「스스로 세상을 등지고 자취를 숨겨서 인간 세상을 벗어나 영원히 사람들에게 알려지지 않아도 후회하지 않는다면, 그것은 오직 세상을 벗어난 성인이라야 그와 같을 수 있다.」

불경은 말합니다.

「성인은 백천 겁(劫) 동안 욕설을 듣는다 하더라도 성을 내지 않으며, 백천 겁 동안 칭찬을 받는다 하더라도 기뻐하지 않는다.」

성인은 근심이나 고통이 닥치지 않으면 '하늘이 나를 내치시는구나.' 하면서 탄식하고, 현자는 이룬 것도 없는데 사람들로부터 칭송을 들으면 '머지않아 내게 환란이 닥치겠구나.' 하면서 두려워하며, 군자는 평생 환란을 면치 못하리라는 것을 잘 알기에 천명에 순응하면서 담담하게 처신합니다.

하지만 우리와 같은 소인(小人)은 부끄러움을 당해야 사람다워지고 두려움을 느껴야 의로워지며 이익을 보아야 부지런해지고 위협을 느껴야 자신을 고칩니다. 또 소인은 남이 가지고 있으면 배 아파하고, 남이 안 가지고 있으면 비웃는 존재입니다.

**104.**

# 이상한 일

먼 것은 중시하고 가까운 것은 경시하며

죽은 사람은 떠받들고 산 사람은 경시하며

먼 데서 온 것은 귀하게 여기고 가까이에서 온 것은 하찮게 여기며

얻기 어려운 것은 소중히 여기고 얻기 쉬운 것은 당연한 것으로 여기며

자기 아내는 싫어하면서 다른 남자의 아내는 귀하게 여기며

자기 아들은 귀히 여기면서 남의 아들은 낮춰 보며

가까운 사람은 함부로 하고 낯선 사람은 공손히 대하며

옛것은 우선시하고 현재 것은 소홀히 하며

지나간 것만 중시하고 미래의 일에는 관심이 없습니다.

**105.**

# 재앙

덕행도 없으면서 남들로부터 칭찬을 받으면 재앙이 곧 닥칠 전조(前兆)입니다.

〈주역〉에 「덕은 없는데 지위는 높고 지혜는 작은데 도모하는 것이 크면 화를 입지 않은 자가 드물다.[德微而位尊 智小而謀大 無禍者鮮矣]」라는 말씀이 있습니다.

난세에서 인격과 처세를 얻다

성현께서 말씀하셨습니다.

「덕(德)은 부족한데 지위가 지나치게 높거나 실(實)이 받쳐주지 못하는데 명예가 지나치게 크다면 반드시 재앙이 닥치되 얻는 것의 갑절은 될 것이다.」

신흠(申欽)이 말했습니다.

「한 시대의 사람들이 모두 좋아하기를 바라며 지은 문장은 훌륭한 문장이 아니고, 한 시대의 사람들이 모두 좋아하기를 바라는 사람은 바른 인물이 아니다.」

〈사기(史記)〉에서 말합니다.

「재앙이란 본래 대부분 드러나지 않고 미묘한 곳에 숨어 있다가 사람들이 주의를 기울이지 않는 곳에서 나타난다.」

「이의염(李義琰)이 정침(正寢; 본채)이 없으므로 아우 의진(義璡)이 형을 위하여 목재를 사서 보냈더니 이의염이 사양하고서 받지 않았다. 이에 의진이, "무릇 승위(丞尉) 벼슬만 해도 큰 집을 가지는데 지위가 높으시면서 어찌 아랫사람처럼 사십니까."하고 물으니 이의염이 대답하기를, "그렇지 않다. 옛말에 '일이란 두루 좋을 수는 없고, 사물은 다 같이 흥할 수 없다.'라고 했으니, 이미 고귀한 벼슬자리에 처하고 또 넓은 집에 거처한다면 훌륭한 덕을 가진 사람이 아닌 경우에는 필연코 재앙을 받을 것이다." 하고 끝내 허락하지 않았다.」라는 얘기가 허균이 지은 〈한정록(閑情錄)〉에 나옵니다.

선인(先人)이 말했습니다.

「부유하면서 베풀지 않고 높은 자리에 있으면서 공손하지 않는다면 어떻게 내 몸을 보전할 수 있겠는가.[富而弗能厚 貴而不能恭 何以保其身哉]」

**106.**
# 해서는 안 될 말

「왜 하필 나야?」

「나 하나쯤이야.」

「좋은 게 좋은 거야.」

「나만 아니면 돼.」

「내가 너랑 같아?」

「감히 나한테?」

「넌 내 상대가 못 돼.」

「내가 누군 줄 알아?」

「나 말고 누가 있니?」

「나는 다른 사람들과는 달라.」

「억울하면 출세해!」

「당신 몇 살이야?」

「당신 집안은 원래 그래?」

「당신 부모가 그리 가르쳤어?」

「너, 그럴 줄 알았어.」

낙담하는 이에게 "범사에 감사하라."라는 말을 내뱉고, 현실의 벽에 부딪혀 자살을 시도한 이에게 "자살하면 지옥 간다."하고 겁주고, 세상살이에 지쳐 있는 사람에게 "힘들지 않은 인생은 없어." 운운하고, 신체장애가 있는 이에게 호기심 섞인 연민이나 값싼 동정을 베풀고, 휠체어를 타는 장애인을 뚫어지게 쳐다보고, 빈소(殯所)에 가서 '호상(好喪)'이라는 말을 쓰고, 시험에 불합격하여 괴로워하는 사람에게 "힘내!"라고 말하고, 자기와 의견이 다르면 덮어놓고 상대방에게 "네 말이 틀렸다.", "네 생각이 잘못됐다."라고 말하고, 가족을 잃어 슬퍼하는 유가족에게 "이만하면 됐다."라고 말합니다.

## 107.
# 배려

낮에 라이트를 켜고 운전하는 것은 다른 운전자나 보행자를 위해서입니다.

터널에서 라이트를 켜는 것도 내가 아닌 다른 운전자를 배려하기 위함입니다.

택시 기사가 정장을 입어야 하는 이유는 승객들이 불안해하기 때문입니다.

차선을 바꿀 때 지시등을 켜는 것은 내가 아닌 다른 운전자를 위해서입니다.

시각장애인이 밤길에 등불을 들고 가는 것은 마주 오는 사람을 위해서입니다.

의사가 환자를 대할 때 친절해야 하는 이유는 환자가 공포심을 갖기 때문입니다.

남자가 종일 힘들었어도 웃는 낯으로 집에 들어서는 것은 가족을 생각해서입니다.

# 108

# 고난

홀륭한 인물들은 대부분 고난 속에서 왔습니다.

고난을 겪어보지 않으면 연륜(年輪)이 생기지 않습니다.

고난을 겪은 다음이라야 인생을 논할 자격이 있습니다.

어렸을 적에 큰 고난을 겪어보는 일만큼 중요한 일은 없습니다.

여러 고난과 경험을 해 본 자라야 국사(國事)를 맡을 자격이 있습니다.

독서만으로는 한계가 있습니다. 고난을 겪어봐야 지혜가 나옵니다.

고생을 해보지 않은 사람과 대화를 해 보면 아무런 매력도 느끼지 못합니다.

곤궁과 실패를 겪어보아야 뛰어난 시(詩)나 문장을 쓸 수 있습니다.

고난과 시련이 닥쳐봐야 군자와 소인, 위인과 범부(凡夫)를 가려낼 수 있습니다.

어느 학자가 말했습니다.


「세 가지 액체를 흘린 양과 내공(內功)은 비례한다. 피·땀·눈물이 그 것이다. 피·땀·눈물을 얼마나 많이 흘렸는가에서 결판이 난다. 이것들을 안 흘린 사람들은 말을 해도 설득력이 떨어지고 카리스마도 없다.」


머리가 좋은 것만으로는 일류(一流)라 할 수 없습니다. 내면의 깊이와 무게가 없다면 삼류(三流)에 불과합니다.

단지 나이가 많은 것은 자랑거리가 되지 못합니다. 얼굴에 철학과

연륜이 묻어나야 어른이라고 할 수 있습니다.


## 109.
## 말을 하게 해 줘라

상대방이 나보다 못한 지위에 있더라도 말할 기회를 충분히 주어야 합니다. 하물며 곤경에 처한 사람, 억울한 상황에 놓여 있는 사람, 주눅이 들어있는 사람, 곧 죽을 예정에 있는 사람, 어려운 처지로 떨어질 사람, 빈천한 환경에서 자라온 사람, 회사를 곧 그만둘 사람에게는 더 말해서 무엇하겠습니까. 이 점을 절대 간과해서는 안 됩니다.

사람은 자신의 지위가 높거나 유리한 위치에 있거나 상대를 억누를 수 있는 권력이 있으면 여지없이 상대를 얕잡아보면서 그에게 말할 기회를 주지 않는데, 이것은 인간이 지닌 큰 결함 중의 하나입니다.

또, 상대가 말을 하고 있을 때 중간에 끼어들지 않는 사람이 드뭅니다. 특히 나이가 많거나 지위가 높거나 갑(甲)의 위치에 있는 사람들이 그렇습니다. 자기가 5분간 말을 했다면 상대에게도 5분을 주어야 합니다. 나이, 직위, 성별 등을 따지지 말고 똑같은 발언 시간을 주어야 합니다.

「눈으로 남을 볼 줄 아는 사람은 훌륭한 사람입니다. 귀로 남의 이야기를 들을 줄 아는 사람은 더 훌륭한 사람입니다. 하지만 가슴으로 남의 이야기에 공감할 줄 아는 사람이 가장 훌륭합니다.」라는 말씀이 있습니다.

법관이나 중재자(仲裁者)가 상대방의 말을 잘 들어주고 공감만 해 줘도 분쟁이 더 커지는 것을 막을 수 있습니다.

의료소송을 당한 적 없는 의사들을 조사해보니, 이들 의사는 환자에게 전달하는 정보의 양과 질에서는 일반적인 의사들과 별 차이가 없었습니다. 다만 환자들과 대화하는 시간이 일반적인 의사들에 비해 평균 3분 더 길었습니다. 이들 의사는 환자에게 더 친근하게 다가갔고 더 많이 질문했으며 환자의 의견을 듣기 위해 겸손한 자세를 취했습니다.

덴마크 국민이 이 세상에서 가장 행복한 이유는 공감력(共感力)이 뛰어나기 때문이라고 합니다. 그들은 자기감정을 잘 표현하고, 상대의 감정을 잘 읽고 배려하는 능력을 어려서부터 배운다고 합니다.

중국 격언에 이런 말씀이 있습니다.


「몸으로 가르치는 사람에게는 따르지만, 말로 가르치는 사람에게는 따진다.[以身敎者從 以言敎者訟]」


「백성의 입을 막는 해(害)가 냇물을 막는 해보다 심하다.」라는 말도 있습니다. 억울해하는 백성의 말을 목민관이 가만히 들어주기만 해도 그 원통함의 반은 이미 씻겨나갑니다. 죄수에게 할 말을 다 하게 하고, 아래 직원에게 말할 기회를 충분히 주고, 학생이 자유롭게 자기 생각을 말할 수 있는 분위기를 만들어주고, 상대가 무슨 말을 하든 면박을 주거나 중간에 자르지 않고 조용히 들어주면 그 효과는 상상 이상입니다.

최초의 언어는 공감이고 최고의 언어도 공감이며 최강의 언어도 공감입니다. 공감의 기본은 그 사람의 말에 귀를 기울이는 것입니다.

이 세상에 자기를 지지해 주거나 공감해 주는 사람이 단 한 명만이라도 있다면, 사람은 삶을 쉽게 포기하지 않을 겁니다.

남자들이 아내의 말에 좀 더 관심을 가지고 귀 기울여 준다면 파국을 막을 것입니다.

부모가 자녀의 말에 조금만 귀를 기울여 준다면 자녀들의 많은 탈선을 막을 것입니다.

유능한 인재, 성실한 직원들의 말에 상사나 CEO가 귀를 기울여 준다면 그들이 사직하는 일은 줄어들 것입니다.

경청은 대단히 매력적이고 신비로운 것이며 창조하는 힘마저 있습니다. 우리가 무언가에 귀를 기울일 때 그것은 우리에게 영감을 주고 우리의 생각을 드러내어 확장합니다.

진정한 리더는 상대방이 적이라 해도 일단 그의 말을 듣습니다. 대화하려 하지 않는 태도가 가장 나쁩니다. 일단 상대방을 존중하면서 그의 주장을 들어보아야 합니다.

경청이 그렇게 중요하다고 해도 사람들은 여전히 자기 말만 하기에 바쁩니다.


**110.**

## 늦게 보인다

「속도를 늦추면 사람이 보입니다.」라는 현수막을 본 적이 있습니다. 차를 빠르게 운전하다 보면 사실 차만 보일 뿐 사람은 보이지 않습니다.

어느 변호사가 토로했습니다.

「판사를 하다가 변호사가 되어 법정에 갔더니 비로소 사람이 보이더군요.」

어떤 사람이 말했습니다.

「배송 일을 하면서 수도 없이 학교 앞 도로를 지나갔는데, 그때는 다른 차들과 신호등만 보이더니 이제 학부모가 되어 아이 손을 잡고 학교에 가니 비로소 아이들이 눈에 들어왔습니다.」

어느 의사가 말했습니다.

「제가 위암에 걸리고 보니 환자가 아닌 사람이 보입디다.」

어느 현직 판사가 말했습니다.

「판사로 25년간 있으면서 수없이 많은 판결을 내리고 영장(令狀)을 발부했습니다. 그런데 제가 어떤 죄를 짓게 되어 다른 판사 앞에서 영장 실질심사를 받고 구치소에 가고 피고인이 되어 법정에 갔다 오니 이 세상을 보는 눈이 달라져 있었습니다. 무엇보다 겸손해졌지요. 법정에

섰던 피고인들의 마음을 알겠더군요.」

누군가가 말했습니다.

「대기업에 20년을 다니다 퇴직한 후 몇 달 뒤에 그 회사에 볼일이 있어 갔더니 예전에는 보이지 않던 경비원들과 청소 미화원들이 눈에 들어오더군요. 자신을 많이 반성하게 된 계기가 되었습니다.」

## 111.
## 고집을 버려야

어제 써 놓은 글도 하루가 지나 다시 보면 형편없어 보입니다.
낮에 한 일을 밤에 점검해 보면 흡족한 부분이 별로 없습니다.
며칠 전에 내린 나의 판단이 지금 보니 문제가 많다는 걸 알았습니다.
좋아했던 연예인이 이제는 싫어지고 싫어했던 연예인에게 호감이 갑니다.
예전엔 성장을 중요시했는데 이제는 분배가 더 중요하다는 쪽으로 기웁니다.
예전엔 진보주의자를 자처했는데 지금은 보수주의자가 되었습니다.
고기가 없으면 밥을 거르곤 했는데, 지금은 채식이 그렇게 좋을 수가 없습니다.

난세에서 인격과 처세를 얻다

여럿이 어울려서 노는 것을 좋아했는데, 지금은 혼자 있는 시간이 좋습니다.

예전엔 책보다는 TV 보는 일을 즐겼는데, 지금은 책 읽는 시간이 가장 행복합니다.

예전엔 여행지로 유럽을 무조건 선호했는데, 지금은 중앙아시아 쪽이 끌립니다.

이렇듯 내가 지금 하는 생각이나 기호(嗜好)나 판단이 반드시 옳다고 볼 것은 아닙니다. 시간이 지나면 이것들도 바뀔 가능성이 매우 큽니다. 자기 의견을 고집하고 남에게 강요하고 하는 것들이 얼마나 우습고 어리석은지 모를 일입니다.

## 112.
## 나는 더할 사람이다

남이 행한 잘못은 어제 내가 한 잘못이었습니다.

남이 지은 악행은 나도 하마터면 저지를뻔한 악행이었습니다.

남이 저지른 범죄는 전생에 내가 숱하게 저지른 범죄였습니다.

나에게도 그런 기회가 주어진다면 나는 더 악랄한 악행을 지을 사람입니다.

남이 쓴 글을 비판하기는 쉬우나 나보고 그런 글을 쓰라고 하면 쓰지 못합니다.

남이 한 일을 비난하기는 쉽지만 막상 나보고 하라 하면 그 절반도
해내지 못합니다.


## 113.
## 당신의 민낯

당신은 혼인하셨습니까?

그러시다면 당신은 자녀들에게 행복하게 사는 모습을 보여주지 못
했을 겁니다.

당신은 50살이 넘으셨습니까?

그러시다면 당신은 아마도 나이만 많이 먹은 사람에 불과할 겁니다.

당신은 지식이 많으십니까?

그러시다면 당신은 이기적이고 우월감으로 가득한 위선자일 가능성
이 매우 큽니다.

당신은 학벌이 좋으십니까?

그러시다면 당신은 몹시도 교만한 사람일 겁니다.

당신은 신앙생활을 오래 해 오셨습니까?

그러시다면 당신은 신앙이 없는 사람보다 더 못나고 부족한 사람일
겁니다.

# 114

# 중용(中庸)의 뜻

〈중용(中庸)〉은 사서(四書) 중에서 가장 어렵습니다. 게다가 '중용'의 뜻이 도대체 무엇인지 명확하지도 않습니다.

주자(朱子)는 중용의 '중(中)'은 '치우치지 않고 기울지 않고[不偏不倚] 넘치거나 모자라지도 않는[無過不及] 것'이고, 그리고 용(庸)은 '평상시 언제나[平常也]'라고 정의하였고, 정자(程子)는 '기울어지지 않는 것[不偏]'을 중(中)이라 하고 '바뀌지 않는 것[不易]'을 용(庸)이라 하였습니다.

일반적으로 '중용(中庸)'의 뜻에 대해 「지나치거나 모자라지 아니하고 한쪽으로 치우치지도 아니한, 떳떳하며 변함이 없는 상태나 정도.」라고 대부분 풀이하고 있습니다. 잘못된 해석입니다. 그리고 중용(中庸)의 반대말은 '극단(極端)'도 아니고 '이단(異端)'도 아닙니다. 게다가 중용은 불교의 '중도(中道)'와는 완전히 다른 용어입니다.


중용(中庸)에서의 '중(中)'은 명사(名詞)가 아닌 동사(動詞)입니다. 중(中)은 '(쓰임에) 들어맞다'의 뜻입니다. 백발백중(百發百中; 백 번 쏘아 백 번 맞히다)이나 관중(貫中; 화살이 과녁의 한가운데 맞다), 뇌졸중(腦卒中; 뇌가 갑자기 바람을 맞다), 중풍(中風; 바람에 맞다), 중독(中毒; 독에 맞다(치이다)), 언필유중(言必有中; 말을 하면 반드시 들어맞다), 중례(中禮; 예에 들어맞다), 언중륜(言中倫; 말이 인륜에 들어맞다), 언부중리(言不中理; 말이 이치에 들어 맞지 않다), 시중(時中; 때에 들어맞다), 불면이중(不勉而中; 힘쓰지 않아도 딱 들어맞다)와 같은 예가 그러하고, 〈중용〉본문에 나오는 구절인 「군자의 중용은 행동거지가 언제나 때[時]에 맞게[中] 하는 것이다.[君子之中庸也 君子而時中]의 예에서 보듯이 말입니다.

　문제는 '용(庸)'입니다. '용(庸)'은 무슨 뜻일까요.


　'용(庸)'은 '동그라미[環]의 중심을 얻어서 이를 계속 지속하는 것'을 뜻합니다. 오래도록 중심을 간직하여 잃지 않는다는 것을 의미하니, 훌라후프를 돌리고 있는 사람, 팽이가 돌고 있는 모습, 한 손가락 끝으로 농구공을 돌리고 있는 사람을 연상하면 쉽습니다.

　〈중용〉 본문에 나오는 「안회(顔回)의 사람됨은 중용을 택하여, 한 가지 선(善)을 얻으면 가슴속에 받들어 지녀 그것을 잃지 않았다.[回之爲人也 擇乎中庸得一善 則拳拳服膺而弗失之矣]」라는 구절을 보면 쉽게 이해가 됩니다.

　요약하면, '중용(中庸)'이라는 말은 '동그라미의 중심[樞]에 딱 알맞게 들어맞는 일이 오래도록 지속하는 것'을 뜻합니다. 이 우주와 모든 생명은 하나의 동그라미처럼 시작도 없고 끝도 없습니다. 그런데 이 동그라미 속에는 중심점이 하나 있습니다. 모든 것은 변하지만[變易, 無常], 그 중심점은 절대 변하지 않습니다.[天命, 如來, 眞如, 涅槃] 〈중용〉은 그 중심점을 찾는 도리를 밝혀주는 책입니다.

　'동그라미의 중심점'을 구체적으로 더 보면, 천명(天命), 불생불멸(不生不滅), 여래(如來), 지고지선(至高至善), 대도(大道), 대반야(大般若), 무아(無我), 상락아정(常樂我淨), 진여(眞如), 심물일원(心物一元) 등이 있습니다.

　이 '동그라미의 중심점'에 늘 들어맞도록 정심성의(正心誠意), 반신이성(反身而誠), 신독(愼獨) 등에 힘쓰면 동그라미의 중심점을 알게 됩니다.

# 대장부

세상을 이롭게 하려는 마음을 먹은 자가 대장부입니다.

자기 생명을 자기 뜻대로 할 줄 아는 사람이 대장부입니다.

늘 자신을 돌이켜보고 자기를 고쳐나가는 사람이 대장부입니다.

배를 삼킬만한 큰 물고기는 지류(支流)에서 헤엄치지 않습니다.

여색과 재물에 대해 분명하고 부끄러움이 없어야 대장부입니다.

술, 여자, 재물, 벼슬에 대해 구차하게 굴지 않아야 대장부입니다.

기백(氣魄)과 흉금(胸襟)이 범부와 다른 경계에 있는 자가 대장부입니다.

남이 할 수 없는 일을 해내고, 남이 참지 못하는 것을 참아내는 사람이 대장부입니다.

학문과 덕행을 깊이 닦고 환경이나 물질에 미혹(迷惑) 당하지 않는 자가 대장부입니다.

대장부는 부처[佛]의 길을 따라가는 게 아니라 부처도 가지 않은 길을 가는 사람입니다.

남이 도와달라고 하지 않아도 가서 도와주고, 남을 가르치는 일에 싫증을 내지 않는 사람이 대장부입니다.

성인을 본보기로 삼아 터럭만큼이라도 성인에 미치지 못하면 나의 일은 아직 끝난 것이 아니라고 보는 사람이 대장부입니다.

부귀하여도 마음이 방탕하지 않고 빈천하여도 뜻을 바꾸지 않으며 위세와 무력 앞에서도 지조가 꺾이지 않는 이가 대장부입니다.

# 참회(1)

참회는 특히 임종 시에 빛을 발합니다. 평상시의 참회보다 임종 시의 참회는 그 힘이 엄청나게 강해서 살아오면서 지은 온갖 악업들을 일시에 없애버릴 수 있습니다. 임종 시의 참회는 몹시도 급박하고 간절하기 때문입니다.

불경에 이런 말씀이 있습니다.

「사랑하기 때문에 맺힌 마음이나 원망과 분노와 다툼의 마음이 천지 사방에 없으며, 슬픔이나 기뻐하는 마음 또한 그러하다면 고통 없이 임종을 맞을 수 있을 것이다.」

고려 말 나옹(懶翁) 스님이 이런 게송(偈頌)을 지었습니다.

「청산은 나를 보고 말없이 살라 하고 창공은 나를 보고 티끌 없이 살라 하네. 사랑도 벗어 놓고 미움도 벗어 놓고 물같이 바람같이 살다가 가라 하네.[靑山兮要我以無語 蒼空兮要我以無垢 聊無愛而無憎兮 如水如風而終我]」

아래는 신라의 고승 진표율사(眞表律師)에 관한 기록입니다.

「어려서부터 활을 잘 쏘았다. 11세 때 사냥을 나갔다가 밭둑에서 개구리 30여 마리를 잡아 버드나무 가지에 꿰었고, 사냥이 끝난 뒤에 가져가기 위하여 물속에 담가두었다가 잊어버렸다. 이듬해 봄 다시 사냥을 갔다가 개구리 우는 소리를 듣고 물속을 들여다보았다. 거기에는 30여 마리의 개구리가 꿰미에 꿰인 채 그때까지 살아서 울고 있었다. 지난해의 일을 생각해낸 그는 잘못을 뉘우치고 출가를 결심하였다.」

늙어서 만사를 내려놓을 수만 있다면, 그 인생은 상위 0.1% 안에 드는 인생입니다. 늙어 노욕(老慾)을 부리다가 패가망신하고 또 굳이 악연(惡緣)을 만들어 원망과 비방을 자초하는 사람들이 부지기수입니다.

젊은 나이에는 부지런히 공(功)을 이루고, 장년(壯年)이 되면 그 공(功)을 누리며, 노년(老年)에는 참회하면서 죽음을 준비합니다.

젊은 나이에는 앞으로 나아가고, 노년이 되면 뒤로 물러나고 내려놓고 용서하고 용서받아야 합니다.

젊은 나이에는 운명을 개척해야 하고, 장년이 되면 운명을 알아야 하며, 노년이 되면 운명을 받아들여야 합니다.

젊은 나이에는 부지런히 보시를 행하고, 장년이 되면 공덕을 쌓아 이 세상을 이롭게 하며, 노년이 되면 지혜와 선정(禪定; 散亂과 昏沈을 없애고 한 가지에 정신을 고도로 집중하는 것)을 쌓는 일에 힘써야 합니다.

젊은 나이에는 부모를 믿고, 장년이 되면 자신을 믿으며, 노년이 되면 대 지혜를 가진 성인의 말씀을 우러러 믿어야 합니다.

**117.**

# 음란물

중국 소설 〈수호지(水滸志)〉는 범죄를 사실처럼 생생하게 묘사한 소설로 유명한데, 이 소설을 지은 중국의 시내암(施耐庵)은 〈수호지〉를 쓴 벌을 받아 그 후손이 3대에 걸쳐 장애인으로 태어났다는 기록이 있습니다.

범죄 소설을 쓴 죄의 대가가 이렇습니다. 후손뿐 아니라 본인은 더욱더 비참한 대가를 치러야 합니다. 음란 영화를 만들거나 유통한 사람들의 말로가 하나같이 비참하였고, 폭력 영화에 참여한 주연 배우들도 좋은 죽음을 맞이한 경우가 거의 없습니다.

한국의 영화배우인 안성기나 중국의 성룡은 야한 영화나 폭력적인 영화에는 출연하지 않는 배우로 유명합니다. 지혜로운 배우들입니다. 음란한 영화나 소설을 만든 사람은 죽어서 지옥에 떨어지는 경우가 허다한데, 그 영화나 소설이 지구상에서 완전히 사라지고 게다가 그것들을 만든 사람이 받는 벌이 다 끝날 때까지 지옥에 머물러야 한다고 했습니다.

강간 또는 불륜을 찬탄하거나 남에게 권하는 것도 몹시 나쁜 짓이며, 조직폭력이나 갱단, 지하세계, 밀수, 마약, 화폐 위조, 인신매매, 탈세, 도박, 유괴 등을 상세하게 소설화하거나 영화화하거나 TV 드라마 등으로 제작하여 방송하는 것도 큰 죄악입니다.

인간이 짓는 갖은 죄악들 가운데 불륜으로 대표되는 사음(邪淫)은 그 죄질이 가장 무겁다고 하였습니다.

음담패설을 즐기는 사람, 여자를 성적으로 비하하기를 즐기는 사람,

음란을 부추기는 사람도 마찬가지입니다. 동성애나 근친상간이나 아이들과의 성관계, 여성 수행자를 욕보이는 행위도 큰 죄악입니다.

# 성관계를 금해야 할 때

부모님이나 본인의 생일날에는 성관계하지 않습니다.

아내가 출산한 후 1년 이내에는 성관계하지 않습니다.

조상님이나 부모님의 제삿날에는 성관계하지 않습니다.

임신 중에 성관계하면 여성과 태아에게 몹시 안 좋습니다.

질병에 걸렸거나 몸이 아플 때는 성관계하지 않아야 합니다.

슬프거나 매우 기쁘거나 화를 낸 후에는 성관계하지 않습니다.

부모님이 돌아가신 후 최소 6개월 안에는 성관계하지 않습니다.

천둥, 벼락, 지진, 태풍, 홍수 등 기상이 나쁜 날에는 성관계하지 않습니다.

3·1절, 현충일, 6·25사변, 광복절, 부처님오신날, 성탄절 등에는 성관계하지 않습니다.

술을 마신 후 성관계를 하지 않으며, 만약 이 성관계 때문에 임신이 되어 아이가 출생하면 이 아이는 몸에 장애를 안고 태어나거나 정신에 문제가 생기거나 평탄치 못한 인생을 살게 될 가능성이 무척 큽니다.

# 착한 마음 하나

종리(鐘離)라는 도인(道人)이 도가(道家)의 단법(丹法)을 여조(呂祖)에게 전해 주면서 무쇠에 손을 대면 황금으로 변하는 비술(秘術)을 가르쳐 주겠다고 하였습니다. 그러자 여조가 물었습니다.

「끝내 그 쇠가 금으로 남아 있습니까.」
「500년 뒤에는 원래의 쇠로 돌아갈 것이다.」
「만약 그렇다면 500년 뒤에 가짜 황금을 가지고 있는 사람을 해치는 셈이 아닙니까. 그런 비술(秘術)이라면 저는 원치 않습니다.」
「도가(道家)에서는 도를 닦아 신선이 되려면 3천 가지 공덕을 쌓아야 한다고 하였다. 그런데 너는 말 한마디로 3천 가지 공덕을 이미 채웠다.」

절이나 교회에 30년 넘게 다니면서 기도하고 절하고 독경하고 선행을 하였어도, "이 세상 모든 사람이 다 행복했으면 좋겠어요."라는 소원을 품을 줄 모른다면 그 30년간의 신앙은 껍데기요, 쭉정이에 불과한 것입니다.

정조(正祖)가 말했습니다.

「백성이 굶주리면 나도 배고프고 백성이 배부르면 나도 배부르다.[民飢卽予飢 民飽卽予飽]」

「이경여(李敬興)가 경상감사(慶尙監司)가 되었는데, 그때는 청나라 군사가 갓 물러간 뒤였다. 그는 주방의 음식을 줄이고 풍악과 기생을 물리치며 가마도 타지 않고 일산(日傘)도 쓰지 않았다. 오로지 죽은 이를 조문(弔問)하고 고아를 위문하며 백성들을 어루만져 모여들게 하는 것을 급무(急務)로 삼았다. 이때 병란을 겪은 자들이 굶주려 넘어지고 쓰러지는 일이 많았다. 공(公)은 여러 고을을 위문하여 거접(居接)시키는 일에 먼저 힘썼고, 이어 감영(監營)의 곡식 수천 곡(斛; 10말)을 방출하여 그들을 먹여 살렸다. 그리고 죽어서 반장(返葬)할 수 없는 자에게는 현(縣)에 명령하여 인부를 지급하거나 혹 소나 수레를 주어 교대로 호송하게 하고, 특히 가난하여 염(斂)조차 할 수 없는 자에게는 관(棺)과 수의(壽衣)를 주기까지 하였다. 또 상여(喪輿)를 운반하는 일을 하는 백성에게는 세금을 감면해주었다. 이에 힘입어 살아난 자와 죽은 자로서 고향에 장사 지내게 된 자가 이루 셀 수 없을 정도였다.」라는 이야기가 〈목민심서〉에 전합니다.

또 〈목민심서〉에 보면, 옛날 훌륭한 목민관(牧民官)들은 고을의 홀아비와 과부를 골라 화합시켜 혼인하게 해 주었고, 시집갈 나이가 된 여자들에게는 돈을 주어 혼기를 잃는 일이 없도록 하였으며, 가난하여 장례를 치를 수 없는 사람이나 부모 없는 처녀로서 시집갈 수 없는 자에게는 관에서 돈을 내주어 장례나 혼례를 치를 수 있도록 해 주었습니다.

어느 목민관이 양회(兩淮) 지방의 순염어사(巡鹽御史)로 있을 때, 소금 굽는 사람들 중 가난한 홀아비가 거의 2천 명이나 되었는데 2년 동안에 모두 처자를 갖게 해주었고, 이곤(李昆)이 감숙(甘肅) 지방을 순무(巡撫)하는데 군인들로서 가난하여 장가를 들지 못한 자를 천여 명이나 찾아내어 은(銀)과 포목(布木)을 주어 혼인할 수 있도록 도와주었습니다. 후에 공이 임기가 끝나 돌아가게 되자 전송하는 자들이 처자들을 데리고 길에 엎드려 울었는데, 모두가 옛날 그가 짝지어 준 사람들이었습니다.

정약용이 말합니다.

「친척이 전혀 없고 재산도 전혀 없는 자에게는 마을에서 덕망이 있는 이를 뽑아 중매 들게 하여 짝을 구하여 성혼하도록 하되, 관(官)에서 돈과 포목 등을 조금 내어서 도와주고, 도포(道袍)·사모(紗帽)·띠[帶]·신[靴]·초롱[燭籠] 등은 관에서 빌려주도록 한다. 수령이 한 번 권장하는 것이 일반 백성이 백번 말하는 것보다도 나을 것인데, 어찌하여 말 한마디를 아껴서 이런 음덕을 심으려 하지 않는가.」

주자(朱子)가 말했습니다.

「무릇 천하에 노인, 병자, 장애인, 외로운 자, 늙은 홀아비, 늙은 과부는 모두 나의 형제로서 아주 곤궁하여 호소할 곳이 없는 사람들이다.」

복 받을 사람들은 길을 가다가 죽은 사람이 있거나 사람의 유골(遺骨)이 보이면 고이 묻어주고, 돈이 없어 부모를 장사지내지 못하는 사람에게는 돈을 주어 장례를 치를 수 있도록 해 줍니다.

박복(薄福)한 사람들은 어려운 사람을 돕는 사람을 보면 "친척이나 도울 것이지" 하거나 "자기 앞가림도 제대로 못하면서…" 또는 "나는 살림이 넉넉해지면 그리해야지."라고 말합니다.

불교에 '보리심(菩提心)'이라는 말이 있습니다. 보리심이란 '부처님의 깨달음[無上正等正覺]' 또는 '부처님과 같은 깨달음을 얻겠다는 마음' 또는 '중생을 널리 구제하겠다는 마음'을 말합니다. 불경에 네 가지 큰 서원(誓願)이 있습니다.

「중생을 다 건지오리다. 번뇌를 다 끊으오리다. 법문(法門)을 다 배우오리다. 불도(佛道)를 다 이루오리다.[衆生無邊誓願度 煩惱無盡誓願斷 法門無量誓願學 佛道無上誓願成]」

이런 서원이 바로 보리심입니다. 보리심은 대자비심(大慈悲心)과 자리이타심(自利利他心)을 합친 마음입니다. 고조선(古朝鮮)의 건국이념인 '홍익인간(弘益人間; 널리 인간을 이롭게 한다)'도 보리심의 예입니다.

기독교인이라면 예수님을 닮으려는 마음이 보리심이고, 유교를 믿는 사람이라면 성인(聖人)이 되고자 하는 마음이 바로 보리심입니다.

보리심을 내면 어떤 큰 죄도 순식간에 소멸합니다. 큰 죄를 지은 자라도 보리심에 의지하면 찰나에 그 업을 벗습니다. 참회로도 없애지 못하는 큰 죄는 보리심을 냄으로써 없앨 수 있습니다. 남을 도우려는 생각만 해도 부처님께 올리는 공양보다 뛰어난데, 하물며 보리심이겠습니까.

아래와 같이 기도하고 살았으면 좋겠습니다.

「모든 이들의 고통을 내가 대신 짊어지겠습니다.」

「이 세상에 고통받는 사람들이 없었으면 좋겠습니다.」

「이 세상이 착한 사람들로만 가득했으면 좋겠습니다.」

「돈을 많이 벌어 가난으로 고통받는 이들이 없게 하겠습니다.」


## 120.
# 더 나은 길

하느님이나 부처님께 기도하는 것보다 진심으로 자기 잘못을 뉘우치고 선(善)을 행하는 일이 훨씬 큰 공덕이 됩니다.

하느님이나 부처님께 기도하는 것보다 고요히 앉아 마음을 한곳에 집중한 채, '나는 본래 누구인가'를 진지하게 사유(思惟)하는 일이 훨씬 큰 공덕이 됩니다.

하느님이나 부처님께 기도하는 것보다 불쌍한 사람에게 보시(布施)하는 것이 훨씬 큰 공덕이 됩니다.

하느님이나 부처님께 기도하는 것보다 무심(無心)으로 망심(妄心)을 조복(調服)시키는 것이 훨씬 낫습니다.

번뇌 속에서 자비행(慈悲行)을 일으켜야 공덕이 됩니다. 설령 그런 공덕을 지었더라도 다시 일체 모든 존재에게 그 공덕을 돌려야 참다운 공덕이 됩니다.

공(空)을 보아 깨달음을 얻었지만 유(有; 作爲的이고 有爲한 인간의 행위)가 없으면 그건 불법(佛法)이 아닙니다. 세간(世間)에 들어가 중생과 어울리면서 중생을 크게 이롭게 해야 합니다.


121.

# 조선 양반들의 불교 인식

성리학을 공부한 조선의 양반들은 불교를 이단(異端) 또는 좌도(左道)라 비난했습니다. '좌도'란 '바르지 않은 도'를 말합니다.

송나라 유학자 주돈이(周敦頤), 장재(張載), 이정자(二程子; 정호·정이 형제)는 성리학의 종조(宗祖)이며 주희(朱熹)는 성리학을 집대성한 인물입니다. 그런데 그들은 하나같이 이렇게 말했습니다.


「부처가 말한 삼세인과(三世因果)와 육도(六道) 윤회(輪廻)는 어리석은 사람들을 속여서 그 가르침을 받들게 하는 근거이지만, 사실은 그런 일이 없다. 사람은 형체가 죽으면 썩어서 소멸하고 정신도 휘날려 흩어져 버리니, 비록 갖가지 형벌을 가하려 하더라도 장차 어디에다 실행할 수 있겠는가. 정신이 이미 흩어져 버렸는데 다시 누구를 환생하게 하겠는가.」

정자(程子)가 다시 말했습니다.

「불씨(佛氏; 불교)의 해악은 양주(楊朱)와 묵적(墨翟)보다 심하니 마땅히 음란한 소리나 아름다운 여색(女色)처럼 멀리해야 한다.」

하륜(河崙)이 경연(經筵)에서 태종에게 말했습니다.

「사람은 음양오행(陰陽五行)의 기운을 받아서 태어나고 죽으면 음양이 흩어져서 혼(魂)은 올라가고 백(魄)은 내려가는 것이니, 다시 무슨 물건이 있어 지옥으로 돌아가겠습니까. 이것은 석가모니가 미래를 보지 못한 것으로 어리석은 백성을 유혹한 것이니, 군주가 믿을 게 못 됩니다.」

정도전(鄭道傳)이 말했습니다.

「음양오행이란 것이 서로 움직임이 들쭉날쭉 가지런하지 않기 때문에 그 기운이 통색(通塞)·편정(偏正)·청탁(淸濁)·후박(厚薄)·고하(高下)·장단(長短)의 다른 점이 있는 것이다. 사람과 만물의 생성이, 마침내 때가 되면 그 바르고 통함을 얻은 것은 사람이 되고 편벽되고 막힘을 얻은 것은 사물이 되나니, 사람과 사물의 귀하고 천함이 이에서 나뉜다. 또 사람에 있어서 그 맑음을 얻은 자는 지혜로우며 어질고 탁함을 얻은 자는 어리석거나 모자라는 자가 된다. 맑은 기운이 두터운 자는 부하고 엷은 자는 가난하며 높은 자는 귀하고 낮은 자는 천하며 긴 자는 장수하고 짧은 자는 요사(夭死)하니 이것이 그 대략이다…(중략)…우리 유가(儒家)의 설에 '사람과 만물은 음양오행의 기운을 얻어서 태어났다.' 함이 분명히 증험되는 것이니 의심할 것이 없다. 이른바 음양오행의 기운이 서로 미루어 움직임이 들쭉날쭉 가지런하지 않은 것에서 인물의 오만 가지의 변화가 생기는 것도 그 이치는 또한 마찬가지이다.」

대문장가 이정구(李廷龜)가 말했습니다.

「불씨(佛氏)의 죄는 이치에 가까우면서도 크게 진리를 어지럽히는 것입니다. 그러므로 혹(惑)하는 자가 매우 많습니다. 지금의 백성은 (불교에) 혹하지 않는 자가 없습니다. 우리나라는 오히려 그렇지 않습니다만 중원(中原; 중국)에서는 유교, 도교, 불교라 하여 존봉(尊奉)하는 도리가 공자보다 못하지 않습니다. 공자의 탄신일은 아는 사람이 적은데 석씨(釋氏)의 사월 초파일은 어리석은 백성도 모두 압니다. 중원 사람들은 불경을 외우면서 치재(致齋) 하기까지 합니다.」

대문장가 신흠(申欽)이 말했습니다.

「부처의 가르침은 우리 유도(儒道)의 적(賊)이고 부처를 믿는 사람은 백성들의 좀이므로 그 글과 그 사람은, 선비들이 글에도 쓰지 않고 입 밖에도 내지 않는다.」

이황이 말했습니다.

「우리나라의 이단(異端)으로는 불씨(佛氏)의 폐해가 가장 심하다.」

율곡 이이가 홍문관 교리(校理)에 임명되자 사직하면서 선조(宣祖)에게 말했습니다.

「신(臣)이 어렸을 때 도(道)를 찾다가 학문이 나아가야 할 방향을 몰라 제가(諸家; 수많은 학파와 이론)를 넘나들며 일정한 길을 잡지 못하였고, 또 태어난 시기가 좋지 않았던지 일찍이 모친을 여의고는 망령되이 슬픔을 잊고자 석가(釋迦)의 교리를 탐독하다가 본심이 어두워져 깊은 산으로 달려가서 거의 1년이 되도록 선문(禪門; 佛家)에 종사하였습니다. 그런데 다행히 하늘의 신령함에 힘입어 하루아침에 잘못을 깨닫고 시무룩한 기분으로 집에 돌아와 죽을 때까지 부끄러움과 분함을 느꼈는데, 예로부터 불교의 해독(害毒)을 입은 자 중에 신과 같이 깊이 입은 자는 없을 것입니다.[臣髫年求道 學未知方 泛濫諸家 罔有底定 生丁不辰 早喪慈母 以妄塞悲 遂耽釋敎 因昧本心 走入深山 從事禪門 迨周一年 賴天之靈 一朝覺悟 懡然歸家 慙憤求死 自古中釋氏之毒 未有如臣之特深者]」

이율곡이 또 말했습니다.

「불씨(佛氏)의 설(說)은 정미한 것도 있고 조잡한 것도 있습니다. 조잡한 것은 다만 윤회나 인과응보의 설로, 죄와 복에 대해 늘어놓아 우매한 백성을 유혹하고 협박하여 그들이 분주히 공양(供養)하게 할 뿐입니다…(중략)…선학(禪學; 불교)은 사람을 혹하게 할 만하지만 그 언어는 유학이 아니며, 그 행실은 윤리를 절멸하게 하니 세상에 상도(常道)가 있음을 조금이라도 아는 이는 진실로 이미 의심하여 막았습니다. 또 정자(程子)와 주자(朱子)가 선학을 물리쳤으니 그 자취를 말끔히 쓸어버린 듯한 게 당연합니다.」

박세당(朴世堂)이 말했습니다.

「이단(異端)이 천하에 있어 또한 (측간에서 풍기는) 악취(惡臭)와 같은데, 그중에 불교가 특히 심하다. 불교를 좋아하는 자는 또한 악취를 좋아하여 좇는 자와 같은 부류이니, 더불어 끝까지 논쟁할 가치조차 없는 것이 분명하다.」

이수광(李睟光)이 말했습니다.

「유자(儒者)의 말은 두루 통하면서도 실제적이고, 노자(老子)의 말은 고원하면서 심오하며, 석씨(釋氏; 석가모니)의 말은 크고 과장되다. 세상 사람들이 우리 유도(儒道)를 싫어하지 않고 노자와 석씨를 사모하는데, 이는 쌀밥과 고기반찬을 버리고 먼 곳의 특이한 맛을 좋아하는 것과 다름없으니 미혹된 것이 아닌가.」

위백규(魏伯珪)가 말했습니다.

「노자와 장자, 석가는 원래 출중한 영웅호걸이고 단지 생각 하나의 차이 때문에 잘못 들어갔다. 오래 있으면서 스스로 깨닫더라도 또한 스스로 대악(大惡)에는 빠지지 않는 그런저런 자들이니, 분명 지극한 경지에 이른 인(人)의 무리는 아니었다. 다만 한 번 전해질 때마다 수준이 한 단계 낮아졌으니 모두 음란과 미혹, 거짓과 속임수로 백성을 어리석게 만들고 세상을 재앙에 빠트리는 것이 홍수보다도 심하다.」

조익(趙翼)의 말씀을 두 개 보겠습니다.

「부도(浮圖; 불교)는 오상(五常)을 무시하고 인륜(人倫)을 외면하는 쓸모없는 학술이다.[浮圖滅天常外人倫 無用之學也]」

「전(傳)에 이르기를, "군자는 외물을 부리고 소인은 외물의 부림을 받는다.[君子役物 小人役於物]"라고 하였는데, 도가(道家)나 불가(佛家)는 외물의 부림을 받지 않을 수 있지만 외물을 부릴 수는 없는 반면에, 우리 유자(儒者)는 외물의 부림을 받지 않으면서 동시에 외물을 부릴 수 있다. 이것이 바로 우리 유자의 학문이 천지의 순수함과 온전함을 얻게 된 까닭이요, 이단(異端)이 한쪽에 치우치게 된 이유다.」

정약용이 말했습니다.

「이단(異端)의 해독으로 말하면 노장(老莊)과 불씨(佛氏; 불교)가 가장 심합니다. 그러나 우리나라에는 본래 도교(道敎)가 없고 불교만이 신라와 고려에서 흥성하여 그 끼쳐진 해독과 기세가 지금까지 없어지지 않았습니다. 진실로 어리석은 지아비나 아낙네들에게 석가(釋迦)나 관음보살(觀音菩薩)의 말이 패망(悖妄; 하늘을 거스르고 진실하지 않음)한 것과 윤회(輪回)와 인과(因果)가 허황한 말임을 알게 한다면, 비록 날마다 종아리를 때리면서 그 어버이를 버리거나 기욕(嗜欲; 욕구)을 끊으라고 종용하며 머리를 깎고서 소나 돼지 같은 중들에게 절하라고 요구하여도 따르지 않을 것입니다.」

정약용이 또 말했습니다.

「두 사람이 인(仁)이 된다. 사람과 사람이 서로 접촉해야 비로소 인이라는 명칭이 생긴다. 사물에는 인(仁)이 합당하지 않다. 불가(佛家)에서 살생을 금하는 것은 (사람이 아닌) 사물에 대해 인(仁)하는 것이며, 묵자(墨子)의 겸애(兼愛)는 (친족이 아닌) 남을 친애(親愛)하는 것이다.」

홍석주(洪奭周)는 말했습니다.

「석씨(釋氏)의 도(道)는 큰 인륜을 끊고 사람의 길을 끊었으니 하루라도 백성과 살 수 없다.」

〈무명자집(無名子集)〉에서 윤기(尹愭)가 말했습니다.

「공자께서는 "삶도 모르거늘 어찌 죽음을 알겠는가.[未知生焉知死]" 하였으니, 삶의 이치를 안 뒤에야 죽음의 이치를 알 수 있다는 뜻이다. 불교는 도리어 삶의 이치에 대해서는 궁구하지 않고 사후의 이야기만을 하여 어제의 죽음을 지금의 몸으로 삼고, 이 사람의 삶을 저 사람의 몸으로 삼아 종횡으로 착종(錯綜; 이것저것 뒤섞여 엉킴)과 전도(顚倒)되거늘, 주제넘게 법교(法敎)가 되어 천하의 사람들을 부추겨 따르도록 하기에 이르렀다. 저 불교가 일어서서 이단이 되어 유교와 대립하며 세상을 속이고 백성을 홀리는[惑世誣民] 사사로움을 이루려 한 짓 따위야 논할 바도 못되거니와, 성인의 도를 닦고 천하의 이치를 밝혀 물리치지 못하고 차츰 그 속으로 빠져들어가 버리니 어찌 우리 유가(儒家)의 허물이 아니겠는가.」

조선 태조 때의 인물인 남재(南在)가 왕에게 상언(上言)했습니다.

「신라가 불교에 미혹하여 그 재력(財力)을 다 없애서 탑묘(塔廟)가 민가의 절반이나 되더니 마침내 나라가 망하는 데 이르게 되었고, 고려 의종(毅宗)은 해마다 3만 명의 중들을 공양하였고 달마다 십여 곳의 절에 다녔으나 마침내 임천(臨川)에서의 탄식(歎息)이 있었으며, 공민왕은 해마다 문수법회(文殊法會)를 개최하고 보허(普虛)와 나옹(懶翁)을 국사(國師)로 삼았는데, 보허와 나옹 모두 (입적 후) 사리(舍利)가 나왔지만 나라의 멸망을 구원하지는 못하였습니다. 이 일로 미루어 생각한다면, 불교의 인과응보의 설은 믿을 것이 못 됨이 명백합니다. 삼가 생각하옵건대, 전하께서 불교의 청정과욕(淸淨寡欲)을 흠모하려 한다면 선왕(先王)의 공묵무위(恭默無爲)를 본받을 것이고, 불교의 자비불살(慈悲不殺)을 본받으려 한다면 선왕의 능히 관인(寬仁)하고 호생(好生) 하는 덕을 생각할 것이고, 불교의 인과응보의 설을 두려워한다면 선한 자를 상주고 악한 자를 처벌하고, 죄 가운데 의심나는 것은 가볍게 처벌하고 공(功) 가운데 의심나는 것은 무거운 상(賞)을 주는 것을 규범으로 삼으시옵소서. 이같이 한다면 다만 백성들만 그 은택을 입을 뿐만 아니라 천지 귀신도 또한 몰래 돕게 될 것입니다.」

난세에서 인격과 처세를 얻다

하지만 불교에 관해 개방적이고 포용하는 자세를 견지한 식자(識者)들도 있었습니다.

최한기(崔漢綺)가 말했습니다.

「다른 종교와 이단(異端)은 마땅히 성실한 도리로 감화시키는 것을 위주로 해야지, 이를 배척하여 상대방을 거꾸러뜨리고 승리의 깃발을 세우려 해서는 안 된다. 이단도 모두 선한 도리를 구하는 마음이 있기 때문이다.」

홍대용(洪大容)은 이미 젊은 시절 능엄경과 원각경 등 여러 경을 읽고 불교에 대해 많은 관심을 가졌는데, "불경은 사람의 마음을 논함에 있어 그 말 만듦이 기이하고 놀라워 반성하고 깨닫는데 쉽다."라고 하였고, "이단의 학문이 비록 여러 가지 있으나 마음을 맑게 하고 세상을 구제하여 몸을 닦고 남을 다스리는 데는 한 가지이니 나에게 있어서는 나를 좋아하는 바를 따르고 저들에게 있어서 선한 일을 할 수 있도록 허여한다면 무엇이 손상되겠는가."라고 하였습니다.

정조(正祖)는 "유학을 공부하는 자는 불교의 이치를 몰라서는 안 된다."라고 하였고, 도교나 불교를 이단으로 규정하면서도 유교와 함께 이들이 '화속여세(化俗勵世; 풍속을 교화하고 세상이 잘 다스려지도록 힘써 노력함)'하는 공(功)이 있음을 인정하였습니다.

조선의 태종(太宗)이 말했습니다.

「내가 일찍이 생각하니, 불씨(佛氏; 석가모니 또는 불교)의 무리가 비록 이단이기는 하지만 그 마음 쓰는 것을 보면 자비를 종지(宗旨)로 삼고 있다.」

　주자(朱子)는 〈대혜어록(大慧語錄)〉을 즐겨 읽었는데, 이 책은 중국 송나라 때의 선사(禪師)인 대혜종고(大慧宗杲)의 말씀과 편지 등을 모은 책입니다. 주자가 말했습니다.

　「현재 선학(禪學; 불교)을 하지 않는 사람은 학문의 깊은 곳을 보지 못한 것이다. 깊은 곳에 도달하고 나면 반드시 선(禪)에 나아간다.」

　〈안씨가훈〉에서 말합니다.

　「불교와 유교, 양교(兩敎)는 본래 하나였는데 점진적이냐 그렇지 않으면 처음부터 궁극의 경지가 열려 있느냐에 차이가 있고, 또 교리의 깊고 얕음이 다르다.
　불교는 입문 단계에 다섯 가지의 금계(禁戒; 五戒를 말함)를 두는데, 모두 유교의 인의예지신(仁義禮智信)과 부합한다. 인(仁)은 살생하지 말라는 계율이고, 의(義)는 도둑질하지 말라는 계율이고, 예(禮)는 사특(邪慝; 사악하고 간사함)하지 말라는 계율이고, 지(智)는 술 마시지 말라는 계율이며, 신(信)은 망언(妄言)을 하지 말라는 계율이다. (유교의 鼻祖인) 주공(周公)과 공자에게 귀의하면서 석가(釋迦)의 큰 가르침을 등진다는 것은 얼마나 미혹된 일인가.[內外兩敎 本爲一體 漸極爲異 深淺不同 內典初門 設五種禁 外典仁義禮智信 皆與之符 仁者不殺之禁也 義者不盜之禁也 禮者不邪之禁也 智者不酒之禁也 信者不妄之禁也 歸周孔而背釋宗 何其迷也]」

장유(張維)는 이렇게 말했습니다.

「불교의 학문이 비록 이단(異端)이기는 하지만 몸과 마음에 유익함이 있다면 공격해 배척할 수 없다.」

김정희(金正喜)는 이렇게 말했습니다.

「유가(儒家)의 성인(聖人)이 세간의 법을 절실하게 말하면서 명(命)과 인(仁)을 드물게 말한 것은 출세간(出世間)의 법을 버린 것이 아니라 범우(凡愚)가 공견(空見)에 집착할까 염려한 때문이요, 불씨(佛氏)가 출세간법을 절실하게 말하면서 시(是)와 비(非)를 드물게 말한 것은 세간법을 버린 것이 아니라 범우가 유견(有見)에 집착할까 염려한 것이다.[吾儒聖人 切言世間之法 罕言命與仁者 非棄出世間法也 恐凡愚着空見故也 佛氏切言出世間法 罕言是與非者 非棄世間法也 恐凡愚着有見故也]」

위 김정희의 말씀은 고래(古來)의 보기 드문 탁견(卓見)이요, 그의 학문의 경지와 안목이 이미 원숙(圓熟)의 단계에 이르렀음을 잘 보여주는 대목입니다.

**122.**

# 내가 기쁘고 행복할 때

내가 기쁘고 행복할 때 죽음의 사자(使者)가 다가오고 있습니다.

내가 기쁘고 행복할 때 어떤 집에서는 사람이 죽어가고 있습니다.

내가 기쁘고 행복할 때 불행의 신(神)이 문틈을 들여다보고 있습니다.

내가 기쁘고 행복할 때 누군가는 어디서 슬퍼하면서 눈물을 흘립니다.

내가 기쁘고 행복할 때 돌아가신 조상들이 애타게 울부짖고 있습니다.

내가 기쁘고 행복할 때 누군가는 나를 흘겨보면서 원망하고 있습니다.

내가 기쁘고 행복할 때 내 복명(福命; 복의 수명)이 줄어들고 있습니다.

내가 기쁘고 행복할 때 지구촌 어디에선가는 전쟁이 벌어지고 있습니다.

내가 기쁘고 행복할 때 내 전생의 어머니는 고통 속에 신음하고 있습니다.

# 123

# 이 세상

2020년 한 해에 전 세계가 국방비로 날린 돈이 무려 2,300조 원입니다. 이중 미국 국방비는 단연 세계 1위로 7,780억 달러입니다. 우리 돈 900조 원에 가깝습니다. 곧 '천조국(千兆國)'이 됩니다. 미국의 국방비는 세계 2위부터 세계 10위까지의 국방비를 다 합친 것보다 많은 액수입니다. 과거엔 중국이 '천조(天朝; 天子의 나라)'로 불렸는데, 지금은 미국이 천조국으로 불립니다.

118개의 섬이 모여 있는 군도(群島)인 남태평양의 프랑스령 폴리네시아에서 프랑스가 1966년부터 1996년까지 193차례의 핵실험을 은밀하게 해온 사실이 드러났습니다. 프랑스는 유럽의 자존심이자 문화 대국이며 '톨레랑스(관용)'로 유명한 나라입니다.

프랑스 소방관 20명이 13살 소녀를 2년간 130차례 성폭행해 왔는데, 성폭행 혐의를 받은 소방관 20명 중 단 3명 만에 기소됐고 나머지는 모두 불기소 처분을 받았습니다.

일본 총리가 이런 말을 했습니다.

「한국 전쟁은 신(神)이 일본에 내린 선물이다.」

2007년에는 일본의 교육부 장관이 「아시아에서 전쟁으로 희생된 여자들은 자신들이 위안부였던 것을 자랑스러워해야만 한다.」라는 망언을 하였고, 미국 주재 일본 총영사는 「일본군이 2차 대전 중 한국에서 온 여성들을 성노예로 삼았다는 증거는 없다. 그들은 돈을 받은 매춘부였다.」라고 말했습니다.

유엔(UN)·국제적십자위원회·국제구호단체·유엔평화유지군·국경없는 의사회와 같은 국제기구에서 일하는 직원들이 현지 여성이나 아이들에게 성폭행·성매매·성 학대·아동 강간·섹스 파티 등을 벌여온 것으로 드러났습니다. 이들은 성매매 대가로 현지 여성이나 아이들에게 현금·의약·학비·음식·맥주·향수·핸드폰 등을 건넸습니다.

지금도 예멘에서는 52%의 여성이 7~10세에 혼인합니다. 너무 가난해서 양육비용을 감당하지 못하는 딸의 부모들이 신랑한테서 거액의 지참금(보통 1,000달러에서 1,500달러)이나 땅 또는 가축 등을 받고 딸을 3, 40대의 남자들에게 시집보냅니다. 이런 야만적인 조혼(早婚) 풍습은 이슬람교나 힌두교를 믿는 중동, 아시아, 아프리카에서 지금도 광범위하게 행해지고 있습니다.

천주교 신부(神父)들의 아동 성추행은 이제 뉴스거리도 아닙니다. 2002년 보스턴에서는 천주교 사제(司祭) 235명이 1940년부터 60년간 1,000명 이상의 어린이를 성적으로 학대한 사실이 미국 전역에서 폭로됐습니다.

독일에서는 가톨릭 사제들이 1946년부터 2014년까지 약 70년 동안 최소 3,766명의 아동을 성추행했는데, 피해자 대부분은 소년으로 절반 이상이 13세 미만의 어린이였습니다.

바티칸이 전 세계 교구에서 거둬들인 헌금의 약 20%만 자선 등 좋은 일에 사용하고, 80%는 교황청 내부의 관료 조직을 유지하거나 일부 성직자의 호화로운 생활 유지에 쓰인다고 합니다.

현재 우리나라에서 판·검사가 죄를 지었을 경우, 그 기소율(起訴率)이 약 0.2%입니다. 이는 판·검사 1,000명이 죄를 지으면 2명만 기소가 된다는 것을 의미합니다. 일반 국민의 기소율이 34%임에 비추어 볼 때, 법 앞의 평등이 얼마나 무색하고 무력한지 알 수 있습니다.

또 의사를 비롯한 의료인들에 의한 의료사고의 경우, 법원이나 검찰이 엄격하고 공정하게 법을 선고·적용하는 무척 드뭅니다. 의료인들은 의료과오에 대한 '국가형벌권 발동 자제(自制)'를 국가에 요청하고 있는데, 정상적인 의료행위 과정에서 발생한 의료사고에 대해 고의나 중과실이 없다면 의료인을 기소하거나 처벌하는 것은 부당하다고 주장합니다. 또 이들은 의료과오가 인정되더라도 개인에 대한 민사책임을 물면서 동시에 의료인에게 사회 책임까지 물을 필요성이 있는지 의문이라며 형벌권이 과도하게 발동되면 고위험 진료 기피 현상이 초래되고 고위험 진료가 많은 필수 의료 인력 감소는 필연적이라고 주장합니다.

또, 재벌이나 고위공직자 등의 아들들이 제대로 병역을 이행했는지, 이행했다면 어떤 부대에서 어떤 일을 했는지를 조사하면 과연 어떤 결과가 나올까요.

한국 사회 저변에 흐르고 있는 차별, 박탈, 배제, 혐오, 갑질, 특권의식과 선민(選民)의식은 또 어떻습니까.

**124.**

## 청복(淸福)

노년에 책을 읽는 시간이 많아졌습니다. 집안 살림살이는 넉넉하고 부모님은 아직 건강하시며 빈둥거리거나 몸이 안 좋은 자녀들은 없습니다. 어느 밤 늦게까지 책을 읽다가 갑자기 깨달은 것이 있었습니다.

「내가 쌓은 공덕도 없는데 어찌하여 이런 호사를 누린단 말인가.」

호젓하고 여유롭게 시간을 보내는 사람들이 있습니다. 멋진 전원주택 속에서 살고 살림은 넉넉합니다. 평생 일하지 않아도 먹고살 만한 재산이 있고 몸은 아픈 데 없이 건강하며, 고요히 앉아 책을 읽거나 취미 생활을 하거나 자원봉사를 하거나 기도하는 시간이 많습니다. 이런 복을 '청복(淸福)'이라 하는데, 불경에서 이런 청복은 전생에 십선업(十善業)을 닦은 데서 나온다고 말합니다.

**125.**

## 이런 상상

이런 상상을 해 봅니다. 첫 번째입니다.

그는 어려운 가정에서 자랐습니다. 가난이 주는 고통을 뼈저리게 느꼈기에 열심히 공부하여 명문대에 들어갔고 남들이 알아주는 대기업에 취직했습니다. 그러다 뜻한 바 있어 회사를 그만두고는 사업을 시작했습니다. 운이 좋아서인지 사업은 잘 되었고 돈을 많이 벌게 되었습니다. 그가 어느 날 문득 이런 생각을 했습니다.

어렸을 적 그가 살던 마을은 다들 가난했습니다. 어떤 집은 돈이 없어서 아들 수학여행을 못 보내고, 어떤 집은 허리를 다쳤는데 돈이 없어 치료 시기를 놓치고, 어떤 집은 돈이 한 푼도 없어서 친척의 혼례식에 갈 엄두를 못 내고, 어떤 집은 친정에 위급한 일이 생겼는데 손을 놓고 있고, 어떤 집은 쌀독이 바닥나 굶기를 밥 먹듯이 하고, 어떤 집은 돈이 없어 아버지 장례를 초라하게 치르고…

이때 '돈 많은 누군가가 나서서 이들에게 돈을 빌려주면 얼마나 좋을까.' 하는 생각이 스쳐 지나갔습니다. 그래서 어느 날 그는 고향 마을에 3천만 원을 쾌척했습니다. 3천만 원을 기금(基金)으로 삼아 돈이 필요한 사람이라면 누구나 그리고 아무 때나 빌려 쓸 수 있게 하였습니다. 돈을 빌려주고 하는 일은 그 마을의 덕망 있는 분에게 맡기고 그는 그 일에 일절 관여하지 않기로 했습니다.

반응은 폭발적이었습니다. 마을 사람들이 필요할 때마다 돈을 빌려 쓰고는 나중에 갚았습니다. 설령 돈을 갚지 못하더라도 독촉하지 않았으며 돈을 1년이든 10년이든 20년이든 나눠서 갚아도 되었습니다. 물론 이자는 한 푼도 받지 않았습니다.」

두 번째입니다.

현재 우리나라 민법은 피상속인(상속재산을 남기고 죽은 사람)이 있을 때, 상속인이 되는 자녀들은 부모가 돌아가셨다는 사실을 안 날로부터 3개월 이내에 가정법원에 상속재산을 받을 것인지(단순 승인), 아니면 전부 포기할 것인지(상속 포기), 아니면 상속재산의 한도 내에서 피상속인의 채무를 부담할 것인지(한정 승인)를 신고해야 합니다. 그런데 우리 민법은 많은 문제를 수반하는 '단순 승인'을 원칙으로 하고 있습니다. 피상속인이 돌아가신 날로부터 3개월이라는 짧은 기간 안에(게다가 자녀들이 어리면 그 청구를 누가 해 줄까요?) 가정법원에 청구해야 하는데, 이 기간 안에 아무런 청구를 하지 않으면 모두 '단순 승인'으로 간주하기 때문입니다.

'상속 포기'가 쉽고 좋은 듯 보이지만 사실 많은 문제를 발생시킵니다. 부모가 많은 채무를 남기고 돌아가셨을 경우, 자녀가 상속 포기를 하게 되면 자녀 모두가 상속 포기를 해야 합니다. 자녀가 4명인데, 이 중 3명만 상속 포기를 하고 나머지 1명은 연락이 안 돼서 상속 포기를 하지 못했다면 그 1명이 모든 채무를 상속하게 됩니다. 그리고 자녀들이 모두 상속 포기를 하게 되면 제2순위 상속권자인 피상속인 직계존속(부모)에게 그 채무가 넘겨지게 되는데, 이는 원치 않는 피해자를 발생시키는 고약한 일이 됩니다. 만약 제2순위 상속권자도 상속 포기를 하게 되면, 제3순위 상속권자(피상속인의 형제자매)에게 넘어가고, 이들마저 상속 포기를 해 버리면 고인의 채무는 마지막으로 제4순위 상속권자(피상속인의 4촌 이내 방계혈족, 예컨대 피상속인과 3촌 관계에 있는 분의 자녀들)에게 채무가 넘어갑니다. 이렇게 상속 포기는 뜻하지 않는 억울한 피해자들을 낳게 되니, 상속 포기를 하려는 분들은 본인의 형제들 외에 상속권자가 될 수 있는 분들에게 일일이 연락하여 이 사실을 정확히 알려드려야 합니다.

상속 포기는 이렇게 억울한 피해자를 낳을 수 있고 절차가 복잡하며(4순위 상속권자까지 다 포기를 해야 함), 또 고인이 남긴 채무의 규모를 다른 사람들이 알게 되는 단점이 있습니다. 그런데 상속인이 '한정 승인'을 청구하게 되면 이런 문제점들이 사라집니다.

그리고 참고로 상속인이 가정법원에 상속 포기를 청구한 후 생활비에 쓰려고 고인(피상속인)의 통장에서 100만 원을 인출했다면 이는 '단순 승인'으로 간주하여 고인이 남긴 재산과 채무 모두를 상속하게 되니 조심해야 합니다.

사람이 죽은 후 경황도 없는데 3개월 안에 가정법원에 복잡한 서류를 작성하여 신고하는 일이 쉽지 않습니다. 그래서 누군가가 이런 피해를 막고자 국회에 민법 개정안을 제출했는데, 그 핵심은 이렇습니다.

피상속인이 사망하면 원칙적으로 '한정 승인'이 개시된다.

상속인이 3개월 안에 단순 승인 또는 상속 포기를 청구하면, 이때부터 한정 승인은 무효가 된다.


예컨대 부모님이 돌아가시면 일단 '한정 승인'을 했다고 무조건 간주하되 상속인이 단순 승인이나 상속 포기를 별도로 신청하면 그것을 존중하여 한정 승인이 바로 폐기되고 단순 승인 또는 상속 포기 절차를 밟게 되는 것입니다. 이렇게 하면 억울한 피해자들이 생기지 않을 겁니다. 부모가 남긴 막대한 빚을 단지 혈육이라는 이유만으로 떠안는 일은 분명 불합리합니다. 그간 우리 민법은 피상속인의 채권자 입장만 지나치게 보호하여 단순 승인을 원칙으로 했는데, 그 결과 엄청나게 많은 선의의 피해자들을 양산해 냈습니다.

위에서 본 두 가지 상상은 어디까지나 필자의 상상입니다. 하지만 누군가가 이런 일을 하였다면 그건 정말 엄청난 공덕을 짓는 일임이 분명합니다.

성인의 말씀 두 개를 보겠습니다.

「대자연의 법칙으로부터 자유로워지는 방법은 오직 공덕밖에 없다. 선행을 베풀면 우주의 법칙이라도 조금씩 비켜 갈 수 있다. 이 외의 그 어느 것도 우주의 법칙을 거스를 수 없다.」

「도가(道家) 수행을 올바르게 하려면 먼저 해야 할 일이 있다. 바로 '선행(善行)'이다. 자신의 불로장생(不老長生)만을 위해 정좌해서 수련하고 다른 사람들을 전혀 배려하지 않고 돌보지 않는 사람은 세상에서 제일 이기적인 사람이다. 그런 사람은 결코 도(道)를 성취할 수 없다.」

선법(善法)을 닦아야 비로소 부처의 깨달음인 무상정각(無上正覺)을 이룰 수 있다고 불경은 말합니다. 그 어떤 것에도 집착하면 안 되지만 선법에만큼은 집착해야 합니다. 선법을 닦아야 비로소 구경(究竟)인 공(空)에 이를 수 있습니다.

**126.**

# 헛되이 보낸 날

하루라도 선행을 실천하지 않았다면 하루를 헛되이 보낸 것입니다.

하루라도 자신의 허물을 발견하지 못했다면 하루를 헛되이 보낸 것입니다.

하루라도 성현의 가르침을 공부하지 않았다면 하루를 헛되이 보낸 것입니다.

하루라도 자기가 받은 은혜를 생각해 보지 않았다면 하루를 헛되이 보낸 것입니다.

하루라도 가난한 사람들의 고통을 생각해 보지 않았다면 하루를 헛되이 보낸 것입니다.

# 독서의 효용

의서(醫書)를 읽으면 섭생(攝生)을 알게 되고
농서(農書)를 읽으면 농민의 수고를 알게 되고
법전(法典)을 읽으면 처세하는 법을 알게 되고
병서(兵書)를 읽으면 나라의 안위를 걱정하게 되고
사서(四書)를 읽으면 인도(人道; 사람 노릇)를 알게 되고
주역(周易)을 읽으면 진퇴성쇠득실(進退盛衰得失)을 알고
불경(佛經)을 읽으면 삼세(三世)의 인과(因果)를 알게 된다.

# 천지인(天地人)

맹자는 「천시(天時)는 지리(地理)만 못하고 지리는 인화(人和)만 못하다.」라는 유명한 말씀을 하셨습니다. '천시(天時)'는 섭리·숙명을 말하고 '지리(地理)'는 환경을 말하며 '인화(人和)'는 인간관계나 행위·노력 등을 말합니다.

이를 확장하면, 천시는 하늘의 섭리·보살핌을, 지리는 터·기운·기후·토질·식량 등을, 인화는 사람·업력·기술·의지·교육·문화 등을 의미하는 것이지요. 그러니까 맹자의 말씀은, 하늘이 정한 운명보다는 환경이 더 중요하고 환경보다는 인간의 힘 또는 의지가 가장 중요하다는 겁니다.

「천재(天災)보다 인재(人災)가 더 참혹하다.」라는 잠언도 있거니와, 도교 경전인 〈음부경(陰符經)〉에「하늘이 살기(殺氣)를 발하면 별들이 숨고, 땅이 살기를 발하면 용과 뱀이 땅 밖으로 나오고, 사람이 살기를 발하면 천지가 뒤집어진다.」라는 말씀이 있습니다.

'모든 것은 이미 다 정해져 있다'라는 말은 천시(天時)를 강조한 말이요, '금융을 지배하는 나라가 세계를 지배한다.'라는 말이나 '식량안보(食糧安保)'와 같은 말은 지리(地理)를 강조한 말이요, '사람이 미래다', '결국은 사람이다'라는 말 등은 인화(人和)와 관련이 있습니다.

제갈량이 말했습니다.

「성인(聖人)은 하늘을 모범으로 삼고, 현자(賢者)는 땅을 모범으로 삼으며, 지자(智者)는 옛것을 모범으로 삼는다.[聖人則天 賢者法地 智者則古]」

하늘[天道]은 영원토록 호생(好生; 생겨나게 하는 것을 좋아함)과 생생불이(生生不已; 낳고 또 낳고 하는 일이 그치질 않음)를 반복하는 도(道)가 있고, 땅은 만물을 먹여 살리는 덕(德)을 지녔습니다.

「남자는 하늘, 여자는 땅」이라는 말에서 여자를 땅에 비유한 것은 여자가 '낮고 천하다'라는 뜻이 아니라 여자와 땅 모두 '생산 능력'이 있음을 말한 것입니다.

〈예기(禮記)〉에서 말합니다.

「하늘은 사사로이 덮어 주는 것이 없고, 땅은 사사로이 실어주는 것이 없고, 해와 달은 사사로이 비추어주는 것이 없다[天無私覆 地無私載 日月無私照]」

불경에서는 중생의 업력(業力)이 불가사의하고 성인(聖人)의 원력(願力) 역시 불가사의하다고 말합니다.

같은 것을 보아도 서로 다르게 보는 이유이고, 또 이 우주가 생성되는 근본적인 이유인 동시에 인간이 영겁의 세월을 윤회하는 이유는 바로 '업력' 때문입니다. 게다가 천국이니 지옥이니 하는 육도(六道)가 생겨나는 이유도 바로 업력으로부터 기인합니다.

성현께서 말씀하셨습니다.

「하늘은 인간을 통하지 않고는 그의 뜻을 펼칠 수단이 없고, 인간은 하늘의 도움 없이는 일을 성사시킬 수 없다.」

공자가 말했습니다.

「사람이 도(道)를 넓히는 것이지 도(道)가 사람을 넓히는 것은 아니다.[人能弘道 非道弘人]

이는 인류의 역사와 문화, 진리 추구 등 모든 문제는 결국 사람의 문제임을 뜻합니다.

고대 지식인들은 세 가지를 반드시 알아야 한다고 하였습니다. 명리(命理)·지리(地理)·의리(醫理)가 그것입니다. 명리(命理)는 하늘과 관계된 것이고, 지리(地理)는 땅, 의리(醫理)는 사람과 관계된 것입니다.

이수광(李睟光)이 말했습니다.

「이윤(伊尹)·부열(傅說) 같은 어진 사람과 관중(管仲)·제갈량(諸葛亮) 같은 재능 있는 사람이 있더라도, 그러한 군주를 만나지 못하고 그러한 시대를 만나지 못하면 천하의 대사(大事)를 이뤄내지 못한다.」

**129.**

# 나이를 먹을수록

나이를 먹을수록 고집은 세집니다.
나이를 먹을수록 죄악만 짓습니다.
나이를 먹을수록 허물만 늘어납니다.
나이를 먹을수록 번뇌만 많아집니다.
나이를 먹을수록 노동이 싫어집니다.

나이를 먹을수록 죽음이 두려워집니다.

나이를 먹을수록 후회 거리만 만듭니다.

나이를 먹을수록 남의 말은 듣기 싫습니다.

나이를 먹을수록 공부해야겠다는 생각이 듭니다.

나이를 먹을수록 '음악'보다 위대한 발견은 없다는 생각이 들고, '음식'만큼 귀한 것은 없다는 생각이 들며, 말 수를 줄이는 것이 가장 시급한 것임을 알게 되고, 타인의 '노고와 희생'을 그간 모르고 살아왔다는 생각이 들어 부끄러워집니다.

# 130

# 자존감(自尊感)

자존감이란 자신의 삶과 행복은 마땅히 지지받고 보호받을 만한 가치가 있다는 확신입니다. 자신이 좋은 사람이고 다른 사람에게 존중받을 만하며 그럴 자격이 충분하다는 확신입니다.

자존심(自尊心)이 남에게 자신의 체면을 세우려는 마음이라면, 자존감은 자신의 가치를 스스로 존중하는 마음입니다.

자존감이 낮으면 두려움에 쉽게 지배당합니다. 자존감이 낮은 사람은 다른 사람을 쉽게 증오합니다. 다른 사람에게 칭찬을 받는다고 해서 자존감이 생기는 건 아닙니다. 학식이나 재산, 혼인, 부모가 됨, 자선활동, 성적 정복이나 성형수술 역시 자존감을 키울 수 없습니다.

자존감이 낮으면 타인의 기대는 충족시키더라도 자신을 충족시키는 데는 실패할 수 있습니다. 따라서 온갖 영예를 누리지만 아무런 성취감을 느끼지 못할 수도 있습니다.

기본적으로 자신이 쓸모 있고 가치 있는 존재이며 사랑받을 만하다고 여기는 사람만이 자존감이 높습니다. 자존감이 높은 사람은 행복해도 불안을 느끼지 않습니다.

누가 말했습니다.

「자존감이 높은 사람들은 누가 나한테 뭐라고 평가를 하건 사실 아무 상관이 없습니다. 의연할 수 있다는 거죠. 타인이 나에 대해서 뭐라고 평가를 하건, 심지어 나를 비하(卑下)해도 감정적으로 흔들리지 않을 수 있는 것이 바로 자존감이 높은 상태거든요.」

자존감이 높은 사람은 좌절을 겪게 되더라도 이 좌절 이후에 다시 일어나는 힘, 소위 말하는 '복원력(復原力)'이 높습니다.

부모가 자존감이 높으면 자녀의 행동에 민감해하지 않습니다. 자존감이 높으면 자신과 신체에 대한 만족도가 높습니다.

자존감이 낮으면 자기 힘으로 충분히 이겨낼 수도 있었을 시련 앞에서 쉽게 무너집니다.

'나'는 나밖에 없는 존재입니다. '나'는 내가 평생 돌봐주어야 할 존재입니다. 내 곁엔 '나'라는 존재가 있습니다. 그간 '나'는 자기 학대·자기 혐오·자기 부정·자기 검열로 나 자신을 너무나 힘들게 하였습니다. '나'에 대해 조금도 타협할 줄 몰랐습니다. '나'에 대해 너무 잔인했습니다. 쉴 새 없이 몰아붙였습니다. '나'를 위해 쉬는 휴식조차도 시간 낭비라 여겼습니다. 내가 무슨 성과를 거두어야만 나는 괜찮은 사람이고, 성과가 형편없으면 나는 마땅히 죽어야 할 사람으로 생각했습니다.

전 세계적으로 '자기혐오' 때문에 고통받는 사람이 그렇게 많다고 합니다. 동양 사람은 수치심 때문에 자살을 많이 하고, 서양 사람은 자기혐오 때문에 자살한다고 합니다.

어느 고승이 말했습니다.

「사람들은 자신이 다생(多生)을 윤회하면서 수겁(數劫) 동안 쌓은 선근(善根)과 복덕을 알지 못하고, 단지 자신이 이번 생에서 죄악을 많이 지은 것만 기억한다. 또한 숙명통(宿命通; 전생을 보는 신통력)이 없어서 자신이 지난 전생에 한 일을 모르기 때문에 자신을 한없이 낮춰 보고 혐오하는 것이다.」

당신은 정말 좋은 사람일 겁니다. 이번 생만 보면 당신은 그저 그런 사람일지도 모르지만, 시야를 전생에까지 넓혀 보면 당신은 참으로 많은 덕행(德行)을 지었습니다. 그러니 자책하거나 자기혐오에 빠지지 마십시오. 천천히 가십시오. 조바심 내지 마세요. 잘될 겁니다.

**131.**

## 자기를 이롭게 하는 일

화 덜 내기

말수 줄이기

뽐내지 않기

부끄러움 알기

남과 비교하지 않기

타인을 불쌍하게 보기

세상사에 흔들리지 않기

자신을 쉽게 용서하지 않기

나쁜 버릇이나 성격을 빨리 고치기

부지런히 공부하고 부지런히 선행 실천하기

**132.**

## 공자의 명언

「함께 배울 수는 있어도 함께 도(道)에 나아갈 수 없고,

함께 도(道)에 나아갈 수는 있어도 함께 설 수 없으며,

함께 설 수는 있어도 권세를 함께 공유(共有)할 수 없다.

[可與共學 未可與適道 可與適道 未可與立 可與立 未可與權]」

「자신이 올바르면 명령하지 않아도 제대로 행해지고,
자신이 올바르지 못하면 비록 명령한다 해도 따르지 않는다.

[其身正不令而行 其身不正雖令不從]」


「오래 함께 일한 사람은 큰 잘못이 없다면 버리지 않고,
한 사람이 모든 것을 다 갖추기를 바라지 않는다.

[舊無大故則不棄也 無求備於一人]」


「군자는 작은 점에서는 그 장점을 알아볼 수 없지만 큰일을 감당할
수 있고,
소인은 큰일은 감당할 수 없지만 작은 점에서는 그 장점을 알아볼
수 있다.

[君子不可小知而可大受也 小人不可大受而可小知也]」


「명(命)을 알지 못하면 선견지명이 없는 것이니 군자가 될 수 없다.
예(禮)를 알지 못하면 신념을 가지고 꿋꿋이 설 수 없다.
말[言]을 알지 못하면 올바른 사람됨이 무엇인지를 알 수 없다.

[不知命 無以爲君子也 不知禮 無以立也 不知言 無以知人也]」


「군자는 자신의 몸을 편안히 한 후 움직인다.

[君子安其身而後動]」

**133.**

# 밥상 앞에서 통곡하다

몇 년 전의 일입니다. 독감에 걸려 1주일을 앓았습니다. 과로한 탓인지 아니면 면역력이 약해진 탓인지 몸에 기운이 하나도 없어서 제대로 서 있기도 힘들었고, 이틀 동안 아무것도 먹지 않았음에도 배가 전혀 고프지 않았습니다.

서글프고 외롭고 서러웠습니다. 지나온 날들을 곰곰이 되돌아보기도 하였고, '내가 지금 제대로 살고 있는 건가.' 하는 생각이 수도 없이 들었습니다.

앓아누운 지 엿새째 되는 날, 기운이 조금씩 회복되면서 독감이 물러가고 있음이 감지되었습니다. 자고 일어났는데 어머니께서 차려 놓으신 밥상이 눈에 띄었습니다.

신문지를 걷으니 반찬과 과일이 희미하게 눈에 들어왔습니다. 가까이 다가가 보니 미역국, 꽈리고추조림, 깍두기, 버섯무침 그리고 홍시 2개가 상 위에 놓여 있었습니다.

약 1분간 조용히 밥상을 바라보는데, 갑자기 눈물이 고이면서 울음이 쏟아지기 시작했습니다. 하염없이 눈물이 쏟아지더니 이내 그 울음은 통곡으로 변했습니다. 밥상을 보면서 엉엉 소리 내어 울었습니다. 천지자연이 말없이 나를 먹여 살리고 계셨습니다.

대학에서 교수를 하다 그만두고 시골에 내려가 조용하게 사는 어느 학자가 말했습니다.

「제가 이런 곳에 와서 평온하게 사는 것은 사실 바쁘고 힘들게 살아

난세에서 인격과 처세를 얻다

가는 다른 사람들에게 죄를 짓고 있는 겁니다. 그들이 힘들게 일을 해준 덕분에 나 같은 백수가 이렇게 편하게 사는 것이니 말입니다. 모든 존재는 혼자서 살아갈 수 없습니다. 밥을 먹는 것을 예로 들면, 밥상에 놓인 밥이나 김치, 생선, 달걀 등은 제 손으로 가꾼 것이 하나도 없습니다. 모두 다른 사람들이 애써서 지은 것입니다. 저는 편하게 돈을 치렀을 뿐입니다. 제가 이런 호사를 누릴 자격이 있는지 매일 나 자신한테 되묻고 있습니다.」

어떤 사람이 임종 직전에 말했습니다.

「세상에 너무나 많은 빚을 졌습니다. 그걸 갚지 못하고 떠나는 것이 한스럽습니다.」

불경에서 말합니다.

「은혜를 아는 것은 대비(大悲)의 근본이니 선업(善業)의 첫 문을 열어 사람들로부터 사랑과 공경을 받고 명예가 멀리까지 들리며 죽은 뒤에는 하늘에 태어나고 마침내는 불도(佛道)를 이룰 것이다. 은혜를 알지 못하는 사람은 축생보다 더 심한 사람이다.[知恩者大悲之本 開善業之初門 人所愛敬 名譽遠聞 死得生天 終成佛道 不知恩者甚於畜生也]」

우리가 매일 먹고 자고 할 수 있는 것은 다른 이들의 수고와 조상의 음덕과 자연이 베푸는 은혜입니다. 그러니 늘 부끄러워하고 늘 감사해야 하며 늘 참회해야 합니다. 마음속에 잠시라도 그리고 조금이라도 교만한 마음을 내서는 안 됩니다. 당신이 설사 좋은 일을 했더라도 다른 이들의 수고에 비하면 바닷물에 물 한 방울을 보탠 것과 같습니다.

## 134.
# 구제 불능

가난을 게으름과 동일시하는 사람
자기가 잘나서 부자가 됐다고 믿는 사람
자기 노력만으로 성공했다고 믿는 사람
신(神)을 믿어야만 구원받는다고 믿는 사람
무능력을 노력 부족 탓으로 돌리는 사람
인격 장애를 당사자의 잘못으로만 여기는 사람
자기는 남과 다른 특별한 사람이라고 생각하는 사람
하늘이 자기만 힘들게 한다고 여기는 사람

## 135.
# 그땐 왜

그땐 왜 그랬을까?
그땐 왜 참지 못했을까?

그땐 왜 그렇게 말했을까?

그땐 왜 옹졸하게 굴었을까?

그땐 왜 그토록 화를 냈을까?

# 136

# 최명길(崔鳴吉)

정묘호란(丁卯胡亂)이 발생하자 조선 조정은 둘로 나뉘었습니다. 청(淸)과 화친하자는 주화파(主和派)와 청과 싸우자는 주전파(主戰派)가 그것입니다. 주화파는 최명길(崔鳴吉)·이경석(李景奭) 등 극소수에 지나지 않았고 주전파가 대세였기에 조선 정부는 청과 싸우기로 하였습니다. 이후 조선은 쑥대밭이 되면서 국토는 초토화되었으며 조선 백성 수십만 명이 청에 포로로 끌려갔습니다.

인조는 최명길 덕분에 안전하게 남한산성으로 피신할 수 있었습니다. 주전파는 국제정세에 어두웠고 백성을 사지로 내몰았으며 망해가는 명나라를 끝까지 배신해서는 안 된다는 대의명분에 집착하여 나라를 비참한 지경에 빠뜨린 것입니다.

장유(張維)는 〈계곡만필〉에서 이렇게 말합니다.

「정묘호란 당시 강화도의 분위기는 흉흉했다. 조정 신료들은 대개 청과의 화친(和親)이 이루어지기를 원했다. 척화파도 큰소리치기는 했지만 속으로는 화친을 바랐다. 하지만 공론(公論; 조정의 여론)이 무서위 자기 입으로 화친을 말하지 못했을 뿐이다.」

이익(李瀷)이 말했습니다.

「고려(高麗) 태조 25년(942)에 거란이 사신(使臣)을 통해 낙타 50필을 보내왔는데, 태조는 "거란이 일찍이 발해(渤海)와 화친을 하였다가 갑자기 (발해를) 배반하고 쳐서 멸하였으니 심히 무도(無道)한 나라이다. 그들을 이웃으로 대접할 수 없다." 하고 드디어 국교를 끊고 그 사신 30인을 해도(海島)에 귀양보내고 낙타는 만부교(萬夫橋) 밑에 매어 놓아 모두 굶겨 죽였다. 지금 송경(松京)에 낙타교[橐駝橋]가 있으니 곧 그때 낙타를 매었던 자리라 한다. 사신(史臣)은 논한다. "거란이 발해로부터 배신당한 것이 우리에게 무슨 상관이 있기에 끊기를 원수처럼 하였을까. 이때부터 변방에 틈이 생겨 날로 더욱 깊어져서 그 화(禍)가 마치 언덕에 타는 불을 끌 수 없음과 같아서 나라의 망하지 아니함이 실낱같았으니, 그 원인을 찾으면 모두 태조가 강대한 이웃 나라 대접하는 도리를 잘못하여 그러한 것이다." 인종(仁宗)에 이르러서 금(金)나라가 갑자기 일어나니, 인종이 여러 신하의 반대 의론을 물리치고 금나라에 글을 올려 신(臣)이라 일컬었다. 사신(詞臣; 국서나 교서 등의 글을 지어 올리는 學士들)들이 임금 앞에서 글을 지을 때 혹 북조(北朝; 금나라를 말함)를 가리켜 호(胡; 오랑캐)라 적(狄; 오랑캐)이라 하면 깜짝 놀라면서 "대국에게 (고려가) 신(臣)이라 칭하여 섬기면서 어찌 이처럼 무례하게 칭할 수 있는가." 하고 드디어 대대로 우호를 맺게 되어 변방에 우환이 없게 되었다. 이로써 보면, 인종이 옳고 태조는 지혜롭지 못한 것이라 하겠다. 옛적 제왕(帝王)이 대국이면서 소국을 섬긴 것도 또한 그 의의(意義)가 있는 것인데, 하물며 소국으로서 대국을 섬김이겠는 가. 국사(國事)를 담당한 자는 마땅히 길이 거울로 삼아야 할 것이다.」

지식인들은 쉽게 전쟁을 말합니다. 그들은 전쟁의 비참함을 전혀 알지 못합니다. 어머니가 열 달을 품었다가 고생고생하며 키운 자식을 전쟁은 단 몇 초에 죽여 버립니다. 게다가 전쟁이 터지면 여성들이 가장 큰 고난을 겪습니다. 적국의 군사에게 강간당하고 죽임당하고 적국으로 끌려가 노비나 첩이 되고 원수의 아이를 낳으니 적국에서도 모국에서도 버림받습니다.

숙종 때의 명신 남구만(南九萬)이 「종사(宗社)가 망하지 않게 하고 백성이 죽지 않게 한 사람은 실로 최명길이었다.」라고 할 정도였습니다.

병자호란 후 이른바 환향녀(還鄕女)들을 두고 사회 문제가 되었습니다. 청에 포로로 끌려갔다가 조선에 돌아온 여자들이 수치심에 또는 시댁의 냉대에 자살하거나 미쳐버리거나 머리를 깎고 중이 되거나 했는데, 특히나 시댁으로부터 이혼을 당하는 일이 많아 당시 영의정이었던 최명길은 「환향녀들을 이혼시키면 원한을 품는 부녀들이 많을 것이니 이를 허락할 수 없습니다.」라고 왕에게 고한 명신이었습니다.

당시 실록의 사관(史官)은 최명길을 이렇게 비난했습니다.

「사로잡혀 갔던 부녀들은 비록 본심은 아니었다고 하더라도 죽지 않았으니, 절의를 잃지 않았다고 할 수 있겠는가. 절개를 잃었으면 다시 합하게 해서 사대부의 가풍을 더럽힐 수는 없다. 백 년 동안 내려온 나라의 풍속을 무너뜨리고, 삼한(三韓)을 오랑캐로 만든 자는 명길이다. 통분을 금할 수 있겠는가.」

박세당(朴世堂)이 〈서계집(西溪集)〉에서 최명길을 이렇게 평했습니다.

「동토(東土)의 사람들이 그 침석(枕席)을 편안히 하고 그 자손을 보전할 수 있었던 것이 모두 공(公; 최명길)의 은택인데, 도리어 오늘날 말하는 자들이 그에게 힘입었으면서도 그 사람을 헐뜯으니, 너무 잘못된 것이 아니겠는가.」

이시백(李時白)이 최명길을 이렇게 평했습니다.

「완성부원군(完城府院君; 최명길을 말함)의 사업으로 큰 것이 8가지이니, 반정(反正)에 참여하여 나라를 바로잡아 부흥한 것이 첫째요, 예제(禮制)를 논하여 부자(父子)의 인륜을 밝힌 것이 둘째요, 단기(單騎)로 적진에 나아가 적의 예봉(銳鋒)을 무디게 한 것이 셋째요, 비방을 무릅쓰고 화의를 주장하여 종사를 보존한 것이 넷째요, 군사의 징발을 극력 거부하면서 죽음을 전혀 아랑곳하지 않은 것이 다섯째요, 천조(天朝; 명나라)에 글을 보내고서 스스로 그 책임을 감당한 것이 여섯째요, 남의 골육(骨肉)을 잘 대한 것이 일곱째요, 붕당에 물들지 않은 것이 여덟째이다.」

숙종은 최명길에 대해 이렇게 말했습니다.

「고(故) 영의정 최명길은 나라를 위한 충성이 옛날의 현신(賢臣)들과 부합하였다. 병자호란 때 300년 종묘사직과 동방 수천 리의 국토가 이미 망하게 된 것을 다시 보존케 하였다. 그 원대한 생각과 좋은 계책이 무엇이 이보다 나을 수 있겠는가.」

정조는 이렇게 말했습니다.

「공무를 처리하는 법과 전랑(銓郞)의 폐단과 관료 제도 등을 논하면서 실제 사정을 지적하여 진술한 것이 시의(時宜)에 적절하였다. 대체로 이것들은 자기가 혼자서 터득한 견해이고 옛사람들이 한 말을 주워 모아 이리저리 꿰맞추거나 주저하고 망설인 행태가 없다. 시무(時務)를 아는 호걸이라고 할 수 있으니 당세의 재상 중에 그와 맞설 사람을 찾기 어려운 것이 당연하다. 병자호란 때 강화(講和)를 주장한 일에 대해 사람들이 비록 완벽하지 못하다고 책(責)하지만 만약 지천(遲川; 최명길의 호)이 없었더라면 종사(宗社)가 어찌 되었을 것인가.」

조선왕조실록의 사관(史官)은 최명길이 죽고 난 후 평하기를, "그는 위급한 경우를 만나면 앞장서서 피하지 않았고 일에 임하면 칼로 쪼개듯 분명히 처리하여 미칠 사람이 없었으니, 역시 한 시대를 구제한 재상이라 하겠다."라고 하였습니다.

1633년 송시열은 생원시에서 장원급제했는데, 그때 시관(試官)이 바로 최명길이었습니다. 최명길은 "송시열은 훗날 마땅히 세상을 울리는 큰선비가 되리라."라고 예언했고, 3년 뒤 병조판서로 있던 최명길이 송시열을 인조에게 인재로 천거했습니다.

하지만 훗날 송시열은 최명길에 대해선 간신(奸臣)이라면서 독한 비난을 퍼부었습니다. 이 때문에 최명길은 인조반정의 공신(功臣)이자 병자호란 때 목숨을 걸고 인조를 지켜냈음에도 "선류(善類)를 해치고 국법을 어지럽혀 사론(士論)에 죄를 얻은 지 오래다."라는 비난을 받아 끝내 인조의 묘정에 배향(配享)되지 못했습니다.

## 137.
## 여인의 넓은 품

〈해동소학(海東小學)〉에 실린 두 편의 글을 소개합니다.

「인조(仁祖)가 반정(反正)한 뒤 궁녀 중에 성이 한(韓)이요, 이름이 보향(保香)이란 여인이 있었는데, 폐위된 옛 군주(광해군을 말함)를 잊지 못하여 몰래 눈물을 흘리곤 하였다. 이에 다른 궁녀들이 이 사실을 인렬(仁烈) 왕후에게 아뢰자 인렬 왕후는 그녀를 불러 위로하고 이렇게 말했다. "국가의 흥망은 무상(無常)하니 우리 왕께서 오늘 비록 왕위에 있으나 어찌 후일에 광해군처럼 왕위를 잃지 않을 줄을 알겠는가. 네 마음가짐이 이처럼 굳으니 내 아들을 지켜줄 만하다."라고 하시면서 보모상궁(保姆尚宮)으로 삼고, 고자질한 여인들을 데려다가 종아리를 치면서 "네 오늘날의 마음을 보면 후일의 마음을 알 수 있다."라고 하였다. 한씨가 감격하여 눈물을 흘리니 옛날 광해군을 섬기던 궁녀들로서 스스로 불안감에 휩싸여 있던 궁녀들이 다 인렬 왕후의 본마음

난세에서 인격과 처세를 얻다

을 이해하게 되어 모두 마음을 놓고 돌아와 복종하였다.」

참고로 인조(仁祖)의 왕비인 인렬(仁烈) 왕후에 관한 이야기가 〈연려실기술〉에 실려 있는데, 그대로 인용합니다.

「이때 인렬 왕후(仁烈王后)가 임금에게 아뢰기를, "질(袏; 폐위된 광해군의 세자를 말함. 강화도에 위리안치되었을 때 땅을 파고 도망가려다가 적발되었음)이 범한 죄에 대해 살려야 옳을지 죽여야 옳을지는 부인이 알 바가 아닙니다. 그러나 나라가 흥하고 망하는 것은 덕을 닦았느냐 닦지 않았느냐에 달려 있으며 덕을 닦고 닦지 않음은 마음을 조심하고 방심하는 데에 달려 있으며 마음을 조심하고 방심함은 잠깐 동안에 결정되는 것입니다. 이 때문에 예부터 아침에 천자가 되면 저녁에 일개 평민이 되고자 하여도 되지 못하는 수가 있는 것입니다. 전하께서 오늘처럼 조심하지 않으신다면 전하보다 어진 이가 다시 없을지 어찌 알겠습니까. 앞사람이 한 일을 뒷사람이 본받는 것이오니 원컨대, 질을 죽이지 마시어 그것으로 뒷날 내 자손을 보전할 계책으로 삼으소서." 하였다.」

「선조 때의 인빈(仁嬪) 김씨는 바로 감찰 김한우(金漢佑)의 따님으로, 원종(元宗; 인조의 아버지) 대왕의 어머니이시다. 선조에게서 지극한 사랑을 받아 네 명의 군(君)과 다섯 명의 옹주를 낳았는데, 자녀들이 항상 어머니라고 부르면 인빈은 조심스러운 몸가짐으로 어찌할 줄을 모르며 이렇게 말하였다.

"나라가 불행하여 중전께서 아들을 낳지 못하시고 나에게 자녀를 잇게 하시니, 이는 내 배를 빌려 낳은 것뿐이다. 내 어찌 그대들의 어머니이겠는가."하고 하며, 항상 어머니란 호칭을 받으려 하지 않았으며 또한 자녀들을 '너[爾汝]'라고 부르지 않았다. 그녀의 겸손한 덕이 이와 같았으니, 하늘이 어찌 무궁한 복을 내리지 않겠는가."」

양반 출신으로 출가한 서산(西山) 대사가 노수신(盧守愼)에게 쓴 서찰에 어머니에 대한 기록이 보입니다.

「어머니는 평생 얼굴에 화난 기색을 드러내지 않았고, 가난한 사람을 보면 후하게 물품을 주었고 존경할 만한 사람을 보면 진정으로 공경하였으며, 술을 빚어 부군(夫君)에게 하루라도 손님과 더불어 취하지 못하는 날이 없게 하셨습니다. 늘 부군에게 말하기를, "당신이 만일 정든 친구나 옛 벗을 만나면 집이 가난하다는 이유로 절대 박대하지 마십시오. 저의 누런 치마라도 전당 잡힐 수 있습니다. 하물며 창고 하나 가득한 곡식을 어찌 인색하게 아끼겠으며, 설령 창고 하나 가득한 곡식이 없다고 하여도 관가(官家)에서 꾸어올 수 있지 않겠습니까."라고 하였습니다.」

중국 송대(宋代)의 대학자인 정호(程顥)와 정이(程頤)는 형제지간으로 훗날 이정자(二程子)라는 명예로운 이름으로 불렸는데, 이들의 아버지는 정향(程珦)이고 어머니는 후씨(侯氏)입니다. 이 후씨에 대한 기록이 〈치평요람〉에 실려 전하는데 그대로 인용합니다.

「아이들 음식은 늘 자리 모퉁이에 두었으며, 평상시 음식을 먹을 적에 국의 간을 맞추면 바로 꾸짖어서 그치게 하고 이르기를, "나이 어려서 벌써 입맛에 맞기를 구한다면 자라서는 어떻게 되겠느냐?"라고 하였다. 그리고 비록 집에서 부리는 종(從)이라 하더라도 나쁜 말로써 욕하지 않게 하였다. 그래서 정호 형제는 평생 음식과 의복에 가리는 것이 없었고, 나쁜 말로써 다른 사람을 욕하지 않았으니, 성품이 그러하였던 것이 아니라 교육이 그와 같게 한 것이었다. 아이들이 다른 사람과 다툴 적에는, 비록 아이들이 바르다 하더라도 잘했다고 하지 않고 이르기를, "(다른 사람에게) 굽힐 수 없을까 하고 염려해야지, 펼 수 없을까 하고 염려해서는 안 된다."라고 하였다. 조금 성장해서는 늘 선한 사우(師友)를 좇아서 교류하게 하였다. 비록 가난하더라도 아이들이 혹 손님을 맞이하고 싶어 하면 기뻐하면서 음식 준비를 하였다.」

중국 명나라의 4대 고승의 한 분이자 문장과 도덕이 대단히 훌륭하셨던 감산(憨山) 대사는 훗날 국가에 큰 공헌을 하였고, 심지어 당시 황태후가 감산 대사에 귀의할 정도였습니다. 대사의 어머니는 엄격하게 자식을 가르쳤는데, 어렸을 때 어머니가 하도 엄하게 글공부를 다 그치시니 아들이 물었습니다.

**138.**
# 살생하더라도

낚시를 즐기더라도 그물을 쓰지 않고, 둥지로 돌아와 쉬고 있는 새를 쏘지 않으며, 그 살아 있는 모습을 보고는 차마 죽어가는 꼴을 보지 않고, 겨울잠을 자거나 밤에 잠자는 동물은 잡지 않으며, 새끼를 밴 암컷은 죽이지 않고, 한솥밥 먹은 개는 잡아먹지 않습니다.

맹자가 말했습니다.

「그 우는 소리를 듣고는 차마 그 고기를 먹지 못합니다. 이런 까닭으로 군자는 푸줏간을 멀리하는 것입니다.」

공자가 말했습니다.

「숭고한 뜻을 품은 사람과 인(仁)한 사람은 자신이 살고자 인(仁)을 해치는 일이 없다.」

「이광정(李光庭)이 장로(長老) 몇 사람과 함께 각화사(覺華寺)에서 머물렀는데, 그때 마침 큰 눈이 내렸다. 중이 "꿩이 산에서 막 내려와 집 모퉁이에 있습니다."라고 하니, 소년이 가서 꿩을 잡았고 그것을 저녁 음식에 올리려 하였다. 공이 꿩을 앞에 놓고 쓰다듬다가 갑자기 창밖으로 날려 보내니 옆에 있던 사람들이 모두 깜짝 놀랐다. 공이 태연히 말하기를, "저 꿩도 생물인데 곤란한 지경을 틈타 요행으로 잡는 짓을 차마 할 수 없다." 하였다.」라는 기록이 〈대산집(大山集)〉에 나옵니다.

〈연려실기술〉에 전하는 세 이야기를 보겠습니다.

「집에 도둑이 들자 상진(尙震)이 도리어 불쌍히 여겨 말하기를, "주리고 떨면서 쪼들리다가 부득이하였구나." 하고 그 훔친 물건을 도로 내어주며, "네가 만약 배고프고 춥거든 반드시 나에게 와서 고하고 다시는 그렇게 하지 말라." 하였다. 모든 동물이나 벌레는 언제나 놓아주며 말하기를, "자유롭게 살고 싶은 것은 동물이나 나나 다 같이 원하는 것이다." 하였고, 또 잡아먹을 수 있는 것을 대하면 반드시 살려주기를 청하면서, "어찌 차마 산목숨을 보고 잡아먹기를 생각하겠는가." 하였다.」

「안현(安玹)은 중후하고 단정하며 말라 웃음이 적고 고요한 방에 홀로 있을 때도 신(神)을 대하듯 하였고, 추한 옷과 거친 밥은 한미할 때나 현달(顯達)할 때나 한결같았다. 공은 충성스럽고 청렴하고 근검하여 사사로이 선사하는 것을 받지 않았으며 청탁이 통하지 않았다. 하루는 손님이 좌석에 있을 때 공이 밥을 먹는데 오직 미역을 된장에 넣고 끓인 것뿐이었다. 공은 맛도 보지 않고 밥을 국에 마니 손님이 말하기를, "국이 맛이 없으면 어떻게 하려고 먼저 맛을 보지 않습니까." 하니 공이 말하기를, "국이 설혹 좋지 않더라도 어찌하겠소." 하였다. 종기가 나자 기미년 겨울에 등에 종기가 나서 죽었다. 의원이 말하기를, "지렁이 즙을 내서 발라야 한다."고 하니 공이 말리며, "한창 봄이라 만물이 생생한데 지렁이가 비록 미물이지만 어찌 내 병을 위하여 생명 있는 것을 죽일 수 있겠는가." 하였다.」

「조선 효종 때 새끼 곰을 바친 사람이 있었다. 기른 지 1년이 지나자 사람에게 제어 받는 것이 점점 처음과 같지 않으니 내시가 아뢰기를, "오래되면 반드시 우환이 되겠습니다." 하고 죽이기를 청하니 효종이 허락하려 하였다. 현종이 세자로서 나아가 아뢰기를, "곰이 사람을 해치는 동물이라 하지만 아직은 그 해를 받은 이가 없는데, 지금 만일 앞날의 일을 염려하여 미리 죽인다면 인(仁)한 마음이 아닐 줄 아옵니다. 마땅히 깊은 산에 놓아주어야 할 것입니다." 하였다. 효종이 듣고서 크게 기뻐하며, "네가 임금이 되어서는 시기와 의심 때문에 죽임을 당할 사람은 없겠다. 너의 신하가 되는 사람은 복 많은 사람일 것이다." 하였다.」

아래는 〈청성잡기〉에 나오는 이야기입니다.

「들에 구렁이 한 마리가 죽어있는데, 다른 구렁이 한 마리가 그 옆에서 뒤따라 죽었다. 아마도 먼저 죽은 뱀의 짝인 듯하니 누가 구렁이를 음탕한 추물(醜物)이라고 하겠는가.

강가에서 망을 쳐놓은 자가 새를 잡아서 삶고 있었는데 그 새의 짝이 공중을 빙빙 돌다가 끝내 펄펄 끓는 솥으로 떨어져 함께 죽었다. 새나 짐승이 의리를 앎이 도리어 사람보다 훨씬 뛰어나니 참으로 가슴 아프다.」

아래는 〈조선왕조실록〉에 나오는 고려 길재(吉再)의 졸기(卒記) 중 일부분입니다.

「하루는 혼자서 남쪽 시냇가에서 놀다가 가재 한 마리를 잡아 들고 노래 부르기를, "가재야! 가재! 너도 어미를 잃었느냐? 내가 너를 삶아 먹고 싶지만, 네가 어미를 잃은 것이 나와 같기로 너를 놓아준다." 하고 물에 던지며 너무도 슬피 부르짖으니 이웃집 할멈이 보고 흐느껴

울었고 온 고을 사람이 듣고 눈물을 아니 흘리는 자 없었다.」

## 139.
## 멈춤

더 먹고 싶지만 여기서 멈추고
더 사고 싶지만 여기서 멈추고
더 가고 싶지만 여기서 멈춥니다.
더 자랑하고 싶지만 여기서 멈추고
더 화를 내려다가도 여기서 멈추고
더 누리고 싶지만 여기서 멈춥니다.
더 올라가고 싶지만 여기서 멈추고
더 복수를 해주고 싶지만 여기서 멈추고
더 욕심을 부리려다가 이만 멈춥니다.

## 140.
## 같은 것이라도

착한 사람이 술을 마시면 좋은 사람으로 변하지만, 악한 사람이 술을 마시면 각박한 사람으로 변합니다.

어진 사람이 법을 집행하면 위엄과 자비심을 결합하여 운용하지만, 악한 사람이 법을 집행하면 엄정(嚴正) 일변도에 치우쳐 각박하고 살벌하게 집행을 운용함으로써 무수한 원한을 가져오니 하늘이 노하여 후손이 끊어지게 합니다.

군자가 재주를 가지고 있으면 왕도(王道) 정치를 행하지만, 소인이 재주를 가지고 있으면 패도(覇道) 정치를 낳습니다.

군자가 책을 읽으면 성현이 될 수 있지만, 소인이 책을 읽으면 혹세(惑世)나 법률 만능, 곡학(曲學), 술수(術手)에 능한 사람이 됩니다.


**141.**

# 물과 산


젊은 날엔 산을 찾고 나이가 들면 바다를 찾기 마련입니다. 산엔 꼭대기가 있어 도전 의욕을 갖게 하고, 바다는 정상이 없어 욕심을 내려놓게 합니다.

산속에 사는 사람은 자연에 순응하는 태도를 지니게 되고, 바다에 사는 사람은 자연을 정복할 마음을 갖게 됩니다. 따라서 산속에 사는 사람은 보수적인 태도를 견지하게 되지만, 바다에 사는 사람은 침략적인 사고방식을 갖게 됩니다.

일본과 영국은 섬나라로서 다른 나라를 침범하길 좋아한 역사가 있습니다. 이 두 나라가 세계 역사에 끼친 부정적 측면은 이루 말할 수 없습니다.

〈논어〉에 「지혜로운 사람의 즐거움은 물과 같고, 인자한 사람의 즐거움은 산과 같다. 지혜로운 사람은 활발하고, 인자한 사람은 고요하다. 지혜로운 사람은 즐겁게 살고, 인자한 사람은 장수한다.[知者樂水 仁者樂山 知者動 仁者靜 知者樂 仁者壽]」라는 말씀이 있습니다. 지혜로운 이의 즐거움은 물과 같이 느긋하고 영원히 활발하다는 것입니다. 또 인자한 사람의 즐거움은 산과 같이 숭고하고 위대하며 평온하다는 것입니다.

노자는 말했습니다.


「물은 온갖 것을 이롭게 하면서도 세상과 다투지 않는다. 사람들이 싫어하는 곳에 머문다. 그러므로 도에 가깝다.」


「잘 나가도 산에 오르고 궁해도 산에 오른다.[通則登山 窮則入山]」라는 말씀이 있고, 「산은 양의(良醫)요, 승우(勝友)다. 물은 상선(上善)이요, 감로수(甘露水)다.」라는 말씀도 있습니다.

풍수학에도 「산은 인물을 주관하고 물은 재물을 주관한다.[山主人 水主財]」라는 명언이 있습니다.


## 142.
## 살아오면서


살아오면서 나는 누군가를 얼마나 아프게 하였는가.

살아오면서 나는 누군가를 얼마나 화나게 하였는가.

살아오면서 나는 누군가를 얼마나 섭섭하게 하였는가.

살아오면서 나는 누군가를 얼마나 원통하게 하였는가.


**143.**

# 먼저

먼저 용서해야 용서받습니다.

먼저 인정해야 인정받습니다.

먼저 존중해야 존중받습니다.

먼저 이해해야 이해를 받습니다.

먼저 웃어야 거울 속의 내가 웃습니다.

먼저 사랑해야 사랑받을 일이 생깁니다.

이야기하고 싶으면 먼저 침묵합니다.

터놓고 싶으면 먼저 신중하게 행동합니다.

높은 지위에 오르고 싶으면 먼저 아래로 내려갑니다.

무언가를 뺏고 싶으면 먼저 무엇을 잠시 갖다주어야 합니다.

# 144

# 우리가 겸손해야 하는 이유

내가 이 세상에 공헌한 바가 거의 없다는 사실

이 세상에 대해 제대로 아는 것이 거의 없다는 사실

1초 후에 일어날 일조차 내다볼 능력이 없다는 사실

다른 사람들의 도움 없이는 단 한 순간도 살 수 없다는 사실

내가 왜 태어났으며 죽으면 어디로 가는지 전혀 모른다는 사실

이 땅에 태어난 우리는 지혜는 모자라고 근기(根器)는 형편없으며 업장이 무겁기에 무엇 하나 제대로 성취해내지 못합니다.

몸을 움직일 때마다 허물이 생기고, 생각을 일으킬 때마다 망념(妄念)과 아집(我執)만 일어납니다.

나이를 먹어 갈수록 '나 자신이 정말 못났다'라는 사실을 절실히 깨달아 가고 있습니다.

# 고수(高手)


돈을 버는 경영자는 하수(下手)요, 사람을 버는 경영자는 고수입니다.

정의를 세우는 법관은 하수요, 도덕이 흐르게 하는 법관은 고수입니다.

이름을 남기는 정치인은 하수요, 좋은 정책을 만드는 정치인은 고수입니다.

가문을 일으키는 조상은 하수요, 훌륭한 자식을 남기는 조상은 고수입니다.

치료를 내세우는 의사는 하수요, 섭생(攝生)을 내세우는 의사는 고수입니다.

죄인을 처벌하는 경찰은 하수요, 죄인을 감화(感化)하는 경찰은 고수입니다.

유창하게 말을 잘하는 사람은 하수요, 내 말을 잘 들어주는 사람은 고수입니다.


## 146.
# 진정한 자유

진정한 자유는 남을 의식하지 않을 때 가능합니다.

진정한 자유는 남과 비교하지 않을 때 가능합니다.

진정한 자유는 모든 것을 내려놓을 때 가능합니다.

진정한 자유는 머무르는 마음이 없을 때 가능합니다.

진정한 자유는 나와 남을 구분 짓지 않을 때 가능합니다.

진정한 자유는 그 어느 것에도 집착하지 않을 때 가능합니다.

진정한 자유는 나를 드러내고자 하는 마음이 사라졌을 때 가능합니다.

# 공직자가 되면 좋은 점

#1 도로에 있는 가드레일이 약하고 허술하여 교통사고가 났을 때 도로 밖으로 튕겨 나가는 차량을 막아주지 못하자, 어느 공무원이 차량을 튼튼하게 보호해 주는 가드레일을 의무적으로 시공하게끔 법제화했습니다. 그 결과 한 해 가드레일 부실로 약 15,000명이 사망하던 것을 1,000명 내로 줄였습니다.

#2 부당한 세금으로 백성들이 오래 고통을 받아 왔다는 것을 안 지방관이 임금을 끈질기게 설득하여 그 세금을 없앴습니다. 수많은 백성이 가난과 고통에서 벗어났습니다.

#3 감옥에 갇힌 죄수들 가운데 정말로 억울하게 잡혀 온 죄수들이 많다는 것을 알게 된 지방관이 엄격하게 조사하여 억울하게 갇힌 죄수 700명을 석방했습니다.

#4 어느 지방관은 가난하여 장례를 치르지 못하는 사람들을 찾아내어 장례를 치를 수 있도록 물품을 관에서 지원토록 하였습니다. 5년간 약 4,000명이 혜택을 입었습니다.

#5 부실한 군대 물품으로 동상(凍傷)에 걸리거나 병에 걸리거나 다치는 병사들이 한해에 1,000명이 넘는다는 것을 안 사단장이 국방부를 설득하여 부실한 군대 물품을 납품하는 업체를 처벌하고 이상이

없는 물품을 공급받게 하였더니 더 이상의 피해가 없었습니다.

#6 「손각(孫覺)이 복주지사(福州知事)가 되었다. 관전(官錢)을 축내고 옥에 갇혀 고통을 당하는 백성이 매우 많았는데, 마침 어느 부자가 돈 500만 금을 내어 사찰을 수리하겠다고 청하였다. 손각이 말하기를, "네가 돈을 시주하는 것은 복 받기를 원하는 것인데, 절은 아직도 그렇게 무너지지 않았다. 누구든지 만일 그 돈으로 옥에 갇힌 죄수의 관전을 갚아주어서 수백 명에게 큰 칼 쓰는 고통을 풀어주게 한다면 부처도 웃음을 머금을 것이니, 사랑을 베풀어 복을 얻는 것이 더 많지 않겠는가." 하니 그 부자가 돈을 관으로 실어 와서 옥(獄)이 몽땅 비게 되었다.」라는 이야기가 〈목민심서〉에 나옵니다.

부유한 자나 공직에 있는 자나 이름이 널리 알려진 자나 영향력 있는 자리에 있는 자들은 마음을 조금만 좋게 먹어도 실로 엄청난 공덕을 지을 수 있습니다. 그런 좋은 기회를 지니고 있을 때 부지런히 공덕을 지어야 합니다.

## 148.
# 평생에 한 일

멀게는 조상을 욕보였고 생명을 마구 해쳤고 자연을 오염시켰고 지구를 병들게 하였습니다.

가까이는 이익에 끌려다녔고 명예에 사로잡혔고 색정(色情)에 눈이

난세에서 인격과 처세를 얻다

멀었고 본능에 충실하였고 숙명(宿命)에 지배당했고 물욕(物欲)에 구속당했습니다.

늙도록 성취한 것은 하나도 없고 그저 허물과 죄악만 쌓여 가니 부끄럽고 또 부끄럽습니다.

# 그들이 살아가는 모습

어느 판사는 A 증권사에 유리한 판결을 내린 후 사직하고는 A 증권사를 변호한 로펌(law firm; 법무법인)에 취업하여 소송 변호를 맡았습니다.

어느 판사는 B 대기업에 유리한 판결을 내린 후 법관직을 사퇴하고 B 대기업의 법무팀장으로 취직했습니다.

합동참모본부나 한미연합사령부 등에서 군사기밀을 다뤘던 장성(將星)이 퇴임 후 방산(防産)업체에 거액의 고문료를 받고 취직했습니다.

군 고위 장성이 퇴임 후 거액을 받고 무기중개업체의 고문이나 감사로 활약합니다.

금융감독원 고위 인사들이 퇴임 후 은행이나 증권사·보험사의 이사나 감사로 취직합니다.

국세청의 고위 인사를 지낸 사람들이 퇴직 전에 근무했던 세무서 앞에 세무사 사무실을 차려 놓고 세무서를 상대로 로비도 하고 압력도 넣습니다.

국세청 핵심 보직에 있던 사람이 퇴직 후 로펌이나 재벌기업 사외이사나 감사로 들어갑니다.

일선 세무서장들은 퇴직 후 직전 세무서 앞에 세무사 개업을 하는 것이 관행처럼 돼 있습니다.

국세청·공정거래위원회·금융감독원 등 사정(司正) 기관에서 퇴직한 고위공직자들이 대형 로펌에 취업해 자신이 속했던 기관을 상대로 '로비스트' 활동을 합니다.

일부 고위 법관들은 퇴직 후 대형 로펌에 취직해 자신이 마지막으로 근무했던 법원의 사건을 수임하고 위임장은 다른 변호사 이름을 적어 넣는 방식으로 탈법을 저지릅니다.

B는 대학교수 시절부터 '소비자 보호' '노동자의 인권' 등을 주장했는데, 정리해고로 악명이 높은 ○○○생명보험사의 사외이사로 활동했고, 고금리로 유명한 ○○저축은행에서도 사외이사로 활동하며 거액의 사례비를 받았습니다.

전관예우를 누리는 전직 고위 판검사나 국세청·공정거래위원회·금융감독원·관세청·방송통신위원회·국토교통부 등 소위 끗발 있는 기관에서 나온 공무원의 퇴직 직후의 수입은 재임 전 급여의 최소 10배가 넘는다고 합니다.

# 150

# 가장 추잡한 사회

인간 세상이 원래 추잡하다고 하지만, 그중 지식인 사회가 가장 추잡합니다. 문인(文人)들은 예로부터 서로를 경시해 왔습니다. 상대방의 문장을 좀처럼 인정하려 하지 않고 기회만 있으면 상대방을 헐뜯습니다. 상대방을 질투하기 때문입니다.

오늘날 대학가의 교수 사회는 가장 추악합니다. 상대가 자기보다 조금만 뛰어나거나 튀면 여지없이 비방을 일삼고 깎아내립니다. 자기보다 못한 대학을 나온 사람이 뛰어난 연구 성과를 내도 아예 무시해 버리며 상종조차 하지 않습니다. 자기가 책을 쓸 때도 상대의 저작물의 내용을 조금도 인용(引用)해 주지 않습니다. 하다못해 본인 책의 각주(脚註)나 미주(尾註)에 인용조차 해주지 않습니다. 그리고 자기와 조금이라도 다른 의견을 제시하면 마치 부모 원수를 만난 듯합니다. 자기보다 못한 대학을 나오면 아예 사람 취급을 하지 않으며, 자기보다 나은 대학을 나온 사람한테는 꼼짝도 못 합니다. 승진을 위해서라면 못하는 짓이 없고 조교(助敎)를 노예처럼 부려 먹습니다.

의료계나 법조계도 마찬가지입니다. 일류대를 나온 사람들은 그들만의 철옹성 같은 카르텔을 형성하여 타 대학 출신은 절대 끼워주지 않습니다. 목에 힘을 잔뜩 주고 온갖 거드름을 피웁니다. 의뢰인을 오직 돈으로만 바라보고 승진과 명성에만 관심이 있습니다. 사회의 엘리트라는 자부심이 그들에게는 자만으로 변질되어 버렸고, 사회정의니 사회구제니 하는 구호들은 쓸데없는 구호에 불과합니다. 각종 단체를 만들어 힘을 과시하는가 하면 감투를 차지하기 위해 온갖 추태를 보입니다.

이들이 늘 하는 얘기는 돈 얘기이거나 아니면 여자 얘기입니다. 입에서 나오는 얘기들이 시정잡배만도 못합니다. 그들은 거짓과 위선과 특권의식에 찌들어 있습니다. 세상 무서운 줄을 알지 못하며 영원히 살 것처럼 행동합니다. 돈도 많이 버는 데다 사회적 지위까지 겸하였으니, 사람을 만날 때면 호텔이나 고급 식당에서 고기를 먹고 커피를 마시며 세상을 다 아는 듯이 행동합니다. 이들은 교회를 다녀도 초대형교회를 선호하며 장로 자리에 그토록 탐을 냅니다.

화류계(花柳界)에서 일했던 어떤 여자분이 이런 얘기를 한 적이 있습니다.

「남자 손님들을 많이 상대해 보았지요. 그런데 교수나 법조인, 의사들이 가장 추잡합니다. 이제는 그 사람들이 사람으로도 안 보입디다. 여자들한테 얼마나 함부로 하는지 모릅니다. 예의 있는 사람을 못 봤습니다.」

어떤 평론가는 이런 말을 했습니다.

「우리 사회에서 기자와 아나운서와 교수는 가장 과대 평가된 직업이다.」

# 151

# 한국의 남자들

필리핀 마닐라에서 접대부로 일하는 여성들이 이구동성으로 하는 얘기입니다.

「한국 남자들은 돈을 조금만 내고 어린 여자들을 상대로 한 섹스에 집착하며, 서비스에 만족하지 않으면 돈을 주지 않는다. 또 우리를 싸구려 취급하고 대부분 팁을 주지 않는다.」

「한국 남자들은 쉽게 화를 내고 욕을 하며 나쁜 단어를 쓰고 폭력을 행사했다. 그들은 다른 외국인들과 달리 성매매자의 개인적 삶에 전혀 관심을 보이지 않으며 갑작스럽게 섹스를 시작하거나 생리하는 기간에도 섹스를 강요해 나를 마치 개나 돼지처럼 대하는 것으로 느꼈다. 시끄럽고 행동이 공격적이고 나를 함부로 대하며 무시했다.」

한국 남자들이 황혼 이혼을 당하거나 고독사(孤獨死)하거나 자녀들로부터 버림을 받는 것이 어찌 보면 당연합니다.
조선의 이덕무(李德懋)가 말했습니다.

「남자들이 온종일 모여서 지껄이는 말은 농담, 바둑이나 장기 이야기, 여색 이야기, 술과 음식 이야기, 아니면 벼슬에 관한 이야기나 가문의 자랑에 대한 것에 벗어나지 않으니 역시 민망스럽다. 남과 더불어 학문을 논하는 것을 나는 아직 보지 못했다.」

동남아시아로 여행을 가는 한국 남자들은 거의 섹스 관광이 목적입니다. 지위가 높거나 학문이 높거나 다 똑같습니다. 한국 남자·남편·남자친구에게 죽임을 당하는 한국 여자는 한 해에 드러난 것만 100명쯤 됩니다. 성(性)과 살인에 관한 한 한국 남자들은 여자들에게 영원토록 죄인입니다.


## 152.
# 여색(女色)을 탐한 과보

선인(先人)께서 이렇게 말씀하셨습니다.

「여색을 밝히는 사람치고 말년이 좋은 사람 없다.」

수십 년간 명리학과 관상을 공부한 사람이 말했습니다.

「젊어서 온갖 여자와 성관계를 맺고 혼인 후에도 다른 여자와 정을 통하기를 즐긴 남자치고 죽을 때 편안히 죽는 남자 없습니다. 게다가 그런 아버지 밑에서 자란 자식이 과연 성공할까요. 성공하지 못합니다. 자식의 인생을 부모가 다 망쳐 놓았으니까요.」

어떤 고승께서 말씀하셨습니다.

「강간이나 불륜을 한 번이라도 하면 훗날 받는 과보는 정말 비참합니다. 남자들은 아랫도리를 잘 단속해야 합니다.」

명나라의 정선(鄭瑄)이 말했습니다.

「정욕이 일어났을 때 그것을 채우고 나면 반드시 후회하고 참고 넘기면 반드시 즐겁다. 분노도 마찬가지이다.」

어느 대덕(大德)께서 말씀하셨습니다.

「재물과 여색, 이 두 가지는 욕심이 가벼운 것 같지만 감수해야 하는 죄는 더욱 무겁다. 갠지스강의 모래처럼 많은 허물이 재물과 여색으로 말미암아 일어난다. 이러한 두 가지 허물은 군신, 스승과 제자, 부부 사이 등을 파괴하고 내외의 친족과 벗을 허물어뜨린다. 재물과 여색을 버린다면 다시는 중생세간(衆生世間)에 태어나지 않는다.」

남자로 태어나면 갖가지 고난을 겪게 되는데, 그 고난 중에서 가장 큰 고난이 바로 색욕(色欲)입니다. 수많은 영웅과 호걸들이 여색 앞에 무릎을 꿇었습니다. 수행하는 도인(道人)이 마지막에 넘어야 하는 관문도 바로 이 여색입니다. 여인을 보고도 마음이 조금도 움직이지 않아야 성공입니다.

어느 고승께서 음란과 간음의 죄악을 말하면서 이렇게 말했습니다.

「만약 다른 여자의 지조와 절개를 빼앗으면 자기 아내나 딸들이 그

빚을 갚아야 하고 또 남들의 명예와 소문을 더럽히면 후세 자손들이 그 과보를 받는 줄은 아는가. 후손이 끊긴 무덤의 주인공은 모두 경박하게 미쳐 날뛰던 젊은이 아닌 자 없으며, 기생과 창녀의 조상들은 죄다 화류계(花柳界)에 탐닉했던 건달들이라네. 부자가 될 수 있는 자도 옥루(玉樓:옥황상제가 거하는 천상)의 호적에서 삭제되고 귀인이 될 운명의 사람도 금방(金榜)의 명단에서 제외된다네. 회초리, 곤장, 징역, 유배, 사형 등 살아생전에는 다섯 등급의 형벌을 당하고, 죽은 뒤에는 삼악도에서 끊임없이 윤회하는 고통을 받아야 하리.」

임경업(林慶業)이 젊었을 때 첩을 두었는데 용모가 매우 아름다웠습니다. 젊었을 때 집에서 친구들과 이야기하는 가운데 "김자점(金自點)의 죄는 마땅히 죽어야 할 죄질이다."라고 말한 적이 있었는데, 첩이 그걸 듣고 있었습니다. 그가 명나라로 망명한 뒤 그 첩을 김자점이 거두어 애첩으로 삼았는데, 그 첩이 임경업이 전날 친구들에게 하던 말을 김자점에게 빠짐없이 고해바쳤습니다. 그러자 김자점이 임경업을 결국 심기원(沈器遠)의 역모 사건에 얽어서 고문을 가해 죽여 버렸습니다.

명나라 정덕(正德) 연간에 조영정(趙永貞)이라는 학자가 있었습니다. 소년기에 한 기인(奇人)이 "넌 23세 때 반드시 과거에 합격할 것이다."라고 말했습니다. 그는 23살 때 과거에 참가해 문장을 아주 잘 지어 시험 감독관은 그의 문장을 선택하기로 했습니다. 하지만 며칠 후 후반 시험에서 그는 잇따른 실수를 해 합격하지 못했습니다.

그는 너무도 괴로워서 문창제군(文昌帝君)에게 자신이 합격하지 못한 원인을 꿈에서나마 알고 싶다고 했습니다. 문창제군이 꿈에 나타나 "너는 본래 올해 시험에 합격할 수 있었다. 그러나 최근에 너는 네 집 노비를 자주 희롱했고, 이웃집 딸을 유혹해 비록 실제로 그렇게 하진 않았으나 마음을 거꾸로 품는 일이 많았다. 너는 음탕한 생각에 끊임 없이 사로잡혀 날로 마음이 어두워져 원래 운명이었던 공명(功名)이 이 때문에 제거되었다."라고 알려주었습니다.

송나라 한기(韓琦)가 재상으로 있을 때 첩을 하나 사들였는데 성은 장 씨이고 용모가 아름다웠습니다. 계약을 끝내고 난 후 그 여인은 갑자기 눈물을 흘렸습니다. 한기는 무슨 일이냐고 물었습니다. "저는 본래 공직랑(供職郞) 곽수의(郭守義)의 아내입니다. 재작년에 저의 남편이 부사자(部使者)의 모함으로 탄핵당해 오늘 같은 처지로 떨어지게 되었습니다."

한기는 그녀에게 괴로워하며, 돈을 가지고 집으로 돌아가서 남편의 억울한 사정이 다 씻기면 다시 오라고 했습니다.

장씨는 나중에 약속대로 한기의 집으로 돌아왔습니다. 한기는 그녀를 보지 않고 사람을 시켜 말을 전했습니다.

"재상으로서 내가 어찌 선비의 부인을 첩으로 삼겠는가. 예전에 그 대에게 준 돈은 갚을 필요가 없소." 그다음 계약서를 돌려주고 또 은 자 20냥을 노잣돈 하라고 주어 그들 부부가 다시 만날 수 있게 했습니다. 장씨는 감격하여 눈물을 흘리며 멀리서 한기에게 인사하고 떠나 갔습니다. 후에 한기는 위군왕(魏郡王)으로 임명되었고 시호는 충헌(忠獻)이었으며 자손이 창대했습니다.

일찍이 어느 현자께서 말했습니다.

「젊었을 때 길에서 아름다운 여인을 만나면 한번 돌아보고 싶은 생각이 들 때가 있다. 그럴 때마다 눈을 감고 스스로 생각하기를 '이 마음이 장차 나를 죽게 만들 것이다.'라고 두세 번 생각한 다음 길을 걸었다.」

## 153.
# 시간의 상대성

새벽의 30분은 오후의 3시간에 맞먹는 가치를 지닙니다.

스승의 10년 가르침이 뱃속 10개월의 태교(胎敎)만 못 합니다.

잠들기 전 10분 명상이 종일 보낸 시간과 맞먹을 수 있습니다.

10초간 참회한 것이 10년 후 다가올 패망을 30년 뒤로 늦추어 줍니다.

1분간 고개를 숙이며 사과를 한 것이 뒷날 웃는 얼굴로 다시 만나게 해 줍니다.

숨이 끊어지기 전 잠깐의 참회나 염불은 망자를 좋은 곳에 태어나게 해 줍니다.

어린 자녀와 한 달간 여행한 시간은 훗날 그 어떤 시간으로도 상쇄하지 못합니다.

화를 내기 직전 10초의 멈춤이 뒷날 후회하는 시간을 20년에서 3년으로 줄여줍니다.

큰 수술 전 성직자와의 1분간의 기도는 환자를 안정시키고 치유력을 높이는 놀라운 효과를 발휘합니다.

충격이나 공황 등으로 혼란 상태에 빠졌을 때 5분간 어떤 마음가짐을 갖고 어떻게 대처하는지에 따라 향후 인생의 방향이 달라집니다.


## 154.
## 외침

어느 노인께서 세상을 향해 호통을 치셨습니다.

「혼자만 잘살면 무슨 재미가 있는가!」

연륜이 풍부한 어느 노인께서 젊은이들에게 말씀하셨습니다.

「너희는 안 늙을 줄 아는가.」

어느 어머니가 딸에게 다정하게 말했습니다.

「자식 낳아 키워보니 부모 마음 알겠지?」

어느 고승께서 제자들에게 일갈(一喝)하셨습니다.

「생명을 해치는 일을 삼가야 한다. 모든 생명은 신(神)의 분신(分身)이다.」

성인께서 말씀하셨습니다.

「부모에게 모진 말을 하는 자식들은 다음 생에 축생으로 태어난다.」


**155.**
# 세상의 이치

원효 대사께서 말씀하셨습니다.

「중생의 마음은 목석(木石)과 달라서 반드시 고통을 싫어하고 즐거움을 구하는 본성이 있다. 이 본성으로 말미암아 만행(萬行)을 닦을 수 있고 마침내 최고의 깨달음에 이른다.」

어느 현자께서 말씀하셨습니다.

「자랑하지 않는 것이 자랑하는 것이고, 명리(名利)를 다투지 않는 것이 명리를 얻는 것이다. 상대에게 양보하는 자가 이기고, 남보다 낮추는 자가 결국 남보다 위에 오르게 된다.」

난세에서 인격과 처세를 얻다

조선의 성현(成俔)이 말했습니다.

「어느 한 가지를 얻으면 다른 한 가지를 잃게 되고, 작은 것에 뜻을 두면 큰 것을 놓치게 되는 법이다.」

누가 말했습니다.

「기어다니는 작은 벌레 앞에 손가락을 갖다 대면 그 벌레는 피해서 다른 곳으로 간다. 죽을까 봐 그러는 것이지.」

가득 차면 기울고 흥하면 곧 쇠하며 궁(窮)하면 통(通)합니다. 즐거움은 절대 오래가는 법이 없고, 나를 미워하는 사람은 어디에 가나 꼭 있기 마련이며, 내가 하고자 하는 일의 9할은 절대 이루어지지 않습니다.

**156.**

# 기개(氣槪)

「바닷물은 비에 젖지 않는다.」라는 말이 있습니다.
「호랑이는 굶어 죽어도 풀은 먹지 않는다.」라는 말도 있지요.
모름지기 사람은 호연지기(浩然之氣)가 있어 이 우주를 삼킬만한 포용과 기상이 있어야 합니다. 그리고 세상을 바꾸어 보겠다는 포부 그리고 세상을 이롭게 하겠다는 당찬 목표를 세워야 합니다.

선인(先人)께서 말씀하셨습니다.

「태산은 작은 흙덩이라도 마다하지 않아 그 큼을 이룰 수 있었고, 큰 강과 바다는 작은 물줄기라도 가리지 않아 그 깊음을 이룰 수 있었다.」

사명당(四溟堂) 유정(惟政)은 조선 조정으로부터 선교종판사(禪敎宗判事), 도총섭(都摠攝)에 제수되어 스승인 서산 대사의 뒤를 이어 조선의 승군(僧軍)을 총지휘하는 자리에 올랐습니다. 일찍이 왜군의 진영에 들어가 왜장(倭將) 가등청정(加藤淸正)을 만났는데, 가등청정이 유정(惟政)에게 "귀국(貴國)은 무슨 보배가 가장 귀하오?"라고 묻자, 유정은 "우리나라에는 다른 보배는 없고 오로지 장군의 머리를 보배로 여깁니다"라고 대답했습니다. 가등청정이 "무슨 말이오?"라고 다시 묻자 유정은 웃으며 이렇게 답합니다.

"우리나라에서는 장군의 머리에 황금 1000근과 식읍(食邑) 1000호를 상으로 내걸고 있으니 참으로 귀하지 않습니까?"

부채에 글씨를 써달라는 가등청정의 부탁에 유정은 "정(正)에 입각해 바르게 행동해야 하고 이익을 꾀해서는 안 된다. 밝은 곳에서는 해와 달이 내려다보고 어두운 곳에서는 귀신이 지켜보고 있나니 진실로 나의 소유가 아니면 털끝만큼이라도 취해서는 안 된다"라는 글을 남겼습니다. 그 후 유정은 일본군에게 약탈당한 조선의 보물과 포로로 잡혀간 동포 남녀 3,500여 명을 데리고 귀환하였습니다.

송나라의 범중엄(范仲淹)이 말했습니다.

난세에서 인격과 처세를 얻다

「내가 글을 읽고 도(道)를 배우는 것은 천하 사람들의 목숨을 살리기 위함이다. 그렇지 않다면 황제(黃帝)의 의서(醫書)를 읽어 의약의 오묘한 이치를 깊이 연구하는 것 또한 사람을 살리는 방법이다.[吾讀書學道 要以活天下之命 不然讀黃帝書 深究醫奧 是亦可以活人]」

정약용이 말했습니다.

「사나이의 가슴 속에는 언제나 가을 매가 하늘을 박차고 오르는 기상(氣像)이 있어야 한다. 눈은 이 세상을 작게 보고, 손바닥은 이 우주를 가볍게 볼 줄 알아야 한다.」

하지만 때로는 조심하고 두려워할 줄 알아야 합니다. 조심하고 경계해야 합니다. 늘 자신을 살펴야 합니다. 누구를 만나도 겸손하게 숙일 줄 알아야 합니다.

'호연지기(浩然之氣)'는 하늘과 땅에 떳떳한 마음입니다. 마음에 부끄러운 일이 없고 거짓이 없을 때만 깃드는 거룩한 기운입니다. 그러다가 한 번이라도 이욕(利欲)에 눈이 팔리면 순식간에 흔적도 없이 사라져 버리는 기운입니다.
맹자께서 말씀하셨습니다.

「천하의 넓은 집에 거처하고 천하의 바른 자리에 서며 천하의 큰 도를 행하여 뜻을 얻으면 백성과 도를 행하고 뜻을 얻지 못하면 홀로 그 도를 행한다.」

서산 대사가 지은 시의 일부를 보겠습니다.

「만국의 도성(都城; 수도를 둘러싼 城)은 개미의 집인 듯하고, 천가(千家)의 호걸은 초파리와 같구나.[萬國都城如蟻垤 千家豪傑若醯鷄]」

〈채근담〉에서 말합니다.

「하늘이 나에게 복을 박하게 준다면 나는 덕을 베풀어 맞이하겠다.」

정조(正祖)가 말했습니다.

「산보다 더 높은 것이 없고 바다보다 더 넓은 것이 없지만 높은 것은 끝내 포용하는 것이 있을 수 없다. 그러므로 바다는 산을 포용해도 산은 바다를 포용하지 못한다. 사람의 가슴도 드넓어야지 한결같이 높은 것만을 추구해서는 안 된다.」

## 157.
# 서로 연결되어 있다

한 사람을 위해 기도하면 그 한 사람이 당신을 위해 기도합니다.
열 사람을 위해 기도하면 그 열 사람이 당신을 위해 기도합니다.
천 사람을 위해 기도하면 그 천 사람이 당신을 위해 기도합니다.

난세에서 인격과 처세를 얻다

인류를 위해 기도하면 인류는 당신을 위해 기도합니다. 인류에게 베풀면 인류도 당신에게 베풉니다.

이 우주는 촘촘하고 겹겹이 서로 중첩·연결되어 있으며, 이 우주는 연기(緣起)와 인연에 의해 형성·유지되어 갑니다. 살아 있는 모든 존재에는 신성(神性)이 있고 불성(佛性)이 있습니다. 또 이 우주는 파동과 입자로 이루어져 있고, 또 하나의 단일 에너지로 이루어져 있습니다. 또, 이 우주 삼라만상의 모든 존재는 모두 같은 법신(法身)에서 나온 화신(化身)들입니다.


**158.**

# 책을 읽는 이유

책을 읽는 이유는 교만해지지 않기 위함입니다.

책을 읽는 이유는 자기애(自己愛)에 빠지지 않기 위함입니다.

책을 읽는 이유는 고립과 폐쇄 속에 함몰되지 않기 위함입니다.

책을 읽는 이유는 배타성(排他性)이 몸에 배지 않기 위함입니다.

책을 읽는 이유는 자기혐오(自己嫌惡)에 빠지지 않기 위함입니다.

책을 읽는 이유는 자기연민(自己憐愍)에 빠지지 않기 위함입니다.

**159.**

# 고급 아파트

비싼 아파트일수록 고립·폐쇄되어 있습니다. 제가 볼 땐, 명품 아파트가 아니라 감옥 아파트입니다.

배타성과 차별성 그리고 폐쇄성이 고급 아파트의 특징입니다. 그들은 외부와 철저하게 단절된 환경에서 삽니다. 출입 절차와 보안은 점점 더 깐깐해지고 있습니다. 공동체는 없고 오직 나와 내 가족만 생각하는 극도의 개인주의가 위세를 부립니다. 고급 아파트에 사는 사람들은 자신들을 특별한 존재로 인식합니다. 그 결과 빈민층이나 저임금 노동자들을 경계하고 의심하고 불편해합니다.

고가 아파트에 입주한 사람들은 담장을 높이 치거나 보안을 강화하거나 입주민 전용 출입구를 별도로 만듭니다.

비싼 아파트에 사는 사람일수록 자연, 육체노동자들, 가난한 사람들을 대할 기회가 줄어듭니다. 그들은 쉽게 분리와 배제 그리고 차별을 말합니다. 끼리끼리만 어울리고 다른 부류는 끼워주지 않습니다.

고급 아파트 주변에는 장애 학생들이 공부하는 특수학교나 요양원, 장례식장은 절대 들어서지 못합니다. 외관상으로도 보기에 안 좋고 또 아파트 가격 하락에 영향을 주기 때문입니다.

고급 아파트에 안에서 일하는 사람들은 저임금과 경직되고 각박한 근무환경에 노출되어 있습니다. 경비실 내에 있는 화장실 안에서 취사(炊事)를 하고 식사를 합니다. 그리고 수도 없이 전화나 비상벨이 울리며, 택배기사들이 맡기는 택배물이 넘쳐 납니다. 게다가 아파트 동대표나 회장한테서 수시로 야단맞거나 욕을 얻어먹습니다.

'당신이 사는 곳이 당신을 말해줍니다.'라고 말하는 아파트 광고, 아파트 브랜드에 따라 매겨지는 신분 계급, 아파트 브랜드를 변경하기 위해 애쓰는 입주민들(예컨대, 대우아파트를 대우푸르지오로, 롯데 낙천대를 롯데 캐슬로 바꾸려 하는데 이렇게 하면 아파트 가치가 올라감), 임대아파트에 사는 애들하고는 놀지 말라는 일반 분양아파트 거주 부모, 택배·배달 기사들에게 일반 엘리베이터가 아닌 화물 엘리베이터를 탈 것을 종용하고, 보안 강박증과 분리·배제·폐쇄로 대변되는 고급 아파트들…이 속에서 천박한 욕망에 매달려 살아가는 군상(群像)들만 보일 뿐입니다.

## 160.
## 병태(病態)

교회에 가면 좋은 자리를 차지하려 바삐 움직입니다.

절에 가면 깨끗하고 좋은 방석에 앉으려 눈에 불을 켭니다.

주일날 교회 예배를 끝낸 후 거의 빠짐없이 육식을 즐깁니다.

성당 미사를 마치고 차로 주차장을 빠져나갈 때 사소한 것에 화를 냅니다.

절에 가서 밥을 먹을 때 반찬이 부실하면 눈살을 찌푸립니다.

절 법당에 내가 앉은 방석을 누가 가져가면 분노가 치밉니다.

신자(信者)들이 성직자들에게 육식이나 술을 대접합니다.

성직자들의 흠이나 비리를 여기저기 떠벌리고 다닙니다.

성당에 가서 당(黨)을 짓고 자당(自黨)이 아니면 상대조차 하지 않습니다.

성당에서 제공하는 휴지나 물, 종이, 커피 등을 아끼지 않고 마구 씁니다.

교회 목사의 설교를 못마땅해하면서 이것저것 트집을 잡거나 비웃습니다.

교회 기도회나 행사에 늘 참석하지만, 교회 밖 또는 이 사회의 어지러움에 대해서는 일말의 관심도 두지 않습니다.

## 161.
# 존경할 만한 사람이 드물다

〈목민심서〉에 나오는 두 이야기입니다.

「장요(蔣瑤)는 성품이 관후(寬厚)하였다. 양주지부(揚州知府; 正4品)로 있을 때, 어느 날 저자에 나갔는데 한 아이가 띄운 연(鳶)이 잘못하여 공(公)의 모자에 떨어졌다. 좌우 사람들이 그 아이를 붙들어 오려고 하자, 공이 "아이가 어리니 놀라게 하지 말라." 하였다.

또 어느 날 한 부인이 누각(樓閣)의 창문으로 물을 버리다가 잘못하여 공의 옷을 더럽혔다. 그 부인의 남편을 묶어 오니 그가 좌우를 꾸짖어 그를 돌려보내게 하였다. 어떤 사람이 공이 너무 관대함을 의아하게 여기니, 공은 "내가 명예를 좋아하는 것이 아니다. 이 부인도 실수하였을 뿐인데 더구나 그 남편이 무슨 죄가 있겠는가." 하였다.」

「한지(韓祉)가 감사(監司)로 있을 때 한 번도 빠른 말씨를 쓰거나 성난 기색을 보인 일이 없었고, 하루에 죄인을 매로 때리는 것이 두셋에 지나지 않았으되 청사 안팎이 숙연(肅然; 조심스럽고 엄숙함)하였다. 그의 신발 끄는 소리만 나도 사람들이 벌벌 떨었다. 그가 순력(巡歷)하여 이르는 곳마다 떠드는 것을 금지하지 않아도 적연(寂然; 고요하고 쓸쓸함)함이 마치 사람이 없는 것 같았으되 영(令)은 행해지고 범법(犯法)은 그쳐졌는데 그렇게 되는 까닭을 알 수 없었다.」

필자(筆者)가 늘 존경하던 분이 계셨습니다. 그분은 직원 20명을 거느리고 있는 한 회사의 사장입니다. 표정은 늘 온화하셨고 화를 내는 모습을 한 번도 못 봤으며 예의와 배려심이 몸에 밴 분이셨습니다.

어느 날 업무차 그분이 일하는 회사에 갔는데, 마침 어떤 사람이 그 회사에 물건을 납품하러 왔습니다. 그런데 그분을 대하시는 사장님의 태도가 몹시도 거칠고 무례했습니다. 목에 잔뜩 힘을 주면서 반말 비슷한 말투를 쏟아내셨습니다. 그날 이후로 그분과의 인연을 끊었습니다.

자기보다 사회적 지위가 낮은 사람들을 어떻게 대하는지를 보면 그 사람을 제대로 알 수 있습니다.

식당 등에 갔을 때 그 사람이 서빙을 하는 사람들에게 어떤 말투, 어떤 표정, 어떤 태도를 짓는지를 보면 그 사람을 정확히 알 수 있습니다.

교수가 조교(助敎)를 어떻게 대하는지, 의사가 간호사에게 어떻게 하는지, 사장이 직원들에게 어떤 말투를 쓰는지, 아파트 주민이 경비원들에게 어떤 대우를 하는지, 회사 직원들이 납품업체 직원들에게 어떤 말투를 쓰고 어떤 표정을 짓는지, 손님이 마트나 백화점 계산원들에게 어떤 행동을 하는지 등등 갑(甲)의 위치에 있는 사람이 을(乙)의 위치에 있는 사람에게 하는 행동을 보면 그 사람의 됨됨이를 정확히 알 수 있습니다.


**162.**

# 내가 나를 구원한다

어느 날 한 장사꾼이 절에 가서 관세음보살상 앞에 무릎을 꿇고 돈을 많이 벌게 해 달라고 빌었습니다. 막 절을 하고 있을 때 갑자기 곁에 누군가가 나타나서 관세음보살상 앞에 와 절을 했습니다. 그런데 그 모습이 불단 위에 있는 관세음보살과 매우 비슷했습니다. 장사꾼은 궁금증을 참지 못하고 물었습니다.

「당신은 저 위에 있는 관세음보살하고 어떻게 그렇게 똑같소?」

그가 답했다.

「내가 바로 관세음이오.」

장사꾼은 그 말을 믿지 못하겠다는 듯 껄껄 웃었습니다.

「하하. 당신이 관세음이라고? 난 또 부처님이라도 되는 줄 알았네! 만약 당신이 관세음이라면 어째서 자기 자신한테 절을 하는 거요?」

그가 답했습니다.

「세상 사람들은 어려움을 겪으면 모두 나를 찾아오오. 그럼 내가 어려움을 겪을 때는 누구에게 도움을 청해야 하오? 나 자신에게 절하는 방법밖에 없지 않겠소?」

법당에 모셔져 있는 불상(佛像)에 절을 하지만 실은 자기한테 하는 것입니다. 자기가 자기를 공경하는 행위입니다. 그러한 공경스러운 행위를 통해 자기가 공경스럽게 되는 것입니다. 남에게 무릎을 꿇고 절을 올리거나 고개를 숙여 절을 하면, 사실은 나 자신에게 절을 올리는 것입니다. 같은 이치로, 남을 도와주면 실은 자기가 자기를 돕는 것입니다.

나를 구원해 줄 수 있는 자는 본인밖에 없습니다. 모든 열쇠는 오직 나 혼자만 갖고 있습니다. 부처님이나 하느님은 나를 구원해주는 존재가 아닙니다.

불경에서 말합니다.

「무릇 법을 구하는 자는 부처에 집착하여 구하지 말라.」

「배움이 끊어진 일 없는 도인은 망상도 없애지 않고 진리도 구하지 않는다.[絶學無爲閑道人 不除妄想不求眞]」

〈성서〉 창세기에 보면 「피조물은 하느님의 형상대로 창조되었다.」라고 하는데, 이 말씀은 인간에게 신성(神性)이 있음을 말해줍니다.

「너희가 이미 구원받았노라.」라는 말씀이나 동학(東學)의 「사람이 곧 하늘이다.」라는 가르침도 마찬가지입니다.

**163.**

# 빨리 타락하는 지름길

말을 많이 한다.
성찰하지 않는다.
지식을 많이 얻는다.
높은 자리에 오른다.
풍족한 생활을 즐긴다.
명예나 인기를 얻는다.
재산을 많이 벌어들인다.
편리한 생활에 익숙해진다.

# 거울

〈도덕경〉에는 「선한 사람은 선하지 않은 사람의 스승이요, 선하지 않은 사람은 선한 사람의 거울이다.」라는 말씀이 있습니다.

〈정관정요(貞觀政要)〉에는 이런 말씀이 있습니다.

「구리로 거울을 만들면 옷차림을 단정히 할 수 있고, 옛일을 거울로 삼으면 흥망성쇠를 알 수 있으며, 타인을 거울로 삼으면 득실(得失)을 분명히 알 수 있다.」

옛 선인께서 말했습니다.

「거울에 비추어 모습을 보고, 사람에 비추어 길흉을 안다.」

〈명심보감〉은 「미래를 알고 싶다면 먼저 지난 일을 되돌아보라.」라고 하였고, 〈석시현문(昔時賢文)〉에는 「지금을 보려면 마땅히 옛날을 거울로 삼아야 하니, 옛날이 없으면 지금이 있을 수 없다.」라는 말씀이 있습니다.

〈주역〉에 「군자는 옛 성현들의 언행을 많이 알아 자신의 덕을 키운다.[君子多識前言往行 以畜其德]」라는 말씀이 있습니다.

아이는 어른의 거울입니다. 타인의 모습이 곧 나의 모습입니다. 자식의 모습이 바로 부모의 모습입니다. 과거의 모습이 지금의 내 모습이고, 지금의 내 모습이 훗날 더 나아가 다음 생의 나의 모습입니다.

**165.**

# 무위(無爲)의 도(道)

선행을 실천해도 흔적을 남기지 않습니다.

시비(是非)와 선악(善惡)을 논하지 않습니다.

마음이 평온하고 담담하여 아무 일도 없습니다.

공(功)을 세워도 드러내거나 우쭐대지 않습니다.

사물이 다가오면 응하고 지나가면 잊어버립니다.

개의치 않고 상관하지 않으며 머무는 바가 없습니다.

부귀공명이나 화려한 명성도 내 마음을 어찌지 못합니다.

진리는 정해진 법이 없고 일체 모든 것이 다 진리입니다.

옳다고 여기는 것도 없고 옳지 않다고 여기는 것도 없습니다.

틈만 나면 선(善)을 행하지만 마음에는 아무런 일이 없습니다.

세속에서 바쁘게 일하지만 마음 속에서는 아무 일도 없습니다.

몸은 고목(枯木)의 가지와 같고, 마음은 식어버린 재와 같습니다.

가난한 사람, 궁한 사람, 곤란한 사람들과는 이익을 다투지 않습니다.

나쁜 일, 속상한 일, 경사스러운 일을 당해도 마음이 머물지 않습니다.

일찍이 아상(我相)·법상(法相)은 내던져 버렸으되 선(善)만큼은 집착합니다.

모든 일을 기쁘게 받아들이고 기꺼이 당해내기에 하늘을 원망하는 일이 없습니다.

거울은 예쁜 사람이든 추한 사람이든 평등하게 비춰 주고, 바다는 깨끗한 물이든 더러운 물이든 모두 받아주며, 땅은 이로운 생물이든 해로운 생물이든 똑같이 생겨나게 하고, 하늘은 좋은 나라든 나쁜 나라든 골고루 비를 내립니다.


166.

# 오래가지 못하는 것들

부정하게 얻은 재산은 오래가지 못합니다.
악행으로 얻은 성공은 오래가지 못합니다.
사랑은 표현하지 않으면 오래가지 못합니다.
손가락질을 받는 사람은 오래 살지 못합니다.
소송에서 이겨 얻은 명예는 오래가지 못합니다.
상대에게 구하는 바가 많으면 그 혼인은 오래가지 못합니다.
선행 없이 독서로만 얻은 지식은 끝내 지혜가 되지 못합니다.


167.

# 내가 돈이 많다면

내가 돈이 많다면 좋은 책을 써서 이 세상에 내놓은 사람에게 평생 먹고 살 정도의 돈을 드리고 싶습니다.

내가 돈이 많다면 정말 좋은 책인데 아쉽게도 절판(絶版)되어버린 책들을 저자의 허락을 구한 후 재출간케 하고 싶습니다.

내가 돈이 많다면 이 세상을 크게 이롭게 한 과학자, 기술자, 발명가 등에게 30억 원씩 드리고 싶습니다.

내가 돈이 많다면 세상을 이롭게 하는 기기(器機)를 만들어 낸 사람에게 많은 돈을 드리고 싶습니다.

내가 돈이 많다면 의로운 일을 한 사람이나 그 가족들에게 큰돈을 드리고 싶습니다.

내가 돈이 많다면 몽골이나 중국 등지의 사막에 나무를 심어주는 대 프로젝트 사업을 펼쳐보고 싶습니다.

내가 돈이 많다면 스님 전문 병원을 세워 스님들을 평생 무료로 치료해드리고 싶습니다.

내가 돈이 많다면 육체노동을 하다가 다친 사람들을 무료로 치료해주는 산재(産災) 전문 병원을 만들고 싶습니다.

내가 돈이 많다면 배움을 갈망하는 어린이들에게 책과 학교를, 운동에 관심 있는 아이들에게 운동기구와 훈련을, 음악에 소질이 있는 아이들에게 악기와 음악 교육을 해주고 싶습니다.

내가 돈이 많다면 저신용자나 빈민 등을 위한 '무담보 소액대출은행'을 만들어, 24시간 아무 때나 300만 원 한도 내에서 무이자로 돈을 빌려주고 싶습니다.

신흠이 공자의 말을 인용하면서 말했습니다.

「무엇을 가지고 사람을 모으는가. 재물이다. 재물이 인(仁)과 의(義)의 차원에서 쓰이는 그때가 바로 천하가 한 곳으로 귀일(歸一)하는 때가 아니겠는가.[何以聚人 曰財 財居仁義之際 豈非天下之贖乎]」

〈대학〉에서 말했습니다.

「재물이 모이면 백성은 흩어지고, 재물이 흩어지면 백성이 모인다.[財聚則民散 財散則民聚]」

# 무서운 사람⑴

입이 무거운 사람은 무서운 사람입니다.

알면서도 모르는 척하는 사람은 무서운 사람입니다.

얼굴에 표정 변화가 없는 사람은 무서운 사람입니다.

무엇이든 배우려고 노력하는 사람은 무서운 사람입니다.

늘 반성하고 단점을 고쳐나가는 사람은 무서운 사람입니다.

지혜가 많으면서도 바보처럼 보이는 사람은 무서운 사람입니다.

재주가 뛰어남에도 남에게 이를 숨기는 사람은 무서운 사람입니다.

학문이 뛰어남에도 마치 미숙한 사람처럼 행동하는 사람은 무서운 사람입니다.

# 백이(伯夷)와 숙제(叔齊)

백이와 숙제는 형제로서 고죽국(孤竹國)의 왕자들입니다. 공자께서는 이 형제에 대해 이렇게 말씀하셨습니다.

「백이와 숙제는 묵은 원한을 생각하지 않았기에, 다른 사람들이 이들에 대해 원망하는 것도 드물었다.[伯夷叔齊不念舊惡 怨是用希]」

「자기의 뜻을 굽히지 않고 자기 몸을 욕되게 하지 않은 이는 백이와 숙제다.[不降其志 不辱其身 伯夷叔齊與]」

맹자께서는 백이와 숙제에 대해 칭찬과 비판을 겸하였습니다.

「백이는 섬길 만한 군주가 아니면 섬기지 않았고, 벗할 만한 사람이 아니면 벗하지 않았으며, 악한 사람이 있는 조정에는 서지 않았고, 악한 사람과는 말을 섞지 않았다. 악한 사람이 있는 조정에 서는 것과 악한 사람과 말을 섞는 것을 마치 조복(朝服)과 조관(朝冠)을 입고 더러운 진흙과 숯 구덩이에 앉은 듯이 여겼다.」

「백이는 눈으로 나쁜 색을 보지 않았고, 귀로 나쁜 소리를 듣지 않았다. 섬길 만한 군주가 아니면 섬기지 않았고 부릴 만한 백성이 아니면 부리지 않아서, 다스려지면 나아가고 어지러워지면 물러났다.」

「백이의 풍도(風度)를 들으면 완고한 자는 청렴해지고 나약한 자는 뜻을 세운다.」

「백이는 속이 좁고 유하혜(柳下惠)는 불공(不恭)하니, 속 좁음과 불공은 군자가 따르지 않는다.」

장자(莊子)는 백이와 숙제를 비판했습니다.

「백이 숙제는 남이 부리는 대로 부려지고 남이 가는 대로 갔을 뿐, 자기의 인생이 가야 할 대로 가지 못했던 자들이었다.[伯夷叔齊 是役人之役 適人之適 而不自適其適者也]」

조선의 사육신(死六臣) 중의 한 명인 성삼문(成三問)도 이들 형제를 비판했습니다.

「풀과 나무 또한 주(周)나라 이슬과 비로 자라는데, 그대! 수양산 고사리 먹은 것 부끄러워하게.」

백이와 숙제는 시비선악(是非善惡)을 너무나 분명하게 가린 흠이 있습니다. 시비선악을 너무 분명하게 가리면 복도 없을 뿐만 아니라 사람들도 따르지 않습니다. 시비를 가린 다음에 포용할 줄 알아야 합니다. 만약 너그럽지 못하고 세상의 부조리에 분개하고 증오만 한다면 이 또한 큰 병입니다. 백이와 숙제는 맑고 고상했지만, 불교의 시각에서 보면 이들은 소승도(小乘道)입니다.

**170.**

# 허물

「남의 잘못을 덮어 주면 그 사람의 마음을 얻는다.」라는 말이 있습니다.

한국 사람은 남의 허물에 관대하지 못합니다. 부모는 자녀의 허물에 대해 냉혹합니다. 자녀가 무슨 실수라도 하면 불호령이 떨어집니다. 많이 배운 사람이건 적게 배운 사람이건 다르지 않습니다.

독일의 괴테는 이렇게 말한 적이 있습니다.

「타인의 마음을 이해하는 일에는 요령이 있다. 누구를 대하든 자신이 아랫사람이 되는 것이다. 그러면 저절로 자세가 겸손해지고, 이로써 상대에게 좋은 인상을 안겨준다. 그러면 상대는 마음을 연다.」

고려 때의 문신 이곡(李穀)은 말합니다.

「남이 나를 의심하는 것은 평소 내 행동이 남에게 신임을 받지 못했기 때문이다. 나도 분한 마음에 큰소리로 따지고 소송을 제기하고 신명(神明)에 질정하여 기필코 해명하고 말아야 한다는 걸 모르지 않는다. 그러나 그러느니 나는 차라리 실체가 없는 누명(陋名)을 묵묵히 참으며 내면의 인격을 연마하는 쪽을 선택하겠다. 인격이 쌓여 겉으로 드러나면 모든 사람이 심복(心服)할 것이니 그때 가서는 내가 실제로 도둑질을 했더라도 현재의 훌륭한 행실이 지난날의 허물을 충분히 덮어 줄 것이다. 하물며 나는 도둑질을 하지도 않았으니 굳이 해명하며 따질 이유가 없다.」

최한기(崔漢綺)는 말합니다.

「자기의 허물을 아는 것이 남의 착한 일을 듣는 것보다 나으니, 오직 허물을 아는 것이 절실하지 못함을 걱정해야 하고, 허물을 고치는 것이 빠르지 못한 것은 걱정할 것 없다.」

아래는 〈연려실기술〉에 나오는 애기입니다.

「이완(李浣)은 무관(武官) 계림부원군(鷄林府院君) 수일(守一)의 아들이다. 공(公)이 젊었을 때 아버지를 모시고 말하기를, "무관 아무개는 기생의 부모를 위해서 제 손으로 그 집에 울타리를 해 주었으니 저는 그와 사귀지 않으려 합니다." 하니 아버지가 말하기를, "자기 몸에 허물이 없는 연후에 가히 남을 그르다 할 것이다. 나 역시 젊었을 때 역시 이런 일이 있었느니라." 하니 공(公)이 감히 다시 말하지 못하였다.」

**171.**
# 요즘 위대한 인물이 적은 이유

과거에 비해 인재가 없다고들 합니다. 한국인이 머리는 좋은데 뭔가 부족하다고 합니다. 노벨상 수상자는 차치하고라도 세계를 주름잡는 경영인도 드물고 세계를 놀라게 하는 석학(碩學)이나 학자는 더욱 드뭅니다.

이명박 정부 때 기획재정부장관을 지냈던 윤증현 선생은 서울대 법대를 졸업하고 행정고시를 수석으로 합격했으며 미국 위스콘신 대학교 매디슨에서 공공정책, 행정학 석사학위를 취득했습니다.

그가 장관으로 있을 때 이렇게 고백한 적이 있습니다.

「지식의 빈곤을 절실하게 느낀다. 가슴이 아프고 고통스럽다. 국제회의에 나갈 때마다 드는 생각인데, 아는 게 없다는 걸 통탄한다. 국제회의 때마다 '내 밑천이 드러나더라도 배워야겠다.'라는 생각을 한다. 정말로 지식의 빈곤을 절감한다. 대한민국이 세계의 중심이 되기에 우리 지식수준은 어림없다. 너무나 모자란다. 젊은 여러분께 선배로서 경험을 말하는데, 젊은 시절 시간을 낭비하지 말고 공부하세요. 나중에 서러운 후회를 하지 말고 가능한 한 시간을 쪼개서 전문 분야의 공부를 많이 하십시오.」

국제회의 경험이 많은 어떤 사람은 「우리나라 외교관들의 인권·환경·역사·예술 등에 대한 지식은 서양의 웬만한 고교생 수준에도 미치지 못합니다.」라고 말한 적이 있습니다.

박지원(朴趾源)이 쓴 주옥같은 책들은 대부분이 20대에 쓴 책들이며, 천하의 명문으로 평가받는 이율곡의 〈천도책(天道策)〉은 그가 스물세 살 때 쓴 글입니다.

윤휴는 22살 때 '사단칠정인심도심설(四端七情人心道心說)'을 지어 송시열의 간담을 서늘하게 하였으며, 24살에 지은 경진일록(庚辰日錄)

에는 1만 권의 책을 독파한 윤휴의 모습이 담겨 있습니다.

　정조(正祖)가 말했습니다.

　「근세의 사대부들은 식견(識見)이 높지 않아서 매번 일이 닥쳤을 때 최상(最上)의 도리에 도달하지 못하는데, 이것은 책을 읽지 않아서 그런 것일 뿐이다.」

　누군가는 「우리는 의식주의 빈곤에서는 벗어났으나 지식의 빈곤에서는 벗어나지 못했다.」라는 한탄을 한 적이 있습니다.

## 172.

# 불교

　불교가 중국에 들어온 이래로 쟁쟁한 인물들이 불문(佛門)에 뛰어들었습니다. 고승(高僧) 또는 조사(祖師)라고 불리는 스님들은 대부분 제왕(帝王)의 자질을 지니고 있었지만 이 세상을 탐탁하게 여기지 않았습니다.

　불교가 발전하고 발전하여 당나라 때 중국에서는 이통현(李通玄) 같은 인물이 태어나기에 이르렀고, 우리나라에서는 원효(元曉)대사와 같은 혜성(慧聖)이 나타났는데 그 은덕(恩德)이 사해(四海)에 드리울 정도였습니다. 그 후 중국 당나라 때 혜능(惠能)이나 임제(臨濟)와 같은 고불(古佛)의 화신(化身)들이 나타났고, 급기야 현대에 들어서 남회근(南

懷瑾)이라는 걸출한 인물이 태어났으니 이는 명나라 때의 고승 감산(憨山) 덕청(德淸) 대사의 후신(後身)이라 할 만합니다.

당대 최고의 선지식이셨던 고(故) 남회근 선생이 말했습니다.

「불교는 심리학이요, 유가(儒家)는 사회학이요, 도가(道家)는 과학입니다. 불교를 중심[心]으로 삼고, 도교를 골격[骨]으로, 유교를 모범[表]으로 삼아야 합니다. 불교는 대 지혜이자 대 과학입니다. 불교는 종교이자 철학이며 과학이라고 합니다. 종교를 떠나지 않으면서 종교가 아니며, 철학을 떠나지 않으면서 철학이 아니며, 과학을 떠나지 않으면서 과학이 아닌 것, 이것을 불교라 명명(命名)합니다.」

발군(拔群)의 학승(學僧)이셨던 탄허(呑虛) 스님이 말했습니다.

「유교가 뿌리를 심는 것이라면[儒植根], 도교는 뿌리를 북돋아 주는 것이고[道培根], 불교는 뿌리를 뽑아 버리는 것이다[釋拔根].」

유교를 제대로 공부하면 사람 노릇, 자식 노릇, 사람됨을 배우게 됩니다. 기독교를 진실로 믿고 따르면 천상(天上)에 태어날 수 있습니다. 하지만 불교의 가르침대로 청정하게 수행하면 삼계(三界; 욕계·색계·무색계를 말함)를 벗어날 수 있습니다.

이 세상의 어느 종교, 어느 학문, 어느 철학도 불교를 뛰어넘지 못합니다. 이것은 절대 허튼소리가 아닙니다. 불교가 가장 광범위하고 가장 자세하며 가장 깊습니다.

서양의 어떤 철학자는 이렇게 말한 적이 있습니다.

「노자(老子)를 읽어보지 못하고 죽는 사람은 불행한 사람이다.」

일리가 있는 말씀이지만, 대승(大乘) 경전을 한 번도 읽어보지 못한 사람이야말로 가장 불행한 사람입니다. 불가의 보고(寶庫)인 화엄경, 불교의 꽃이자 신약성서(新約聖書)에 지대한 영향을 끼친 법화경, 선종의 제1경전인 능가경을 비롯한 금강경·원각경·능엄경·유마경 등을 읽어보지 못하는 사람이야말로 가장 불행한 사람입니다.


**173.**

# 성직자의 처신

도(道)에 뜻을 둔 이가 얼마간 수행하여 얻은 얄팍한 깨우침으로 세상에 나아가 책을 내거나 강연을 하거나 제자를 들이거나 하여 혜명(慧命)을 깎아 먹습니다.

도(道)에 뜻을 둔 이가 그림 그리기나 붓글씨 쓰기, 시(詩) 쓰기, 사진 찍기, 저술, 음식 만들기, 방송 출연, 성지순례, 박사학위 취득 등에 관심을 두어 세상으로부터 조롱을 받습니다.

도(道)에 뜻을 둔 이가 정치인들과 연(緣)을 맺거나, 정치인들이 벌이는 행사에 참석하거나, 감투에 탐을 내거나 정치판에 뛰어들거나 하여 손가락질을 받습니다.

도(道)에 뜻을 둔 이가 속인들이 쓴 책에 서문(序文)이나 서평(書評)을 멋대로 써주고 명망(名望)을 얻으려 하는 것은 어리석기 짝이 없는 일입니다.

도(道)에 뜻을 둔 이가 불조(佛祖)의 가르침을 제대로 알지 못하면서 높은 법석(法席)에 앉아 불경을 해석하고 「선(禪)이란 이런 것이다」하면서 함부로 설법한다면 그 죄가 얼마나 크겠습니까.

도(道)에 뜻을 둔 이가 반야심경(般若心經)의 종지(宗旨)에 대해 물으면 아무 말도 못 하면서, 세상의 지식이나 정치에 대해서는 청산유수라면 이것이 출가자의 본분사(本分事)이겠습니까.

**174.**

# 평온한 일상

어떤 집에는 치매를 앓고 계시는 어머니가 계십니다.

어떤 집은 월급의 80%를 빚을 갚는 데 씁니다.

어떤 집은 발달 장애가 있는 자녀를 두고 있습니다.

어떤 집은 외아들이 스물네 살 때 자살했습니다.

어떤 집은 딸이 직장 상사한테 성폭행을 당했습니다.

어떤 집에는 12년간 집에만 처박혀 사는 아들이 살고 있습니다.

어떤 집에는 일도 안 하고 매일 술을 마시며 사는 아들이 있습니다.

어떤 집의 남편은 운전하다가 실수로 남을 치어 죽였습니다.

어떤 집은 극심한 우울증을 앓고 있는 딸이 있습니다.

어떤 집은 자식을 낳고 싶어도 자식이 생기지 않습니다.

어떤 집은 음주운전 단속에 일곱 번이나 걸린 아들이 있습니다.

난세에서 인격과 처세를 얻다

평온한 일상이 얼마나 큰 복인지 이제 와 깨닫습니다.

# 내가 아는 사람

그는 단청장(丹靑匠)이었습니다. 솜씨가 정교하여 수많은 절에서 단청 요청이 들어왔습니다. 단청을 끝내면 보수는 조금도 받지 않고 즉시 떠나버렸습니다.

일거리가 없으면 해진 옷을 입고 돌아다니다가 궁색한 절이나 폐사(廢寺) 직전에 있는 절에 들러 궂은일을 자청했습니다. 남들이 꺼리는 해우소 청소나 무너진 담장을 보수하고 지붕의 기와를 새것으로 갈아 주었습니다. 할 일이 더 없으면 훌쩍 떠나버렸습니다.

어쩌다 돈이 생기면 어려운 사람들에게 주어버리거나, 아니면 불경(佛經)을 간행하는 일에 보탰습니다. 당시엔 살림이 어려운 절들이 몹시 많았는데, 대찰(大刹)이나 명찰(名刹)을 제외하고는 불경을 두루 갖추고 있는 절이 드물었기 때문이었습니다.

중국의 고승인 허운(虛雲) 선사가 부모님의 극락왕생을 위해 3년간 4,000km나 되는 거리를 오체투지(五體投地)했다는 말을 들은 뒤부터는 더욱더 자기 몸을 돌보지 않고 어렸을 때 돌아가신 부모님을 위해 부지런히 공덕을 쌓았습니다.

어느 날 꿈에 그의 부모가 나타나 이렇게 말했습니다.

「네 덕분에 천상에 태어나 말할 수 없는 복락을 누리게 되었다. 그래서 이렇게 와 일러주는 것이다.」


## 176.

# 기도

내가 행복할 때 그렇지 못한 사람들을 잊지 않게 하소서.

내가 기쁘고 행복할 때만 세상을 사랑하는 사람이 되지 않게 하소서.

내가 괴롭고 우울할 때는 세상을 원망하는 사람이 되지 않게 하소서.

신께 비는 사람보다는 세상의 모든 존재를 아끼고 위할 줄 아는 사람이 되게 하소서.


## 177.

# 선행

현역으로 복무 중인 어느 의무소방대원이 입대한 직후부터 2년간 모은 월급 206만 원을 무의탁 노인 보호시설에 기부했다고 합니다.

또 어느 군인은 현역으로 복무하면서 받은 월급을 모은 돈 150만 원을 전역할 때 근처 중학교에 장학금으로 기부했다고 합니다.

어떤 부부는 혼례식 때 들어온 축의금 중 1,000만 원을 불경을 간행하는 데 쓰라고 절에 보시했다고 합니다.

어느 노부부는 회갑연을 하려고 그간 모은 돈 1,500만 원을 장애인 단체에 기부했다고 합니다.

어떤 어머니는 자녀들의 생일이 돌아올 때마다 자녀 이름으로 선행을 합니다.

어떤 사람은 목돈이 생길 때마다 책을 사서 인근 초등학교나 군부대에 기증합니다.

도가(道家) 경전에서 말했습니다.

「천선(天仙)이 되고 싶은 자는 1천 3백 가지의 선행(善行)을 쌓아야 하고, 지선(地仙)이 되고 싶은 자는 3백 가지의 선행을 쌓아야 한다. 선행이 없으면 인선(人仙)도 될 수 없다.」

선행은 효행(孝行)과 더불어 모든 경전에서 권장하고 있는 덕목입니다. 선행은 지악(止惡)이나 참회보다 차원이 더 높습니다. 선행이 없으면 천국에 태어나기 힘들고 선정(禪定)에 들어가기는 애초부터 불가능하며 선행이 빠진 신앙은 지극히 위험합니다.

익재(益齋)는 고려 말의 충신인 이제현(李齊賢)의 호(號)인데, 익재선생본전(益齋先生本傳)에 다음과 같은 대목이 있습니다.

「(익재 선생은) 남의 조그만 선행(善行)이 있어도 칭찬하고 기려서 그 선행이 알려지지 않을까 염려하였으며, 선배(先輩)가 남긴 일이면 비록 미세한 것이라도 자신은 미치지 못할까 걱정하였다.」


**178.**
# 무상(無常)

행복한 시간은 금방 지나가 버리고 행복이 넘치면 불행이 곧 찾아오며 지금 누리는 복은 오래가지 않고 일이 잘 풀릴 때가 내리막길이 시작되는 때이며 복이 최고조에 있을 때가 재앙이 들이닥칠 때입니다. 음지(陰地)가 곧 양지(陽地)가 되고 양지가 곧 음지로 바뀝니다. 갑(甲)이 홀연 을(乙)이 되고, 을이 갑자기 갑이 됩니다.

신흠(申欽)이 말했습니다.

「소강절(邵康節)이 말하기를, "꽃을 감상하려면 피지 않았을 때 보아야 한다.[好花須看未開時]" 하였는데, 이는 대체로 개화(開花) 속에는 바로 낙화(落花)의 이치가 잠재해 있는 까닭에 이미 피고 나면 떨어지게 될 것을 두려워하게 되기 때문이다. 이 노인이 성쇠(盛衰)의 이치를 잘 살폈다 하겠는데, 천지의 세운(世運)과 국가의 흥망을 살필 때도 또한 그러하다 하겠다.」

무상(無常)이 스승이요, 과거가 스승이요, 타인이 스승이요, 경전이 스승이요, 자연이 스승입니다. 이 중에서도 무상(無常)이야말로 최고의 스승입니다.


난세에서 인격과 처세를 얻다

# 쇄소응대(灑掃應對)

'쇄소응대'란 물 뿌려 집안을 쓸고 어른 앞에서 대답하거나 손님을
응대하는 것을 말하는데, 〈소학(小學)〉에서 매우 중요시한 덕목이었습
니다. 쇄소응대를 현대적으로 재해석하여 보았습니다.

손님이 오면 아랫사람이 아닌 한 자리에서 즉시 일어나야 합니다. 앉
은 채로 인사를 주고받는 것은 예의가 아닙니다.

손님이 문을 열고 들어오면 일체의 행동을 중지한 채 손님 쪽으로
고개를 돌려야 합니다.

손님이 오면 손님에게 집중하고 손님이 지금 나에게 가장 중요한 사
람임을 보여주어야 합니다.

손님이 찾아오면 술이나 음식, 음료 등을 대접합니다. 어려운 사람·
중요한 자리임에도 물 한 잔, 커피 한 잔도 없이 대화를 나누는 것은
정말 딱한 일입니다.

어려운 손님이 데리고 온 아이에게 반말을 일삼거나 차갑게 하거나
혼을 내는 일은 하지 않습니다.

손님을 대할 때는 자신의 관직이나 명예는 잊어야 합니다.

남을 대할 때 교만하거나 업신여기는 표정을 지어서는 안 됩니다.

거래처나 지인의 집 또는 사무실·회사를 방문할 때는 점심시간이나
퇴근 시간 전을 피해야 합니다. 또 한창 바쁜 월말이나 월초에는 방문
을 가능한 한 피해야 합니다.

우리 집에, 우리 혼례식에, 우리 잔치에 오시는 손님들에게는 최상의

예로써 대해야 합니다.

무릇 부모나 어른이 부르면 소리를 듣는 즉시 응답하고 느릿느릿 대답해서는 안 됩니다.

윗사람이 부르거나 물으면 앉아 있을 땐 즉시 일어나고, 음식물이 입속에 있을 땐 즉시 뱉어내며, 거리가 멀면 즉시 앞으로 달려가야 합니다.

어른이나 상사가 묻는 말이 다 끝나기를 기다려서 대답해야 하며, 말하는 도중에 먼저 말해서는 안 됩니다.

친구가 사장이나 기관장으로 있는 곳을 방문했을 때는 다른 직원들이 보는 곳에서 친구에게 말을 할 때는 조심해서 해야 합니다.

당신의 부하 직원이 당신의 상사와 결혼을 했을 경우에는 그 부하 직원에게 존댓말을 써야 합니다.

손님을 대접할 때 그 손님의 식성이나 취향, 펴낸 책 등을 미리 알아두는 것이 예의입니다.

외교관이나 다른 나라 사람이 방문하면 그 나라의 국기를 꽂아두고 그 나라 사람들이 선호하는 색깔의 옷을 입는 것이 예의입니다.

외교관이나 다른 나라 사람이 방문하면 간단한 인사말쯤은 그 나라 말로 할 줄 알아야 합니다.

어른과 술을 마실 때는 석 잔을 넘기지 않는 것이 예의입니다.

더운 여름에 반팔 와이셔츠를 입고 윗사람이나 손님을 응대하는 경우가 있는데, 이는 예의가 아닙니다.

손님에게 커피 등을 드릴 때는 받침과 함께 드려야 합니다. 특히 어려운 손님이나 귀한 손님을 대접할 때는 종이컵이나 플라스틱으로 된 컵을 써서는 안 됩니다.

난세에서 인격과 처세를 얻다

손님에게 뜨거운 물이나 음식을 드릴 때는 "뜨겁습니다."라고 말합니다.

손님이 찾아오면 귀천(貴賤)을 가리지 말고 문 앞에서 기다리는 이가 없게 합니다.

집이나 회사에 손님이 찾아오면 웃는 낯으로 인사를 하고 방문 목적을 묻습니다. 그 후 자리를 권하고 물이나 커피 등을 대접합니다.

상대가 인사를 했음에도 인사를 받지 않거나 대꾸조차 하지 않는 사람들이 많은데, 이는 금수만도 못한 행동입니다.

회사에 새 직원이 입사했는데 아무도 그에게 말을 걸지 않거나 관심을 두지 않는다면, 이 역시 금수만도 못한 행동입니다.

나의 사소한 행동이 남에게는 상처나 불안감을 줄 수 있고, 나의 친절한 행동 하나가 남에게는 큰 은덕이 될 수 있음을 알아야 합니다.

공장에 큰 트럭이 들어오면 직원이 얼른 나가 맞이하고 주차 위치를 알려주어야 합니다.

짐을 내린 큰 트럭이 후진으로 나가면 누군가가 뒤를 봐주어야 합니다.

회사를 찾아오는 사람은 불안감이나 긴장을 안고 오기 마련인데, 직원이 웃는 낯으로 친절하게 맞이하면 그 불안과 긴장은 한순간에 눈 녹듯 사라지게 됩니다.

그만둔 회사를 오랜만에 찾아갈 때는 빈손으로 가지 않습니다.

아이나 노인이 계신 곳에 갈 때는 반드시 먹을거리를 사갑니다.

힘든 노동을 하시는 분들이 계신 곳을 방문할 때는 빈손으로 가지 않습니다.

부모와 말을 할 때 감히 옳고 그름을 따져서는 안 됩니다.

부모님이나 스승, 어른, 상사 등과 함께 길을 갈 때는 그분들의 그림자를 밟지 않도록 조심합니다.

집에 손님이 오면 늘 자녀를 불러 옆에 앉혀 대화를 듣게 하되 대화에 끼어들지는 못하게 합니다.

여러 사람이 높은 사람을 찾아뵈었을 때 대답할 일이 있으면 나이나 지위가 높은 사람이 먼저 답합니다.

형이나 아우를 존중하는 것도 부모에게 효를 행하는 것이고, 공무원이나 관(官)에서 보낸 사자(使者) 등에게 예를 갖추는 것도 국가를 받드는 것입니다.

아는 사람이 상(喪)을 당했으면 초청하지 않았더라도 방문하여 조의(弔意)를 표합니다.

상(喪)을 당한 가족들을 위로하고 자기가 도와줄 일이 있는지 물어서 만일 있다면 즉시 도와주어야 합니다.


**180.**

# 자신이 없습니다

복권에 당첨되어 내게 50억 원이 갑자기 생긴다면, 그 후 타락하거나 방탕한 삶을 살지 않을 자신이 없습니다.

미모의 유부녀가 어느 날 갑자기 나에게 "오랫동안 나를 사모해 왔다."라고 고백하며 사귈 것을 제안한다면, 그 제안을 과감하게 뿌리칠 자신이 없습니다.

난세에서 인격과 처세를 얻다

높은 자리로 승진하니 회사에서 법인카드를 내줍니다. 공적인 용도에 쓰라고 내준 법인카드를 사적인 용도에 쓰지 않을 자신이 없습니다.

술을 마신 후 친구들이 여성 접대부가 있는 고급 술집에 가서 2차를 하자고 권한다면, 솔직히 그 제안을 거부할 자신이 없습니다.

회사가 출장 여비로 쓰라며 내준 150만 원으로 출장을 다녀왔는데, 아껴 썼더니 40만 원이 남았습니다. 이 돈을 회사에 신고할 자신이 없습니다.

누군가의 실수로 내 통장에 1억 원이 입금된 걸 알았다면, 그 돈을 재빨리 인출하지 않을 자신이 없습니다.

<br>

## 181.
# 마음이 아픕니다

달걀을 보고 있노라면 그 좁은 공간에서 온갖 스트레스를 받아 가며 낳았을 닭이 생각나 마음이 아픕니다.

도로에서 트럭 짐칸에 실린 닭들이나 돼지들을 볼라치면 마음이 정말 아픕니다. 도살장으로 끌려가 잔인하게 도살당한 후 사람의 식탁에 오를 것이 뻔하기 때문입니다.

운전하다가 도로 위에 보이는 동물 사체들을 보면 마음이 아픕니다. 차에 치여 제명을 못 누리고 죽은 동물들을 위해 잠시나마 그들의 영혼을 위해 기도합니다.

횟집의 식탁 위에 썰려 나온 생선회를 보면 정말 마음이 아픕니다. 도대체 그 생선이 무슨 죄를 지었기에 온몸이 이렇게 토막 나야 합니까.

사람들이 내놓은 산더미 같은 쓰레기를 보면 이 지구에 정말 죄송스러운 마음이 듭니다.

1년에 한반도 면적만큼 잘려 나가는 아마존강 유역의 숲을 보고 있노라면 가슴이 시꺼멓게 탑니다.


**182.**

# 선행의 과보

아래는 〈불가록(不可錄)〉에 나오는 이야기입니다.

「안휘성(安徽省) 휘주부(徽州府) 출신의 상인인 왕지인(王志仁)은 30세가 되도록 자식이 없었다. 하루는 어떤 관상 보는 사람이 그에게 곧 큰 환난이 닥치겠다고 말했다. 왕지인은 평소 그 사람의 관상술이 신통하다는 것을 봐 왔으므로 그의 말을 조금도 의심하지 않았다. 그래서 급히 소주(蘇州)로 가서 상품과 재물을 모두 챙겨 숙소로 되돌아왔다.

어느 날 해 질 무렵 산책을 하다가 우연히 한 여자가 강에 투신(投身)하는 것을 보았다. 그가 급히 막아서며 자살하려 하는 까닭을 묻자 그 여자는 이렇게 대답했다. "남편은 날품팔이로 하루하루를 보내며 짬을 내서 집에서 돼지를 길러 세금을 겨우 내는 형편입니다. 그런데 제가 어제 돼지를 판 돈이 알고 보니 뜻밖에 모두 가짜 은(銀)이었습니다. 남편이 돌아오면 호되게 책망할까 두려워 살 마음도 나지 않기에 그만 죽으려고 했습니다."

그는 그녀의 사정을 측은히 여겨 돼지 판 돈을 주어 보냈다. 그 여자가 집에 돌아와 자초지종을 남편에게 말하였다. 그러자 남편은 믿지 않고 마침내 자기 아내를 데리고 왕지인의 숙소에 직접 대질하러 찾아갔다. 그는 이미 잠자리에 든 뒤였다.

여자가 문을 두드리며, "아까 물에 투신하려 했던 여인입니다. 사례를 올리려고 이렇게 왔습니다."라고 했다. 그러자 왕지인은 큰소리로 이렇게 외쳤다.

"그대는 젊은 부인이고 나는 홀몸으로 있는 나그네 신세인데, 어두운 밤중에 어찌 서로 만나 볼 수 있겠소?"

이 말을 들은 남편은 깜짝 놀라면서 정신이 번쩍 들어 입을 열었다.

"저희 부부가 함께 밖에 와 있습니다."

그 말을 듣고 비로소 왕지인은 옷을 입고 나왔다. 그런데 그가 문을 열고 집 밖으로 나오자마자 멀쩡하던 집이 갑자기 무너져 내렸다. 이 모습을 본 부부는 감탄을 금치 못하면서 정중히 사례를 올리고 작별하였다. 나중에 왕지인이 관상 보는 사람을 다시 만났다.

그러자 그는 몹시 놀라며 이렇게 말하였다.

"그대의 얼굴에 음덕(陰德)의 무늬가 가득 나타난 걸 보니, 이는 필시 남의 목숨을 구해 준 결과요. 앞으로 누릴 복록은 이루 다 헤아릴 수 없겠소."

나중에 그는 연이어 열한 명의 아들을 낳았고, 96세까지 장수하면서 아주 건강하게 살았다.」

〈고려사(高麗史)〉와 〈익재난고(益齋亂藁)〉등에 따르면, 고려 때 정중부(鄭仲夫)의 난과 김보당(金甫當)의 난이 일어났는데, 이 변란으로 수많은 문신(文臣)들이 죽임을 당하였습니다. 그런데 당시 무신(武臣)이었던 진준(陳俊)이 권력자 정중부에게 "지금 죄 없는 사람을 죽인 것이 또 이미 너무 많은데 만약 그 집안을 모두 헐어 버린다면 그 처자식들은 앞으로 어디에서 목숨을 부지하겠소?"라고 호소하여 적지 않은 문신들과 그 가족들이 목숨을 건질 수 있었습니다. 당시 사람들이 "진준에게 음덕이 있으니 뒷날 반드시 집안이 창성할 것이다."라고 했습니다. 과연 그의 손자 진식(陳湜)·진화(陳澕)·진온(陳溫)이 모두 과거에 급제하여 문장으로 이름을 떨쳤는데, 진식은 벼슬이 어사대부(御史大夫; 정3품이지만 고위직이었음)에 이르렀고, 진화는 직한림원(直翰林院; 정3품이지만 淸要職이었음)으로 선발되어 우사간(右司諫)·지제고(知制誥)를 지냈습니다.

난세에서 인격과 처세를 얻다

# 183

# 돈 없이도 할 수 있는 선행

지하철역 입구에서 작은 가게를 하며 물건을 파는 어떤 분은 지나가는 사람들이 하루에도 수백 번씩 길을 물어 보는 통에 성가셔서 죽겠다고 하소연을 합니다.

「장사를 때려치울 수도 없는 노릇이고, "지금 몇 시예요?"라고 물어 보는 사람도 많고, 또 "가까운 화장실이 어디냐?"라고 물어보는 사람도 많고⋯아무튼 죽겠습니다.」

버스 기사로 일하는 어떤 분은 버스를 운전하면서 길이나 다른 버스 노선을 물어보는 손님이 하루에 서른 명이 넘는다고 합니다. 그때마다 심한 스트레스를 받는다고 합니다.

어떤 수행자가 말했습니다.

「사업이 순조롭게 풀리는 사람들을 보면 그들의 학력 때문이거나 오직 능력에 의해 일이 풀리는 것이 아니라는 점을 알 수 있습니다. 남을 위해서 봉사하려는 마음과 주동적으로 남을 돕고자 하는 마음에서 비롯되어 일이 잘 풀린다는 것을 알게 됩니다. 반대인 경우에는 곳곳에서 벽에 부딪히니 인복(人福)이 있을 수 없습니다.」

1980년대에 서울의 어느 경찰서에서 근무했던 한 경찰관이 말합니다.

「1980년대 하면 관(官)의 위세가 얼마나 대단했겠습니까. 특히 칼자루를 쥔 경찰이나 검찰, 국세청, 관세청 등의 권위는 대단했죠. 이런 관청에 오는 민간인들에게 친절하게 대하는 직원은 거의 찾아볼 수 없었습니다. 그런데 제가 일하던 경찰서의 어느 순경은 일하다가도 민간인이 뭘 물어보거나 도움을 요청하면 마치 자기 일처럼 돌봐주었습니다. 그것도 얼굴에 미소를 띠고 친절하게 말입니다. 그 후로 그 순경은 일이 잘 풀려 승진을 거듭해서 나중에는 총경까지 지냈습니다. 그 당시 순경 출신이 총경에 오르기란 하늘의 별 따기처럼 어려운 일이었습니다. 그 순경은 학벌도 없었고 배경은 더더욱 없었거든요.」

누군가 말했습니다.

「만일 내 이웃이 굶어 죽는다면 그것은 신(神)께서 도와주지 않아서가 아니라 당신과 내가 나서지 않았기 때문이고, 내 이웃이 죄악을 짓고 있다면 하느님이 가호(加護)하지 않아서가 아니라 당신과 내가 나서지 않았기 때문이다.」


**184.**

# 잔인한 음식 문화

한국인은 산낙지나 살아 있는 전복 등을 끓는 물에 넣어서 먹습니다. 어떤 사람들은 산낙지나 산 물고기 등을 입에 넣어 씹기도 합

난세에서 인격과 처세를 얻다

니다.

장어를 주문하면 주인은 살아 있는 장어를 잔인하게 죽여서 요리하여 손님상에 내놓습니다.

횟집에서는 살아 있는 생선의 살점을 다 도려낸 후 손님상에 내놓습니다. 온몸을 난도질당한 물고기는 아직도 숨이 붙어 있고, 심지어 끓는 물에 들어갔다가 나온 후에도 숨이 붙어 있는 경우를 본 적이 있습니다.

새우·가재·게 등의 갑각류도 고통을 느끼고, 문어·오징어·낙지·주꾸미 등의 연체동물들도 척추동물처럼 고통을 느낀다는 보고는 많이 나와 있습니다.

갑오징어와 문어는 친절한 사육사에게 묘기를 부리지만, 불친절한 사육사에게는 먹물을 뿌리고 도망갈 정도로 똑똑하다고 알려져 있습니다.

우리는 날생선을 최고로 치지만 어류를 주식으로 하는 일본에서는 생물보다는 냉동 생선을 주로 먹습니다. 물고기일망정 날 것을 죽이는 순간 한(恨)이 서려 있다고 하여 냉동실에서 독기(毒氣)를 빼낸 뒤에 식탁에 올려야 탈이 없다고 여기는 것입니다.

살아 있는 물고기를 바로 잡아먹는 이른바 '활어(活魚) 음식문화'는 하루빨리 없어져야 할 악습 중의 악습입니다. 특히 자녀들 앞에서 살아 있는 물고기를 먹는 모습을 보여주는 부모들은 정말로 못난 부모들입니다.


스위스에서는 살아 있는 갑각류 등을 끓는 물에 넣으면 처벌받으며, 개를 좁은 장소에 오랫동안 가두어 두거나 야외에 묶어놓고 키우는 행위도 유럽 등지에서는 처벌받습니다.

노인이 되어서도 사냥이나 낚시를 취미로 갖고 살아가는 사람들에게 저는 큰 연민을 느낍니다. 그들이 일평생 잡아 죽인 생명의 수가 부지기수(不知其數)일 텐데, 훗날 그에 상응하는 대가를 고스란히 당해야 하니 말입니다.

어느 생명이든 죽임을 당하는 것을 극구 싫어합니다. 손가락을 개미한테 가까이 대면 개미는 피합니다. 미물(微物)도 그러한데 하물며 개나 소, 말, 돼지와 같은 고등동물이겠습니까.

천하의 미인(美人)이라도 닭이나 오리한테 가까이 가면 닭과 오리는 죽을까 봐 도망갑니다. 모든 생명은 이처럼 죽음을 겁냅니다.

죽을 위기에 처한 동물들을 구해주면 훗날 반드시 복을 받게 됩니다. 동물도 그러한데 하물며 신령한 사람의 목숨을 구해주면 어떻겠습니까.

자살하려는 사람을 제지하고 설득하여 자살하지 못하게 하면 반드시 신령스러운 복을 누릴 겁니다.

이혼하려는 부부를 잘 설득하여 다시 살게 한다든지, 가난 탓에 자식을 죽이거나 버리려 하는 부부를 설득하여 그런 행위를 못 하게 막는다면, 훗날 큰 복을 받게 됩니다.

장난삼아 생명을 죽이더라도 그 인과(因果)는 엄중하여 훗날 반드시 그 대가를 치러야 합니다.

계곡에서 자녀들과 함께 물고기를 잡는 사람들이 많은데, 이는 자녀들을 망치게 하는 결과를 낳습니다.

겨울에 강원도 화천에서는 빙어 축제가 열립니다. 살아 있는 빙어를 마구 잡는 이런 행사들은 즉각 중단되어야 합니다.

난세에서 인격과 처세를 얻다

겨울잠을 자는 개구리들을 찾아내어 잡은 후 불에 구워 먹는 사람들은 무슨 생각을 하면서 살아가는 사람들일까요.

개미들이 우글거리는 땅 구멍에 뜨거운 물을 붓거나 불을 지펴 태워 죽이는 자는 죽을 때 좋게 죽지 못할 겁니다.

죽은 사람의 장례를 정성을 다해 치러 주면 훗날 반드시 큰 복을 받게 됩니다.

죽은 동물의 사체를 땅에 고이 묻어주면서 그 영혼을 위해 기도해주면 반드시 영험합니다.

# 185

# 슬픈 성(性) 풍속

'슈거 대디(Sugar Daddy)'는 성관계 등을 대가로 여대생이나 젊은 여성에게 용돈을 주는 부유한 중년 남성을 말합니다.

중국에서는 젊은 여성의 나체사진을 담보로 돈을 대출해주는 사채업자들이 성행하고 있습니다. 만약 여자가 상환을 연체하면 여자의 부모나 직장에 그 사진들을 뿌려서 협박을 하거나 성 상납을 요구하기도 합니다.

옛날 중국의 기녀(妓女) 중에는 병영에 거주하며 군사들의 성적 욕구를 수발하는 영기(營妓)가 있었고, 우리나라에는 관기(官妓)가 있었습니다.

중국 명나라에서는 사대부들이 기생이나 부인의 발을 감싼 전족(纏

足) 천을 벗겨내 냄새 맡기를 즐기는 문화가 있었습니다.

중국에는 남편이 요절하면 남편의 형제나 심지어는 시아버지에게 다시 시집가는 결혼 문화가 있었고, 힌두교에서는 젊은 미망인(未亡人)을 위험한 존재로 여겨 남편이 죽으면 아내를 불에 태워 죽이는 풍습이 있었습니다.

중국 명·청 때 '양수마(養瘦馬)'라는 사업이 유행했습니다. '수마(瘦馬)'란 '삐쩍 마른 말'이라는 뜻으로 가난한 집의 여자를 말합니다. 가난한 집 출신 여자들만 전문적으로 사는 업자들은 사들인 여자들을 어려서부터 계획적으로 가르칩니다. 예절, 남녀 간에 응대하는 방법, 주인을 잘 모시는 방법, 본부인을 어떻게 대하는지에 대하여 교육을 받습니다. 그 후 부잣집에 비싼 돈을 받고 첩으로 팔립니다.

여성의 성기 일부를 잘라내는 여성 할례(割禮)는 지금도 아프리카나 중동지방에서 성행하고 있는데, 할례를 받지 않은 여성은 결혼조차 할 수 없습니다.

네팔 등에서는 월경하는 여성을 따로 격리하는 '차우파디'라는 풍속이 있습니다. 월경 여성을 불순하게 여기는 힌두교 교리에 근거한 이 낡은 풍습으로 몇몇 여성은 집 밖에 격리된 기간 동안 뱀에 물리거나 감기에 걸려 목숨을 잃거나 강간을 당하기도 합니다.

근친혼은 전 세계적으로 광범위하게 나타난 혼인 제도인데, 신라에서도 근친혼(近親婚)이 행해졌는데 남자들은 이모·고모·사촌과 결혼했으며, 고려 때까지도 왕실에서는 근친혼이 유행했습니다.

# 186

# 이황(李滉)의 사람됨

여러 문집(文集)에 보이는 이황의 마음가짐과 태도를 보겠습니다.

「평상시 날이 밝기 전에 일어나서 이부자리를 정돈하고, 세수하고 머리 빗고 의관을 바로 하고는, 날마다 소학(小學)의 글대로 했다. 조금 자라서는 서당에 나갔는데, 비록 여러 사람과 함께 쉴 때도 반드시 얼굴빛을 가다듬고 단정히 앉아서 말이나 행동을 언제나 삼갔으므로 사람들이 모두 사랑하고 공경해서 감히 함부로 대하지 못했다.」

「문인(門人)이나 제자 대접하기를 친구 대접하듯 하여, 비록 젊은 사람이라도 그를 가리켜 이름을 버리고 '너[汝爾]'라고 부르지 않았다. 맞이하고 보내며 주선할 때 예절을 지켜 공경하였고, 자리에 앉은 뒤에는 반드시 먼저 그 부형(父兄)의 안부를 물었다.」

「선생은 타고난 성질이 매우 높고 수양을 쌓아 도가 있으며, 마음속의 생각하는 바가 깨끗하고 시원하여 운치가 맑고 심오하였다. 단정하고 성실해서 어두운 곳에 혼자 있어도 속이지 않았으며, 일상생활에 있어 몸가짐이 바르고 엄숙하여 그 의젓한 모습은 범할 수 없을 것 같았다. 사람을 대할 때는 온순하고도 공손하며 겸손해서 화락(和樂)한 기운이 돌았고, 가슴을 열고 남과 이야기할 때는 마음속을 환히 드러내었다. 또 겸허하게 남에게 묻기를 좋아하고 자기 고집을 버리고 남의 의견을 따를 줄 알았다. 남에게 조금이라도 선함이 있으면 자기의 것인 양 기뻐하고, 자기에게 조그마한 잘못이 있으면 비록 필부가 말해주어도 고치기에 인색한 빛이 없었다.」

「선생은 손님과 마주 앉아서 음식을 먹을 때는 수저 소리를 내지 않았다. 그리고 음식은 끼니마다 세 가지 반찬을 넘지 않았고 여름에는 다만 건포 한 가지뿐이었다.」

「선생이 서울의 서성(西城) 안에 우거(寓居; 남의 집이나 타향에서 임시로 거주함)할 때, 당시의 좌의정 권철(權轍)이 찾아왔다. 선생이 식사를 대접했는데 반찬이 없고 또 맛도 없어 먹을 수가 없었으나 선생은 마치 진미(珍味)나 먹는 듯 조금도 어려워하는 기색이 없었다. 권공은 결국 젓가락을 대지도 못하고 물러 나와 사람들에게 말하기를, "지금까지 입맛을 잘못 길러서 이렇게 되고 보니 매우 부끄럽다."라고 하였다.」

「배우는 사람은 의(義)를 바르게 하고 이(利)는 꾀하지 말아야 할 것이며, 그 도를 밝히고 그 공을 헤아리지 말아야 할 것이다. 만일 털끝만큼이라도 억지로 하는 마음이 있으면 그것은 학문이 아니다.」

「선생은 비록 글자 한 자를 우연히 쓰더라도 점이나 획은 반드시 정돈하였고, 글씨체는 방정하고 중후했다. 그리고 시 한 수를 우연히 읊더라도 한 글귀 한 글자를 반드시 깊이 생각하고 고쳐서 함부로 남에게 보이지 않았다.」

「선생은 젊을 때부터 사람들의 공경을 받았다. 온 고을의 유생들이 산사(山寺)에 모여 놀 때, 두 다리를 뻗고 앉거나 비스듬히 누웠다가도 선생이 온다는 말을 들으면, 비록 선생보다 나이 많은 사람이라도 모두 몸을 바르게 하고 기다렸으며 아무도 그 곁에서 떠들거나 장난하지 못했다.」

「나라에서 벼슬을 내리는 명이 있을 때마다 선생은 으레 민망한 낯빛으로 배우는 자들에게 말하기를, "내 평생 헛된 이름에 얽매여 오늘에 이른 것이다. 내가 누구를 속이겠는가. 하늘을 속이겠는가."라고 하였다.」

「몸가짐에 매우 엄하여 예가 아니면 행하지 않았다. 어릴 때 여러 친구와 더불어 모여서 과거의 문장을 익혔는데 함께 생활하는 것이 매우 경건하여 온종일 단정히 앉아 있으면 같이 교유하던 선비들이 모두 두려워하고 공경하였다. 그래서 비록 저희끼리는 서로 장난치며 놀다가도 선생이 오는 것을 보면 모두 얼굴을 거두고 바로 앉았다. 뒷날 옥당(玉堂; 홍문관)에 있을 때에도 동료들은 혹 곁에서 시시덕거리면서 장난을 치고 있었으나, 선생이 잠자코 한마디 말도 없이 혼자서 책을 읽으면 동료들은 모두 부끄러워 장난을 그쳤다. 보통 때는 닭이 울면 일어나 세수하고 의관을 바르게 하고 서재로 나가 서적을 좌우에 두고 책을 읽기도 하고 혹은 생각에 잠기기도 하였다. 그러다가 정신이 피로하고 기운이 지치면 팔짱을 끼고 고요히 앉거나 혹은 눈을 감고 조금 쉬었을 뿐이며 한 번도 자리에 드러눕지는 않았다. 그는 천성이 간결하고 잠잠하여 손님과 같이 있을 때도 온종일 쓸데없는 이야기나 잡담을 하는 일이 없었다. 남과 말할 때는 반드시 생각한 뒤에 말을 하였고 비록 갑작스럽고 급할 때도 일찍이 한 번도 말을 빨리하거나 조급한 기색이 없었다.」

## 187.
## 당신은 전생에

당신은 한때 남을 죽인 적이 있습니다.

당신은 한때 동물로 태어난 적이 있습니다.

당신은 한때 여자의 몸으로 태어난 적이 있습니다.

당신은 한때 남자의 몸으로 태어난 적이 있습니다.

당신은 한때 남에게 죽임을 당한 적이 있습니다.

당신은 한때 왕 노릇을 한 적이 있습니다.

당신은 한때 굶주려 죽은 적이 있습니다.

당신은 한때 부유한 가문에 태어난 적이 있습니다.

당신은 한때 척박한 자연환경을 가진 나라에 태어난 적이 있습니다.

당신은 한때 천상세계에 태어나 쾌락을 누리며 산 적이 있습니다.

당신은 한때 지옥에 태어난 적이 있습니다.

당신은 한때 아귀로 태어난 적이 있습니다.

당신은 한때 위대한 학자가 되어 본 적이 있습니다.

당신은 한때 어리석고 못난 사람으로 살아본 적이 있습니다.

당신은 한때 거지로 일생을 살아본 적이 있습니다.

당신은 한때 범죄자가 되어 감옥에 간 적이 있습니다.

당신은 한때 못된 남편을 만나 한평생 고생만 한 적이 있습니다.

당신은 한때 교통사고를 당해 즉사한 적이 있습니다.


그러므로 우리는 다음과 같이 해야 합니다.

가난하고 불쌍한 사람을 보면 '나도 한때 저와 같은 사람이었다.'라고 생각합니다.

사람을 속여 부자가 된 사람을 보면 '나도 한때 저와 같은 사람이었다.'라고 생각합니다.

짐승만도 못한 사람을 보면 '나도 한때 저와 같은 사람이었다.'라고 생각합니다.

몰상식하고 이기적이며 한없이 어리석은 사람을 보면 '나도 한때 저와 같은 사람이었다.'라고 생각합니다.




188.

# 괜찮은 것과 그렇지 않은 것


차이는 괜찮지만 차별은 안 됩니다.

비판은 괜찮지만 비난은 안 됩니다.

고독은 괜찮지만 고립은 안 됩니다.

권위는 괜찮지만 권위주의는 안 됩니다.

개인만 있고 시민이 없어서는 안 됩니다.

삼등은 괜찮지만 삼류(三流)는 안 됩니다.

개인주의는 괜찮지만 이기주의는 안 됩니다.

이익 공유는 괜찮지만 권력 공유는 안 됩니다.

타인 칭찬은 괜찮지만 자찬(自讚)은 안 하는 것이 좋습니다.


**189.**

# 세 부류

과거에 지은 죄들을 다 잊고 오직 앞만 보면서 나아가는 사람은 하등(下等) 인생입니다. 사람의 태반이 이런 부류인데, 이런 사람의 다음 생은 불행할 것이 뻔합니다.

과거에 지은 죄로 늘 괴로워하는 사람은 중등(中等) 인생입니다. 이런 사람은 착하기는 하나 지혜가 부족합니다.

과거에 죄를 많이 지었지만 이를 참회하고 선(善)을 많이 쌓음으로써 과거의 죄악들을 상쇄(相殺)하려는 사람은 상등(上等) 인생입니다. 이런 사람의 다음 생은 상당히 좋을 겁니다.


**190.**

# 겸손(2)

괴테는 말했습니다.

「내가 살아오면서 보아 온 남들의 악행과 죄악은 하마터면 나 자신이 저질렀을지도 모를 일들이었다.」

노자(老子)가 말합니다.

「나에게는 세 가지 보배가 있어 늘 지녀 보존하고 있다. 첫째는 자비요, 둘째는 검소함이요, 셋째는 감히 천하를 위해 나서지 않는 것이다.[我有三寶持而保之 一曰慈 二曰儉 三曰不敢爲天下先]」

'감히 천하를 위해 나서지 않는 것'이 바로 겸손입니다.
선현께서 말씀하셨습니다.

「부(富)는 원망의 곳집이요, 귀(貴)는 위태로움의 기틀이다. 이는 부귀하면서도 도리에 어긋나게 처신하는 사람을 두고 한 말이다. 만약 영리(榮利)에 처해서도 거기에만 골몰하지 않고 가득 찬 상태에 있으나 그칠 줄 알아 가득 참을 유지하면서 겸손을 지킨다면 원망의 곳집이니 위태로움의 기틀이니 하는 말이 어찌 있겠는가.」

옛 선인께서 말했습니다.

「여진족(女眞族)이 송나라 변경(汴京)을 함락했을 때 군사를 나누어 보내 부필(富弼)과 사마광(司馬光)의 집을 보호하고 술을 보내 놀라지 않도록 진정시켰으며, 도성 백성들도 자신의 집보다 먼저 두 사람의 집을 보호하였다. 고려의 서공(徐恭)은 서희(徐熙)의 현손(玄孫)이다.

대대로 재상을 지낸 문벌 출신이지만 천성이 겸손하여 문신들의 교만함을 미워하고 무신들을 예우하였는데, 정중부(鄭仲夫)의 난 때 중방(重房)에서 순검군(巡檢軍) 22인을 보내 그의 집을 호위하여 화를 당하지 않았다.」

이색(李穡)의 5대손인 이자(李耔)는 「나는 악을 미워할 용기가 없었다[惡惡無勇]. 일찌감치 과거에 합격하여 폐조(廢朝·연산군 때)에서 두루 벼슬을 살았는데 억지로 벼슬살이를 하면서 술로 나 자신을 더럽혔다. 선(善)을 좋아하길 독실하게 하지 않고 악을 미워하길 용맹하지 않아서 한세상을 그럭저럭 보내고 하루하루를 허랑하게 지냈으며, 그러는 사이에 세월이 흘러 51세가 되고 말았다.」라고 자평하였습니다.

〈해동잡록(海東雜錄)〉에 실린 강희안(姜希顔)에 대한 평을 보겠습니다.

「전서·예서·해서·초서와 그림의 신묘함에 이르기까지 당대의 제일이었으나, 공(公)은 모두 감추고 드러내지 않았다. 그에게 글씨와 그림을 구하는 사람이 있으면 공은 말하기를, "글씨와 그림은 천한 재주이므로 후세에 흘러 전하게 되면 이름을 욕되게 할 뿐이다." 하였다.」

김안국(金安國)이 호남 관찰사가 되었을 때, 김인후(金麟厚)를 한번 보고는 즉시 젊은 벗이라 부르고 또 말하기를, "참으로 삼대(三代; 중국의 夏·殷·周 세 왕조를 말함)의 인물이다." 하였으며, 서경덕(徐敬德)이 이중호(李仲虎)에게 예(禮)를 강론하다가 그를 도저히 따라갈 수 없다고 탄복하였다는 기록이 모두 〈연려실기술〉에 실려 전합니다.

〈송와잡설(松窩雜說)〉에 나오는 두 이야기입니다.

「조현범(趙賢範)이 경주부윤(慶州府尹)이 되었는데, 부엌에서 아침저녁으로 올리는 것이 자라탕이었고 공(公)도 또한 그것을 즐겼다. 한번은 어부가 3~4일이 지나도록 자라를 바치지 않자 부엌일을 맡은 아전(衙前)이 공에게 알려 공문을 띄워서 재촉한 다음에 큰 자라 세 마리를 가지고 왔다. 공은 자라목을 새끼로 잇달아 묶어 부엌일을 맡은 아전에게 주고 내일 올리도록 하였다. 그날 밤에 꿈을 꾸었는데 칼을 쓴 죄수 세 사람이 한 소장(訴狀)으로 호소하기를, "애초에는 우리 무리가 참으로 번성하였는데 본디 죄도 없이 날마다 죽임을 당한 지 이제 30여 년이 되었고, 이제 우리 세 사람도 또한 잡혀 갇히게 되어 북쪽 청사 마루 밑에 엎드려 있습니다. 총명하신 부윤께서는 용서하시길 바랍니다." 하는 것이었다. 공은 꿈에서 깨어 곧 형리(刑吏)를 불러서 문틈으로 물었다.

"같은 죄로 잡혀서 갇힌 자가 누구누구인가." 하니, 형리가 "갇힌 사람 중에 같은 죄를 지은 사람은 없습니다." 하였다. 공이 다시 부엌일을 맡은 아전을 불러서 세 마리 자라가 있는 곳을 물었다. 부엌일을 맡은 아전이, "관청 광 안에 두었는데 없어져서 지금은 간 곳을 모릅니다." 하였다.

공이 북쪽 청사 마루 밑을 찾아보게 하였더니, 목이 묶인 세 마리 자라가 과연 그 밑에 있었다. 공이 몹시 놀라 괴이하게 여겨 곧 건장한 아전을 어부들이 있는 곳에 달려 보내어, 이제부터 다시는 자라를 잡지 말 것이며 비록 잡히는 것이 있더라도 모두 놓아주게 하였다. 관아(官衙)에 있는 세 마리 자라는 공이 직접 가서 강에 놓아주고 이날부터 다시는 자라를 먹지 않았다.」

「겨울에 여강(驪江)에서 한 어부가 얼음을 깨고 잉어 한 마리를 잡았는데, 크기가 두어 자[尺]나 되었다. 짊어지고 집에 돌아왔더니 그날 밤에 고기가 주인의 꿈에 나타나, "부디 나를 놓아주고 해를 끼치지 말라." 하였다. 주인이 괴이하게 여겨 삶아 먹지 않고 이웃 사람에게 팔아 버렸다. 이웃 사람의 꿈에도 또한 그러하였으나, 이웃 사람은 놓아주지 않고 마침내 잘라서 삶았다. 그런데 그 국을 한 종지라도 맛을 본 사람은 누워 앓지 않는 이가 없었고, 6~7일이 지난 다음에야 비로소 일어났다.」

아래는 〈오산집(五山集)〉에 실려 전하는 이야기입니다.

「차천로(車天輅)의 형 차은로(車殷輅)는 이미 7세에 글을 잘 지었는데, 관례(冠禮)를 치르기 전에 일찍 죽었다. 장사를 치르고 난 날 밤에 그의 부모 꿈에 나타나 말하기를, "상제(上帝)께서 저에게 다시 부모님의 아들이 되라고 하였습니다." 하였는데 그 이듬해에 차천로가 태어났다.」

차천로(車天輅)는 조선에서 대문장가로 손꼽히는 인물입니다. 그의 아버지 차식(車軾)과 관련된 일화가 〈대동기문(大東奇聞)〉에 실려 전합

난세에서 인격과 처세를 얻다

니다.

「차식(車軾)은 연안(延安) 사람이니 자(字)는 경숙(敬叔)이요, 호는 호재(濩齋)다. 열 살에 시서(詩書)를 외웠고 화담 서경덕(徐敬德)에게서 배웠다. 정유년에 진사시에 합격하였고, 계유년에 문과에 급제하여 군수를 지냈다. 일찍이 정종(定宗; 조선의 2대 왕) 능침의 제사를 담당하였는데, 차식이 특별히 정성을 다하여 목욕재계하여 몸을 깨끗이 하고 제수(祭需)와 주찬(酒饌)을 성대히 하여 몸소 살피지 않음이 없었다.

제사를 마치니 정종이 꿈에 나타나서 하교하셨다. "지난 제관(祭官)들은 다만 전에 하던 대로 따르므로 음식이 적고 깨끗하지 못하였다. 지금은 네가 정성스레 예를 다하니 내가 너를 가상하게 쓰노라. 듣자하니 네 어미에게 병이 있다 하니 내가 좋은 약을 내려줄 것이니 그리알라." 그때 차식의 어미가 송도에 있었는데 대하증(帶下症)을 앓고 있었다. 집으로 돌아가는 길에 보니 독수리 두 마리가 공중에서 물고기한 마리를 두고 다투면서 하늘을 돌다가 차식의 발 앞에 떨어뜨리니바로 만례어(鰻醴魚; 뱀장어)였는데, 크기가 한 자가 더 되었다. 집에 돌아와 어머니에게 봉양하니 어머니 병이 즉시 나았다. 아들로는 차천로(車天輅)와 차은로가 있다.」

〈청성잡기〉에 다음과 같은 이야기가 실려 전합니다.

「장지항(張志恒)이 포도대장으로 있을 때 한 아낙네가 찾아와 이렇게 하소연하였다.

"제가 나이 오십이 되어서야 비로소 아들을 하나 보았습니다. 지아

비는 죽었고 아이는 지금 여섯 살인데 잃어버린 지 이틀이 되었습니다. 꿈에 아이가 나타나 말하기를 '저는 지금 죽었습니다. 사대문을 기찰(譏察)하여 보면 저를 죽인 흉적을 반드시 잡을 수 있을 것입니다.' 하였습니다. 꿈이 너무나 생생해서 감히 아뢰는 것입니다."

장지항이 즉시 포교(捕校)를 보내서 그의 말대로 기찰하게 하였더니, 과연 수구문(水口門)에서 범인을 잡을 수 있었다. 죽인 아이의 간을 보자기에 싸서 수구문으로 들어온 자는 어떤 노파였는데, 심문해 보니 바로 김양택(金陽澤)의 처가 돈을 주고 시킨 짓이었다. 김양택은 두 명의 첩을 거느리고 있었는데 그의 처가 이를 몹시 질투하여 벌인 짓이었다.」

〈목민심서〉에 나오는 이야기 둘을 소개합니다.

「옛날에 어느 죄수가 있었는데 관장(官長)이 빨리 죽게 하려고 음식을 끊고 주지 않으니, 죄수가 3일간을 먹지 못하여 거의 죽게 되었다. 그런데 꿈에 그 아버지가 국수를 가져다 권하여 말하기를, "너를 살려 줄 사람이 이제 온다." 하였다. 꿈을 깨니 배가 불렀으며 과연 한 추관(推官)이 와서 그의 원통한 사연을 풀어주었다.」

「기건(奇虔)이 제주목사(濟州牧使)가 되었는데, 부모를 장사 지내지 않고 부모가 죽으면 골짜기에 내다 버리는 것이 제주의 옛 풍속이었다. 공(公)은 부임하기 전에 먼저 주리(州吏)에게 명하여 관곽(棺槨)을 갖추어 염장(殮葬)하는 것을 가르치게 하였다. 제주 사람들이 그 부모를 장사 지내는 것이 공으로부터 시작되어 교화(敎化)가 크게 행해졌다.

하루는 공이 꿈을 꾸니 3백여 명이 뜰 아래서 머리를 조아리며, "공의 은혜를 입어 해골(骸骨)이 드러나는 것을 면하게 되었으나 은혜를 갚을 길이 없습니다. 공께서는 올해 훌륭한 손자를 보게 될 것입니다." 하였는데, 그 꿈이 과연 들어맞았다.」

아래는 〈역옹패설〉에 나오는 이야기입니다.

「통해현(通海縣)에 거북같이 생긴 큰 동물이 조수(潮水)를 타고 포구(浦口)에 들어왔다가 빠져나가지 못하였다. 백성들이 그것을 도살하려고 하자 현령(縣令) 박세통(朴世通)이 말려서 굵은 새끼로 배 두 척에 매어 바다에 끌어다가 놓아주었다. 꿈에 늙은이가 나타나 절하며 말하기를, "내 아이가 날을 가리지 않고 나가 놀다가 죽게 됨을 면치 못하였는데 다행하게도 공(公)이 살려 주어 그 은덕이 큽니다. 공과 공의 아들 손자 3대가 반드시 재상이 될 것입니다." 하였다. 그리하여 세통과 그의 아들 홍무(洪茂)는 재상의 지위에 올랐으나 그의 손자 함(瑊)이 상장군(上將軍)으로 벼슬을 그만두게 되자 이에 불만을 품고 시(詩)를 짓기를, "거북아, 거북아 잠에 빠지지 마라. 삼대의 재상이 헛소리일 뿐이구나.[龜乎龜乎莫耽睡 三世宰相虛語耳]" 하였더니 이날 밤에 거북이 꿈에 나타나 말하기를, "그대가 주색(酒色)에 빠져서 스스로 복을 던 것이지 내가 은덕을 잊은 것은 아니오. 그러나 한 가지 좋은 일이 있을 것이니 조금 기다리시오." 하였다. 며칠이 지나자 과연 치사(致仕; 벼슬에서 물러남)가 취소되고 복야(僕射; 정2품 벼슬)가 되었다.」

「사명(四明) 지역에 갈정내(葛鼎鼐)라는 사람이 있었다. 그가 매일 서당에 갈 때마다 늘 토지신을 모시는 사당 앞을 지나야 했다. 어느 날 사당지기의 꿈에 토지신이 나타나 말했다. "갈공(葛公)이 매번 이곳을 지나갈 때마다 내가 일어나서 그에게 인사를 해야 하니 많이 번거롭다. 네가 나를 위해 작은 담을 쌓아 나를 그 안에 가리게 하여 내가 늘 그에게 일어서서 공경을 표하지 않아도 되게 하라."

사당지기는 토지신의 뜻에 따라 작은 담을 쌓기로 하고, 일꾼을 모아서 막 일을 시작하려고 하는데 또 꿈에 토지신이 말했다.

"너는 담을 쌓을 필요가 없다. 그가 남의 이혼서류를 쓰는 것을 도와주었고, 이 때문에 그의 공명은 이미 하늘 명부(名簿)에서 지워졌다. 그러므로 내가 이제 그에게 경의를 표할 필요가 없게 되었다."

알고 보니 당시 마을에 자기 아내를 버리려는 사람이 하나 있었다. 그러나 그는 글을 쓸 줄 몰랐으므로 그에게 대필을 부탁했던 것이다. 그는 즉시 기뻐하며 이혼 문서를 대신 써주었고 그 사람은 결국 갈 곳 없는 본처를 버렸다. 나중에 갈정내는 사당지기가 전하는 말을 듣고는 크게 후회하여 힘을 다해 이혼한 남편을 찾아가서 이혼했던 여인과 다시 재혼하도록 하여 혼인을 회복하라고 설득했다. 하지만 나중에 과거 시험에서 그는 과연 장원이 되지 못했다. 그러나 그가 자기의 행동을 후회하고 뉘우쳤기 때문에 하늘에서는 그래도 향시에는 붙게 해 주었지만 관직은 부사(副使)까지만 오를 수 있었다.」라는 이야기가 중국 문헌인 〈집복소재지도(集福消災之道)〉에 나옵니다.

중국 명나라의 대학자이자 명절(名節)로 유명한 방효유(方孝孺)는 명(明)의 2대 황제인 영락제(永樂帝)가 자기의 즉위 조서를 쓰라고 하자

완강하게 거부하여 그의 십족(十族; 九族에 친구와 제자들까지 포함)이 죽임을 당했고 본인은 능지처사를 당했습니다. 그 방효유와 관련된 이야기가 〈육도집절요(六道集節要)〉에 실려 전합니다.

「방효유의 아버지 방극근(方克勤)이 장례를 지내려 하는데, 꿈에 붉은 옷 입은 노인이 와서 절하고 하는 말이, "그대가 잡은 산소 자리는 내가 사는 곳이니 3일만 기다려주면 그사이에 나의 권속을 다른 데로 옮길 것이고 또 은혜를 후하게 갚겠다."라고 여러 번 간청하였다. 방의 아버지가 꿈을 깬 뒤에 그 땅을 파 보니, 붉은 뱀 수백 마리가 있기에 모두 태워버렸다. 그날 밤 꿈에 그 노인이 와서 울면서 말하기를, "내가 그렇게도 애원하였는데 어째서 내 팔백 권속을 모두 태워 죽였는가. 네가 내 종족을 멸하였으니 나도 네 종족을 멸하겠다." 하였다. 그 뒤에 효유를 낳았는데 혀가 뱀과 같았고 벼슬은 한림학사에 이르렀다. 그러다가 황제의 노여움을 사서 십(十)족이 멸하게 되었는데, 그 죽은 종족의 수효가 뱀의 수효와 같았다고 한다.」

192.
# 가만히 있은 죄

자식이 요절하거나 실패를 거듭하거나 좌절하거나 큰 병에 걸리거나 세상을 원망하여 폐인(廢人)이 되거나 불우(不遇)한 처지에 빠져 있거나 자신을 극도로 혐오하거나 부모를 증오하면, 그것은 부모의 죄악에서 기인하는 경우가 태반이기에 부모는 참회하거나 음덕(陰德)을 쌓는 일에 당장 착수해야 하거늘, 오늘날 부모들은 아무것도 하지 않으면서 오직 자식을 탓하고 세상을 원망하고 낙담하면서 세월을 보냅니다. 부모들의 이 죄목(罪目)은 세속의 법전에는 없는 이른바 '가만히 있은 죄'입니다.


## 193.

# 인생(1)

수많은 철인(哲人)과 존자(尊者) 그리고 고사(高士)들이 기록한 인생명언들을 소개합니다.

「내 돌아갈 곳이 어디인가.」

「산다는 것은 잠시 얹혀 머무는 것이고 죽음이란 돌아가는 것이다.[生寄也 死歸也]」

「진실하지 못한 인생은 요행히 화(禍)나 면하고 사는 것이다.[罔之生也幸而免]」

「인생은 인연을 따라가니 (사람의 힘으로) 어찌할 수 있으랴.[人生隨緣可奈何]」

난세에서 인격과 처세를 얻다

「이슬은 말라도 내일이면 다시 내리지만, 사람은 한 번 죽으면 언제 돌아오나.[露晞明朝更復落 人死一去何時歸]」

「살면서 내 뜻의 9할은 이루어지지 못하였고 내가 만났던 사람의 7할은 나를 미워하였네.」

「먹고 살기도 바쁜데 색욕(色欲)까지 날 괴롭히네. 자식 죽은 거야 살다 보면 잊히겠지만 미인(美人) 보고 욕정 솟는 건 죽어야 끝나겠네.」

「구복(口腹) 채우느라 20년 허비했고 명리(名利) 구하느라 또 20년 보냈네. 남은 20년은 색욕(色欲)에 바치고 이제 죽음만 기다리네.」

「인생이란 본래가 더부살이 같은 것.[人生本如寄]」

「글을 배우면서부터 인생의 우환이 시작된다.[人生識字憂患始]」

「내가 가장 부러워하는 이는 무지하고 못생긴 시골 아낙네라오. 이 아낙은 부처님을 의심하는 법이 없다네.」

「인생은 이처럼 자기가 즐거우면 그만인걸, 어찌 꼭 구속되어 남에게 끌려다니리오.[人生如此自可樂 豈必局束爲人鞿]」

「인생이란 돌만도 못하나니 돌은 우뚝이 버티고 서서 무너지는 일이 없네.[人生不如石 磊磈無崩毀]」

「죽음은 갈 곳으로 돌아가는 것이고, 삶은 잠시 머무는 것이다.[死也歸而生寄]」

「인생이란 꼭지도 뿌리도 없이 길 위에 먼지처럼 날아다니는 것.[人生無根蔕 飄如陌上塵]」

「죽고 사는 것을 모두 운명에 맡기고 허물없이 살다가 허물없이 돌아갈 수 있다면 만족하겠네.[任死任生 生而無過 無過而歸足矣]」

「천지간의 인생이란 마치 하얀 망아지가 담장의 틈 사이를 지나가는 것처럼 순간일 뿐이다.[人生天地之間 若白駒之過隙 忽然而已]」

「인생이란 하나의 과객이라네. 옛날엔 천상에서 함께 놀더니 지금은 속세로 귀양왔다오.[浮生一過客 雲漢昔同遊 塵埃今下謫]」

「인생은 반드시 죽고 마는 법. 오직 선후의 차가 있을 뿐이네. 사는 것만 즐겁다고 말하지 말게. 죽음 또한 그런지 누가 알겠나.[人生要有死 但存先後耳 毋謂生可娛 焉知死亦如]」

「인생이란 마치 풀잎의 이슬이 아침 햇살에 금방 마르는 것과 같거늘 육십 년 동안을 헛되이 보냈어라. 한 일이 어찌 그리도 거칠었던고.」

「나와 뜻이 통하는 사람 하나만 얻을 수 있다면 성공한 인생이다.」

「인생은 길어야 백 년인데, 그새 우환과 고난이 잇따라 찾아드니 편안히 앉아 독서할 시간이란 얼마 안 된다. 진실로 일찍이 스스로 깨달아 노력하지 않고 구차히 그날그날 지내가다가는 결국 재주를 스스로 버리게 되니, 만년에 빈곤을 당할 때 장차 누구를 원망할 것인가.[人生百年之間 憂苦侵尋 安坐讀書 盖無幾時 苟不早自覺悟努力做去 將苟且遷就 終於棄才而已 暮年窮廬之歎 將誰尤哉]」

「삶이란 이 세상에 잠깐 들른 것이요, 죽음이란 원래의 고향으로 돌아가는 것이니 사실 슬퍼할 것은 없다. 그러나 슬퍼할 만한 일은 한번 가면 다시 돌이킬 수가 없다는 사실이다. 생각해 보건대, 이 세상에서 살아온 48년 동안 칭송할 만한 일을 하나도 해놓지 못했다. 평생에 다른 소망은 없었고 오직 천하의 글을 읽어서 선을 행하여 악을 제거하고 자신을 수양하여 남을 다스려서 결코 헛되게 살다가 헛되게 죽지 않으려 했다. 그러나 선을 제대로 실천하지 못했고 악을 반드시 제거하지도 못했으며, 자신을 수양하는 데는 결함과 허물이 많았고 남을 다스리는 일은 시험해볼 만한 것조차 없었으니, 이래서 못내 마음에 아쉬움이 남는다.」

「쌓이면 언젠가 모두 무너져 사라지고 높아지면 아래로 떨어지기 마련이며 모이면 마침내 이별하는 날이 있고 목숨이 있으면 다 죽음으로 돌아간다.[積聚皆消散 崇高必墮 合會終別離 有命咸歸死]」

「갑자기 직장을 잃어도 병마(病魔)가 갑자기 찾아와도 사랑하는 사람과 이별해도 빈궁한 처지에 떨어져도 담담하고 태연할 수 있다면…」

「생각하면 인생이란 원래 타향살이. 이제 가면 고향과 또 얼마나 멀어질꼬.[等來身世元如寓 此去家山又幾程]」

「인생에 원래 이합(離合)이 있다지만 이별은 많고 만남은 늘 적었지.[人生有離合別多相見少]」

「인생이란 본래 미리 정해진 것. 세상사 다시 논할 필요 있으랴.[人生本前定 世事更堪論]」

「덧없는 세상의 인생이란 허공을 지나는 새. 천고에 얼마나 많은 영웅이 스러져 갔는가.[浮世人生鳥過空 鎖沈千古幾英雄]」

「세간(世間)의 온갖 일은 잠깐 사이에 변화하여 없어지는 것인 만큼 모두 가슴속에 담아 둘 가치가 없다고 할 것이다. 오직 궁리하고 수신하는 것이야말로 구경법(究竟法)이라고 하겠다.[世間萬事 須臾變滅 皆不足置胸中 惟有窮理修身 爲究竟法耳]」

「세금 바치려고 일년내 고생했으니 하루라도 술잔 들며 즐겁게 놀아야지. 인생이란 너무나도 즐겁지가 않은 것. 술 취한 속에서나 잠깐 기분 낼 수밖에.[征賦終年苦 盃盤一日懽 人生大不樂 醉裏且爲寬]」

「재앙이나 복은 하늘의 소관인 반면, 선과 악은 자기에게 달려 있으니 자기가 하는 일이 선하지 않은 것이 없어서 마음속으로 부끄러울 것이 없다면 하늘과 땅 사이에서 스스로 어깨를 펴고 살 수 있을 것이다. 이와 같이 살 수만 있다면 족하다.[禍與福係于天 善與惡存乎己 苟在我者未嘗爲不善 心無所愧 則自可伸於天地間 如此足矣]」

「살구꽃이 날릴 때면 복사꽃이 피어나네. 어제까지 꽃이 한창 만개하더니 오늘 아침 꽃이 벌써 떨어지누나. 인생이란 이와 같아 돌아오지 못하는 것.[杏花飛 桃花肥 昨日花方盛 今朝花已稀 人生如此不復歸]」

「인생이란 괴로움이구나. 근심과 슬픔과 함께 시작하여 어려서부터 성장해서 늙음에 이르도록 온갖 모여든 걱정거리에 사로잡혀 조그만 이 몸이 모든 공격을 받으며 평생 애면글면 살다가 조물주의 희롱을 당한다. 비록 인생 백 년이라 한들 혹 하루 동안의 조촐한 즐거움조차 누리지 못하는구나.[人之生也苦哉 與憂戚而同始 幼而壯兮至老 挐百慮之集萃 眇然一身之並受其攻 生平戛戛爲造物者所戲 雖百年或未得一日之小歡]」

「어느 선비가 고관(高官)으로 있다가 “인생이란 가난하게 살아도 뜻에 맞는 것이 좋지, 어찌 벼슬을 하기 위해 고향을 떠나 수천 리 밖에 몸을 얽매일 필요가 있겠느냐.” 하고는 사직을 청하고 고향으로 곧장 돌아가 버렸다.」

「자여(子輿)와 자상(子桑)은 벗 사이였다. 장마가 열흘 동안 이어지자 자여가 자상이 굶주려 병이 들었을까 걱정하여 밥을 싸서 찾아갔더니 자상이 노래하는 듯 곡하는 듯 금(琴)을 연주하며 "아버지인가, 어머니인가. 하늘인가, 사람인가." 하였다. 이에 자여가 방으로 들어가서 "그대의 노래가 무슨 까닭으로 이다지도 슬픈가." 하니, 자상이 "나는 나를 이렇게 곤궁한 지경에 이르도록 한 자를 아무리 생각해도 알수가 없네. 아버지 어머니가 어찌 내가 빈궁하기를 바랐겠는가. 하늘은 사사로이 덮음이 없고 땅은 사사로이 실음이 없으니, 하늘과 땅이 어찌 사사로이 나를 빈궁하게 했겠는가. 나를 이렇게 만든 자를 아무리 찾아도 찾을 수 없건만 그런데도 이러한 지경에 이른 것은 운명일 것이네." 하였다.」

「배를 산골짜기에 숨기고 산을 깊은 못 속에 숨겨 놓으면 매우 안전하다고 말할 수 있다. 그러나 한밤중에 힘이 센 자가 그것을 등에 지고 달아나 버리는데, 우매한 자는 조금도 깨닫지 못한다.[藏舟於壑 藏山於澤 謂之固矣 而夜半有力者負之而走 昧者不知也]」

「돈이 많으면 시간이 없고 시간이 많으면 돈이 없다. 돈이 많으면 학문이 부족하고 학문이 좋으면 집안이 가난하다. 돈도 많고 학문도 좋다면 자손이 없고, 돈도 많고 학문도 좋고 자손도 많다면 훌륭한 자손이 드물다.」

「우리 인간은 죽음에 대한 걱정으로 제대로 살지 못하고, 삶에 대한 걱정으로 제대로 죽지 못한다.」

「인간은 영문도 모른 채 태어나 어쩔 수 없이 살아가고 까닭도 모른 채 죽어간다.」

「태어나서는 세상에 의탁하였으니 마치 뜬 것 같고, 죽어서는 세상을 버리고 가니 마치 쉬는 것 같다. 떠 있는 것이 무엇이 영화이며 죽으면 쉬는 것이니 무엇을 상심(傷心)하리오.」

「백 년도 못사는 것이 인생인데 물(物)에 팔려 근심만 번거롭구려. 명예와 이익 모두가 헛것이거니 왜 진작 그만두질 못했단 말인가.[人生無百歲 物役爲煩憂 名利赤徒爾 奈何不早休]」

「예로부터 인생이란 만남보다는 이별이 많았고 기쁨보다는 슬픔이 많았으며 행복보다는 고통이 더 많았다.」

「인생이란 곤궁과 굶주림이 많으니 수양산 고사리뿐만이 아닌 것을.[人生足窮餓 不獨首陽薇]」

「아기가 태어나자마자 우는 이유가 뭔가. 인생이란 신성(神聖)한 이나 어리석은 이나를 막론하고 모두 한결같이 마침내는 죽어야만 하고 또 그사이에는 모든 근심 걱정을 골고루 겪어야 하기에 아기가 태어난 것을 후회하여 저절로 울음보를 터뜨려서 자기를 (미리) 조상(弔喪)하는 것인가.」

「인생은 관 뚜껑을 덮어야 결론이 나는 법이니, 목숨이 하루밖에 남

지 않았더라도 그 하루만큼의 책임이 아직 끝나지 않은 것이다.[人生
蓋棺論定 一日未死 卽一日憂責未已]」

「몸에 병이 들면 고불(古佛)께 참회하고, 나이 들면 다시 고서(古書)
꺼내 읽네.」

「주인은 나그네에게 꿈 이야기를 하고 나그네는 주인에게 꿈 이야기
를 한다. 지금 꿈 이야기 하고 있는 두 사람 역시 꿈속의 사람들이
네.[主人夢說客 客夢說主人 今說二夢客 亦是夢中人]」

「우리는 언제 죽을지 모른다는 이유로 죽음을 생각하거나 준비하지
않는다. 술래잡기 놀이를 하는 아이가 자기 눈을 가리면 아무도 자신
을 볼 수 없다고 생각하는 것처럼 말이다.」

「한 잔의 물을 퍼낸다 하여도 강하(江河)에는 손실이 없으며, 뜬구름
이 잠시 가린다 하여 태양에 무슨 훼손이 되겠는가마는, 태산(泰山)의
그 큰 것도 미세한 티끌이 모인 것이요, 성인(聖人)의 크신 덕도 작은
선(善)이 쌓인 것이다.」

「움직이면 허물뿐이고 가만있으면 번뇌만 일어난다. 입을 열면 어긋
나고 입을 닫으면 머리가 산란(散亂)해진다. 눈을 뜨면 육근(六根)에 부
림을 당하고 눈을 감으면 망상이 불처럼 일어난다.」

「세상에 나서 사는 것이 마치 떠 있는 것 같고, 죽어서 세상을 떠나

난세에서 인격과 처세를 얻다

는 것이 쉬는 것 같으니, 떠 있는 것이 무에 영화로우며 쉬는 것이 또 무에 슬프리오.」

어느 선비가 임종이 다가오자 이렇게 말했습니다.

「내가 보잘것없고 가난한 집안에서 태어나 벼슬이 대부(大夫; 從 5품 이상의 관리)의 지위에 이르렀으니 또한 만족한다. 내가 날마다 힘쓰는 것은 큰 허물이 없이 바르게 살다가 죽는 일이다.」

또 어느 선비는 이런 유언을 남겼습니다.

「한평생 부끄럽지 않게 살았으니 죽어 저세상으로 가는 날 널[板]이 없어서 골짜기에 버려지더라도 유감이 없다.」

**194.**
## 천도(天道)

천도는 호생지덕(好生之德)이 있다.
천도는 되돌려주기를 좋아한다.[天道好還]
천도는 사사로움이 없다. 늘 착한 사람 편이다.[天道無親 常與善人]
천도는 재앙을 내릴 때 착오가 없다.
천도는 무위(無爲)로 화육(化育)을 행하고, 성인은 무사(無私)로 화

육을 돕는다.[天道無爲而行化育 聖人無私而贊化育]

천도(天道)는 쉬지 않고 그치지 않아 한 번 가고 한 번 오는 끝없는 순환으로 화육(化育)을 행한다.[天道不息不已 一往一來 循環不窮 以行化育]

천도(天道)는 사심이 없으므로 하늘을 감동케 하기는 쉽다.[天道無私感天易]

천도(天道)는 악행을 저지르는 사람은 오래 살게 하고, 선행을 실천하는 사람은 일찍 죽게 한다.[天道之使爲惡者長 爲善者短折]

천지의 큰 덕을 '생(生)'이라 한다.[天地之大德曰生] 그 생(生)은 만물을 낳고 또 낳는데 영원토록 그침이 없다.[生生不已]

천도는 가득 차면 덜어내고 겸손하면 복을 보태준다.[天道虧盈而益謙]

천도(天道)는 매우 밝고 귀신은 속이기 어렵다.[天道孔昭 鬼神難欺]

천도(天道)에는 진퇴가 있고 인사(人事)에는 성쇠가 있다.[然天道有消息 人事有屈伸]

천도(天道)는 어긋나지 않는 것이고 천명(天命)은 믿기 어려운 것이다.

천도(天道)는 굳세고 영원토록 쉬지 않는다.[天道健而無息]

천도(天道)는 멀지 않고 가깝다.[天道不邇甚邇]

천도(天道)는 아득히 멀어서 알기 어렵고, 인사(人事)는 가까워서 보기 쉽다.[天道遠而難知 人事近而易見]

천도(天道)는 제멋대로 하지 않는다.[天道不慆]

천도는 무심하나 만물에 두루 혜택을 준다.[天道無心而普萬物]

천도(天道)는 흔적 없이 만물을 생양(生養)하는데, 이것을 무위(無

爲)라 한다.

천도(天道)는 만물을 이롭게 할 뿐 해치지 않는다.[天之道利而不害]

천도(天道)의 원리는 원(元)·형(亨)·이(利)·정(貞)이고, 이것이 인도(人道)에 적용되면 인(仁)·의(義)·예(禮)·지(智)이다.

성(誠)은 천도(天道)이고 경(敬)은 인도(人道)이다.

천도는 극(極)에 이르면 되돌아가고 가득 차면 덜어낸다.[天地之道 極則反 盈則損]

오직 덕만이 하늘을 움직인다. 덕은 아무리 먼 곳이라도 미치지 않는 곳이 없다. 자만하면 손해를 불러오고 겸손하면 이익을 받게 된다. 이것이 천도이다.[惟德動天 無遠弗屆 滿招損 謙受益 時乃天道]

# 195

# 하늘의 도움을 받으려면

하늘의 도움을 받고자 한다면 좋은 일을 많이 해두어야 합니다.

하늘의 도움을 받고자 한다면 반드시 내가 먼저 남을 도와야 합니다.

하늘의 도움을 받고자 한다면 반드시 자기가 먼저 옳은 사람이 되어야 합니다.

하늘의 도움을 받고자 한다면 어떤 일이 있더라도 하늘을 원망해서는 안 됩니다.

**196.**

## 불행이란

인생 초년(初年)에 거둔 성공을 불행이라 말합니다.

남의 불행을 보고 기뻐하는 것을 불행이라 말합니다.

만사가 내 뜻대로 이루어지는 것을 불행이라 말합니다.

실제(實際)보다 넘치는 영예(榮譽)를 불행이라 말합니다.

덕을 쌓지도 않았는데 부귀영화를 누리는 것을 불행이라 말합니다.

국가에 공헌한 일도 없는데 높은 자리에 오르는 것을 불행이라 말합니다.

죄를 많이 지었음에도 인생 말년에 무사(無事)한 것을 불행이라 말합니다.


**197.**

## 안목

「태묘(太廟)에 비가 새서 수리하였는데 호조(戶曹)의 신하가 일을 두루 살피지 못해 사고가 발생하였다. 이에 정조(正祖)가 하교하기를, "이는 나의 성의가 미천하여 아랫사람들에게 믿음을 얻지 못했기 때문이다. 만일 지난 선조(先朝) 때라면 그들이 감히 이러했겠는가." 하고 오랫동안 두려워하였다.」라고 〈일득록(日得錄)〉은 전합니다.

난세에서 인격과 처세를 얻다

중국 송나라의 태종이 여단(呂端)을 시랑(侍郎; 長官 밑의 次官을 말함)에 제수하려 할 때 어떤 사람이, "여단은 사람 됨이 결단을 내리지 못하고 우물쭈물합니다."라고 말하자 태종이 말하기를, "여단은 작은 일에는 그렇지만 큰일에는 그렇지 않다." 하고 결국 제수하였다는 기록이 송사(宋史)에 전합니다.

「한수(韓脩)가 사헌부 지평(持平; 정5품 벼슬)으로 입시(入侍)하였다. 선조(宣祖)가 학문의 요긴한 점을 물었는데 명쾌하게 대답하지 못하므로 사람들이 많이 웃었다. 이이(李珥)가 임금께 아뢰기를, "착한 사람도 여러 가지가 있으니 학문과 행실을 겸비한 사람이 있고, 행실은 깨끗하면서 학문이 부족한 사람이 있으니, 한수는 곧 행실은 깨끗하면서 학문이 부족한 자입니다. 한마디 말이 뜻에 맞지 않는다고 착한 선비를 가벼이 보아서는 안 됩니다." 하였다.」라는 기록이 〈연려실기술〉에 전합니다.

세월호 침몰로 400명의 목숨이 희생되었습니다. 누가 말했습니다.

「한 사고로 400명이 죽은 사건이 아닙니다. 한 명이 죽임을 당한 사건이 400번 일어난 것입니다.」

옛 선인께서 말씀하셨습니다.

「안목이 크면 천하가 작게 보이고 마음이 높으면 태산이 낮게 보인다.」

순자(荀子)께서 말씀하셨습니다.

「믿을 만한 사람을 믿는 것도 믿음이고, 의심할 만한 사람을 의심하는 것도 믿음이다.」

공자께서 말씀하셨습니다.

「모든 사람에게 좋은 소리를 듣는 사람이 좋은 사람이 아니라, 좋은 사람에게는 좋은 소리를 듣고 나쁜 사람에게는 나쁜 소리를 듣는 사람이 좋은 사람이다.」

명나라의 정선(鄭瑄)이 말했습니다.

「뜨거운 마음으로 세상 만물의 고통을 구호해 주고, 냉정한 눈으로 세태(世態)의 각박함과 야박함을 보라.[熱腸以救萬物危苦 冷眼以觀世態炎涼]」


## 198.
# 고통받는 사람들

이 세상엔 "나는 아프다"라는 말조차 할 수 없는 사람들이 널려 있습니다. 당신이 고통을 당하면 그제야 이 세상에 나와 같은 고통을 당하는 사람들이 의외로 많다는 것을 알게 됩니다.

당신이 고통받는 이유는 어쩌면 그동안 이 사회의 그늘, 소외된 이웃들, 버림받은 약자들에 대해 당신이 철저히 무관심했던 그 대가입니다.

고통받는 사람들이 더 깊은 상처를 받는 것은 '내가 이렇게 아파해도 누구도 내 아픔을 이해해 주지 못한다'라고 생각하기 때문입니다.

TV에 거리에 나와 파업 시위를 하는 노동자들을 비난하는 사람들이 많은데, 그들은 수년간 참고 또 참다가 그렇게 거리로 뛰쳐나온 것입니다.

타인의 고통에 대해 정말 예민하게 반응하는 사람들이 많아졌으면 좋겠습니다. 오늘도 허다한 직장인들이 직장에서 상사나 동료로부터 사소하지 않은 무시, 괜찮지 않은 모멸감, 적대적인 시선, 얄미운 따돌림, 야비한 대우 등을 받고 있습니다.

**199.**
# 성인(聖人)의 경지

불경에 이런 말씀이 있습니다.

「성인은 모든 것이 덧없는 줄 알지만 선행을 쌓는 일에 싫증을 내지 않는다. 모든 것이 괴로움인 줄 알지만 기꺼이 생사(生死)의 윤회 가운데로 들어가 중생을 구제한다.」

노자께서 말씀하셨습니다.

「성인은 자신을 위해 쌓아 두지 않고, 남을 위함으로 더욱 넉넉해지고, 남에게 다 주니 더욱 늘어난다. 하늘의 도는 만물을 이롭게 하지만 해치지 않으며, 성인의 도(道)는 행하지만 다투지 않는다.」

맹자께서 말씀하셨습니다.

「성인은 물에 빠져 죽은 사람을 보면 마치 자기가 그를 물에 빠져 죽게 한 것처럼 여기고, 세상에 굶주리는 이가 있으면, 마치 자기가 그를 굶주리게 한 것처럼 여긴다.」

고려의 이색(李穡)이 말했습니다.

「근심 없는 이는 성인이요 근심을 푸는 이는 현인이며 근심으로 일생을 마치는 이는 소인이다.」

〈논어〉에서 공자가 말했습니다.

「군자는 마음이 시원스럽고 너그러우며, 소인은 늘 근심하고 두려워한다.[君子坦蕩蕩 小人長戚戚]」

성인은 근심하지 않습니다. 가난을 근심하지 않고 다른 이가 자기를 알아주지 않는다 하여 근심하는 법이 없으며, 다른 이가 자기를 화나

난세에서 인격과 처세를 얻다

게 하여도 역시 근심하지 않습니다.

성인은 병든 중생을 보면 부모가 병든 자식을 대하듯 가엾이 여겨 보살펴 주고, 즐거워하는 중생을 보면 병든 자식이 다 나은 것을 보듯 기뻐하는 존재입니다.


## 200.
# 됨됨이(2)

정사(正史)나 실록, 문집, 행장(行狀) 등에 보이는 옛사람들의 됨됨이를 소개합니다.


「(고려의) 충선왕이 총애하던 희첩(姬妾) 둘을 이능간(李凌幹)과 백문거(白文擧)에게 각각 하사했는데, 이능간은 그 여자를 별실에 두고 감히 가까이하지 않으니 왕이 의롭게 여겼다. 왕이 토번(吐蕃 : 지금의 티베트)으로 유배 가게 되자 이능간은 가지고 있던 금을 역리(驛吏) 편에 몰래 왕에게 바치니 왕과 호종하는 신하들이 그 덕분에 곤궁을 면할 수 있었다. 왕이 죽자 시신을 모시고 귀국했는데, 호곡하면서 산을 넘고 물을 건너며 온갖 고초를 겪었다. 충숙왕 때 밀직부사(密直副使)를 거쳐 지사사우상시(知司事右常侍)로 승진했다. 원나라가 본국(고려를 말함)에 성(省)을 세우려고 하자, 이능간이 김이(金怡)·전영보(全英甫) 등과 함께 황제에게 주청한 결과 그 논의가 가라앉자 공을 기려 일등 공신으로 삼고 그의 부모와 처자에게는 관직을 내렸으며 밭과 노비도 하사했다. 뒤에 감찰대부(監察大夫)가 되었고 첨의참리(僉議參理)로 승진하였으며 정승으로 임명되었다. 문하시중(門下侍中; 고려의 首相)으로 벼슬에서 물러난 후 죽자 관청의 비용으로 장례를 치러주었다.」

「이수광(李睟光)은 의관(衣冠)을 정제(整齊)하고 종일 엄숙한 자세를 견지하면서 비속(鄙俗)한 이야기를 입에 담지 않았음은 물론 거드름 피우는 모습도 남에게 보인 적이 없었다. 그리고 질병에 걸려 몸이 고달플 때도 기대거나 누워 본 적이 없었으며, 일을 처리할 때는 반드시 장중한 태도로 임하고 글자를 쓸 때도 또박또박 바르게 쓰곤 하였다.

과부가 된 누님과 함께 살면서 받들어 모시기를 극진히 하였고, 생질(甥姪)을 교육하여 적당한 혼처(婚處)에 장가들여 보내었다. 사람들을 접할 때는 화기(和氣)하고 겸손한 태도로 정성스럽게 대하였는데, 사람들이 스스로 감히 공(公)에게는 버릇없이 굴지 못하였다.

집안의 법도가 청검(淸儉)한 가운데 주고받는 것을 구차하게 하지 않았고 집안의 살림살이는 아예 물어보지 않았다. 성색(聲色)이나 화려한 것들에 대해서는 담박한 태도로 좋아하지 않았고 향을 피우지 않았을뿐더러 촛불을 밝히지도 않았다. 또 연회도 베풀지 않고 음악도 들으려 하지 않았는가 하면 밥상에는 두 가지 이상 맛있는 반찬이 놓이지 않았고 방석 또한 변변한 것이 없었으며, 갖옷 하나를 15년 동안 바꾸지 않고 계속 입고 다니기도 하였다. 상탑(床榻)엔 쓸쓸한 분위기가 감돌고 온 방 안엔 먼지가 엉겨 붙어 있었는데 정작 공은 그 속에서 매우 쾌적하게 거처하고 있었다. 그리하여 사람들이 화려한 옷을 입고 찾아왔다가 공을 대한 뒤에는 문득 부끄러운 생각이 들어 스스로 물러가곤 하였다. 공이 죽자 친척과 빈객들이 모여 염습(斂襲)을

난세에서 인격과 처세를 얻다

하면서 모두 말하기를, "무늬 있는 비단옷을 입혀 우리 공을 욕되게 해서는 안 된다." 하고 단지 흰 명주만을 사용하였는데, 이는 평소의 공의 뜻을 따른 것이었다.」

「계해년에 조정에서 훈신(勳臣)들에게 집을 내려 주었는데, 적몰(籍沒; 중죄인의 재산을 국가가 모두 몰수함)한 죄인들의 집이었다. 최명길(崔鳴吉)은 사치하고 화려한 것을 싫어하여 끝내 거기에 들어가지 않았다. 내려 준 전답을 받자 또 말하기를, "권세 있던 사람들이 백성의 전지(田地)를 강탈한 것이 무수하였기 때문에 내가 받은 전답 가운데에도 반드시 백성의 전지가 많을 것이다." 하여 마침내 도로 찾아가기를 허락한다고 큰 거리에 방(榜)을 붙였다. 그 후에 호소하는 자가 있으면 공이 하나하나 문서를 만들어 돌려주었다.」

「권철(權轍)은 세무(世務)를 급선무로 여겨 강구하지 않은 일이 없었는데, 조정에 45년 동안이나 몸담고 4조(朝)를 차례로 섬기면서 네 차례에 걸쳐 영의정을 역임하였지만 감히 공의 허물을 의논하는 자가 한 사람도 없었다. 나랏일에 노심초사하며 새벽녘까지 등불을 밝히고 늘 백성의 안정과 변방의 대비를 중시하면서 사방에서 누가 오기만 하면 민물(民物)의 성쇠와 변방의 득실을 꼭 물어보곤 하였다. 평생토록 사치스러운 생활을 좋아하지 않았고 사람들과 교통하며 뇌물을 주고받는 일을 일절 하지 않았다. 정승이 되어 큰 정사를 의논하고 큰일을 결단할 때는 반드시 고전을 상고하여 좋은 쪽으로 따랐고, 가능한 한 성헌(成憲)을 준수하면서 새로 일을 만들어 번잡스럽게 되는 일은 하지 않았다. 그리고 형법과 관련된 일에 대해서는 더더욱 신중한 면모를 보였는데 언젠가 말하기를, "선인(先人)께서 늘 경계해 주시기를, '입으로라도 살(殺)이라는 글자를 말하지 말라.' 하셨다. 그래서 내가 누차 형벌의 권한을 행사하였고 또 오래도록 정승의 지위에 몸담고 있었지만 감히 사람 목숨을 함부로 다루지 않았으며 죄수를 논할 때는 반드시 그를 살릴 방도를 강구하곤 하였다." 하였다.」

참고로 권철은 권율(權慄) 장군의 아버지입니다.

「이산보(李山甫)는 평소 어버이를 섬기고 어른을 공경하면서 상례(喪禮)나 제례(祭禮)를 당하면 소학(小學)과 가례(家禮)를 준칙(準則)으로 삼았고 실없이 장난치는 말을 입 밖에 내지 않았음은 물론 거드름 피우는 모습을 내보인 적이 없었다. 공(公)은 또 자기 몸을 편하게 해 줄 외물(外物)들에 대해서는 담박하여 관심을 두지 않았다. 그리하여 청사(廳舍)에 있는 토상(土床)에 군불도 지피지 않고 그냥 놔둔 채 지푸라기만 깔고 지내면서도 마냥 태연자약(泰然自若; 외적인 것에 흔들리지 않음)하였다.

반면에 남을 구해주는 일만은 급하게 여겼는데 다른 사람이 절박한 위기에 처한 것을 보면 마치 자기 자신이 그러한 일을 당한 것처럼 서두르곤 하였다. 누가 훌륭한 일을 하나 했다는 말을 들으면 기뻐하여 칭송해 마지않았고, 남의 잘못을 누가 말할 때면 항상 못 들은 것처럼 하였으며, 동복(僮僕; 어린 하인)이 잘못을 저질렀을 때도 함부로 욕하며 매도하는 법이 없었다.

공은 종족(宗族)에 대해서는 더욱 독실한 면모를 보였다. 어루만져 주고 보살피며 은택을 두루 끼쳐 주었기 때문에 멀고 가까운 친척을

난세에서 인격과 처세를 얻다

막론하고 모두 자기 집처럼 의지하였으며 마치 어버이처럼 공을 떠받들었다. 자제들을 가르칠 때도 영달하여 출세하도록 힘쓰게 하는 대신 늘 훈계하여 말하기를, "뜻을 세우고 몸을 닦는 일을 마땅히 고인(古人)을 기준으로 삼아 행하도록 하라. 과거에 급제하는 것은 그 밖의 일이다." 하였다.

갑오년에 크게 흉년이 들었으므로 빈궁하여 끼니를 거르는 친척들이 모두 늙은이를 부축하고 어린애를 끌고서 공을 찾아왔다. 그럴 때마다 공이 월봉(月俸)을 털어 나누어 주면서 그지없이 진구(賑救; 곤궁한 사람을 도와줌)하는 한편, 밥상을 받았다가도 그들에게 내주어 먹게 하기도 하였다. 그래서 밥 먹을 때마다 한 번도 배불리 먹어 본 적이 없었는데, 자제들이 혹 음식을 조금 더 들어 몸을 스스로 보호할 것을 청하기라도 하면 공이 탄식하며 말하기를, "지금이 어떤 때인가, 밥을 먹는 것만도 다행인데, 어떻게 감히 배불리 먹는 것을 바랄 수 있겠는가." 하였다.」

옛사람이 어떤 사람을 뵙고 온 후 이런 평을 남겼습니다.

「말을 천천히 하였고 행동은 조심스러웠으며 얼굴빛을 갑자기 바꾸는 일이 없었다. 세상일에 초연하였고 담박하였다. 표정은 온화하였고 불필요한 말은 입 밖에 내지 않았다. 하늘을 두려워하였으며 사람들 앞에 나서려 하지 않았다. 한가롭게 있을 때는 한 덩어리의 봄 같은 화기(和氣)가 풍기고 말과 웃음이 화평하여 어린아이도 가까이할 수 있지만, 큰일에 이르러서는 이야기하는 음성이 높고 분명하며 안색이 장엄하여 범할 수 없는 기풍이 있었다.」

중국 후한(後漢) 때의 인물인 황헌(黃憲)의 집안은 대대로 빈천(貧賤)하였고 그 아버지는 우의(牛醫; 소의 병을 치료하는 의원)였으며 평생 포의(布衣)로 살다가 48세에 죽었습니다. 같은 고을에 살았던 대량(戴良)이라는 자는 재주가 뛰어나 본시 거만했는데, 황헌을 보면 용모를 단정히 하지 않은 적이 없었고 돌아와서는 망연자실하여 뭔가를 잃어버린 바가 있는 듯하다고 말했습니다. 그리고 후한(後漢)의 명사(名士)인 진번(陳蕃)이 같은 고을의 자기보다 나이가 훨씬 어린 황헌을 보고는 "잠시라도 황헌을 보지 않으면 비린(鄙吝; 속되고 속이 좁음)이 싹튼다."라고 하였고, 후한(後漢)의 순숙(荀淑)은 인품이 고결하고 박학다재(博學多才)한 명사(名士)로 유명했는데, 황헌의 이름을 듣고는 그가 살던 마을에 찾아와 몇 마디 말을 걸어본 뒤 그의 인품과 학문에 깜짝 놀라 해가 질 무렵까지 이야기하다 헤어지면서 당시 14세였던 황헌에게 읍(揖; 두 손을 맞쥐고 들어 올리면서 고개를 약간 숙이는 인사)하고 말하기를, "그대는 나의 사표(師表)이다."라고 하면서 뒷날 그를 안연(顔淵)에 비유했으며, 〈후한서(後漢書)〉를 지은 범엽(范曄)은 황헌을 만나보고는 다음과 같이 평하였습니다. "선비와 군자 중에 그를 만나 본 자들은 그의 심원(深遠)함에 감복하여 자신의 잘못과 인색한 마음을 버리지 않는 이가 없었다."

조선 명종·선조 때의 인물인 박순(朴淳)은 선조(宣祖)에게서 "소나무 대나무처럼 꿋꿋한 절조요, 물과 달처럼 맑은 정신[松筠節操 水月精神]을 가졌다."라는 극찬을 들었고, 이황은 그에 대해 "밝기가 한 가닥 맑은 얼음 같아서 그를 마주하고 있노라면 정신이 상쾌해진다."라고 하였으며, 이율곡은 "진실하고 청렴결백하여 표리(表裏)가 한결같다."라고 하였고, 기대승(奇大升)은 "의리(義理; 유교 경전의 뜻과 이치)를 분석하는 것이 분명하고 적절하여 나로서는 따를 수 없다."라고 하였으며, 숙종 때의 인물인 김창협(金昌協)은 "박순의 도덕의 높고 낮음을 정말 헤아릴 수가 없다. 선조(宣祖) 때 유학이 크게 밝아졌으니, 잘 다스려졌던 송나라 인종(仁宗)과 철종(哲宗)의 연간과 비견될 만했던 것은 모두 박순의 힘이었다. 한 시대의 선류(善類)가 모두 한마음으로 귀의하여 그를 종주(宗主)로 삼았다."라고 하였습니다.

선조 때의 문장가인 이호민(李好閔)은 동시대의 인물인 유희춘(柳希春)에 대해 「공(公)은 평소 읽지 않은 책이 없어서 성현의 경전(經傳)과 고금의 사책(史策)으로부터 벽서(僻書)와 소설(小說)에 이르기까지 본말을 꿰뚫어 보지 못함이 없었다. 암기하는 데 더욱 뛰어나 책을 펼쳐서 글을 등지고도 마치 자기 말을 외우듯 하였다.[平日於書無所不讀 自聖賢經傳古今史策 以至僻書小說 莫不洞貫本末 尤長於強記 每擧篇背文 如誦己言]」라고 하였고, 송순(宋純)은 유희춘에 대해 「학문의 종장이요, 유림의 영수다.[學海之宗 儒林之首]」라고 평하였으며, 당대 문장가였던 허엽(許曄)은 유희춘을 가리켜 「위로는 요순 임금, 삼대의 책으로부터 성현인 공자 맹자 정자 주자의 서적까지 모두 읽고 외워서 환하게 꿰뚫어 보고 물 흐르듯 의혹을 풀어주었다.[上自堯舜 三代之書 孔孟程朱 聖賢之籍 靡不讀誦 融會貫通 解疑如流]」라는 찬탄을 남겼습니다.

「윤해평(尹海平)이 명종 초년에 육신전(六臣傳; 성종 때 남효온(南孝溫)이 지은 사육신(死六臣)의 전기)을 인쇄하여 반포하기를 청하니 선조

(宣祖)가 매우 성내어 끌어내라고 명하였다. 이율곡이 선조 때 또 이 일을 청하니 임금이 성내어 이르기를, "집에 육신전을 간직하고 있는 자는 반역죄로 논하겠다." 하였다. 이에 좌우 신하들이 몹시 두려워하였다. 그런데 서애(西厓) 류성룡(柳成龍)이 아뢰기를, "국가가 불행하여 어려운 일이 있다면 신 등을 신숙주(申叔舟)가 되게 하고자 하십니까, 성삼문(成三問)이 되게 하고자 하십니까." 하니 상(上)의 노여움이 풀렸다.」

「밤에 야참을 올릴 때, 내시가 소반을 받들고 물러가다가 문밖을 나서자마자 실수하여 소반을 땅에 떨어뜨렸다. 소리가 침소에까지 들려 좌우가 모두 놀랐는데, 상(上; 正祖를 말함)이 천천히 하교하기를, "다친 사람은 없느냐?" 하고 다른 것은 묻지 않았다.」

「동계(桐溪) 정온(鄭蘊) 선생은 의리가 아니면 어울리지 않았고 도(道)가 아니면 나아가지 않았으며 의리를 보면 망설이지 않았고 큰 환란을 당하여도 두려워하지 않았다. 절개를 지켜 의리를 취하고 죽음을 보람으로 여겼으며, 몸을 조촐히 하여 산속에 은거할 때 온 세상이 선생을 나쁘게 보아도 원한도 분노도 없었다.」

「선생(寒岡 鄭逑를 말함)께서 독서하는 것을 한번 엿보았더니, 첫 번째 구절을 읽을 때는 마음이 그 첫 번째 구절에 머물러 있고 두 번째 구절을 읽을 때는 마음이 그 두 번째 구절에 머물러 있었다. 읽기를 다 마치지 못했을 때는 아무리 다급한 일이 있더라도 중단하고 일어난 적이 없었으며 읽기를 다 마치면 곧 책을 똑바로 정돈하고 꿇어앉아 한참 동안 그 내용을 숙고한 뒤에 다른 일에 응대하였다.」

「김육(金堉) 선생은 어려서부터 큰 뜻을 가졌다. 12살 때 소학(小學)을 읽다가 '일명(一命; 처음 받는 하급 관직)의 선비라도 진실로 남을 사랑하는 데에 마음을 둔다면 사람에게 반드시 구제해 주는 바가 있을 것이다.'라는 구절에 이르러서 소스라쳐 깨달아 말하기를, "반드시 일명의 선비만이 그러할 것이 아니다. 사람마다 진실로 이런 마음을 가져야 하고 남을 구제할 수 있는 것은 일명 이상의 것이다." 하였다. 충청 감사가 되자 소(疏)를 올려 대동법(大同法)을 시행할 것을 청하였다. 그 법은 토지의 면적을 계산하여 나라에 바칠 것을 비교하고 관청의 지출을 계상(計上)하되, 세금 부과가 고르지 못한 것을 고르게 하고 부역이 공평하지 못한 것을 공평하게 하고 균등하지 않은 것을 균등히 하여, 덜 것은 덜고 보탤 것은 보태어 조절함으로써 모두 대동(大同)으로 돌아가게 한다는 것이었다. 임금이 소(疏)를 비변사(備邊司)에 내려서 의논하여 시행하게 하였더니, 호조(戶曹)에서 어려운 일이라고 고집하였다. 정승에 임명되자 차자(箚子)를 올려 대동법 시행을 청하고 두 가지 안(案)을 만들어서 올렸더니, 조정의 이의(異議)가 위로는 중신(重臣)으로부터 아래로는 대관(臺官)에 이르기까지 떼를 지어 일어났다. 안방준(安邦俊) 같은 자는 나라를 그르친다고 공을 배척하기까지 하였으나 공은 동요하지 않았다. 임금이 호조에 재촉하여 우선 호서(湖西)에서 시행토록 하였더니 호서의 백성들이 소리 높여 칭찬하지 않는 자가 없었고 전날 불편할 것이라고 말하던 자들도 입을 모아 칭찬하였다.」

「송요화(宋堯和)가 젊어서 농암(農巖) 김창협(金昌協)을 찾아가 뵈었는데, 농암은 그때 이미 병이 깊었는데도 종일 단정히 앉아 계셨다. 편하게 있으면서 병든 몸을 조리하지 않고 굳이 단정히 앉는 이유를 물으니, "내가 학문을 하여 터득한 것은 단지 단정히 앉는 한 가지뿐이다. 이제 이것까지 버린다면 무엇을 믿고 죽을 수 있겠는가." 하셨다.」

**201.**

# 정조(正祖)의 사람됨

아래는 정조의 문집인 〈홍재전서(弘齋全書)〉에 나오는 기록입니다.

「사관(史官)의 직책은 임금의 말이나 행동을 기록할 뿐만 아니라 반드시 임금의 과실을 기록한 뒤에야 그 책임을 다했다고 할 수 있다. 옛사람이 말하기를, "사관이 임금의 과실을 기록하지 않으면 그 죄는 사형이다."라고 하고, 또 "임금의 뒤를 따라다니면서 임금의 과실을 살펴 기록한다."라고 하였다. 너희들의 직책이 사관이니 반드시 이 뜻을 명심하도록 하라.」

「후원(後苑)에서 꽃을 감상할 때 선인(膳人; 궁중 조리사)이 숯불을 뜰 위의 잡풀이 더부룩한 곳에 놓자 말씀하시기를, "빨리 그것을 옮기라. 새싹이 이제 막 푸릇푸릇 올라오는데 어떻게 차마 불꽃 속에 사라지게 할 수 있겠는가." 하였다.」

난세에서 인격과 처세를 얻다

「언젠가 부용정(赴蓉亭)에서 연회를 하는데 들보 위에 둥우리를 만든 제비가 새끼에게 먹이를 먹이기 위해 날아 들어오려다가 들어오지 못하고 돌고만 있는 것을 보고 왕은 그를 가엾게 여겨 즉시 자리에서 일어나 그곳을 떠난 일도 있었다.」

「상(上; 正祖를 말함. 이하 같음)이 이르기를, "내가 하루 중에 생각한 것과 행한 것들을 점검하여 만일 말할 만한 것이 없으면 사실 밥상을 대하여도 수저를 들고 싶은 마음이 없다. 화려한 옷을 입고 진귀한 음식을 먹으면서 하는 일 없이 편하게 지내는 사람들은 과연 마음이 편할 수 있을까." 하였다.」

「하루는 영조(英祖)를 모시고 있을 때 강관(講官)이 삼남(三南) 지방에 기근이 들어 백성들 얼굴빛이 누렇다는 말을 했는데 왕(정조)이 그 소리를 듣고는 그날 밤 밥상에서 고기를 먹지 않았다. 영조가 그 까닭을 묻자 대답하기를, "굶주린 백성들 생각이 떠올라 불쌍한 마음에 차마 젓가락이 가지 않습니다." 하였다.」

「야연(夜筵)에서 근신(近臣)에 하교하기를, "한번은 한밤중까지 책을 읽다가 피곤이 몰려오고 졸음이 쏟아졌는데, 갑자기 한 줄기 닭 울음소리를 듣자 몽롱한 기운이 단번에 사라지고 청명(淸明)한 기운이 저절로 생겨서 이 마음을 일깨울 수 있었다." 하였다.」

「일찍이 고금(古今)의 서적을 열람하다가 하교하기를, "내가 평소 책보기를 좋아하여 춘저(春邸; 세자궁)에 있을 적에 우리나라 사람의 문집만 하더라도 이미 수백 사람의 것을 보았다. 그러나 근래에는 처리해야 할 정무(政務)가 자연히 많아져서 다시는 예전처럼 책을 많이 읽지 못하고 있다." 하였다.」

「학문하는 방법은 다름이 아니라 일상생활 속에서 지극히 마땅한 것을 강구하여 해 나가는 것일 뿐이다. 후세의 유자(儒者)들은 심(心)과 성(性)에 대해서 능숙하게 말을 하는 사람은 간혹 있어도 실질적인 사공(事功; 일 처리)에 이르면 무엇인지 전혀 모르니, 이것이 바로 체(體)는 있되 용(用)은 없는 학문이다.」

「독서는 언제라도 즐겁지 않은 때가 없지만 겨울밤 깊고 적막한 때가 특히 더 좋다.」

「올해 여름과 가을에는 책을 편찬하는 일 때문에 글을 많이 읽지 못하였다. 겨울이 된 이후로 일이 줄었고 밤도 길어졌으니, 다시 공부를 시작하여 여름과 가을에 진 빚을 갚고자 한다.」

「지금 사람들은 작문(作文)은 손으로만 하고 독서는 입으로만 하여, 그저 눈으로만 봐 넘길 뿐 조금도 마음에 붙여 두지 않는다.」

「옛사람은 전문(專門)으로 하는 학문을 중하게 여겼으니, 평생토록 한 가지 경(經)을 다 수용(受用)하지 못한 사람도 있었다. 지금 사람들의 정력이 옛사람에게 절대로 미치지 못하는데도 서적의 방대함이 나날이 심해지다 보니 망령되이 하찮은 재주를 가지고 감당할 길 없는 많은 서적을 두루 섭렵하려 든다. 그리하여 귀로 스쳐 듣고 껍질만 핥느라고 허기진 배를 채운 실상이 조금도 없이 가지가지 진수성찬에 침만 흘리고, 한 그릇 밥과 국도 먹지 못하는 지경에 이르고야 만다. 한도 끝도 없는 책을 읽느라고 혼란만 겪고 아무것도 얻지 못하기보다는 차라리 한 권의 책을 제대로 읽어 진정으로 얻는 것이 있는 쪽이 낫지 않겠는가.」

「어떤 이는 "가슴이 답답한 사람은 책을 읽을 수가 없는 것이 근심이다."라고 말한다. 내가 근래에 신료들은 드물게 접하고 서적을 가까이 하여 읽느라 더러 밤을 새우기도 하는데, 읽으면 읽을수록 심기가 편안하고 탁 트이는 것을 깨달을 수 있었다. 책을 한 번 읽는 것이 한 잔의 차를 마시는 것보다 나은데, 요즈음은 이러한 맛을 아는 사람이 드물다.」

「상(上)이 이르기를, "민사(民事)는 늦추어서는 안 된다고 맹자가 말하지 않았던가. 작년의 경기 지역 농사는 큰 흉년이라 할 만하였는데, 다행히 제때 구제한 데 힘입어 한 사람도 굶어 죽지 않을 수 있었다. 올해의 흉작은 작년과 다를 것이 없는데도 평리(坪里)에서는 재실(災實)을 살피지 않고 묘당(廟堂)에서는 대책 마련을 아직까지 지체시키고 있으니, 슬슬 눈치만 보면서 늑장을 부리는 것이 어찌 이 지경에 이르렀단 말인가. 오늘날 의논하는 자들이 모두 '재해가 든 해에 쓸 경비를 생각하지 않을 수 없으니, 창고를 열어 구휼하는 것도 애초에 시작하지 말아야 한다.'고 한다. 이는 실로 경비를 아끼는 논의이지만 나라를 위해 도모하는 체모에는 매우 어긋난다. 무릇 얻기 어려운 것이 백성이고 모으기 쉬운 것이 재물이다. 재물을 모아 백성을 흩어지게 하느니 차라리 재물을 흩어서 백성을 모이게 하는 것이 낫지 않겠는가. 요즘 몇 년 동안 거듭된 흉작은 실로 나의 부덕함에서 말미암은 것인데, 지금 만약 가만히 그 죽음을 바라보면서 '나 때문이 아니다. 흉년 때문이다.'라고 한다면, 어린아이를 돌보듯 백성을 보호해야 한다는 뜻이 어디에 있겠는가." 하였다.」

「각 도(道)의 심리(審理) 문안(文案) 100여 통이 어안(御案)에 수북이 쌓여 있는데, 한여름에 친히 살펴보느라 어삼(御衫)에 땀이 배었다. 신하들이 무더위에 과로하면 몸을 보호하는 데 방해가 되리라는 뜻으로 아뢰니 하교하기를, "이는 백성의 생명에 관계되는 것이다. 터럭만 한 것 하나라도 그냥 지나치면 살아야 할 자가 혹 억울하게 죽고 죽어야 할 자가 혹 살게 되니, 어찌 크게 두려워할 일이 아니겠는가. 감옥의 죄수들이 형틀에 매여 호소하는 모습을 상상하면 근심스럽다. 그래서 이와 같이 심한 무더위 때라 해도 몸소 파헤쳐 점검해 보지 않을 수 없으니 피곤한 줄 모르겠다." 하였다.」

「액례(掖隷; 하급 내시) 이천손(李千孫)이 임금에게 올릴 산 꿩을 훔쳐 먹었는데, 제사(諸司; 모든 부서)에서 실상을 조사한 수본(手本; 하급 실무자가 상관에게 올리는 문서)을 아뢰었다. 상(上)이 정원(政院)에 명하여 조율(照律)하도록 하니 율(律)로는 죽여야 마땅하였다. 하교하기를, "그 사람됨을 보니 어리석고 무식하다. 필시 임금에게 올릴 것을 훔쳐 먹는 것이 죽을죄가 됨을 알지 못하여 방자하게 짐짓 범했을 것이다. 게다가 옛사람 중에는 비단을 하사하여 그 마음에 부끄럽게 여기도록 한 경우도 있었다. 그가 비록 어리석고 용렬해도 어찌 일단의 염치야 없겠는가.” 하였다. 마침내 수라간(水刺間)에 명하여 이천손에게 특별히 꿩 한 마리를 주도록 하고 이어 그 죄를 용서해 주었다.」

「북관(北關; 함경도)에 기근이 들자 어사(御史)를 보내어 위로해 타이르고 진휼하여 구제하게 하였다. 어사가 떠날 때 하교하기를, “북로(北路) 수만 명 백성의 목숨이 그대의 몸에 지워져 있다. 반드시 성실히 하고 반드시 공경히 하여 지극한 뜻을 저버리지 말라. 예전에 우리 선왕께서는 진휼을 감독할 사람을 보낼 때마다 측은히 여기는 말씀을 하며 눈물을 줄줄 흘리셔서 듣고 있던 연석(筵席)의 신하 가운데 감격하여 울지 않는 사람이 없었는데, 내가 우러러 목도하였던 바로 지금까지도 감히 잊지 못한다. 나는 백성을 위하는 정성이 이미 위로 하늘의 마음을 감동케 하기에 부족하여 이러한 거듭된 기근을 불러왔다. 또 말로 하교하는 데 익숙지 않아 연석에 임하여 그대에게 명하지만 그대의 마음을 감동케 할 수가 없다. 하물며 북쪽 백성의 마음을 감동케 하여 그들이 믿고 두려워하지 않아 각기 안도하게 하기를 바랄 수 있겠는가. 그러나 나의 고심(苦心)은 언외(言外)에 있으니, 그대는 공경히 하라.” 하였다.」

「상(上)이 춘당대(春塘臺)에서 관예(觀刈; 곡식 베는 것을 친히 관람함)하였다. 내시에게 벼를 뜰에서 말리게 하였는데, 밭 사이에 떨어진 이삭과 낟알을 하나하나 줍도록 명하였다. 하교하기를, “여름날 밭 갈며 도롱이 입는 고통을 멀리서 생각할 때 어찌 낟알 하나라도 땅에 버려지게 해서야 되겠는가.” 하였다.」

「일찍이 숙위 장사(將士)들에게 면포(綿布)를 상으로 나누어 주었다. 하교하기를, "옛사람은 '낟알 하나하나가 모두 모진 고생의 결실이다.' 라고 하였는데 이것은 한 올 한 올이 모두 모진 고생의 결실이다. 두보 (杜甫)의 시에 이른바 '동정(彤庭)에서 나눠 준 비단은 본래 빈한(貧寒) 한 여자의 손에서 나온 것이로다.[彤庭所分帛 本自寒女出]'라는 것을 생각할 때 삼가는 마음이 들지 않은 적이 없었다." 하였다.」

「서북(西北) 지방에 기근이 들어 유민(流民)이 수백 명에 이르자 서울로 보고하였다. 상(上)이 놀라 이르기를, "이는 수신(守臣)이 잘 어루만져 보살펴 주지 못한 죄이다. 속히 도신(道臣)과 수령을 문책하여 죄주라." 하고, 이내 종가(鐘街)에 친히 나아가 경조(京兆; 한성부 판윤)에 여러 유민을 불러 모으도록 명하고 거주할 때의 고통과 괴로움을 두루 물었다. 하교하기를, "너희들의 다 해진 옷과 깡마른 모습을 보니 나도 모르게 참담해진다. 내가 너희들의 부모가 되어 너희들이 이 지경으로 굶고 추위에 떨게 하였으니 어찌 비단옷, 맛난 음식, 넓은 궁전이 편안하겠는가. 너희들이 노인을 부축하고 어린애를 끌고 흩어져 사방으로 떠다니며 혹 안락한 땅이 있기를 바라는데, 각기 그 거처에 안주하여 각기 그 생업을 지킨 뒤에야 바야흐로 구덩이에 나뒹구는 일을 면할 수 있을 것이다. 내가 이제 너희들을 부세(賦稅)를 면제해 돌보아 주고 너희들을 진대(賑貸)할 것이니, 너희들은 집으로 돌아가라. 그러면 자연 입고 먹을 것이 있을 것이다. 오직 내가 있으니 너희들은 두려워하지 말라." 하였다.

이어 호조와 선혜청(宣惠廳)의 신하에게 명하여 쌀과 유의(襦衣)를 지급해 주도록 명하고, 비변사 낭청(郎廳)과 선전관(宣傳官)에게 각기

난세에서 인격과 처세를 얻다

지방으로 호송(護送)하여 진대와 환곡으로 쓰도록 넘겨주게 하였다. 또 하교하기를, "내가 본 자는 수백 명에 지나지 않으니, 이른바 소는 보았고 양(羊)은 아직 보지 못한 것이다. 이 밖에 각도 유민을 편안케 하고 보전하는 책임은 수령에게 있다." 하였다. 이때 성상의 건강이 회복된 지 얼마 되지 않았고 봄추위가 아직도 엄연하였는데, 연여(輦輿; 임금이 타는 가마)가 종일토록 통구(通衢)에 머무르다가 유민들이 모두 쌀과 옷을 받고 나서야 비로소 환궁하였다.」

「대신(大臣) 가운데 어떤 사람이 조정이 무사하고 날씨가 조화롭고 풍년이 들었다는 이유로 (임금의) 공덕을 찬양하여 칭송하였다. 하교하기를, "천하는 본래 자연히 일이 없는 것이고 비 오고 햇볕 나는 것이 알맞은 것 또한 우연히 그러한 것일 뿐이다. 그렇지 않다면 아마도 받들어 보좌하는 자가 그 직임을 제대로 수행하였기 때문일 것이니 나에게 무슨 공덕이 있겠는가." 하였다.」

「신들이 일찍이 연석에서 상(上)을 모시고 있다가 밤 5고(鼓; 새벽 3~5시)에 이르렀는데, 밤을 꼬박 새우게 되겠다고 하여 우러러 잠자리에 들도록 청한 자가 있었다. 하교하기를, "아침에 전라 감사의 장본(狀本)을 보았는데 제주(濟州)에서 기근을 알려와 나리포창(羅里浦倉)의 곡식을 배로 실어 보내는 일이 있었다. 섬 백성이 굶주리며 어려운 상황에 처하여 먹여주기를 기다리고 있는 것은 너무도 불쌍하여 차마 잠시도 잊을 수가 없다. 연해(沿海) 백성으로서 곡식을 꾸려 실어 운반하는 자는 또 무슨 죄인가. 그 푸른 바다에서 배를 저어 가는 노고가 마치 눈 안에 있는 듯하여 눈을 붙일 수가 없다." 하였다.」

「경연 신하가 백성이 격고(擊鼓; 북을 쳐서 억울한 사정을 왕에게 알림)하는 것이 근래 매우 외람되고 잡스럽다는 것으로 아뢰니 하교하기를, "불쌍한 저 고할 데 없는 백성들이 가슴에 깊은 원한을 품고도 스스로 현관(縣官; 현령, 현감)에게 아뢸 수 없어 분주히 와서 호소하는 것이니, 마치 어린아이가 부모에게 하소연하는 것과 같다. 저들은 실로 죄가 없다. 그렇게 만든 자들이 죄인이다." 하였다.」

「상(上)이 이르기를, "내가 비록 악을 미워하는 성질이 너무 지나치기는 해도 자나 깨나 한 가지로 생각하는 것은 반드시 사람을 사람답게 만들어주고 허물을 숨겨 주며 무능함을 불쌍히 여겨 죄에 빠지려는 것을 구해 주려 하는 것이다. 그래서 개과천선하여 좋은 쪽으로 나아지려고 노력하는 기미가 보이기만 하면 종전에 자기도 모르게 저지른 잘못은 한결같이 지나간 구름이나 흘러간 물처럼 불문에 부치곤 하였다."라고 하였다.」

「상(上)이 이르기를, "선조(宣祖)께서는 항상 해, 달, 별, 바람, 비 등 일체의 하늘에 속한 것에 대해 일찍이 이름만 일컬은 적이 없었다. 반드시 높임말을 붙여 썼으며 비록 다급한 상황에서도 마찬가지였다." 하였다.」

「일찍이 신에게 하교하기를, "그대는 반드시 그대가 듣고 싶지 않은 것을 기꺼이 들어야 한다. 요즘 사람들 가운데 남이 듣기 싫어하는 것을 말할 수 있는 사람은 몇이나 되며, 기꺼이 듣고 마음에 노여움을 품지 않는 사람은 또 몇이나 되겠는가." 하였다.」

난세에서 인격과 처세를 얻다

「기해년(1779)과 경자년(1780)에 큰 풍년이 들자 재부(財賦)를 관장하는 신하가 적곡(糴穀; 흉년 때 백성에게 꾸어 주었다가 가을에 받아들이는 곡식)을 많이 만들어 앞날을 대비하자고 청하였다. 하교하기를, "연달아 흉년을 만나 백성들이 먹고살기 어려운지가 오래다. 이제야 조금 풍년이 들어 곡식이 싸져서 사기 쉽게 되니 백성들이 바야흐로 이로써 다행스럽게 여기고 있다. 그런데 관가에서 이러한 틈을 타서 적곡(積穀)으로 만든다면 곡물값이 필시 뛰어오를 것이니 풍년의 효과가 어디에 있겠는가. 이는 그 먹을 것을 빼앗아 굶주리도록 하는 것과 다름이 없으니, 결코 가벼이 의논해서는 안 된다." 하였다.」

「기근이 든 해를 만나 진휼하고 면제시켜 주는 정사를 조금도 거리끼거나 아까워하지 않으니 어떤 사람이 은택이 조금 지나치다고 말하였다. 이에 하교하기를, "나라에 창고를 설치한 것은 큰물이나 가뭄에 대비하려는 것이다. 백성들의 실정이 바야흐로 다급하여 크게 진휼을 베풀더라도 백성들에게 미치는 것은 오히려 보잘 게 없을까 걱정스러운데 어찌 그 많고 적음을 따질 수 있겠는가. 게다가 부역(賦役)은 정상적인 공억(供億)이라도 이는 곧 백성에게서 나오는 것이다. 이와 같이 곤궁한 때를 당하여 이들을 위하여 그 힘을 덜어 주지 않으면 또한 어찌 돌보아 보살피는 뜻이라 하겠는가. 선대왕께서는 항상 백성의 일에 어찌 살갗인들 아까워하겠느냐고 하교하셨다. 내가 매양 외우며 흠모하였는데 베나 곡식 같은 것에 이르러서야 어찌 말할 것이 있겠는가." 하였다.」

「매번 심리(審理)하여 결옥(決獄)할 때만 되면 여러 도(道)의 옥안(獄

案)이 책상과 대(臺)에 가득히 쌓이는데 상(上)이 친히 살펴보고 조사하여 혹 밤을 새워 아침까지 이어질 때도 있었다. 여러 신하가 모두 걱정하고 염려하였으나 감히 말을 하지 못하였다. 상(上)이 이르기를, "옥(獄)이란 사람의 생명과 관계되는 바이다. 옛날의 성인(聖人)은 한 사람이라도 죄 없는 이를 죽이고 천하를 얻는 것도 오히려 하지 않을 것이라 하였는데, 내 어찌 한때의 수고로움을 꺼려 심리의 방도를 조금이라도 소홀히 하겠는가." 하였다.」

「상(上)이 이르기를, "지난날 황희(黃喜)가 거친 베옷과 해진 도포를 입고 정부에 나와 공무를 보자 이튿날 비단옷을 입은 자들이 모두 바꿔 입고 나왔다는 말이 지금까지도 전해지고 있다. 오늘날 재상 중에 어느 누가 이렇게 할 수 있겠는가. 생각하면 개탄스러울 뿐이다." 하였다.」

「상(上)이 이르기를, "비록 지극히 가난하고 미천한 사람이라도 온갖 살림살이며 음식, 의복 등을 모두 제 모습을 갖추려 한다. 또 저들 밭 갈지도 않고 베를 짜지도 않는 이들의 재물은 어디에서 나겠는가." 하였다.」

「상(上)이 이르기를, "나는 평소에 성미가 급한 증세가 있어서 남의 옳지 못한 점을 보면 문득 화가 치밀어 겉으로 드러내는 데까지 이르고 만다. 이는 제왕의 본색이 아니기에 근래 들어 비록 굳게 자신을 억누르며 모나지 않으려고 애쓰지만 기질이란 끝내 고치기가 어려운 것이어서 충돌이 있게 되면 스스로 이를 억제하지 못하고 만다." 하였다.」

난세에서 인격과 처세를 얻다

「태묘(太廟)에서 몸소 제사에 참여할 때 신하들이 대부분 추창(趨蹌; 예를 갖추어 허리를 굽히고 빨리 걸어감)하는 걸음걸이가 익숙하지 않자 하교하기를, "종묘와 조정은 신하들이 거동을 삼가고 예절을 다해야 하는 곳인데 요즈음 대소 신료들을 보면 일반 경연 석상에서도 몸을 굽히고 조심조심 걷는 사람이 없으므로 이를 본 어린 신진 관료들이 그대로 따라 하고 있으며, 태묘(太廟)에서 제사를 올릴 때도 느릿느릿 걷고 거만한 작태가 심하다. 동작상의 규범을 사람마다 나무랄 수는 없겠지만 '사당에선 분주히 걷는다'는 '준분주(駿奔走)' 세 글자도 못 들었는가." 하였다. 이에 대해 어떤 신하가 친향(親享)한 지가 오래되어서 신하들이 생소함을 면하지 못한 것이라고 대답하자 하교하기를, "친향(親享)과 섭사(攝事)가 무엇이 다른가. 그리고 신하들은 가묘(家廟)에서도 곧추서고 느릿느릿 걷는가." 하였다.」

「나는 눈 덮인 밤 글을 읽거나 맑은 새벽 책을 펼치는 때에 조금이라도 싫증이 나면 문득 달빛 아래에서 입김을 불어 꽁꽁 언 붓을 녹이는 한사(寒士)와 궁유(窮儒)를 생각하고는 정신이 번쩍 들지 않은 적이 없었다.」

「선혜청(宣惠廳)에서 창고를 수선하고자 해서(海西)로 나무를 베어 바닷길로 운반해 오도록 하였다. 상(上)이 듣고 하교하기를, "작년에 진휼 곡식을 운반해 오다가 해서의 백성이 많이 물에 빠져 죽었으니, 나는 지금까지도 측은한 마음이 든다. 올해 또 농사가 잘못되었는데 곧 해서(海西)의 백성에게 나무를 베어 바닷길로 운반해 오도록 한다면 불쌍하게도 저 고할 데 없는 백성들이 또 장차 물속에서 괴로움을 당할 것이다. 옛말에, 사람을 기르는 것을 가지고 사람을 해치지 않는다고 하였다. 창고 곡식은 사람을 기르려는 것인데 창고 곡식을 위하여 도리어 사람을 해하면 되겠는가. 내 침실(寢室)이 비록 허물어져 가도 차마 백성을 수고롭게 할 수는 없다. 중지시키도록 하라." 하였다.」

「하루는 날씨가 매우 더웠다. 상께서 침실 남쪽 건물에 계셨는데, 처마가 매우 짧아 한낮의 해가 뜨겁게 내리쬐었다. 신(臣)이 아뢰기를, "이 방은 협소하여 한여름이면 더욱 불편합니다. 별도로 짓자는 유사(有司)의 청은 비록 윤허를 얻지 못하였으나 서늘한 곳을 가려서 여름을 보낸다면 안 될 것이 없을 듯합니다." 하자 상이 이르기를, "지금 좁은 이곳을 버리고 다른 서늘한 곳으로 옮기면 또 거기에서도 참고 견디지 못하고 필시 다시 더 서늘한 곳을 생각하게 될 것이다. 그렇게 되면 어떻게 만족할 때가 있겠는가. 능히 이를 참고 견디면 바로 이곳이 서늘한 곳이 된다. 이로써 미루어 나간다면 '만족할 줄 안다[知足]'라는 두 글자는 해당하지 않는 곳이 없다. 그러나 학문의 공부와 평치(平治)의 도(道)는 작은 성취로 만족할 줄 알아야 한다고 하면 안 된다. 더욱 힘써 정진하면서도 언제나 부족함을 탄식하는 생각을 가져야 할 것이다." 하였다.」

「상(上)이 계시던 관물헌(觀物軒)은 매우 협소한 데다 좌우의 담장이 바짝 붙어서 언제나 더운 여름이 되면 뜨거운 햇볕이 사방에서 들어온다. 그래서 연신(筵臣)이 별전(別殿)으로 옮겨서 더위를 피할 것을 주청하자 상(上)이 이르기를, "마음이 안정되면 기운이 정해지고 기운이 정해지면 몸이 편안해진다. 나는 어릴 때부터 고요한 곳에 안정하

난세에서 인격과 처세를 얻다

는 것이 이미 습성이 되어서 비록 이처럼 작은 방에서라도 더운 줄을 모른다." 하였다.」

「사람이 하기 쉽고 억제하기 어려운 것으로, 성내는 것이 가장 심하다. 가령 성질이 날 때 사리를 살피지 않고 먼저 성질을 부리고 나면 화가 더욱 치밀어 일을 도리어 그르치니 성질이 가라앉은 뒤에는 후회스럽기 그지없다. 나는 비록 수양하는 공부는 없지만 언제나 이런 점을 경계하고 있다. 어쩌다가 화가 나는 일을 만나면 반드시 화를 가라앉히고 사리를 살필 방도를 생각하여 하룻밤을 지낸 뒤에야 비로소일을 처리하니, 마음을 다스리는 데 일조가 되었다.」

「나는 가볍고 따뜻한 옷을 입으면 가난한 여인의 고생하는 모습이 생각나고, 서늘한 궁전에 있을 때면 여름에 밭에서 땀 흘리는 농부의 노고가 생각나 경계하고 두려운 마음이 항시 간절하다.」

## 202.
## 윤선도(尹善道)

조선 인조·효종·현종 때의 인물인 윤선도는 타협할 줄 모르는 강직한 성격 때문에 세 번에 걸쳐 무려 14년 7개월간이나 귀양살이를 한 인물로 유명합니다.

총명하고 학문을 좋아하여 널리 경사(經史)와 제자백가(諸子百家)에 통달했으며, 천문·의약(醫藥)·복서(卜筮)·음양(陰陽)·지리(地理)에까지 능통하지 않은 것이 없었고, 정철·박인로(朴仁老)와 더불어 조선 3대 시가인(詩歌人)의 한 사람으로 손꼽힙니다.

그에 대한 기록을 보겠습니다.

「공(公)은 성품이 준엄하고 정직하였다. 인의(仁義)의 덕을 쌓아 다른 사람들에게 널리 은혜를 베푸는 데에 관심을 두었으며 세세한 예의와 자잘한 은혜를 베풀어 명예를 구하는 것을 수치로 여겼다. 또한 말할 때나 행동할 때나 구차하게 남들에게 영합하려 하지 않았다. 이러한 일들은 공이 아무리 어려운 상황에서도 한결같이 지켰다. 때문에 정도(正道)를 지키려다 배척을 받아 죄인으로 지낸 세월이 전후 20년이나 된다. 하늘을 두고 맹세할 수 있을 만큼 정당하여 아홉 번 죽더라도 후회하지 않고 처음부터 끝까지 한결같았다. 의리를 보는 것이 분명하고 목숨 걸고 지키는 것을 쉽게 하는 이가 아니면 어찌 이와 같을 수 있겠는가.」

「예로부터 나라가 흥하느냐 망하느냐의 기로에 선 시기에는 하늘이 반드시 한 인물을 내려보내 예의를 목숨 걸고 지키게 하여 한 세상에 경종을 울리고 후세 사람들을 가르치게 하였는데, 바로 이런 사람을 두고 하는 말이다.」

「평소 거할 적에는 반드시 의관(衣冠)을 바르게 하고 종일토록 단정히 앉아서 한 번도 옆으로 기대는 법이 없었으며, 안정되고 태평한 자세를 유지하면서 조급해하는 언어나 기색이 있지 않았다. 음식과 기거

에도 모두 일정한 절도가 있어서, 자제(子弟)와 복첩(僕妾; 종과 첩)조차
도 낮에 누워 있는 모습을 본 적이 없었다. 위의(威儀; 몸가짐·옷차림과
태도)가 장엄하고 엄중하면서도 도량(度量)이 깊고 넓어서 보는 이들이
모두 경외(敬畏)하면서 좋아하였다.」

「원두표(元斗杓)가 인조반정(仁祖反正)에 공로가 있는 것을 믿고 제
멋대로 기세를 올리며 교만하게 굴자 사람들이 모두 걱정하였다. 공
(公)이 항소(抗疏)하여 말하기를, "원두표는 재주는 많아도 덕은 없고
이익만 좋아할 뿐 의리는 없으며 성질이 사납고 음흉하며 표독스러우
면서 화심(禍心)을 감추고 있습니다. 그래서 길가에서 이야기하는 자
들이 모두 좋게 죽지 못할 것이라고 말하고 있으니, 원두표를 먼 외방
에 한가히 머물게 하여 공신(功臣)을 보호하는 도리를 곡진히 하소서."
하였다. 그런데 대사헌 홍무적(洪茂績)이 원두표의 패거리라서 공의
관작을 삭탈하고 문외출송(門外黜送)할 것을 청하면서 굳게 쟁집(爭
執)하여 마지않으니, 상(上)이 부득이 따랐으므로 공이 마침내 바닷가
고향으로 돌아갔다. 그런데 원두표가 이로부터 자신을 억제하며 단속
하려고 힘썼으므로 그가 생애를 잘 마칠 수 있었던 것은 실로 공이 상
소한 덕분이라고 사람들이 말하였다.」

「현종이 마침내 효종의 장지(葬地)로 수원을 쓰기로 마음을 정하였
다. 공(公)이 말하였다.

"만약 수원 땅을 쓰려고 한다면 기준에 맞게 양전(良田)을 보상하고
그들의 생업을 후하게 해 주며 10년 동안 부세(賦稅)를 면제해 주어야

할 것입니다. 그리하여 이주할 백성들이 이 일을 즐거워하며 이주하는 근심을 잊게 해 줌으로써 민심을 기쁘게 하고 사람들의 말을 진정시켜 음즐(陰騭; 하늘이 내리는 복)이 모여들게 해야 할 것입니다. 만약 그렇게 하지 않으면 비록 강제로 이 지역을 쓴다고 할지라도 끝내 묘혈(墓穴)은 길한데 장례(葬禮)는 흉하게 되는 결과가 되고 말 것입니다.」

「공(公)은 포의(布衣; 벼슬하지 않은 선비)로 있을 때부터 곧바로 임금을 성군(聖君)으로 만들어 백성이 혜택을 받게 하는 것을 자기의 임무로 삼았다. 임금을 사랑하고 나라를 걱정하는 정성은 진퇴에 따라 차이가 있지 않았다. 비록 강호(江湖)에 있을지라도 조정의 정사가 잘못되었다는 말을 들으면 반드시 탄식하고 걱정하며 잠자고 먹는 것도 편안치 못하였다.」

「과부가 된 누이 하나가 자식도 없이 병이 들자 공이 그 집의 시어머니에게 청하여 집으로 모시고 돌아와서 모친처럼 섬겼다.」

「어떤 서족(庶族; 서자의 피붙이와 후손들)이 연로하여 먼 시골에 있었는데, 모녀가 서로 의지하면서 빈궁하여 장차 죽을 처지에 놓여 있었는데도 두 외손(外孫)이 다른 고을에 있으면서 돌아보지도 않자 공이 이 말을 듣고는 즉시 입을 것과 먹을 것을 주고 달마다 쌀과 반찬을 보내는 한편 그 외손을 불러 훈계하며 타일렀다.」

「삼수(三水)에 안향(安珦)의 먼 후예로 천한 노예가 된 자가 있었다. 공이 "문성공(文成公; 안향을 말함)은 우리 외갓집 선조일 뿐만 아니라

난세에서 인격과 처세를 얻다

성리학에 큰 공이 있는 분이니 내가 차마 그 후예가 노예의 일을 하는 것을 보지 못하겠다.”라고 하고는 마침내 속금(贖金)을 마련하여 면천(免賤)해 주었다.」

「어떤 족제(族弟; 같은 항렬인 먼 친척 동생)가 공(公)의 계집종을 맞아 첩으로 삼고는 자녀를 많이 두었는데, 공에게 속가(贖價)를 바치며 양인(良人)으로 해 줄 것을 청하자 공이 속량(贖良)을 허락하면서 속가는 받지 않았다.」

「만년(晚年)에 범중엄(范仲淹)의 의장(義莊)을 사모하여 100곡(斛; 1곡은 10말[斗]이고 10말은 지금의 200리터임)의 벼를 내어 성실한 족인(族人)에게 맡긴 뒤 전지(田地)를 사고 곡식을 비축하여 빈궁한 종당(宗黨)을 구제하게 하고 노인 봉양과 혼례(婚禮)와 상례(喪禮) 등에 필요한 경비를 돕게 하였다.」

「인평대군(麟坪大君)이 공을 스승으로 모셨는데 일찍이 공을 초청하여 조계(漕溪)의 별업(別業; 지금의 별장)에서 노닐어 보려고 잔치를 성대히 마련하고는 재삼 청하였으나 공이 끝내 사양하고 나아가지 않았다. 기해년에 간산(看山; 명당에 묘를 쓰기 위해 산을 돌아보는 것)할 때 정태화(鄭太和)가 궐문(闕門) 밖에 있다가 공을 초청해 대화하려고 하였으나 공은 사양하고 들어가지 않았다. 고산(孤山; 남양주 수석동 한강 변에 있는 산)에 있을 적에도 상(上)의 명이 있지 않으면 도성 안에 한 번도 들어가지 않았다.」

정조가 말했습니다.

「윤고산(尹孤山)은 시호가 있는데도 사람들이 반드시 그의 이름을 바로 부르는 것은 왜인가. 심한 자는 그 성을 빼 버리고 부르기까지 하니 어찌 괴이한 일이 아니겠는가. 내가 이 사람에 대해 깊이 감사하고 있기 때문에 항상 그 이름을 부르지 않고 반드시 고산(孤山)이라고 부르고, 고산이라고만 부르지 않고 반드시 윤고산(尹孤山)이라고 석 자로 부르는 것은 의도가 있는 것이다. 앞으로 국가에 큰 경사가 있으면 고산의 자손이 어찌 대대로 국가와 복록을 함께하지 않겠는가.」

## 203.
# 고통을 당하면 좋은 점

고통을 당해야 인간은 성숙해집니다.
고통을 당해야 자신을 되돌아보게 됩니다.
고통을 당한 만큼 인간의 업장이 녹습니다.
고통을 당하면 전생에 진 빚을 갚게 됩니다.
까닭 없이 고통을 당했다면 좋은 징조입니다.
남으로부터 모욕을 당하면 업장이 빨리 녹습니다.
좋은 일을 했음에도 고통이 찾아온다면 감사할 일입니다.
고통이 없다면 인간은 권태와 단조로움으로 살아가기가 힘듭니다.
궂은일은 먼저 하고 남의 수고는 떠맡고, 무조건 손해를 봐야 합니다.

좋은 일을 하겠다고 마음을 먹었다면, 제일 먼저 욕먹을 준비부터 하십시오.

육체적 장애가 크면 클수록 영혼은 카르마의 빚을 빨리 청산하고 영적 성장을 이룰 기회가 많아집니다. 그래서 많은 영혼이 일부러 불구의 몸으로 태어나는 것입니다.

이 세상에 우연 또는 불필요한 고통이란 존재하지 않습니다.

붓다는 말합니다.

「어두운 곳에 있는 사람은 밝은 곳을 잘 볼 수 있지만, 밝은 곳에 있는 사람은 어두운 곳을 잘 볼 수 없다.」

맹자는 「하늘이 장차 어떤 사람에게 큰 임무를 부여하려고 할 때 먼저 그의 마음을 괴롭게 만든다.」라고 하였고, 송나라의 대학자 장재(張載)는 「하늘이 너를 가난과 걱정 속에 처하게 하는 것은 너를 옥처럼 다듬어 훌륭하게 만들려는 것이다.」라는 잠언을 남겼습니다.

성현께서 말하였습니다.

「진정 불법(佛法)을 배우는 사람은 선한 사람을 만나든 악한 사람을 만나든, 순조로운 환경에 처하든 어려운 상황에 처하든 이 모든 것이 자신의 업장 소멸을 돕고 복록과 지혜의 증장을 돕는 조연(助緣)으로 본다면 어떻게 즐겁지 않겠습니까.」

불경에서 말합니다.

「다른 사람이 나를 해치려 하면 '이 사람이 나에게 보리(菩提; 부처의 깨달음)의 인연을 심어주는구나. 만약 이런 이가 없으면 나는 무엇에 의지해 도(道)를 이룰 것인가.' 이와 같이 생각하고 오히려 그를 자비심으로 대하라.」

## 204.

# 생명 외경(畏敬)

슈바이처 박사는 말했습니다.

「나는 나무에서 잎사귀 하나라도 이유 없이는 뜯지 않는다. 한 포기의 들꽃도 꺾지 않는다. 벌레도 밟지 않도록 조심한다. 여름밤 램프 밑에서 일할 때 많은 벌레의 날개가 타서 책상 위에 떨어지는 것을 보는 것보다는 차라리 창문을 닫고 무더운 공기를 들이마신다. 한 마리의 곤충을 괴로움으로부터 구해줌으로써 나는 인간이 생물에 대해서 줄곧 범하고 있는 죄의 얼마간이라도 줄이려 한다. 어느 종교나 철학도 생명에 대한 경외에 바탕을 두지 않는다면 그것은 진정한 종교도 아니고 진정한 철학도 아니다.」

소동파는 말합니다.

「쥐를 불쌍히 여겨 항상 밥을 조금 남겨 두고, 나방이 죽을까 등(燈)

난세에서 인격과 처세를 얻다

을 켜지 않는다. 」

맹자는 말합니다.

「군자가 금수(禽獸)를 대함에 있어서 그 살아 있는 것을 보고 나서는 그 죽는 모습을 차마 보지 못하고, 그 비명을 듣고 나서는 차마 그 고기를 먹지 못한다. 군자가 푸줏간을 멀리하는 까닭이 이 때문이다.」

중국 송나라의 시인 황정견(黃庭堅)은 말했습니다.

「내 살이나 중생의 살이나 이름은 다르나 몸뚱이임은 다르지 않다. 본래 다 같은 목숨으로서 단지 몸뚱이의 모습이 다를 뿐이다. 괴로움은 남의 몫이라 하고 달고 기름진 것은 내가 필요로 한다. 염라대왕의 판결이 어떠하다 하기 전에 스스로 자기 죄를 짐작함이 어떠리.」

다음은 이익(李瀷)이 지은 〈성호사설〉에 나오는 말씀입니다.

「영상(領相) 상진(尙震)이 외아들을 여의고 울면서 말했습니다. "내 일찍이 남을 해칠 마음을 갖지 않았다. 다만 평안 감사가 되었을 적에 백성에게 파리 잡는 것을 일과로 삼게 한 적이 있었는데, 이때 저자에서는 잡은 파리를 파는 자까지 있었다. 이것이 그 앙갚음이란 말인가." 하였다.」

아래는 〈추강냉화〉에 나오는 이야기입니다.

「문충공(文忠公) 신숙주(申叔舟)가 일본에 사신으로 갔을 때 우리나라에서 포로로 잡혀간 임신부 하나가 있었다. 문충공이 돌아오면서 비단을 주고 그 여자를 샀다. 배가 돌아오는 날 큰바람에 돛대가 꺾여 거의 건널 수가 없게 되었다. 배 안의 사람이 모두 말하기를, "임신부는 신룡(神龍)이 좋아하는 바이다." 하고, 다투어 임신부를 데려다 바다에 던지려고 하였다. 문충공이 몸으로 감싸며 말하기를, "차라리 함께 고기밥이 될지언정 차마 하지 못할 일이다." 하였다. 조금 뒤에 건장한 사내가 돛을 매어 나아갈 수 있었다.」

아래는 〈연려실기술〉에 나오는 말씀입니다.

「임금(조선 세종을 말함)은 항상 소갈증(소갈증; 당뇨병)으로 고생하였다. 대언(代言; 왕의 비서 격인 承旨를 말함. 정3품) 등이 아뢰기를, "의원의 말에 이는 먼저 음식물로 치료를 해야 하는데, 흰 수탉·누런 암탉·양고기가 모두 갈증을 다스릴 수 있다 하였사오니 청컨대 유사(有司; 해당 관청)에 명하여 날마다 들이도록 하소서." 하니 세종이 이르기를, "내 어찌 내 한 몸을 위해서 동물의 생명을 해치겠는가. 하물며 양(羊)이란 우리나라에서 나는 것이 아님에랴." 하였다. 대언 등이 다시금 아뢰기를, "관가에서 기르는 양이 번식하니 청컨대 한번 드셔보소서." 하였으나 임금은 끝내 허락하지 않았다.」

조선 세조(世祖)가 말했습니다.

「국가에서 가장 신중히 해야 할 일은 사람을 지나치게 형벌하는 일이 없도록 하는 것이다. 증자(曾子)가 말하기를, "한 마리의 짐승을 죽이고 한 그루의 나무를 베는 것도 제때 하지 않으면 효(孝)가 아니다.[殺一獸 伐一木 不以時 非孝也]"고 하였으니, 짐승을 죽이는 것도 이러한데 사람의 목숨을 어찌 그렇게 하겠는가. 만약 억울하게 형장(刑杖)을 맞고 공초(供招)를 받으면 원한을 품고 죽게 된다.」

김덕함(金德諴)이 말했습니다.

「나는 평생토록 하나의 미물도 죽이거나 해친 적이 없다. 관직에 거하며 일을 처리할 때에도 나의 감정 때문에 남에게 해를 끼친 적이 없다. 지극히 보잘것없는 미물이라 할지라도 살고 싶어 하는 이치는 사람과 똑같으니 너희들은 유념하도록 하라.」

훌륭한 사람이든 나쁜 사람이든, 정상적인 부부 사이에서 태어난 아이든 강간을 당해 태어난 아이든 생명의 가치는 같습니다. 당신이 만물을 아끼면 만물이 당신을 아끼고 보살핍니다. 당신이 생명을 해치지 않으면 하늘도 당신을 해치지 않습니다.

뜨거운 물을 하수구나 부엌 배수구에 버릴 때는 뜨거운 물을 식힌 후 버리거나 아니면 찬물을 섞은 후에 버립니다. 뜨거운 물을 땅이나 풀 위에 버릴 때도 마찬가지입니다.

썩은 통나무나 속이 빈 고목(枯木)이나 잔목(殘木) 또는 폐목(廢木) 등을 함부로 또는 장난삼아 태우지 마십시오. 그 속에 수많은 생명이 들어있으니까요.

생명에 대한 지극한 감수성은 나도 살고 자연도 사는 길입니다. 자연이 망가진 곳에서 인간은 절대 살지 못합니다. 일체 만유(萬有)가 나와 더불어 한 몸이라는 사실을 알아야 합니다.

## 205.
## 부끄러워해야

약자를 모질게 또는 각박하게 대하는 것은 부끄러운 일입니다.

나이가 많은데도 생각과 행동이 천박하다면 부끄러운 일입니다.

자녀들에게 최고급 명품을 사주는 부모는 부끄러워해야 합니다.

책 욕심은 없으면서 음식 욕심만 있는 것은 부끄러운 일입니다.

사람들로부터 손가락질을 받는 자식을 둔 것은 부끄러운 일입니다.

나이가 많은데도 손가락질을 받는 행동을 한다면 부끄러운 일입니다.

두 사람 사는데 거창하고 화려한 집을 지어 놓고 사는 것은 부끄러운 일입니다.

한 끼 식사에 비싼 음식을 가득 차려 놓고 배불리 먹는 것은 부끄러운 일입니다.

사치스러운 옷이나 장신구를 몸에 걸치고 다니며 으스대는 것은 부끄러운 일입니다.

자식이 보는 앞에서 천박한 말, 얄미운 행동, 교활한 짓을 보이는 것은 부끄러운 일입니다.

이 세상을 한바탕 신나게 놀다 가는 곳으로 생각하는 것은 부끄러운 일입니다.

자식 결혼할 때 혼수와 체면에만 관심을 가지는 것은 부끄러운 일입니다.

이미 높은 자리에 있으면서도 승진에만 열을 올리는 일은 부끄러운 일입니다.

생명을 거리낌 없이 죽이면서도 죄책감을 지니지 않는 것은 부끄러운 일입니다.

식당에서 산 물고기를 산 채로 끓는 물에 넣어 먹는 것은 부끄러운 일이며, 더구나 자녀들에게 이런 모습을 보여주는 것은 반드시 피해야 합니다.

# 인간의 병폐

인간은 누구나 자기가 남보다 잘났다고 생각합니다.

인간은 자기보다 능력이 뛰어나면 질투하고 자기보다 능력이 모자라면 싫어합니다.

인간은 남이 나의 단점을 말하면 버럭 화를 내거나 속으로 복수를 다짐합니다.

인간은 남에 대해 함부로 평가하고 단정을 지어 버립니다.

인간은 어느 누가 미우면 그가 하는 모든 일을 싫어하고 무시해 버립니다.

인간은 첫인상을 고집하여 끝까지 밀고 나갑니다.

인간은 보고 싶은 것만 보고 듣고 싶은 것만 듣습니다.

인간은 신(神)이 남들은 다 속여도 자기만큼은 속이지 못할 거라 믿습니다.

누군가 말했습니다.

「인간에게는 누구나 다섯 가지의 공통된 마음이 있다. 이익을 보면 달려들고, 미인을 보면 욕정을 느끼며, 음식을 보면 탐을 내고, 안일하면 몸을 눕힌다. 그리고 어리석은 사람이나 약자를 보면 속인다.」

또 누구는 이렇게 말했습니다.

「조금이라도 남을 싫어하는 마음을 갖는다면 그것이 바로 불경(不敬)이다. 조금만 이런 마음을 갖는다면 남이 먼저 나를 싫어한다.」

## 207.
# 아무려면 어떨까

정직하고 착한 기독교 신자들이 늘어난다면 이 얼마나 좋은 일입니까.

자비스럽고 양심적인 불자(佛子)들이 늘어간다면 얼마나 환영할 만한 일입니까.

일본에 가 있는 국보급 불상(佛像)이 국내 사찰에 봉안된다고 뭐가 달라집니까.

정치를 잘만 하면 됐지, 여당이 집권하든 야당이 집권하든 상관없지 않습니까.

성실하고 게다가 열심히 일하는 사람이라면 학벌이 뭐가 그리 중요합니까.

부지런하고 늘 배우려는 사람이라면 집이 가난해도 결혼상대자로 괜찮지 않습니까.

착하고 어른 공경할 줄 아는 며느리라면 다른 거는 안 봐도 되지 않습니까.

자녀가 착하고 건강하다면 그걸로 다 된 겁니다.


<br>

# 그릇에 따라


어떤 사람의 그릇이 중(中)이라면 스승은 그에게 악(惡)을 금하고 선(善)을 행하라 가르치지만, 그 사람의 그릇이 상(上)이라면 스승은 그에게 악도 선도 행하지 말라고 가르칩니다.

어떤 사람의 그릇이 중(中)이라면 선(善)을 행하라 가르치지만, 그 사람의 그릇이 상(上)이라면 '네 마음을 알라'고 가르칩니다.

어떤 사람의 그릇이 중(中)이라면 성인의 말씀을 믿고 따르라고 가르치지만, 그 사람의 그릇이 상(上)이라면 '성인의 말씀에도 집착하지 말라'고 가르칩니다.

어떤 사람의 그릇이 중(中)이라면 천국은 반드시 있다고 가르치지만, 그 사람의 그릇이 상(上)이라면 천국은 네 마음속에 있다고 가르칩니다.

어떤 사람의 그릇이 중(中)이라면 지옥은 반드시 존재한다고 가르치지만, 그 사람의 그릇이 상(上)이라면 지옥은 네 마음이 지어낸 것이라고 말합니다.

어떤 사람의 그릇이 중(中)이라면 이 세상이 더럽고 나쁜 곳이라 가르치지만, 그 사람의 그릇이 상(上)이라면 이 세상은 흠이 없는 완전한 세계라고 가르칩니다.

어떤 사람의 그릇이 중(中)이라면 사람들을 고통에서 구해주라고 가르치지만, 그 사람의 그릇이 상(上)이라면 사람들과 고통을 함께 나누라고 가르칩니다.

어떤 사람의 그릇이 중(中)이라면 세상에서 속히 벗어나라고 가르치지만, 그 사람의 그릇이 상(上)이라면 세속으로 빨리 들어가라고 가르칩니다.

어떤 사람의 그릇이 중(中)이라면 하느님이나 부처님에게 귀의하라고 가르치지만, 그 사람의 그릇이 상(上)이라면 '네가 곧 하느님이다' '네가 부처다'라고 가르칩니다.

어떤 사람의 그릇이 중(中)이라면 교회에 가야 하느님이 계시고 절에 가야 부처님이 계신다고 가르치지만, 그 사람의 그릇이 상(上)이라면 그분들은 아니 계신 곳이 없다고 가르칩니다.

어떤 사람의 그릇이 중(中)이라면 '이 세상은 악한 곳이니 이곳에 다시는 태어나지 말라.'라고 가르치지만, 그 사람의 그릇이 상(上)이라면 이곳이 천국이요, 불국토(佛國土)라고 가르칩니다.

어떤 사람의 그릇이 중(中)이라면 '열심히 살라'라고 가르치지만, 그 사람의 그릇이 상(上)이라면 '내려놓아라'라고 가르칩니다.

# 209

# 자비와 해탈

#1 두 명의 수행자가 길을 걷고 있었습니다. 가다가 길에 어떤 사람이 죽어 있는 것을 보았습니다. 한 수행자가 죽은 사람을 위해 기도를 해준 후 시신을 땅에 묻어주었지만, 다른 수행자는 그 시신을 거들떠보지조차 않으면서 가던 길을 계속 갔습니다.

이 이야기를 들은 현자가 제자에게 말했습니다.

「시신을 묻어 준 것은 자비요, 거들떠보지도 않은 것은 해탈(解脫)이다.」

#2 어떤 사람이 강도를 만나 죽을 위기에 처해 있었습니다. 우연히 그 현장을 스님 두 분이 보게 되었습니다. 한 스님은 사람을 구하기 위해 달려들었고, 한 스님은 멀찍이 서서 무심(無心)한 채로 바라보기만 했습니다. 결국 그 사람은 죽임을 당하였고, 달려들었던 한 스님도 큰 부상을 당했습니다.

훗날 이 사건을 두고 갑론을박(甲論乙駁)이 벌어졌는데, 대덕(大德)

의 다음 말씀 한마디에 잠잠해졌습니다.

「죽음을 구하려 달려들었던 스님은 자비를 실천한 것이요, 무심한 채로 바라보기만 했던 스님은 해탈을 실천한 것이다.」

유(有)에서 공(空)으로 들어서는 것은 지혜문(智慧門)이요, 공(空)에서 유(有)로 들어서는 것은 자비문(慈悲門)입니다.
지혜롭다는 것은 자기 일을 남의 일처럼 담담하게 보는 것이요, 자비롭다는 것은 남의 일을 자기 일처럼 보는 것입니다.

**210.**
# 됨됨이(3)

김안국(金安國)이 늘 자녀들에게 말했습니다.

「나는 평생을 거만한 태도로 남을 대한 적이 없고 또한 남의 허물을 말한 적이 없다. 너희들은 마땅히 그것을 경계해야 한다.」

허목(許穆)이 말했습니다.

「자기를 이롭게 할 생각을 진실로 품지 않는다면 치욕을 거의 면할 수 있을 것이다.」

난세에서 인격과 처세를 얻다

배신(裵紳)이 말했습니다.

「공부하는 사람은 고생스러움 속에서 무한한 의미를 찾아야 한다.」

〈공자가어(孔子家語)〉에 이런 말씀이 기록되어 있습니다.

「공자께서는 남의 한 가지 착한 일을 보시면 그 사람의 백 가지 그른
일을 잊어버리셨다.[夫子見人之一善而忘其百非]」

아래부터는 실록(實錄)과 〈동사열전(東師列傳)〉 그리고 각종 기록
등에 나타난 일화입니다.

「임금(조선의 仁宗을 말함)이 상성(上聖; 성인 중의 성인)의 바탕이 있었
고 동궁에서 덕을 기른 지 30년에 즉위하니 온 나라가 태평한 정치를
기대하였는데, 갑자기 승하하자 서울 사대부와 서민들이 흐느끼며 통
곡하여 마치 자기 부모의 상사(喪事)와 같이 여겨 먼 지방이나 궁벽한
시골 유생으로부터 서민에 이르기까지 양식을 싸 가지고 와서 대궐
밖에서 우는 자가 서로 계속 이어졌다. 임금 된 지 몇 달 동안에 덕망
이 사람을 감동케 함이 이같이 깊었으니, 옛날에 역사에서 찾아도 실
로 듣기 드문 일이라 하겠다.」

「상(上; 현종)이 말하였다. "내가 덕이 부족하여 하늘에 죄를 지어서
수재(水災)와 한해(旱害), 풍해(風害)와 상해(霜害)가 없는 해가 없어 우
리 무지한 백성들이 이처럼 망극한 재앙을 입는구나. 이를 생각하면

한밤중에도 놀라 일어나서 저 하늘이 내 몸에 화를 내리지 않고 우리 백성들이 화를 대신 받는 것을 서글퍼하노니, 차라리 내 빨리 죽어서 백성들의 곤궁함에 다소라도 부응하는 것만 못하다." 하였다. 모시는 신하에게 일찍이 말하기를, "매번 백성들이 굶주리는 것을 생각할 적마다 내 차라리 살고 싶지 않으니, 만일 조금이라도 백성을 살릴 방도가 있다면 어찌 아까워할 만한 물건이 있겠는가." 하였다.」

「효종(孝宗)이 대군(大君)의 신분으로 심양에서 연경으로 들어가면서 현종(顯宗)을 귀국하게 하였는데, 효종이 환국하기 전에 현종은 해가 떠오를 때마다 축원하기를, "부모님이 빨리 돌아오셔서 내가 뵐 수 있게 하여 주소서." 하였는데, 이때 현종은 나이 겨우 네 살이었다.」

「허노재(許魯齋)가 더위에 하양(河陽)을 지날 때 갈증이 심하였다. 마침 길가에 배나무가 있자 뭇사람이 앞을 다투어 따 먹었으나 허노재만은 단정하게 앉아 있었다. 어떤 사람이 "세상이 어지러우니 이것은 주인이 없습니다." 하니 허노재는 "배나무는 주인이 없더라도 나의 마음에야 어찌 주인이 없겠는가." 하였다.」

「정여창(鄭汝昌)의 부친 정육일(鄭六一)이 함길도병마우후(咸吉道兵馬虞候; 종3품)로 재직할 때 이시애(李施愛)의 난(亂)에 전사하였으므로 조정에서는 추은(推恩)하여 음직(蔭職)으로 군직(軍職)을 정여창에게 제수하였다. 그런데 그가 말하기를, "부친이 해를 입었는데 자식이 그일로 인해 영광을 받는 것이 옳겠는가."하고는 사양하여 받지 않고 지리산에 들어가 잠심(潛心)하여 독서하였다.」

난세에서 인격과 처세를 얻다

「영관(靈觀) 스님이 여덟 살에 낚시하러 가는 아버지를 따라나섰다. 고기 망태를 지고 따라다녔는데, 망태 안에 살아 있는 고기를 몰래 모두 놓아주었다. 아버지가 크게 성을 내며 매질을 하자 스님은 절을 올리며 울면서 말했다.

"사람이나 물고기나 목숨을 부여받은 것은 똑같고 고통을 참는 것도 마찬가지입니다. 엎으려 바라옵건대 저를 용서하여 주십시오."

「팔굉(八紘) 스님은 성품과 행실이 엄숙하고 평등하였으며 언어는 과묵하고 신중하였다. 게다가 재능과 솜씨를 두루 갖추었고 문학도 남들보다 뛰어났다. 재(齋)를 열거나 법회를 할 때는 정성을 다하고 구차하게 굴지 않았다. 불경을 강론하고 불서를 풀이할 때는 의심할 여지가 없이 풀어서 전해 주었으며, 바느질 솜씨가 좋아 스님이 지은 가사(袈裟)는 가치를 따지지 않았다. 또한 조화(造花)를 잘 만들었으나 공임(工賃)을 계산하지는 않았다.

스님은 말을 빨리하거나 얼굴빛을 붉히는 일이 없었다. 물건의 값을 깎는 일도 없었으며 어른이라고 해서 어린아이들을 업신여기는 일이 없었고 자신은 이익을 취하고 남을 손해 보게 하는 일이 없었다. 세속의 이익을 경영한 적이 없었고 권속을 많이 늘리려고 애쓰는 일도 없었다. 장점과 단점, 옳고 그름을 따지는 일이 없었고 먼 곳이나 가까운 곳을 출입하지 않았고 의식(衣食)을 걱정하지 않았으며, 비가 오나 눈이 오나 걱정하지 않았다. 묻지 않으면 말하지 않았고 초대하지 않으면 가지 않았으며, 혼자 있어도 걱정하지 않았고 많은 대중과 함께 있어도 괴로워하지 않았다. 나이가 많아지고 승랍(僧臘; 출가한 햇수)이

길다 하여 객지에 나가기를 마다하지 않았고 온종일 한 끼니만 먹고 수행하여도 사지(四肢)를 놀리지 않았다. 바랑에 한 되 한 홉의 쌀이 없어도 근심하지 않았고 가난하고 늙어서 따르는 이가 없어도 외로워하지 않았다.」

「혜련(慧璉) 스님은 장주(漳州) 사람이다. 인종(仁宗)께서 화성전(化城殿)으로 불러 질문했는데 대답이 황제의 뜻에 맞았으므로 대각 선사(大覺禪師)라는 호를 하사하였다. 스님은 계율을 매우 엄하게 지켰는데, 한번은 임금이 사신을 보내 용뇌발우(龍腦鉢盂; 최고급 발우)를 하사하자 사신(使臣) 앞에서 이를 태워버리며 말하였다.

"우리 불법(佛法)에서는 무색의 옷을 입고 질그릇 발우에 음식을 먹습니다. 이 발우는 법답지 못하므로 쓸모없습니다."

사신이 되돌아가 이 사실을 아뢰자 황제가 가상히 여기고 오래도록 찬탄하였다.」

「정갑손(鄭甲孫)은 성품이 청렴하고 정직하며 엄하여 자제들이 감히 사사로운 일로써 간청하지 못하였다. 일찍이 함길도(咸吉道) 감사로 있을 때, 소명(召命)을 받들고 서울에 갔다가 돌아오는데, 방(榜; 시험 발표)이 붙었기에 가서 보니 그 아들의 이름이 보였다.

공은 수염을 꼿꼿이 세우고 성을 내어 시관(試官)을 꾸짖기를, "늙은 놈이 감히 내게 여우같이 아첨하는가. 우리 아들의 학업이 아직 정밀하지 못한데, 어찌 요행으로 임금을 속일 수 있단 말인가." 하고 드디어 아들의 이름을 지워버리고 결국 시관(試官)을 내쫓았다.」

「김륵(金玏)이 영월군수(寧越郡守)에 제수되었다. 그 전에 영월군에
수재(守宰; 지방관)가 부임하자마자 번번이 죽는 괴상한 일이 자주 있자
사람들이 영월군을 사지(死地)로 여겼다. 공(公)이 부임하자마자 맨 먼
저 노산군(魯山君)의 능을 찾아가 치제(致祭)하려 하니 군민(郡民)들이
놀라 번갈아 찾아와서 간하였다. 그러나 공은 듣지 않고 달려가 배알
하고 재방(齋房)을 설치하고 제사 때는 반드시 직접 하였다. 또 노산군
을 거두어 묻은 자의 자손을 찾아 무덤을 지키게 하고 복호(復戶; 세금
면제) 하여 주니 이때부터 읍재(邑宰; 수령)가 다시는 죽지 않았다.

　군이 험한 고개 사이에 있어서 사람은 적고 부역은 많아 거의 살 수
없는 지경이었다. 공이 상소하여 그 폐단을 진달하니, 조정에서 그 소
장에서 청한 대로 부역을 혁파하도록 하여 백성들을 편하게 해 주었
다. 군수가 된 지 3년 만에 군이 크게 다스려져 보리가 하나의 밑동에
두 개의 이삭이 생기는 상서(祥瑞)가 있었다. 상(上; 宣祖를 말함)이 옷
한 벌을 하사하고 교서를 내려 표창하기를, "성심으로 백성을 사랑하
고 직분을 다하여 게으르지 않았다." 하였다. 기축년(1589)에 홍문관
교리(校理)로 부름을 받으니 백성들이 다투어 말머리를 막고서 눈물
을 흘리기까지 하여 차마 떠나지 못하였다.」

　조선의 이름난 서예가이자 문장가·시인이었던 양사언(楊士彦)은
1517년생으로, 1561년생인 이덕형(李德馨)보다 44년 먼저 태어났습니
다. 그런 양사언이 이덕형과 수십 편의 시를 주고받은 끝에 이덕형에
게 "군은 내 스승이다."라고 했다는 기록이 〈연려실기술〉에 전합니다.

중국 송대(宋代) 명재상이었던 한기(韓琦)에 관한 기록이 〈치평요람〉에 실려 전하는데, 발췌하여 인용합니다.

「그의 공로는 천하를 덮고 지위는 신하 중에서 으뜸에 이르렀지만, 사람들은 그가 기뻐하는 모습을 일찍이 본 적이 없었다. 막중한 책임을 지고 헤아릴 길 없는 심연(深淵) 같은 화(禍)를 당하여 몸이 누란(累卵)의 위험보다 더한 곳에 처하여도 사람들은 그가 근심하는 모습을 본 적이 없었으며 늘 즐거운 모습이었다. 일찍이 외물(外物)에 흔들린 적이 없었으며 평생 말과 행실을 거짓으로 꾸민 적이 없었다. 조정에 나아가서 사대부와 말을 나눌 때나 집으로 물러나 쉬면서 집안사람들과 이야기를 할 적에 한마디 말이라도 정성으로 하지 않음이 없었다. 그는 자주 "군자를 만나든 소인을 만나든 모두 마땅히 정성으로 대하여야 한다. 다만 상대가 소인배임을 안다면 깊지 않게 그와 교제할 뿐이다."라고 말하였다. 보통 사람은 소인배가 자기를 속이는 것을 깨달았거든, 자신의 지혜가 밝음을 드러내어 그 속임수를 격파한다. 그러나 그는 홀로 그렇지 않았으니 지혜의 밝음이 소인의 속임수를 알기에 충분하였지만 그 속임수를 당할 적마다 일찍이 낯빛에 드러낸 적이 없었다. 그리고 문자(文字)를 볼 적마다 다른 사람의 숨은 악을 공격하는 것이 보이면 바로 손으로 직접 봉하여 다른 사람들이 보지 못하게 하였다.

한기는 관리로서의 직책에 충실하여 공문서가 많고 복잡하였지만 그것을 읽고 처리하기를 직접 처리하지 않음이 없었다. 좌우의 사람들이 혹 이르기를, "공의 지위가 무겁고 나이도 많으시며 게다가 공명(功名)이 이와 같아서 조정에서 향군(鄉郡)의 직책을 하사하여 재상을 안

양(安養; 편안하게 공양함)하고 있는데 작은 일까지 친히 돌볼 것이 뭐 있겠습니까.”라고 하자 한기가 이르기를, “내가 일이 번잡하고 피로하다고 하여 꺼린다면 관리와 백성 중에 마땅히 그 폐(弊)를 입는 자가 있을 것이다. 또 봉록(俸祿)이 날마다 만전(萬錢)이나 되니 힘써 일하지 않는다면, 내 마음이 어찌 편하겠는가.” 하였다.

한기가 재상으로 있을 때 집에 여악(女樂) 20여 명이 있었다. 부인이 죽자 하루는 모두 이들을 후사(厚賜)하고 내보냈다. 동렬(同列)의 주위 사람들 대부분이 권하기를, 집에 남겨 두어서 만년의 즐거움으로 삼으라고 하니, 한기가 이르기를 “즐거운 때가 얼마나 되기에 늘 사람 마음을 수고롭게 할 것인가. 그 무엇이 내 간정(簡靜; 단출하고 고요함)의 즐거움만 하겠는가.”라고 하였다. 매양 자식들을 경계할 적마다 이르기를, “궁달(窮達; 곤궁과 영달)과 화복(禍福)은 참으로 이미 정해진 분수가 있다. 그러니 도를 굽혀서 이를 억지로 구한다면 지금 지키고 있는 것마저 잃을 뿐이니 절대로 하지 말라. 나는 고충(孤忠)을 스스로 믿어서 일찍이 인연에 기댄 적이 없었으며, 매양 임금을 만날 적마다 지기(知己)로 삼아 주셔서 지금 삼공(三公)의 지위를 더럽히고 있지만, 믿어 기대는 것은 오직 공도(公道)와 신명(神明)일 뿐이다. 어찌 일호(一毫)라도 임금을 속이겠는가”라고 하였다. 종족을 합치면 1백여 명이었는데, 의식(衣食)이 너나없이 균등하였고 다름이 없었다. 아버지를 여읜 고녀(孤女) 10여 인을 시집보내 주었고, 여러 조카 양육하기를 자신의 친자(親子)와 같이 하였다. 나라로부터 얻은 은례(恩例)는 먼저 방족(旁族)에게 미치게 하여, 끝내는 자식 중에 포의(布衣)로서 일생을 보낸 자도 있었다. 선대의 조고(祖考)를 추모하여 생전에 미처 봉양하지 못한 것을 한으로 여겼다.」

**211.**

## 인간의 한계(1)

나이가 많은데도 물러나지 않는 것

사는 것만 알고 죽는 것은 모르는 것

얻는 것만 알고 잃는 것은 모르는 것

나이 먹어 운명을 받아들이지 못하는 것

나아가는 것만 알고 물러나는 것은 모르는 것

받는 것만 좋아하고 주는 것은 서운해하는 것

끊임없이 남과 비교하고 남의 시선에 맞추어 사는 것

죽은 사람은 떠받들면서 산 사람은 공경할 줄 모르는 것

하늘에 매달리는 것은 알고 자신에게서 구원을 얻는 것은 모르는 것

멀리 있는 사람은 사랑하면서 가까이 있는 사람은 사랑할 줄 모르는 것

자신의 지위와 체면 때문에 자신의 잘못된 견해나 주장을 쉽게 버리지 못하는 것

**212.**

## 인간의 한계(2)

「국회의원이 되어 보니 세상이 작게 보입디다.」

「의사가 되고 보니 세상이 가소롭게 보였습니다.」

「재산이 많아지니 가난한 사람을 꺼리게 되더군요.」

「외제 차를 몰아보니 국산 차를 타는 사람들을 깔보게 됩디다.」

「판사가 되니 검사나 변호사들이 제 앞에선 꼼짝을 못 하더군요.」

「높은 자리에 오르니 사람들이 내 앞에만 서면 굽실대고 제 눈도 마주치지 못합니다.」

이 세상 사람들의 처신이 위와 같습니다. 당신도 마찬가지입니다.


**213.**
## 순경계(順境界)과 역경계(逆境界)

어느 고승이 말했습니다.

「역경계는 다스리기 쉽고 순경계는 다스리기 어렵다. 역경계는 대처하게 되지만 순경계는 방심하여 모르게 된다.[治逆易治順難 逆有對順無知]」

맹자께서 말씀하셨습니다.

「오직 외로운 신하와 서얼(庶孼)만이 그 마음가짐이 위태롭고 환란을 근심하는 것이 깊기 때문에 세상사에 통달하는 것이다.[獨孤臣孼子 其 操心也危 其慮患也深故達]」

일찍이 선유(先儒)께서 말씀하셨습니다.

「젊을 때는 순경(順境)에 처해선 안 되고, 중년에는 한경(閑境; 한가한 처지나 환경)에 처해서는 안 되며, 노년에는 역경(逆境)에 처해서는 안 된다.」

〈채근담〉에서 말합니다.

「군자는 역경이 와도 순리로 받아들이고 평온함 속에서 위태로움을 생각하기 때문에 하늘도 군자를 어떻게 하지 못한다.[君子只是逆來順 受 居安思危 天亦無所用其伎倆矣]」

소동파(蘇東坡)가 말했습니다.

「그릇을 오랫동안 사용하지 않아 벌레가 생긴 것을 '고(蠱)'라 하고, 사람이 오랫동안 쾌락에 빠져 병이 생긴 것도 '고(蠱)'라 하고, 천하가 오랫동안 편안하고 아무 일이 없어 폐단이 생긴 것도 '고(蠱)'라 한다.」

난세에서 인격과 처세를 얻다

어떤 상황이 자기에게 부합하거나 우호적이면 순경계(順境界)라 하고, 그렇지 않으면 역경계(逆境界)라 합니다. 범부(凡夫)는 순경계에서는 욕심을 내고 역경계에서는 화를 냅니다.

순경계든 역경계든 마음이 흔들리지 않습니다. 그리고 이를 운명으로 순순히 받아들입니다.

시비(是非)나 득실(得失)이 있어도 전혀 개의치 않고, 남이 나를 욕하거나 속여도 이 때문에 화를 내기는커녕 오히려 자비와 연민의 마음을 일으켜야 합니다.

# 214

## 양명학(陽明學)

〈기옹만필(畸翁漫筆)〉에 다음과 같은 이야기가 실려 있습니다.

「왕양명(王陽明; 이름은 守仁)이 산에서 노닐다가 어느 절의 한 승방(僧房)을 보았는데, 앞문의 빗장이 굳게 잠겨 있고 먼지가 무릎 위까지 올라왔다. 그 연고를 물으니 중이 말하기를, "선사(先師)께서 세상을 떠날 때 제자들에게 간곡히 부탁하기를 '한 번 문을 닫은 다음에는 함부로 열어보지 말라.' 하였습니다." 하였다.

양명이 괴이하게 여기고 바로 앞으로 나가 손으로 방문을 열어보니, 한 늙은 중이 앉은 채로 죽었는데 얼굴빛이 자신의 모습과 다름이 없었으며, 등에 '삼십 년 전 왕수인, 문 연 사람이 문 닫은 사람이네.[三十

年前王守仁 開門還是閉門人'라 쓰어 있어 양명이 깜짝 놀랐다. 그 사실 여부는 알 수 없다.」

위 일화는 명나라의 대학자인 황종희(黃宗羲)가 편찬한 권위 있는 책인 〈명유학안(明儒學案)〉에도 비슷하게 실려 있습니다. 중국 역대 고승들은 소동파(蘇東坡)와 왕양명은 둘 다 전생에 훌륭한 선승(禪僧)이 었는 바, 소동파는 전생에 송대(宋代)의 고승인 계(戒) 선사(禪師)였고, 왕양명은 전생에 명대(明代)의 고승인 금산(金山) 선사였다고 입을 모아 말합니다. 왕양명은 문무(文武)를 겸비한 인물로 중국 역사에서 높은 비중을 차지하고 있고 큰 존경을 받는 위대한 학자입니다. 처음에는 주자학을 공부하다가 주자가 주장한 격물치지(格物致知)가 옳지 않다고 생각하여 버리고 육상산(陸象山)을 좇아 마음에 관심을 두고 공부하다가 양명학을 완성했습니다.
왕양명은 말합니다.

「유학(儒學)이 참된 학문임은 분명하다. 그러나 주자학을 따를 필요는 없다. 모든 것을 이(理)로 파악하는 주자학은 근본적으로 잘못되어 있다. 진정 중요한 것은 마음[心]이다.」

전통적으로 불교는 심(心)을, 도가는 기(氣)를, 성리학은 이(理)를 중시했습니다. 그래서 성리학을 '이학(理學)'이라고도 부릅니다. 양명학은 불교와 마찬가지로 마음을 중시하였기 때문에 '심학(心學)'으로도 불립니다.
성리학은 불교와 도교(道敎)를 혼합하여 재해석한 신유학(新儒學)이고, 양명학은 맹자와 불교에서 많은 것을 빌려온 신유학입니다.

그래서 청나라의 어느 학자는 주희를 두고 '불교를 유학으로 끌어들인 자'라고 비난했고, 왕양명을 두고 '유학을 끌고 불교로 들어간 자'라고 비난했습니다.

주자(朱子)는 심(心) 안에는 성(性)과 정(情)이 있는데, 심(心) 자체가 이(理)는 아니고 심(心) 안에 있는 성(性)만이 이(理)라고 봅니다. 즉 '성즉리(性卽理)'입니다.

양명학은 마음을 그렇게 둘로 나누는 것에 반대하고 마음 자체가 이(理)라고 보았습니다. 즉 '심즉리(心卽理)'입니다.

성리학은 격물(格物; 사물을 철저히 연구하고 분석함)이나 독서 등을 통해 지(知)를 먼저 얻은 다음 행(行)을 실천해야 한다고 보았고, 양명학은 양지(良知)를 일상에서 실천해야 하며[知行合一], 궁리(窮理)·독서·거경(居敬)보다는 존심(存心)이 더 중요하다고 말합니다.

왕양명은 말합니다.

「알면서 행하지 않는 것은 아직 알지 못한 것이다.」

성리학에서는 '욕망을 닦아야 도(道)에 들어간다'라고 주장하고, 양명학에서는 '본성을 따르는 것(있는 그대로 보는 것)이 도(道)에 들어가는 방법'이라고 주장합니다.

양명학은 선불교(禪佛敎)와 비슷합니다. 불교에서는 '마음이 곧 부처다.[心卽佛]', '마음밖에 부처 없다.[心外無佛]'라고 하니까요.

깊은 계곡에 흐르는 물은 인간의 눈에 청량(淸凉)하기 그지없어 보입니다. 하지만 천인(天人)들의 눈에는 더럽기 짝이 없는 물로 보이고, 아귀(餓鬼)의 눈에는 불[火]로 보일 뿐입니다. 음식물 쓰레기가 돼지의 눈에는 맛있는 음식으로 보이나 인간의 눈에는 역겨운 것으로 보이는 이치와 같습니다. 그럼 완전한 깨달음을 얻은 '부처[佛]'의 눈에는 계곡의 물이 어떻게 보일까요?

물은 물이요, 산은 산일 뿐입니다. 그저 물로 보일 뿐입니다. '깨끗하다, 더럽다'라는 분별심(分別心)이 전혀 없습니다. 그리고 부처는 '우주의 삼라만상[諸法, 一切萬法]'은 제8식(識)인 아뢰야식(阿賴耶識)이 변해서 나타난 것으로 봅니다. 이것이 바로 일체유심(一切唯心)·삼계유심(三界唯心), 줄여서 '유심(唯心)'입니다. 왕양명의 "마음을 떠나서는 사물도 없다.[心外無物]"는 말도 바로 유심(唯心)의 도리와 같습니다.

참고로 불교에서는 아뢰야식을 지혜로 전환하면 비로소 반야지혜를 증득하여 마침내 실상(實相)을 보게 된다고 말합니다. 실상에서 보면 계곡의 물은 여래(如來; 法身)의 화신(化身)입니다. 산하대지(山河大地)와 일체중생(一切衆生)·우주만유(宇宙萬有) 모두 여래의 화신(化身)입니다. 하지만 인간의 육안(肉眼)으로 보면 그냥 깨끗한 물로 보입니다.

참고로 '마음이 곧 부처다' 할 때의 '마음'은 '진여(眞如)'를 말합니다. 진여는 우주의 본체이자 생명의 근원입니다. 〈대학〉의 첫 구절에 나오는 '천명(天命)'이나 '성(性)'은 바로 이 진여(眞如)와 같은 뜻입니다.


주자는 사물의 본성은 사물 그 자체에 있다고 보았지만, 왕양명은 사물의 본성이 인간의 마음에 있다고 보았습니다.

여기 '꽃'이 있습니다. 꽃은 사실 인간이 꽃으로 부르니까 꽃이지 실은 아뢰야식(阿賴耶識)이 투영(投影)된 겁니다. 인간의 눈에나 꽃으로 보일 뿐 동물이나 천인(天人)이 볼 때는 꽃으로 보이지 않는다는 뜻입니다. 최신 물리학인 양자역학(量子力學)의 입장에서 보면, 인간이 눈으로 저 꽃을 보기 전까지 저 꽃은 다른 존재로 있었을 겁니다. 그런데 사람이 그 꽃을 보려고 하는 순간 미립자(微粒子)가 사람의 마음을 미리 간파하고는 꽃으로 변하여 보이게 합니다.

세상에는 무엇이 존재하는 것처럼 보이지만 그것은 인간의 아뢰야식이 만들어 낸 것입니다. 세상은 당신이 보는 대로 존재하지 않습니다. 자기 아이의 똥은 예쁘게 보이고, 짝사랑에 빠진 남자는 그 여자가 세상에서 가장 예쁘게 보입니다.

게다가 인간은 꽃을 보고 '예쁘다', '마음에 든다' '꺾고 싶다'라는 분별심마저 갖습니다.


주자는 '격물치지(格物致知)'를 해석하기를, '사물을 궁구(窮究; 끝까지 파고들어 깊이 연구함)하면 지(知)에 이른다'고 해석한 데 비해, 왕양명은 '격물(格物; 일과 행위를 바로잡음. 또는 선을 행하고 악을 제거함)하면 양지(良知)에 이른다'고 해석했습니다.

참고로, 주자의 가르침은 공자와 비슷하고 왕양명은 노자나 불가(佛家)와 닮은 데가 있습니다.

'격물(格物)'이란 외부의 물(物)에 이끌리지 않는 것을 말합니다. 여기서 '물(物)'이란 물질만을 말하는 것이 아니라, 명예와 부귀·신체·희로애락(喜怒哀樂)과 같은 감정·사람 사이의 정(情)·둘러싸고 있는 환경·생로병사(生老病死)와 같은 사건 등을 모두 포함합니다. 이렇게 보면 격물에 대한 정의는 일단 왕양명이 옳다고 할 수 있습니다.

왕양명은 성인(聖人)의 길은 밖에 있는 것이 아니라 내 안에 있다고 여겼고, 마음의 욕심을 철저하게 다스리면 대동(大同) 세상이 도래한다고 보았습니다. 그리고 불교는 공적(空寂)에 빠져 세속을 멀리하기 때문에 현실의 문제를 해결할 수 없다고 보았습니다.

왕양명의 말씀을 두 개 보겠습니다.

「양지(良知)란 사람에게 있어서는 그 사람이 어떤 사람이든 간에 없을 수가 없다. 비록 도둑이라 하더라도 역시 도둑질해서는 안 된다는 것을 스스로 알고 있다. 그를 도둑이라 부르면 부끄러워한다.」

「사람이란 천지의 마음이고, 천지의 만물은 본래 나와 한 몸이다. 생민(生民)의 곤궁함과 고통이 어느 것인들 내 몸의 절실한 아픔이 아니겠는가. 내 몸의 아픔을 모르는 자는 옳고 그름을 분별하는 마음이 없는 사람이다. 옳고 그름을 분별하는 마음이란 생각하지 않고도 알고, 배우지 않고도 능하게 되는 것이 양지(良知)다. 사람에게 있는 양지는 성인과 어리석은 이의 차이가 없고, 천하고금(天下古今)이 다 같은 것이다. 세상의 군자들이 오로지 그 양지를 이루도록 힘쓴다면 자연히 옳고 그름을 공정하게 분별하고, 좋고 싫음을 함께하며, 다른 사람을 자신처럼 대하고, 국가를 가정처럼 대하여 천지 만물을 하나로 여기게 될 것이니 천하가 잘 다스려지지 않을 수 없다. 대저 성인의 학문은 나와 다른 사람을 똑같이 생각하고 우리 집이나 남의 집을 똑같이 생각하며 천지 만물을 하나로 생각하는 것을 마음으로 삼는다.」

〈맹자〉에 보면 「배우지 않고도 누구나 잘 할 수 있는 것은 양능(良能)이고, 생각해보지 않아도 누구나 잘 알고 있는 것은 양지(良知)이다.[人之所不學而能者 其良能也 所不慮而知者 其良知也]라는 구절이 나옵니다.

'양지(良知)'란 '착한 본성', '타고난 지혜', '선악(善惡)을 구분하는 지혜'를 말합니다. 격물(格物)이나 정좌(靜坐)·정심(正心)·독서 등을 통해 터득한 후천적인 지혜가 아닙니다.

그는 사람은 누구나 태어날 때 양능과 양지를 갖고 태어나기에 달리 공부할 필요가 없고 내면에 있는 덕성을 함양하고 실천하면 된다는 존덕성(尊德性)을 주장했습니다.

왕양명은 말합니다.

「마음이란 마치 거울과 같다. 성인의 마음은 밝은 거울과 같고, 보통 사람들의 마음은 흐린 거울과 같다. 양지는 본래 스스로 밝지만 기질이 아름답지 못한 자는 찌꺼기가 두껍고 막힌 것이 많아 밝히기가 쉽지 않다. 기질이 아름다운 자는 찌꺼기가 두껍지 않고 막힌 것이 많지 않기 때문에 치지(致知)가 있으면 양지(良知)가 스스로 밝아진다.」

주자가 집대성한 성리학은 중국 명·청과 조선 그리고 일본에 실로 엄청난 영향을 준 학문입니다. 한 사람의 학문이나 사상이 이토록 장구한 시간에 걸쳐 엄청난 영향을 끼친 예가 또 있을까요? 조선 시대에 공자와 맹자는 비판할 수 있었어도 주자는 감히 비판하지 못했습니다.

송시열이 주자의 견해에 이의를 제기한 윤휴(尹鑴)를 비난하면서 이렇게 말했습니다.

「하늘이 주자를 세상에 낸 것은 진실로 공자를 낸 마음에서 낸 것이다. 주자가 나온 이후에는 한 가지 이치도 밝혀지지 않은 것이 없고 한 글자도 분명해지지 않은 것이 없는데 무엇이 의심스러워서 그가 감히 개돼지 같은 창자로 의논을 가한단 말인가.」

주자는 불교 경전도 많이 보았고 도교에도 관심을 가져 〈참동계(參同契)〉를 주석(注釋)하기도 했지만, 조선의 사대부들은 오직 주자학만이 학문이고 다른 학문은 모조리 이단으로 취급했습니다. 이황은 양명학을 선학(禪學; 불교)이라고까지 비난했습니다.

조선 사대부들의 좁고도 고루(固陋)한 국량(局量)과 식견(識見)에 조선 사회는 경직되어 갔습니다.

왕양명은 서성(書聖) 왕희지(王羲之)의 후손으로 중국 유학사(儒學史)에서 공자, 맹자, 주자를 잇는 걸출한 유학자입니다. 병부상서(兵部尚書) 등을 지냈고 '문성(文成)'이라는 명예로운 시호를 받았으며 공묘(孔廟)에 배향되는 영예를 누렸습니다.

양명학은 명대 후기 중국뿐만 아니라 한국의 강화학파(江華學派)와 개화사상가, 일본 명치유신(明治維新)에까지 큰 영향을 미쳤습니다.

하지만 양명학은 조선에서 철저한 이단(異端)이요, 비주류(非主流)였습니다. 정제두(鄭齊斗)와 같은 대학자가 양명학을 공부했다는 이유 하나만으로 그의 스승인 소론(少論) 박세채(朴世采)가 그와의 인연을 끊어버릴 정도였습니다.

노수신(盧守愼), 신흠(申欽), 장유(張維), 최명길(崔鳴吉), 정제두(鄭齊斗)와 같은 쟁쟁한 사대부들이 양명학에 관심을 가졌으나, 이는 극히 소수에 불과했습니다.

신흠(申欽)이 말했습니다.

「문성공(文成公) 왕수인(王守仁)이야말로 진정한 유자(儒者)였다. 유학에 전념하면서도 평소 군사를 잘 통솔하였고 험준하기 이를 데 없는 지역에까지 말을 치달려 복파(伏波; 後漢의 馬援)와 이름을 나란히 하였으니, 장하다 하겠다. 세상에서 그의 학술이 잘못되었다고 비난들 하지만, 학술이란 현실에 적용할 수 있어야 귀한 것이다. 전곡(錢穀)이나 갑병(甲兵) 등 어느 일치고 유자의 일 아닌 것이 없다. 그런데 세상에서 장구(章句)나 찾고 뒤적이는 자들은 걸핏하면 성명(性命)을 끌어대곤 하는데, 막상 정사를 처리하는 자리에 앉혀 놓으면 멍청해져 어떻게 해야 할지를 모르고 만다. 그런데 더구나 삼군(三軍)의 목숨을 책임지고서 큰 공적을 세우는 일이야 말할 나위가 있겠는가. 문성공은 그저 장수로만 한번 쓰임을 받았을 뿐인데, 가령 당시에 낭묘(廊廟; 朝廷, 正殿)에 올라 천하의 일을 담당할 기회가 주어졌더라면 분명히 대명(大明)의 종신(宗臣)이 되었을 것이다. 그런데 그는 덕에 걸맞은 지위를 얻지 못했고 한창 활동할 나이에 죽고 말았다. 나는 늘 그 영특하고도 호걸스러운 자태를 생각하며 꿈속에서도 그를 잊지 못한다.」

대학자 노수신(盧守愼)은 선조(宣祖)에게 "사람은 마땅히 존심(存心)에만 힘쓸 것이며 문자는 그다지 중요하지 않다."라고 말했는데, 이는 주자(朱子) 절대주의에 빠진 조선의 사대부들에게 버림받는 계기가 되었습니다.

# 215

# 노자와 맹자의 당부

노자의 말씀을 두 개 보겠습니다.

「나에게는 세 가지 보배가 있어서 지녀 보존하고 있다. 첫째는 인자함이요, 둘째는 검소함이요, 셋째는 감히 천하를 위해 나서지 않는 것이다.」

「백성을 다스리고 하늘을 섬김에 있어 아끼는 것보다 좋은 것이 없다.[治人事天 莫若嗇]」

노자가 말하는 '검소함[儉]'이나 '아끼는 것[嗇]'은 우리가 흔히 말하는 알뜰함, 절약만을 말하는 것이 아닙니다. 정신이나 생명을 아끼는 것도 여기에 들어갑니다. 쓸데없는 말, 불필요한 말을 하지 않는 것, 소모적이고 정당치 못한 일을 벌이지 않는 것, 일을 간소화(簡素化)하는 것, 내려놓는 것, 비우는 것, 양보하는 것, 물러나는 것, 드러내지 않는 것, 꼭 필요한 일만 벌이는 것 등을 말합니다. 말을 할 때 간단명료하게 핵심만 짚어 얘기해야 합니다. 글을 쓸 때 전하고자 하는 메시지가 분명해야 합니다. 두루뭉술하거나 횡설수설해서는 안 됩니다.

이수광(李睟光)이 말했습니다.

「덕이 있는 자는 말이 간략하고, 욕심이 없는 자는 일이 간략하다.[有德者言簡 無欲者事簡]」

노자가 말한 검소함은 불교의 '내려놓음[放下着]'과 비슷합니다. 욕심을 줄이고 비우는 것입니다. 구하지 않고 머물지 않으며 상(相)에 집착하지 않습니다.

맹자가 말했습니다.

「군자의 말은 허리띠를 내려가지 않아도 도(道)가 거기에 있다.[君子之言也 不下帶而道存焉]」

맹자가 말한 '허리띠를 내려가지 않는다'는 말 역시 간단명료하게 말해야 함을 뜻합니다.

**216.**
# 대인과 소인의 차이

어느 현자께서 말씀하셨습니다.

「소인(小人)은 이기는 것을 좋아하여 원결(怨結; 원한이 맺힘)을 생기게 한다. 그리하여 내생을 그르치게 하고 자손들을 괴로움에 빠지게 하나, 대인(大人)은 이해하고 관용을 베푸는 것을 좋아하니 내생이 밝고 자손의 앞길이 열리게 된다.」

〈논어〉에 나오는 말씀을 세 개 보겠습니다.

「소인은 남에게서 구하고 대인은 자기에게서 구한다.[小人求諸人 君子求諸己]」

군자는 자기 자신에게서 문제 해결의 방안을 찾고, 소인은 남에게서 그것을 찾습니다. 군자는 모든 것을 나의 탓으로 돌리지만, 소인은 모든 잘못은 남의 탓이고 자기는 아무런 잘못이 없다고 변명합니다. 군자는 남에게 아쉬운 소리를 하지 않지만, 소인은 남에게 아쉬운 소리를 잘합니다.

「군자는 누구에게나 평등하게 대하여 차별을 두지 않지만, 소인은 차별을 두어 누구에게나 평등하게 대하지 않는다.[君子周而不比 小人比而不周]」

「군자는 의리에 밝고 소인은 이익에 밝다.[君子喩於義 小人喩於利]」

명나라의 대학자 방효유(方孝孺)가 말했습니다.

「옛날 벼슬살이하던 자는 그 은택이 물(物)에까지 미쳤는데, 지금 벼슬살이하는 자는 자기에게만 적합하게 할 뿐이다. 물(物)에까지 미치면서 벼슬살이하는 것은 즐거운 일이고, 자기에게만 적합하게 하고 백성을 버리는 것은 부끄러운 일이다. 귀하면서 부끄럽게 되는 것보다는 차라리 미천(微賤)하면서 즐거운 것이 낫다. 그러므로 군자는 벼슬에 나아가는 것을 어렵게 여긴다. 일 년 수고하여 수십 년을 이롭게 하고, 십 년 수고하여 수백 년을 이롭게 하는 것은 군자가 한다. 군자가 이익

을 추구하는 것은 다른 사람을 이롭게 하는 것이고, 소인이 이익을 추
구하는 것은 자신을 이롭게 하는 것이다.」

박세당(朴世堂)이 〈사변록(思辨錄)〉에서 말했습니다.

「소인은 남몰래 좋지 못한 짓을 하고도 겉으로는 그 좋은 일만 드러
내 보이는 것이니, 그가 참으로 선(善)과 악(惡)을 분별할 줄 모르는 것
이 아니라, 다만 남이 모른다고 해서 홀로 있을 때 삼가지 않는 것이
다. 대체 안으로는 자기를 속이고 밖으로는 남을 속이므로 남이 그 실
정을 아는 자가 없을 듯하나, 이미 그 좋지 못한 실상이 속에 가득 차
면 저절로 동작(動作)과 위의(威儀)의 사이에 나타나서 가릴 수 없게
된다.」

이이(李珥)가 말했습니다.

「군자는 덕(德)이 충만해 있기 때문에 항상 너그럽고 여유가 있으
며, 소인은 야심을 품고 있기 때문에 언제나 근심과 불만 속에 빠져
있다.」

공자께서 말씀하셨습니다.

「군자는 종신(終身)의 즐거움이 있고 하루의 근심은 없으며, 소인은
종신의 근심이 있고 하루의 즐거움은 없다.」

**217.**

# 예전에는

예전에는 '세상이 왜 나를 몰라줄까.' 하고 생각했습니다.

예전에는 내가 그래도 제법 잘난 사람이라고 생각했습니다.

예전에는 내가 가진 생각이나 판단이 대단히 합리적이라고 생각했습니다.

예전에는 내가 믿고 있는 종교를 믿지 않는 사람들을 한심하게 여겼습니다.

예전에는 내가 남에게 무심코 했던 행위들이 소위 갑질이라고는 생각하지 못했습니다.

예전에는 절약하고 아껴 쓰는 사람을 '쩨쩨한 사람' 또는 '못난 사람'이라고 비난했는데, 지금은 몹시도 존경합니다.

예전에는 여자를 열등한 존재라 여겨 가볍게 여겼는데, 지금은 여자는 생명을 잉태하고 낳는 귀한 존재로 무겁게 여깁니다.


**218.**

# 제대로 사는 법

완벽한 기회가 오기만을 기다리다가 삶을 그만 헛되이 보내는 사람들이 너무나 많습니다.

인간의 몸으로 태어난 것이 얼마나 귀한가를 망각한 채 인생을 막사는 사람들이 허다합니다.

자기가 못다 이룬 꿈을 자식에게 강요하고 자식이 오직 출세하여 부귀영화를 누리는 것을 보는 것만이 소원인 분들이 의외로 많습니다.

허다한 부모들이 자녀를 '성공한 자녀'로 키우는 일에만 관심이 있을 뿐, '행복한 자녀'로 키우는 일에는 관심조차 없습니다.

우리가 인생을 돌이켜 볼 때 뼈저리게 후회하는 것은 활짝 열려 있었는데도 들어가 보지 못한 문입니다.

남이 성공한다고 해서 결코 내가 초라해지는 것은 아닙니다. 그럼에도 우리는 남의 성공을 질투하고 깎아내립니다.

실패는 우리가 움직이지 않고 있을 때만 찾아옵니다. 그럼에도 우리는 시도조차 하지 않으면서 남들이 애써 해낸 일은 비평하고 트집을 잡습니다.

외모나 옷차림이 중요하지 않은 것 같지만, 이것이 재능이나 실력을 능가하는 위력이 있음을 우리는 간과합니다.

이른 아침을 장악하는 사람이 인생을 장악하는 사람입니다. 누군가 말했습니다.

「늦잠을 자는 사람 중에 뛰어난 인물이 된 자는 하나도 없다.」

부지런한 사람은 악마에게 유혹당하지만, 게으른 사람은 오히려 자기 쪽에서 악마를 유혹합니다.

지나치게 깔끔함을 떠는 사람을 우리는 싫어하지만, 깔끔하게 치우고 깨끗하게 정리하며 사는 사람 중에 게으른 사람은 단 한 명도 없음을 알아야 합니다.

욕심은 나쁜 것이라 말하지만, 시간에 욕심을 내는 것은 미덕입니다. 욕심은 자제해야 하는 것이라 말하지만, 책 읽는 일에 욕심을 내는 것은 미덕입니다.

'나는 엄청난 문제를 가지고 있다'라는 생각에서 '오직 기회만 있을 뿐 문제는 없다.'로 바꾸어야 합니다.

중요한 순간에 그깟 자존심 때문에 또는 참을성이 없어서 화를 내어 일을 망치는 일이 수도 없이 일어납니다.

원하는 것을 얻지 못하는 것도 불행이지만, 원하는 것을 쉽게 얻는 것도 불행입니다.

죽음에 대한 통제권이 우리에겐 없지만, 사는 동안 어떻게 살 것이냐에 대한 통제권은 전적으로 나에게 있습니다.


**219.**

## 잘사는 사람들

부지런히 일해서 부자가 된 것이 아니라 타고난 복이 많아 또는 부모를 잘 만나 부유하게 사는 사람들을 많이 만났습니다. 그리고 그들이 사는 집에도 가본 적이 있습니다.

그들을 만나고 난 후의 느낌을 요약해 보면 이렇습니다.

첫째, 그들에겐 인생이 지루하고 따분하며 권태롭습니다. 어지간한 일에는 흥미를 느끼지 못합니다.

둘째, 그들은 몸을 움직이는 것, 힘든 일, 두려운 일을 몹시도 싫어합니다.

셋째, 그들은 사람들을 만나 식사하고 얘기하는 것, 자식이 출세하는 것, 돈을 더 버는 것, 화려하고 비싼 옷을 입는 것, 맛있는 음식을 먹는 것, 여행을 가는 것 외엔 관심이 없습니다.

넷째, 세상을 보는 눈이 몹시 냉소적이고 비판적이며 차갑습니다.

다섯째, 인생에 재미를 느끼지 못하다 보니 그들은 술, 도박, 게임, 불륜, 쇼핑중독 등에 빠져 사는 경우가 무척 흔합니다.

여섯째, 그들은 돈을 가치 있게 쓰는 법을 알지 못하며, 오직 돈을 더 늘리는 일에만 관심이 있습니다.


부모의 많은 재산은 자식들의 삶의 욕구와 능력을 쇠퇴시키는 질병입니다. 부모의 부유한 재산은 자식들을 무책임하고 부도덕하게 마비시키는 무서운 힘이 있습니다.

델컴퓨터의 마이클 델은 「나는 아이들이 버릇없게 자라길 원치 않는다.」고 말했습니다. 자수성가한 사업가들이 재산을 아이들에게 물려주지 않을 거라고 말합니다.

한 소프트웨어 회사 회장은「나는 내 아이들이 내가 겪었던 것과 같은 도전들을 직면하여 인생의 장애물들을 넘으면서 내가 느꼈던 것과 같은 전율을 느꼈으면 좋겠다.」라고 말했습니다.

돈이 넉넉하여 굳이 일할 필요가 없더라도 하루에 서너 시간은 규칙적으로 육체노동을 하는 것이 정신의 황폐화를 막아줍니다. 땀을 흘리면서 하는 육체노동은 숭고한 행위입니다. 인간의 부패를 막아주고 산성화도 막아줍니다. 한국인들은 돈을 많이 벌면 일단 일을 그만

두고 놀 궁리만 합니다. 여행도 다니고 진귀한 음식을 먹으러 먼 곳에
까지 가는 수고를 마다하지 않습니다.


**220.**

# 성공이란

성공이란 자기가 기대한 결과를 얻는 것을 말합니다.
성공이란 단점이나 나쁜 습관을 끊은 것을 말합니다.
성공이란 남에게 친절을 베푸는 것을 말합니다.
성공이란 남의 이익을 위해 나의 이익을 포기하는 것을 말합니다.
성공이란 남에게 예의 바르게 행동하는 것을 말합니다.
성공이란 죽음에 대비하면서 사는 것을 말합니다.
성공이란 실패나 상처를 딛고 꿋꿋이 일어서는 것을 말합니다.
성공이란 착하게 살려고 노력하는 것을 말합니다.
성공이란 이전의 나보다 나아지는 것을 말합니다.


**221.**

# 악순환

나이가 많은데도 덕이 없고

가난한데도 절약하는 버릇이 없고

처지가 궁한데도 공부하려 하지 않고

인생이 불우한데도 말을 거리낌 없이 하고

죄를 많이 지었음에도 참회하려 하지 않으며

되는 일이 없음에도 보시(布施)에는 인색하고

노동을 천시하고 게으르면서 늘 일확천금을 꿈꿉니다.


여기서 기부 얘기를 할까 합니다.

2010년에 발족이 된 'The Giving Pledge'라는 고액 기부자 모임이 있습니다. 이 모임은 워런 버핏과 빌 게이츠 부부가 함께 설립한 자선 단체로, 10억 달러(약 1조 2,000억 원) 이상의 자산가 중 재산의 절반 이상을 기부하기로 공개 약속하면 이 모임의 회원이 될 수 있습니다. 2022년 현재 236명의 기부자가 나왔는데 우리나라가 단 2명(김봉진, 김범수)의 기부자를 배출한 데 반하여 유대인 출신에서는 3분의 1이 넘는 기부자가 나왔습니다. 우리는 이토록 기부에 인색합니다. 부러움을 사는 부자는 있지만 존경받는 부자는 없는 이유입니다.

공동체에 무관심한 부자들, 개같이 벌어 개같이 쓰는 부자들, 사회적 연대(連帶)나 사회적 책임이라는 말을 불편해하는 부자들, 공의(公義)와 상생(相生)을 모르는 부자들, 이미 부자임에도 계속 돈을 악착같이 끌어모으는 부자들, 철없고 미성숙한 부자들, 공부와는 담을 쌓은 무식한 부자들, 먼 미래 또는 다음 생을 내다보는 혜안(慧眼)이 없는 부자들, 자기들이 잘나서 부자가 된 것으로 착각하는 부자들, 각박하고 부도덕한 부자들, 영재나 예술가나 과학자들에게 기부할 줄 모르는 부자들, 자식들한테 거부(巨富)를 물려주는 데 혈안이 된 부자

들…:

예로부터 동서양을 막론하고 훌륭한 부자들에게는 다음과 같은 암묵적인 규약이 있었습니다.

추수할 때 땅에 떨어진 낟알은 거두지 않고, 해 질 녘엔 시장에서 물건을 사지 않으며, 전쟁통이나 가뭄·흉년 때는 땅을 사지 않고, 나라의 녹을 먹을 때는 재산을 늘리지 않으며, 자기가 사는 곳의 반경 100리 안에 굶어 죽는 사람이 나오지 않게 한다.

어느 저명한 경제학자가 말했습니다.

「한 사회에 가난한 사람이 너무 많고 부자가 너무 부자이면 언젠가 문제가 생길 것이다.」

너무 큰 재산은 도둑질 또는 장물(贓物)과도 같고, 가난한 다수가 위험에 처하면 부유한 소수도 곧 위험해진다는 것을 알아야 합니다.

## 222.
# 가장 중요한 것

당신이 어떤 직업을 갖고 있었는지는 중요하지 않습니다.
당신이 재산을 얼마나 많이 모았는지는 중요하지 않습니다.
당신이 생전에 어떤 종교를 믿었는지는 중요하지 않습니다.
당신이 선행과 악행 중 어느 것을 더 많이 지었는지, 사람들과 얼마나 많은 선연(善緣)을 맺었는지가 중요합니다.

　인생에서 죄악을 짓지 않는 것이 좋으며 세세생생(世世生生) 선한 사람, 좋은 사람, 정직한 사람으로 사는 것이 가장 중요합니다.

# 223

# 한순간


　한순간 즐겁자고 평생 후회할 일을 만듭니다.

　한순간 통쾌하자고 남에게 상처를 입힙니다.

　한순간 행복하자고 악한 말을 지껄이고 맙니다.

　한순간의 화를 참지 못하고 버럭 화를 냅니다.

　한순간의 쾌락을 위해 산 짐승을 죽입니다.

　정조가 말했습니다.


「사람은 언어로 한때의 쾌감을 얻으려 해서는 안 된다. 나는 비록 미천한 마부(馬夫)에게라도 일찍이 이놈 저놈이라고 부른 적이 없고, 남들과 말할 때 일찍이 그의 부형(父兄)의 이름을 함부로 부르지 않았다.」


　이직언(李直彦)이 인조(仁祖)에게 상소를 올리면서 이렇게 말했습니다.

「궁궐에서 한가히 계실 때나 임어(臨御)하여 다스리실 즈음에, 생각을 내고 호령을 내리면서 한 생각도 사사로움을 용납하지 말며 한순간의 틈도 두지 말아서 반드시 마음을 공정하게 가지고 반드시 법을 공정하게 지키시어 모든 일상생활이 하늘의 일월처럼 한결같이 광명정대한 데에서 나오게 한다면, 바람이 불면 풀이 눕듯이 교화가 두루 행해져서 다시 근심할 만한 일이 없게 될 것입니다.」

## 224.

# 천박한 모습들

결혼 청첩장에 계좌번호를 써넣습니다.

항상 조급하게 서두르고 여유가 없습니다.

아파트 평수나 자가용을 보고 그 사람을 평가합니다.

귀한 손님의 식사 응대를 집이 아닌 식당에서 합니다.

지하철이나 엘리베이터에서 승객이 내리기도 전에 올라탑니다.

결혼식을 할 때 평소 친분이 없는 분들에게도 청첩장을 보냅니다.

시비가 붙으면 떼를 쓰거나 고성을 지르거나 윽박지르기부터 하고 봅니다.

자기보다 젊거나 학력이 뒤떨어지거나 직업이 볼품없으면 무시부터 합니다.

처음 보는 사람 또는 친하지 않은 사람에게 월급이나 매출액 등을 물어봅니다.

**225.**

# 우리는 언젠가

우리는 언젠가 이 지구에서 모두 사라질 겁니다.

우리는 언젠가 남에게 베푼 덕을 돌려받을 겁니다.

우리는 언젠가 남에게 고통을 준 대가를 돌려받을 겁니다.

우리는 언젠가 다른 곳에서 다른 모습으로 다시 만날 겁니다.


**226.**

# 공덕의 중요성

〈대동기문(大東奇聞)〉에 다음과 같은 이야기가 실려 전합니다.


「김언겸(金彦謙)은 대대로 고양(高陽)에서 살았는데 유학(儒學)에 종사하면서 곤궁하게 살았다. 천성이 지극히 효성스러웠는데 모친이 서울에서 병으로 죽자 관(棺)을 받들고 선산에 장사지내려고 돌아오다가 신원(新院)에 이르렀을 때 상여의 수레바퀴가 부러졌다. 그가 어찌할 바를 몰라 길가에서 울부짖고 있으니, 인근 마을에 사는 백성들이 불쌍히 여겨 다투어 와서 부역(負役)하여 길가의 높고 건조한 곳에 임시 매장하였다. 형편이 바로 선산으로 이장할 수 없어 그가 직접 흙을 져다가 묘역(墓域)을 만들고 있는데, 이때 나라의 능(陵)을 수개(修改)하는 일로 지나가던 지관(地官)이 말 위에서 돌아보고 말하기를, "지금이 새 무덤은 누가 점지했는지 참 길한 땅이다." 하였다.

그가 듣고 뒤쫓아가서 말 앞에서 절하고 자기의 사정을 모두 말하는데, 말을 따라 눈물이 흘러내렸다. 지관이 측은하게 여겨서 이내 산의 형국을 두루 보고 말하기를, "용호(龍虎)가 너무 가깝고 명당(明堂)이 좁아 비록 대지는 아니지만, 산의 형세가 멀리서 와서 스스로 격국(格局)을 이루었으니 마땅히 대과에 급제할 귀한 자손이 연속해 2대를 나올 것이다." 하였다. 또 그의 성명과 가계(家系)를 묻고 탄식하기를, "그렇다면 상주(喪主)는 반드시 효성 있는 사람이다. 내가 어렸을 때부터 이 산을 보며 길을 지난 것이 몇 번인지 알 수 없는데 일찍이 10보 안에 이런 좋은 곳이 있을 줄은 생각하지 못했으니, 이는 실로 인력으로 되는 일이 아니다." 하였다.」

「신숙주가 왜적에게 포로가 되었던 백성을 데리고 오는 중인데 임신부가 배 안에 있었다. 여러 사람이 말하기를, "임신부는 예로부터 뱃길에는 크게 금기시하는 바이니, 마땅히 바다에 던져서 액을 막도록 해야 하겠습니다." 하니 공이 말하기를, "사람을 죽여서 살기를 구함은 덕(德)에 상서롭지 못한 일이다." 하고 만류하였는데 잠시 후에 바람이 진정되었다.」라는 이야기가 〈필원잡기〉에 실려 있습니다.

그는 전교 1등을 한 번도 놓치지 않았습니다. 한의사가 되는 것이 그의 꿈이었고, 국내 최고 한의대에 들어갔습니다.

그는 한의대에 들어가서도 정말 열심히 공부했고, 마침내 한의사 시험에서 수석으로 합격하였습니다.

한의사가 되고 나서도 그는 학문에 매진했기에 곧 실력을 갖춘 유명한 한의사가 되기에 이르렀습니다.

그런데 그에게는 한 가지 고민이 있었습니다. 다른 분야엔 자신이 있는데, 유독 침술(鍼術)만큼은 자신이 없었습니다. 침(鍼)을 놓으려면 경혈(經穴)을 제대로 볼 줄 알아야 하는데, 경혈을 제대로 짚는 일이 그에겐 난제였습니다. 침을 놓는 일에 서툴다 보니 침을 놓을 때 환자가 통증을 느끼거나 피가 나오거나 치료 효과가 없거나 환자를 장애인으로 만들어 놓거나 신체에 마비가 오는 일이 생겼습니다.

이렇다 보니 한의원을 찾는 손님이 급격하게 줄기 시작하였고, 마침내 개업 5년 만에 한의원 문을 닫고 말았습니다.

그는 한참을 고민한 끝에 자기의 스승인 그 대학교수에게 오랜 고민을 털어놓았습니다.

「교수님, 부끄러운 얘기지만 저는 침을 제대로 놓을 줄 몰라서 결국 한의사의 길을 포기했습니다.」

그 교수가 듣고 이렇게 말했습니다.

「자네는 덕행(德行)이 많이 모자라네. 덕행을 많이 쌓으면 경혈이 저절로 보일 것이네.」

어디서도 들어보지 못한 말씀이었습니다. 그 말씀이 비수가 되어 가슴에 꽂혔습니다.

그는 재가(在家) 불자(佛子)입니다. 한때는 출가(出家)를 꿈꾸기도 했습니다. 이제는 집에서 성실하게 신앙생활을 합니다. 매일 금강경을 한 번 독경하고 108배를 하루도 쉬지 않고 10년간 해 왔습니다. 그럼에도 그는 뭔가 허전함을 느낍니다. 수행에 진척이 하나도 없다는 생각에 늘 번민하고 우울했습니다.

어느 날 불교 TV에서 어떤 스님의 법문을 듣는데 이런 말씀을 하셨습니다.

「여러분이 참선을 오래 해도 깊은 선정(禪定)에 들어가지 못하는 것은 선행(善行)의 힘이 부족하기 때문입니다. 불교가 아무리 지혜의 가르침이라 하나 복덕이 부족하면 선정에 들기도 어렵고 대 지혜를 얻기는 더더욱 어렵습니다.」

이 한마디가 그의 가슴을 강하게 때렸고, 모든 불만과 의문이 일시에 풀렸습니다.

성인께서 말씀하셨습니다.

「여러분의 수도 공부가 매우 높은 경지에 도달한다고 해도 만약 선행의 공덕이 부족하다면 별다른 이유도 없이 수도 공부가 하루아침에 무너질 수도 있습니다. 이것은 참으로 기묘한 일입니다. 선행의 공덕이 충분하다면 실제로 정좌(靜坐) 수도를 하지 않고도 신선의 경지에 도달할 수 있습니다. 수많은 사람이 불교 공부를 하고 도가(道家) 수련을 하며, 여기에서 구결(口訣) 하나를 얻고 저기에서 비결을 찾아내서 깨달음을 얻고 득도하려고 노력합니다. 그러나 공덕이 원만하지 못하면 일시에 무너질 수 있습니다. 이것은 절대적인 법칙이며 섭리입니다.」

# 훌륭한 사람의 권세

당신이 욕심을 자제하고 늘 자신을 반성할 줄 안다면 당신은 훌륭한 사람입니다.

당신이 세상 사람들을 따뜻한 눈으로 보고 늘 베푼다면 당신은 훌륭한 사람입니다.

당신이 훌륭한 인물이 되면 가장 먼저 하늘이 복을 내릴 겁니다. 그 시기는 사람마다 달라서 당대에 내릴 수도 있고 죽은 후에 내릴 수도 있으며 몇 생후에 내릴 수도 있습니다.

당신이 훌륭한 인물이 되면 역시 훌륭한 사람들이 당신 곁으로 몰려듭니다.

당신이 훌륭한 인물이 되면 당신 주변에 불쌍하고 억울해하는 영혼들이 모여듭니다. 그들을 위해 당신이 하늘에 기도해주거나 좋은 일을 해주기를 바라기 때문입니다.

당신이 훌륭한 인물이 되면 전생에 당신 때문에 고통을 당해서 복수할 기회만을 노리고 있는 적지 않은 영혼들이 당신을 건드릴 기회를 잡지 못할 것입니다.

당신이 훌륭한 사람이 되면 당신이 내뱉는 말 한마디, 당신이 입는 옷이나 신발, 당신이 쓰던 지팡이나 우산, 자전거 등도 남에겐 흠모와 경앙(景仰)의 대상이 됩니다.

# 당신에게 오늘 좋은 일이 생겼다면

당신에게 오늘 좋은 일이 갑자기 생겼다면 이는 아마도 당신이 몇 년 전에 누군가에게 덕을 베풀었기 때문입니다.

당신에게 오늘 대입 합격의 소식이 전해진 것은 아마 당신이 10년 전 누군가에게 친절을 베풀었기 때문입니다.

당신이 오늘 승진을 한 것은 당신이 6년 전 TV에서 고통받는 사람들을 보고 공감의 눈물을 흘렸기 때문입니다.

당신이 오늘 까닭 없이 기분이 좋아진 이유는 작년 어느 날 착한 생각을 많이 했기 때문입니다.

당신이 오늘 교통사고를 당했는데 경상(輕傷)에 그쳤다면 아마도 당신의 부모가 좋은 일을 하셨기 때문일 겁니다.

당신이 오늘 암 진단을 받았는데, 다행히도 2기 암이라서 크게 걱정할 일이 아니라는 말을 들었다면 그건 아마 당신이 과거에 복 받을 일을 했기 때문입니다.

당신의 자녀가 바라던 직장에 합격하였다면, 그건 아마 당신이 5년 전에 누군가에게 이익을 베풀었기 때문입니다.

# 이런 기도

어떤 분은 늘 이렇게 기도합니다.

「다른 존재가 고통을 당하고 있을 때 무심(無心)한 사람이 되지 않게 하소서.」

어떤 출가 수행자는 이렇게 기도합니다.

「나와 인연을 맺은 모든 존재에게 진정으로 용서를 구합니다.」

어떤 고승은 이렇게 소원을 빌었다고 합니다.

「고통받는 모든 생명이 고통에서 영원히 벗어나게 하소서.」

다음은 〈아프리카인의 기도〉라는 기도입니다.

「아이들을 보살펴 주소서. 그들은 가야 할 길이 멉니다. 노인들을 보살펴 주소서. 그들은 먼 길을 걸어왔습니다. 아이도 노인도 아닌 사람들을 보살펴 주소서. 그들은 살림을 책임지고 있습니다.」

누구는 이렇게 기도합니다.

「강자에게 굴종(屈從)하지 않고 약자 앞에서 우쭐대지 않는 사람이 되게 하소서.」


## 230.
# 조선 양반들의 위선

조선의 사대부나 지식인들이 남긴 문집이나 행장(行狀)·신도비(神道碑)·묘갈명(墓碣銘) 등을 보면 배울 점이 정말 많습니다. 그러나 이에 못지않게 그들이 가진 문제점 역시 많이 보입니다.

첫째, 그들은 겉으론 주자학을 공부하였지만 내심으론 불교에 관심이 많았습니다. 조선은 주자학을 국시(國是)로 표방한 나라였지만 조선 왕실은 불교를 신봉했습니다. 태조·태종·세종·세조는 물론이고 영조나 정조도 불교를 신봉했습니다. 현재 우리나라에 남아 있는 사찰들의 상당수가 숙종·영조·정조 시대인 조선 후기에 중건(重建; 보수하거나 고쳐 지음)된 사실은 이를 방증합니다. 하지만 조선의 사대부들은 불교를 믿거나 공부하면 이단(異端)으로 낙인찍혀 양반사회에서 철저히 소외되었기에 그들은 겉으론 불교를 배척하고 멀리하는 이중성을 보였습니다.

둘째, 청(淸)이 쳐들어왔을 때 그들은 하나같이 척화(斥和)를 부르짖었습니다. 하지만 속내는 화친(和親)을 원했습니다. 척화를 주장했다가는 나라가 망하거나 청나라에 포로로 끌려갈 수도 있는데, 그렇게 되면 그들이 누리는 기득권이나 특혜를 모조리 박탈당하기 때문이었습니다.

셋째, 그들이 평생 공부한 것은 오직 주자학이었는데, 주자학이라는 학문은 독창적인 학문이 아니었습니다. 중국 송대(宋代)에 불교와 도교를 혼합하여 만든 학문이 바로 주자학이었습니다. 불교와 도교를 모방해놓고서 나중에 그들은 불교와 도교를 비난하고 공격하기에 바빴습니다. 주자학은 태극(太極)이나 이기(理氣)에 관한 관념적이고 현학(衒學; 지식을 자랑하고 뽐냄)적인 학문으로 공자나 맹자의 가르침과는 비슷한 데가 없는 독특한 학문 체계였습니다.

그들은 평소 나라와 군왕에 대한 충성, 명분(名分), 예학(禮學) 등을 내세웠지만 전쟁이 터지면 자살하거나 도망치기에 바빴고, 병자호란 때 주화론(主和論)으로 나라를 구한 최명길(崔鳴吉)이나 삼전도비(三田渡碑)의 비문(碑文)을 쓴 이경석(李景奭)을 비난하는 파렴치함을 보였습니다. 그들은 군역(軍役)을 불법으로 면제받았고 백성의 부담을 크게 덜어 주는 대동법 시행에 극구 반대했으며, 임진왜란 때 일어난 의병(義兵)들을 폄훼하였고, 유교 경전을 주자와 다르게 해석하는 사람을 사문난적(斯文亂賊)이라 매도하여 죽음으로 내몰았으며, 첩의 아들이나 재혼한 사대부 여인의 아들에게는 문과 응시 자격을 박탈해 버리는 치졸함을 보였습니다.

조선 영·정조 때의 인물인 서형수(徐瀅修)가 말했습니다.

「삼가 생각건대, 우리나라 4백 년 역사에서 문치(文治)의 융성함과 인재의 번성함은 기록으로 전할 만큼 충분히 성대하나 유자(儒者)는 한 사람도 없었습니다. 이렇게 말하는 까닭은 다음과 같습니다. 우뚝이 절조를 지키는 사람을 유자라 이르고, 문장이 뛰어난 사람을 유자라 이르고, 도덕으로 백성을 얻는 사람을 유자라 이르고, 고금(古今)을 구별하는 사람을 유자라 이르고, 천지인(天地人)의 이치에 통달한 사람을 유자라 이르는데, 이는 주이준(朱彝尊; 중국 청나라의 대학자)이 유자(儒者)를 논한 말입니다. 이 다섯 가지를 가지고 우리나라 사람을 낱낱이 헤아려 볼 때, 성취의 수준이 만에 하나라도 이에 비견되는 사람이 있습니까.

우리나라 사람들이 유자라고 일컫는 부류를 알 만하니, 고집스럽게 언행을 일치시키고 부지런히 경서(經書)를 연구하되, 논쟁하는 것이라곤 주자(朱子)의 초년설(初年說), 만년설(晚年說)의 동이(同異)에 불과하고 저술하는 것이라곤 여러 가지 복식(服式)과 절하고 읍하는 예법의 선후에 불과합니다. 게다가 먼저 주입된 견해가 주견(主見)이 되면 그 밖의 학설들을 배척하여 함께 논의도 하지 않고, 논쟁이 격화되면 학문적 견해가 다른 사람을 원수처럼 봅니다. 다른 학설에 대해서는 너무도 각박하게 비판하고 스스로는 더욱 심하게 속박되니, 유자가 나오기 어려울 뿐만 아니라 바른 기풍이 감히 나오기도 어렵게 합니다.」

넷째, 그들의 지나친 명예욕입니다. 조선 사대부들의 명예욕은 관직, 그중에서도 청현직(清顯職; 清要職)에 집중되었는데, 청현직이란 홍문관과 사간원, 사헌부, 예문관 등 주요 부처의 당하관(堂下官; 실무를 담당하는 중하위직으로 엘리트 코스임)을 말합니다.

청현직에 몸담은 사대부들은 임금 앞에서 당당하게 "신하의 도는 의

(義)를 따르는 것이지 임금을 따르는 것이 아닙니다."라고 말할 정도였습니다. 그러나 사실은 의(義)보다도 가문(家門)의 명예와 위신을 가장 중요하게 여겼고, 임금의 명령보다는 자기가 속한 당파의 주장인 당론(黨論)을 더 높이 여겼습니다.

그들은 단 하루만이라도 청현직이나 예조판서나 대제학에 임명되기를 소원했는데, 그렇게 되면 족보나 신도비나 묘갈명에 그 사실을 명예롭게 등재(登載) 또는 적시(摘示)함으로써 가문을 빛낼 수 있기 때문이었습니다.

또, 그들은 혼인한 아들이 요절했을 경우, 그 며느리에게 수절을 강요하였고 때론 그 며느리가 죽은 남편을 따라 순절하기를 희망했습니다. 그렇게 되면 가문의 명예가 빛나는 건 물론 나라에서 정려문(旌閭門)을 세워주고 각종 세금을 면제해 주며 그 덕에 다른 후손이 녹용(錄用; 공을 세우거나 덕이 있는 죽은 신하의 자손에게 벼슬을 주는 일)될 수도 있기 때문입니다.